KB202749

슬기로운 파이썬 생활

데이터 싹쓰리 & 업무자동화

python

· 데이터 수집 자동화
· 문서 작업 자동화
· 주식 매매 자동화

GACHI LABS 한국기술원 KOREA TECHNOLOGY

슬기로운 파이썬 생활 데이터 싹쓰리 & 업무자동화

• 초 판 2020년 11월 30일 1쇄 발행
• 저 자 서진수/손기동
• 표지 디자인 천재 디자이너 황태용
• 발 행 가치랩스
• 주 소 경기도 수원시 영통구 청명남로 39, 3층
• 홈페이지 http://www.gachilabs.com
• 이메일 seojinsu@gmail.com
• 전 화 031) 203-7600
• ISBN 979-11-962209-3-8
• 가 격 33,000원

파본은 구입하신 곳에서 교환하여 드립니다.

국민 여러분!

만약 여러분들이

많은 양의 땅을 파야 한다면

여러분은 어떤 방법을 선택하겠습니까?

일의 **본질**은 변하지 않지만 일의 **도구**는 늘 변합니다.

4차 산업혁명 시대!

성과와 능률이 중요한 이 시대에

삽질로 포크레인을 이기려고 덤비지 말고

이 책으로 포크레인을 운전하는 방법을 배워서

더 많은 성과를 내고 여러분의 가치를 올리세요!

데이터쟁이 **서진수** 드림

저자 **손기동**

Email : realteach9@gmail.com
저자홈페이지 : www.wearekorea.co.kr

약력
현) ㈜한국기술원 이사
현) 한국미래인재능력개발원 대표강사
전) 한국표준협회 생산기술혁신센터 전문위원
전) 국제대학교 외래교수
전) 웅지세무대학교 겸임교수
전) 재)경기개발연구원 홍보팀 연구원
전) ㈜유니윌 기획실장

손기동이 현재 하는 일
1. 소프트웨어 개발(파이썬 기반 웹크롤러와 RPA)
2. 강의 : 빅데이터와 인공지능(머신러닝) 관련 교육

주요 강의 경력(약 13년차)
아래의 다양한 기관 및 학교 등을 대상으로 **4차 산업 혁명과 빅데이터와 인공지능 등에 대한 강의**를 진행하는 등 현재도 여러 대학교와 대학원, 기업에서 강의를 진행하고 있으며 필드에서 다양한 프로젝트를 진행하고 있습니다.

정부기관 강의
한국고용정보원, 소상공인진흥원, 공군 빅데이터 교육 등 다수

학교 강의
안동대, 순천대, 교통대, 경기대, 한국해양대, 한서대, 계명대, 호서대, 국민대, 인제대, 단국대, 가천대, 명지전문대, 평택대, 대덕대 등 다수

기업 및 기관 강의
남부여성발전센터, 휴넷, 현대중공업 등 다수

공개강의
대한전자공학회(IEIE) 산업전자소사이어티 특강,
한국과학기술정보연구원 "2018 ASTI Leaders Forum" 특강,
정보통신산업진흥원 워크숍 특강, KTV 국민방송 공개 특강 등

사업계획서 수립 및 전문가 활동
이공계전문기술연수사업(사업제안서 작성 및 총괄책임자 활동),
웅지세무대학교 취창업지원센터 발전계획 수립 및 보고서 작성,
NIPA 주관 SW융합역량강화사업 사업책임자,
동일기술건설공사 공공과제
사업제안발표 자문위원 활동,
㈜야놀자 평생교육원 설립 및
정부과제 수행 자문,
㈜유니윌 신사업 런칭
사업계획 수립(시장조사,
타당성 분석, 사업계획수립),
서울시(성북구)
지역산업맞춤형 일자리창출
지원사업 수행 등

수행 프로젝트
(사)한국로봇산업협회
웹크롤러 개발,
CRM(Customer Relationship
Management) SW 개발,
소상공인진흥원 SNS 마케팅
교육과정 개발,
NCS 기반 표준이력서 개발 연구과제 수행
(한국직업능력개발원)

저서
"취업 진담"
김재호, 손기동, 윤동현 저
BOOKK(부크크)
2020.04.22.

저자 **서진수**

Email : seojinsu@gmail.com
저자홈페이지 : www.seojinsu.com

약력

전) 20대 국회 4차산업혁명 특별 위원회 자문위원
현) 컨시어지소프트 대표
현) 한국미래인재능력개발원 이사
현) 한국기술원 이사
현) 가치랩스 이사

서진수가 현재 하는 일

1. 소프트웨어 개발(파이썬 기반 웹크롤러와 RPA)
2. 강의 : 빅데이터와 인공지능(머신러닝) 관련 교육

주요 강의 경력(약 13년차)

아래의 다양한 기관 및 학교 등을 대상으로 **4차 산업 혁명과 빅데이터와 인공지능 등에 대한 강의**를 진행하는 등 현재도 여러 대학교와 대학원, 기업에서 강의를 진행하고 있으며 필드에서 다양한 프로젝트를 진행하고 있습니다.

정부기관 강의

통계청, 국가정보원, 환경부, 보건복지부, 미래창조과학부, 거제 시청, 경남 양산시청, 고양시청, 삼척시청, 중랑구청 ,무역협회의 국제 마이스 포럼, 여성새일센터 , 공군 빅데이터 교육 등

학교 강의

서울대학교, 경희대학교, 연세대학교, 국민대학교,
이화여자대학교, 성균관대학교, 숭실대학교, 중앙대학교, 건국대학교,
인하대학교, 한국 외국어 대학교, 숙명 여자대학교, 전남대학교,
군산대학교, 목포대학교 , 성결 대학교등 다수

기업 강의

SK, 한화, 한국철도공사(KORAIL) , CJ , 금호석유화학그룹,
농협, 아디다스 코리아, DB손해보험, 현대커머셜,현대해상,
삼성생명, 현대제철, 동국제강, 이노션, LS그룹, 한유그룹,
롯데그룹, 현대백화점,
현대 엘리베이터 ,
현대 엔지니어링 등 다수

포럼 및 컨퍼런스

서울 국제 MICE 포럼,
인천 국제 MICE 포럼,
서울 미래 컨퍼런스 등
다수 발표자로 참여

방송 출연

[TV조선 알맹이]
- 2015년 7월 7일 방송

[KBS 1 특집 대토론]
- 2015년 10월 17일/18일 방송

[KBS 1 명견만리]
- 2016년 7월 15일 방송]

[SBS 일요 특선]
- 2017년 1월 20일 방송

[CTS 기독교방송]
- 2017년 10월 13일 방송

[TVN 커버스토리]
- 2019년 7월 11일 방송

[MBC 뉴스데스크 경남]
- 2020년 7월 7일

[TVN Insight]
- 2020년 11월 17일

▶ 세계 3대 인명사전 중 마르퀴즈 후즈후 등재
▶ 소프트웨어 개발 특허 4건 보유
▶ R까기, 오라클 SQL과 PL/SQL,
　완친파 웹크롤러 대마왕 등 저서 16권 집필

이 책은 이렇게 구성되어 있습니다.

독자님~이 책을 선택해 주셔서 감사합니다^^
이 책의 핵심은 우리가 컴퓨터로 하고 있는 수많은 작업들을(예를 들어 인터넷에 있는 다양한 데이터를 수집하거나 분석하는 작업이나 업무로 인한 엑셀이나 워드 작업들) 파이썬으로 자동화해서 더 편하게 일하고 업무상 더 좋은 성과를 만들자는 것입니다.
한마디로 파이썬을 활용하여 편하게 일하면서 나의 가치를 높이자는 것이죠.

이런 목적을 이루기 위해서 이 책은 크게 아래와 같이 3개의 파트에 총 20개의 Chapter와 부록으로 나누어져 있습니다.

Part 1. 인터넷 데이터 수집 작업 자동화
Part 2. 엑셀, 워드 문서 작업 자동화 및 자동 이메일 발송
Part 3. 왕초보를 위한 파이썬 기본 문법
부 록. 주식 거래 자동화하기

그리고 위 챕터의 **대부분의 강의는 유튜브 동영상으로 제공되어서** 훨씬 효과적으로 학습할 수 있도록 도움을 드리고 있습니다(동영상 강의는 각 챕터를 참고하세요).

그럼 각 파트의 내용을 조금 더 자세히 볼까요?
각 파트별 전체 목차는 아래와 같습니다.

구분	Chapter	핵심 주제	주요 내용 요약
웹크롤링 자동화	1	웹크롤링 원리와 자동검색	웹크롤링 원리 , 환경설정 , riss 사이트 검색 자동화 구현하기
	2	Beautiful Soup로 원하는 데이터 추출	Beautiful Soup 주요 함수로 데이터 추출 , txt 파일로 저장하기
	3	페이지 변경과 다양한 형식으로 저장	riss 사이트 페이지 변경하면서 데이터 수집 , txt , csv , xls 형식으로 저장하기
	4	게시물의 상세 내역 추출 후 저장	riss 사이트에서 논문 상세 정보까지 수집 후 파일로 저장하기
	5	인터넷 언론 정보 수집	다음카카오의 랭킹 뉴스와 빅카인즈에서 뉴스 정보 수집후 저장하기
	6	Social Network Service 정보 수집	인스타그램 자동 로그인 / 해시태그 검색 / 해시태그와 사진 수집하기
	7	인터넷 쇼핑몰 정보 수집	쿠팡 사이트의 특정 카테고리 선택 후 판매 정보(이미지포함) 수집하기
	8	공인 인증서 자동 로그인 후 정보 수집	홈택스 공인 인증서 자동 로그인 및 세금 계산서 발행 내역 xls 형태로 저장하기
	9	데이터 수집 및 데이터베이스 저장	네이버쇼핑 , 쿠팡 정보 수집 후 MySQL / Oracle DB에 저장하기
문서작업 자동화	10	윈도용 프로그램 자동 제어하기	윈도용 프로그램 정보 추적 , 키보드와 마우스 자동 제어하기
	11	문서 작업 자동화 하기	Excel 작업 자동화 / Word 작업 자동화 / Email 발송 자동화하기
필수 문법	12	파이썬 설치 / 주피터노트북 활용	파이썬 프로그램 3.7 설치와 주피터노트북 설치 및 사용방법
	13	변수 사용방법과 입출력함수 활용	변수 개념과 생성 및 활용 , print( ) / input( ) 함수의 다양한 활용방법
	14	데이터 유형과 사용 방법	숫자 / 문자열 / 리스트 유형의 의미와 생성 및 주요 함수 활용 방법
	15	조건문과 반복문 사용 방법	if 조건문 / for( ) 반복문 , while( ) 반복문 , break와 continue 문 활용법
	16	사용자 정의 함수와 모듈 사용 방법	사용자 정의 함수 생성 / 모듈 만들기 / 외부 모듈 설치 및 활용 방법
	17	디렉토리와 파일 관리	디렉토리 조회 및 생성하기 / txt , csv , xls 형식의 파일 생성 및 조회하기
	18	예외처리 활용하기	예외처리의 개념과 다양한 활용 방법
	19	Numpy 와 Pandas	Numpy 개념과 주요 함수 / Pandas 모듈 활용 방법
	20	파이썬을 활용한 다양한 시각화	matplotlib / Seaborn / Plotnine / Folium 모듈을 활용한 시각화 방법
부록	부록	주식 매매 자동화하기	유안타 증권 자동 로그인 / 자동 매수 / 자동 매도 기능 구현하기

먼저 Part 1에서 Chap 1 - Chap 4에서는 학술 논문 관련 정보를 찾을 때 아주 많이 사용되는 riss 사이트를 활용해서 웹 크롤링의 원리를 설명하고 있습니다.
(참고 : 웹 크롤링의 원리를 더 많은 예제들을 사용해서 자세하고 공부하고 싶은 분들은 아래의 완친파 웹크롤러 대마왕편 책을 참고하세요~)

(웹크롤링 원리와 다양한 예제들을 담고 있는 완친파 웹크롤러 대마왕편 표지)

그리고 Chap 5- Chap 9까지는 현업이나 실무에서 데이터 수집이 많이 요구되는 사이트들을 예제로 웹크롤러를 만드는 방법을 안내하고 있습니다.

먼저 Chap 5에서는 언론 정보를 수집하는 내용을 다음카카오 사이트의 랭킹 뉴스를 추출하는 내용으로 코드를 설명합니다. 그 후 한겨레신문과 빅카인즈 사이트의 뉴스를 수집하는 연습문제를 풀어 봄으로써 언론 정보를 수집하는 스킬을 마스터하게 됩니다.

그리고 Chap 6에서는 SNS 정보를 수집하는 주제로 인스타그램 사이트의 정보를 수집하는 내용을 다루고 있습니다. 인스타그램 사이트에 로그인을 자동으로 하고 해시태그를 자동으로 검색한 후 검색된 데이터에서 해시태그와 사진을 수집하는 방법을 자세하게 설명하고 있습니다.

Chap 7에서는 인터넷 쇼핑몰의 데이터를 수집하는 내용을 주제로 현재 많은 고객들을 확보하고 있는 쿠팡 사이트의 정보를 수집하고 있습니다.
특정 카테고리를 조회하여 제품 목록을 검색하고 가격이나 할인율, 배송, 평점 등의 다양한 정보를 수집하여 저장하는 데 이때 엑셀 파일로 자동으로 저장하면서 상품 이미지까지 아래와 같이 깔끔하게 저장하는 방법을 자세하게 안내하고 있습니다.

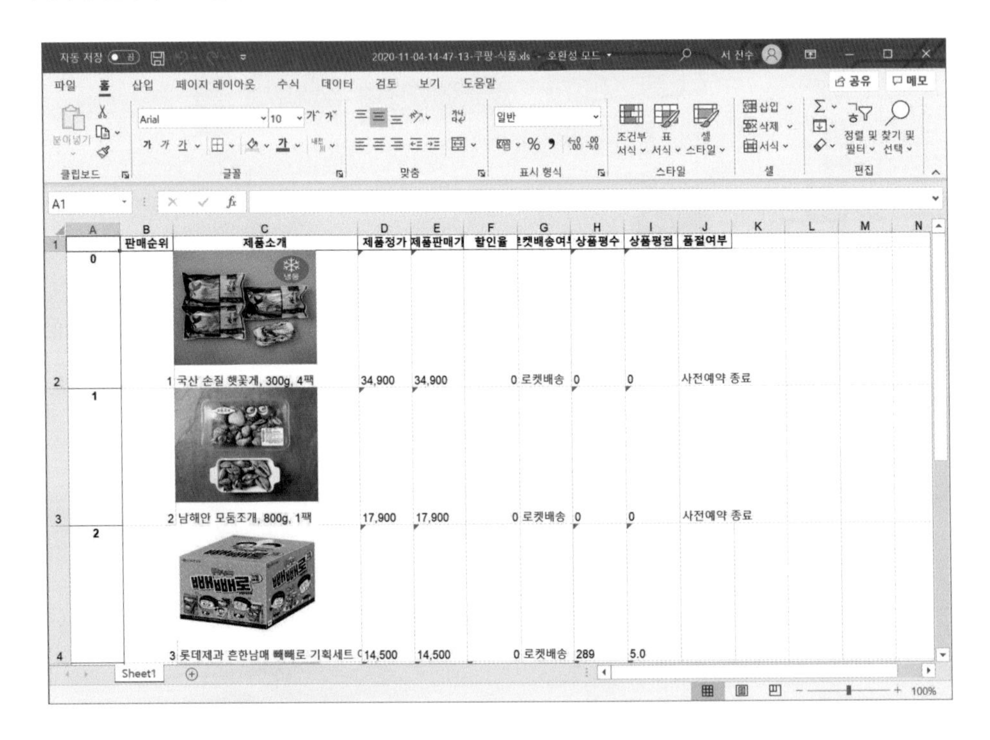

이 챕터에서 다루는 내용을 모두 이해하신다면 지구상에 존재하는 대부분의 인터넷 쇼핑몰 정보는 다 수집할 수 있을 거예요^^
Chap 8에서는 공인 인증서를 이용하여 로그인하는 사이트의 정보를 수집하는 것을 주제로 국세청 홈택스 사이트에 자동으로 로그인한 후 세금 계산서 발행 내역을 엑셀 형태로 다운로드 받는 것을 설명하고 있습니다. 이 기술은 실제 상용 서비스들에 많이 사용되고 있고 돈이 되기 때문에 잘 공개를 하지 않는 알짜 기술입니다

Chap 9에서는 수집한 데이터들을 엑셀이나 txt 형태로만 저장하는 것이 아니라 데이터베이스에 저장하는 방법을 설명하고 있습니다. 데이터베이스 프로그램 중에 많이 사용되고 있는 MySQL과 Oracle 프로그램을 사용하여 어떻게 DB와 파이썬을 연동하고 수집한 데이터를 저장하는 지 자세하게 안내해 드립니다.

Chap 10과 Chap 11에서는 업무 자동화라는 주제로 윈도에서 사용하는 수많은 프로그램들을 자동화 할 수 있는 방법을 안내하고 있습니다.
Chap 10에서는 윈도용 프로그램들을 자동화 할 수 있는 원리와 프로그램과 모듈의 사용법을 다양한 예제로 자세하게 안내하고 있는데 예제를 차근차근 따라하면서 놀라운 방법들을 쉽게 배울 수 있습니다.

Chap 11에서는 사무실에서 많이 사용하는 프로그램인 Microsoft Excel , Microsoft Word 프로그램을 자동화 시키는 방법을 소개하면서 자동으로 Excel 프로그램을 제어하여 피벗 테이블로 데이터를 요약하고 챠트를 작성하는 예제를 소개하고 있으며 MS Word 프로그램으로 공문을 자동으로 만들고 pdf 파일로 변환하여 고객의 이메일로 자동 발송하는 방법까지 안내하고 있습니다.

Chap 12부터 Chap 20까지는 파이썬 프로그램을 처음 접하시는 분들을 위해서 반드시 알아야 하는 필수 문법들을 다양한 예제를 사용해서 쉽게 설명하고 있습니다.

그리고 마지막 부록에서는 파이썬을 활용하여 주식 매매를 자동으로 할 수 있는 방법과 원리를 안내하고 있습니다. 특히 이 작업을 할 수 있는 소스코드를 제공해서 독자들이 직접 프로그램을 전부 개발하지 않더라도 적용해 볼 수 있도록 배려하고 있습니다.
물론 주식에 대한 기본 개념이나 매매 규칙 등은 독자 스스로가 정해서 사용해야 합니다~

이 한권의 책에 파이썬 관련 모든 내용들을 담을 수는 없지만 적어도 파이썬을 활용해서 우리의 시간과 삶을 더 여유롭고 윤택하게 만들 수 있는 다양한 방법들을 제시하고 있으니 독자께서는 이 책의 내용을 열심히 공부하셔서 더 멋진 내일을 만들어 가시길 응원합니다.

감사합니다.

데이터쟁이 **서진수** 드림

Part 1. 다양한 인터넷 데이터 수집 자동화

Chap 01 웹 크롤링을 위한 환경설정과 자동 검색 구현 _22

Chap 02 Beautiful Soup로 원하는 값 추출 후 저장하기 _38

항목별 내용 추출 후 다양한 형식의 파일로 저장하기 _58

Chap 04

상세 정보 수집 후 다양한 형식의 파일로 저장하기 _74

Chap 05

다양한 인터넷 언론 정보 수집하기 _92

Chap 09 수집된 데이터를 데이터베이스에 저장하기 _178

Part 2. 다양한 윈도 프로그램과 문서 업무 자동화하기

Chap 10 파이썬을 활용한 윈도용 프로그램 자동 제어하기 _234

Chap 11 Excel/Word작업 자동화 및 email 발송 자동화 _258

Part 3. 웹 크롤링과 문서 자동화를 위한 파이썬 필수 문법

Chap 15

조건문과 반복문 활용하기 _360

Chap 16 사용자 정의 함수와 모듈을 배웁니다 _380

Chap 17 디렉토리와 파일 관리하기 _392

Chap 18 예외처리를 배웁니다. _408

Chap 19 Numpy와 Pandas 모듈을 활용한 정형 데이터 관리 _418

Chap 20 다양한 파이썬 시각화 기법을 소개합니다. _444

부 록

01
PART

다양한
인터넷 데이터
수집 자동화

Chap 01

웹 크롤링을 위한 환경설정과 자동 검색 구현

국민 여러분~^^
웹 크롤링의 세계에 오신 것을 환영합니다~
지금 이 책을 보고 계신 이유는 인터넷에 있는 다양한 데이터를 수집하기 위해서죠?
제가 지금부터 자세하게 전해 드릴 테니까 차근차근 잘 배워서 꼭 능력자가 되세요~~^^
그리고 미리 당부를 드릴 내용이 있어요.
이번 챕터부터 하는 내용들은 파이썬 기본 문법들을 잘 알고 있다고 전제하고 진행을 할 거예요.
그래서 혹시라도 파이썬의 기본문법이 잘 기억이 안 나시는 분들은
기본 문법 파트를 참고하면서 보면 훨씬 이해가 잘 되실 거예요.
기본 문법이 이해가 안된다고 좌절하지 말라는 의미입니다!
자……. 그러면……우리가 이번 챕터에서 배워야 할 목표를 먼저 정리해 볼까요?

이번 챕터의 학습목표

1. 웹 크롤링의 원리를 이해하고 설명할 수 있다.
2. 웹 크롤링을 위한 주요 모듈들을 설치하고 환경설정을 할 수 있다.
3. 웹 사이트에서 검색 자동화를 구현할 수 있다.

위의 학습목표를 모두 공부하면 여러분들은 다양한 사이트에서 검색의 도사가 될 수 있습니다~
그럼 이제 본격적으로 시작해 볼까요?

웹 크롤링의 원리

(Youtube 동영상 강의 링크 : https://youtu.be/rznNRdsn-lw)

먼저 웹 크롤링을 하려면 데이터를 수집해 올 수 있도록 필요한 환경 설정이 되어야 합니다~

웹 데이터를 크롤링하는 다양한 모듈과 방법들이 있지만 이 책에서는 selenium과 Beautiful Soup를 사용하고 웹 드라이버로 Google의 Chrome Driver를 사용하는 방법을 자세히 소개해 드리겠습니다. 갑자기 여러가지 용어가 한꺼번에 나오니까 복잡하죠?

아래 그림을 보고 웹 크롤링을 하는 원리를 먼저 이해해 보세요.

아래 그림에서 전해드리는 원리가 아주 중요해요.

이 원리를 이해하신다면 뒤에 나오는 웹 크롤러를 만드는 과정이 한결 쉽게 느껴질 거예요~~

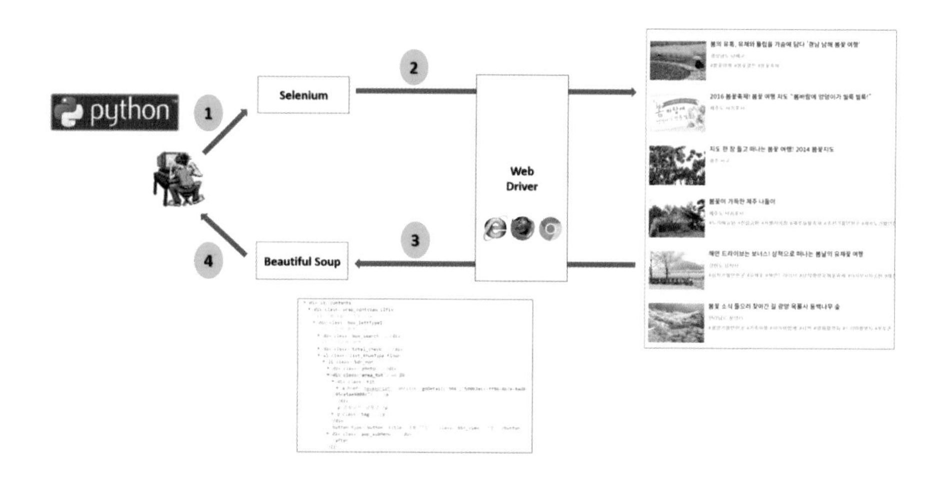

그림 설명

1. 사람이 파이썬 언어로 Selenium에게 특정 웹 페이지를 크롤링하라고 명령한다.
2. Selenium은 소스코드에 지정된 Web Driver를 실행하여 웹 페이지에 접속한다.
3. 접속한 웹 페이지를 HTML 소스코드 형태로 현재 크롤링을 실행하는 컴퓨터로 가져온다.

4. 수집된 HTML전체코드에서 Beautiful Soup를 사용하여 원하는 부분만 골라낸다.
5. 골라낸 데이터를 원하는 형식의 파일로 저장한다.

위 원리가 Selenium을 사용하여 웹 크롤링하는 원리입니다.

위 그림에서 중요한 부분은 Selenium와 Web Driver와 Beautiful Soup 프로그램이 서로 어떤 역할을 하고 어떤 관계가 있는지를 연계해서 이해해야 합니다.

다소 복잡해 보이지만 실제 실습을 하면서 자세하게 살펴보겠습니다.

웹 크롤링을 위한 설정

이번 챕터에서는 자동 검색 기능을 구현하기 위한 설정을 하고 다음 챕터에서 Beautiful Soup를 설치하고 살펴볼 예정입니다. 아래 순서대로 진행해 주세요.

01 사람 대신 웹 페이지를 열고 데이터를 수집할 selenium 패키지를 설치합니다.

웹 크롤러를 만드는 다양한 방법이 있는데 이 책에서는 아주 쉽게 작업할 수 있는 selenium(셀레니움)이라는 패키지를 사용합니다. selenium 패키지는 사람을 대신해서 주어진 작업을 해 주는 조수 프로그램이라고 생각하면 됩니다. 아래와 같이 윈도의 명령 프롬프트 창에서 "pip install selenium"을 실행하면 자동으로 다운로드받은 후 설치가 됩니다.

```
명령 프롬프트

C:₩Users₩seoji>
C:₩Users₩seoji> pip install selenium
Collecting selenium
  Downloading https://files.pythonhosted.org/packages/80/d6/4294f0b4bce4de0abf13e171902
89f9d0613b0a44e5dd6a7f5ca98459853/selenium-3.141.0-py2.py3-none-any.whl (904kB)
    100% |################################| 911kB 822kB/s
Collecting urllib3 (from selenium)
  Downloading https://files.pythonhosted.org/packages/62/00/ee1d7de624db8ba7090d1226aeb
efab96a2c71cd5cfa7629d6ad3f61b79e/urllib3-1.24.1-py2.py3-none-any.whl (118kB)
    100% |################################| 122kB 270kB/s
Installing collected packages: urllib3, selenium
Successfully installed selenium-3.141.0 urllib3-1.24.1
You are using pip version 18.1, however version 19.0.3 is available.
You should consider upgrading via the 'python -m pip install --upgrade pip' command.

C:₩Users₩seoji>
```

selenium 패키지가 사용할 웹 브라우저 프로그램(웹 드라이버)을 설치합니다.

웹 데이터를 크롤링할 때 사람 대신 selenium이 우리가 지금 설치하는 웹 드라이버 프로그램을 이용해서 웹 페이지를 열고 사람이 지정한 태그를 찾아서 데이터를 수집합니다.

사람이 인터넷을 할 때 웹 브라우저로 인터넷 익스플로러나 크롬, 사파리, Edge 등의 프로그램을 사용하는 것과 동일한 원리입니다. 이 책에서는 웹 드라이버 프로그램으로 google chrome 프로그램을 사용하겠습니다.

꼭 기억해야 할 주의사항은 크롬 웹 브라우저는 사람이 사용하는 것과 selenium이 사용하는 프로그램이 다르기 때문에 여러분들의 컴퓨터에 먼저 사람이 사용하는 google chrome이 설치되어 있어야 합니다. 만약 사람이 사용하는 google chrome 웹 브라우저가 설치되어 있지 않거나 chrome 웹 브라우저와 Chrome 웹 드라이버가 호환이 되지 않을 경우 웹 크롤링을 진행할 때 "selenium.common.exceptions.WebDriverException: Message: unknown error: cannot find Chrome binary"라는 오류가 나오면서 크롬 드라이버가 실행이 안되니까 꼭 기억해 주세요~

이제 selenium이 사용할 크롬을 아래와 같이 다운로드를 해주세요.

Step 1 https://sites.google.com/a/chromium.org/chromedriver/downloads페이지를 엽니다.

(위 URL을 모두 입력하기 어려우면 www.google.co.kr에서 chromedriver로 검색하면 다운로드받는 링크가 나옵니다.)

위 링크에 접속하면 Chrome Web Driver 다운로드 홈페이지에 접속할 수 있습니다.

위 사이트에 접속하면 다양한 버전의 크롬 드라이버가 나옵니다. 크롬 드라이버를 선택하는 권장사항은 현재 컴퓨터에 설치되어 있는 사람이 사용하는 크롬버전과 동일하거나 비슷한 버전을 설치하는 것입니다.

2020년 9월 10일 기준으로 제가 쓰고 있는 크롬의 버전은 85.0.4183버전이라서 이 버전과 비슷한 버전의 크롬 드라이버를 다운로드하겠습니다.

사람이 사용하는 크롬의 버전은 다음과 같이 확인 가능합니다.

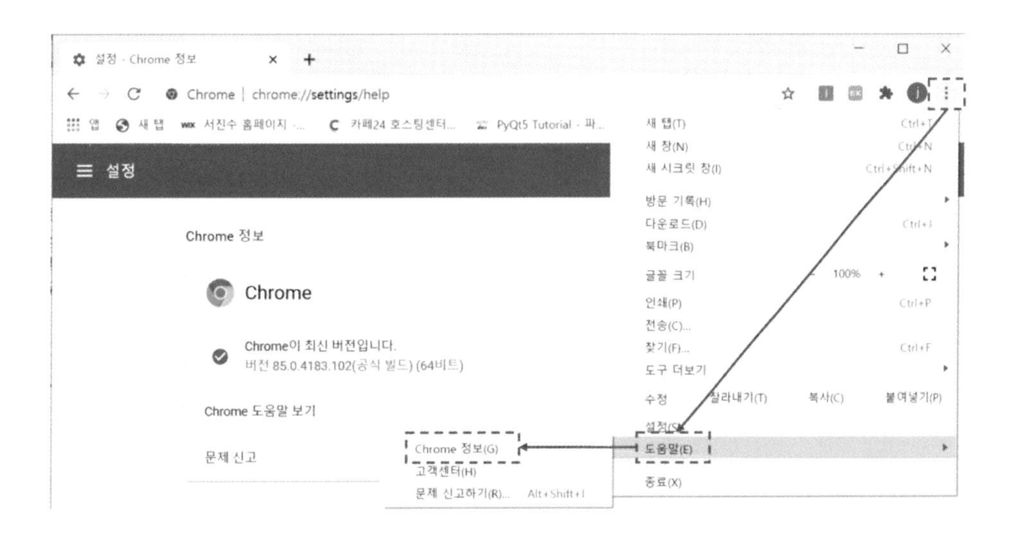

크롬 드라이버 다운로드 사이트에 가면 여러가지 버전이 보이는데 그 중에서 다음 그림과 같이 현재 크롬버전과 동일한 크롬드라이버를 클릭합니다.

ChromeDriver 85.0.4183.87

Supports Chrome version 85

- Resolved issue 3578: Chrome 85 no longer allows graceful interaction with windows when an alert dialog is open

For more details, please see the release notes.

위 그림에서 크롬 드라이버 이름을 클릭하면 아래 그림과 같이 다양한 OS 용의 크롬 드라이버 목록이 나옵니다. 이 책에서는 가장 많이 사용되는 Windows 용으로 설명하겠습니다.

Step 2 아래 그림에서 윈도용인 chromedriver_win32.zip을 클릭하여 다운로드 합니다.

Index of /85.0.4183.87/

Name	Last modified	Size	ETag
Parent Directory		-	
chromedriver_linux64.zip	2020-08-27 20:11:44	5.11MB	49513e90656c825f5acadfb917bb7840
chromedriver_mac64.zip	2020-08-27 20:11:46	7.36MB	6f6a70e5ee4b9df114558323cd3add90
chromedriver_win32.zip	2020-08-27 20:11:48	4.96MB	d8dd294b56d92add7cafea4afb899359
notes.txt	2020-08-27 20:11:52	0.00MB	734a3176845469073a9ef15f114ff326

앞의 그림에서 보듯이 크롬 드라이버는 리눅스용과 MAC OS용과 Windows용이 있습니다.

이 책에서는 가장 많이 사용되는 Windows용으로 다운로드받아서 사용하겠습니다. 앞에서 chromedriver_win32.zip 링크를 눌러서 컴퓨터의 적당한 경로에 저장하세요.

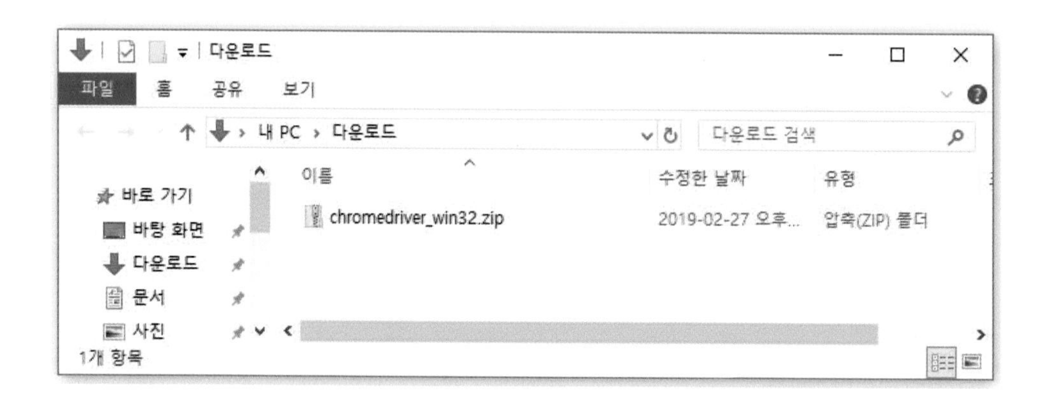

다운로드가 완료되면 c:\temp\ 폴더 아래에 압축을 풀어주세요.

사실 어디에 압축을 풀든 상관없지만 혼란을 줄이기 위해서 c:\temp\에 압축을 풀겠습니다.

압축이 풀리면 아래와 같이 c:\temp\chromedriver_win32 폴더가 생성되고 그 폴더 안에 chromedriver.exe 파일이 만들어 집니다.

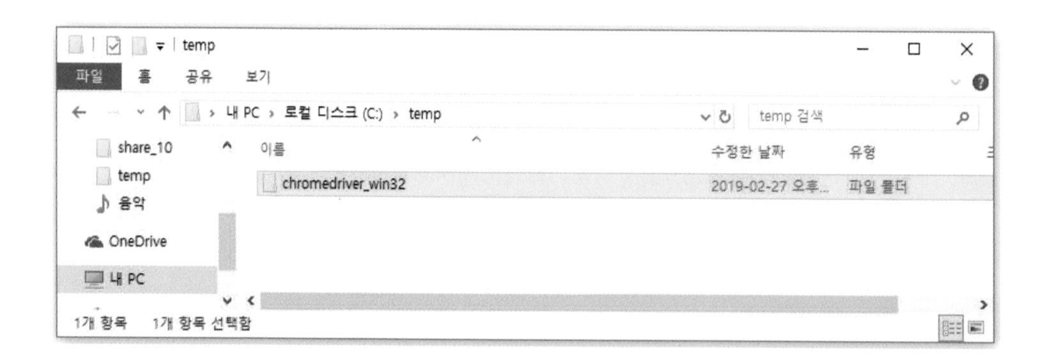

위 그림에서 폴더 이름을 chromedriver_win32→chromedriver_85로 변경하겠습니다~~

다음 그림이 최종 화면입니다.

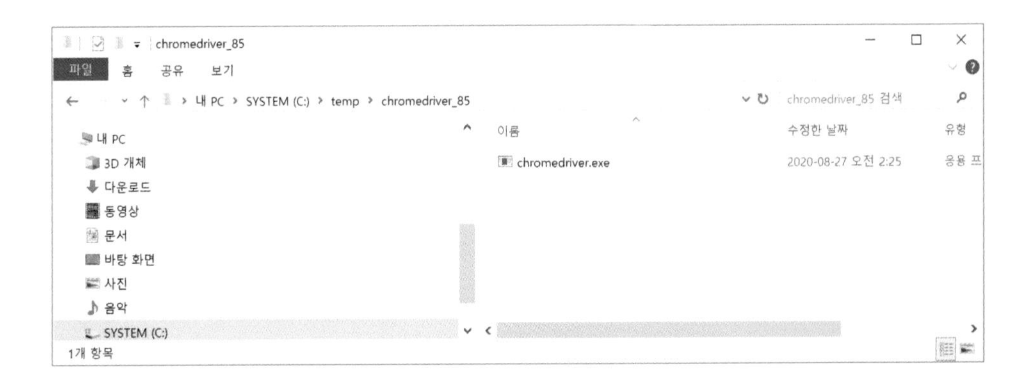

반드시 위 그림과 같이 경로를 설정할 필요는 없지만 이 책에서는 위 경로를 기준으로 설명을 진행하겠습니다.

만약 다른 경로에 chrome driver를 설정하셨다면 나중에 크롤링을 할 때 chromedriver.exe 파일을 사용하니까 경로 잘 기억해주세요 ^^

지금까지 웹 크롤링을 위해 필요한 패키지와 파일들을 설치하고 설정했습니다.

이제부터 본격적으로 크롤링을 시작하겠습니다~

검색창에 검색어를 입력 후 자동 검색하기 기능 구현하기

(Youtube 동영상 강의 링크 : https://youtu.be/fsoScWKfMKU)

01 작업 개요

우리가 첫 번째 예제로 배울 내용은 검색창에 검색어를 자동으로 입력한 후 자동으로 검색하여 결과를 출력하게 만드는 것입니다.

즉 selenium에게 1. 웹 페이지 열어라 → 2. 검색창을 찾아라 → 3. 검색어를 입력해라 → 4. 조회해라 순서로 작업을 시키는 것이지요.

이 예제에서 반드시 배워야 하는 것은 웹 페이지에서 웹 브라우저의 개발자 도구를 사용해서 특정 메뉴나 항목(엘리먼트)의 이름이나 주소를 찾아내는 방법입니다.

이번 예제에서 사용할 웹 사이트는 한국교육학술정보원에서 운영하는 방대한 논문과 학술 자료를 제공하는 대한민국 최고의 학술 정보 사이트인 riss입니다.

웹 사이트 주소는 http://www.riss.kr이고 아래 그림과 같습니다.

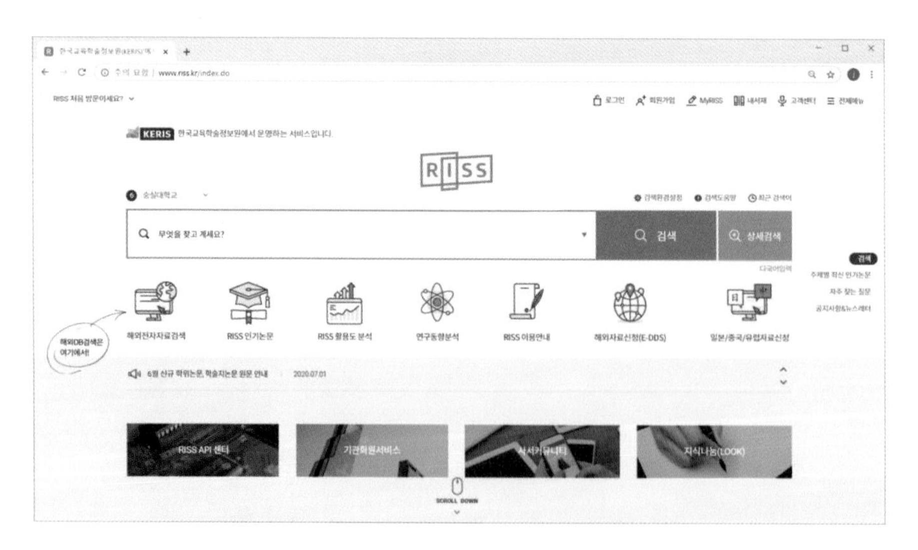

참고로 앞 사이트의 모습은 수시로 바뀔 수 있습니다.

앞의 사이트에서 검색창에 특정 키워드를 입력한 후 검색을 실행하면 해당 키워드로 다양한 분야의 방대한 자료들이 조회됩니다. 우리는 selenium을 활용하여 자동으로 위 검색창에 "해양자원"이라는 키워드를 입력 후 결과를 조회하도록 작업하겠습니다.

02 일단 실행하기

앞의 작업 개요에서 살펴본 내용으로 작업을 하도록 파이썬으로 코드를 작성해야겠죠?

이제부터 실제 파이썬 코드를 살펴보겠습니다.

작업의 편의상 Jupyter Notebook 프로그램을 사용하겠습니다.

이 프로그램을 잘 모르시거나 익숙하지 않으시다면 이 책의 Jupyter notebook 편을 참고하세요.

(아래의 소스코드 코딩이 불편하신 분은 제가 제공해 드리는 소스코드를 사용하세요~)

```
1  # riss.kr 에서 특정 키워드로 논문 / 학술 자료 검색하기
2
3  #Step 1. 필요한 모듈을 로딩합니다
4  from selenium import webdriver
5  import time
6
7  #Step 2. 사용자에게 검색 관련 정보들을 입력 받습니다.
8  print("=" *100)
9  print(" 이 크롤러는 RISS 사이트의 논문 및 학술자료 수집용 웹크롤러입니다.")
10 print("=" *100)
11 query_txt = input('1.수집할 자료의 키워드는 무엇입니까?(여러개일 경우 , 로 구분하여 입력): ')
12 #query_txt = '해양자원,도시재생'
13 print("₩n")
14
15 #Step 3. 크롬 드라이버 설정 및 웹 페이지 열기
16 chrome_path = "c:/temp/chromedriver_85/chromedriver.exe"
17 driver = webdriver.Chrome(chrome_path)
18
19 url = 'http://www.riss.kr/'
20 driver.get(url)
21 time.sleep(2)
22
23 #Step 4. 자동으로 검색어 입력 후 조회하기
24 element = driver.find_element_by_id("query")
25 driver.find_element_by_id("query").click( )
26 element.send_keys(query_txt)
27 element.send_keys("₩n")
```

위의 소스코드를 Shift + Enter 키를 눌러 실행하면 다음 그림과 같이 크롤링 할 검색어를 입력하는 창이 나오죠?

```
==================================================================================================
 이 크롤러는 RISS 사이트의 논문 및 학술자료 수집용 웹크롤러입니다.
==================================================================================================

1.수집할 자료의 키워드는 무엇입니까?(여러개일 경우 , 로 구분하여 입력):
해양자원
```

키워드를 입력하는 곳에 "해양자원"을 입력한 후 엔터키를 치면 Chrome 창이 새로 열리면서 앞의 코드 19번 행에서 지정한 RISS 웹 페이지가 열리고 검색창에 "해양자원"을 자동으로 입력한 후 검색하여 결과가 화면에 출력되는 것이 보이죠?

03 소스코드 설명

앞에서 실행한 코드를 자세하게 설명드리겠습니다.

```
1  # riss.kr 에서 특정 키워드로 논문 / 학술 자료 검색하기
2
3  #Step 1. 필요한 모듈을 로딩합니다
4  from selenium import webdriver
5  import time
6
```

위 코드의 4번 행에서 selenium 모듈을 import했습니다.

그리고 아래의 time 모듈은 페이지가 전부 열릴 때까지 기다려 주는 time.sleep( ) 명령을 위해서 import했습니다. import 명령에 대한 자세한 설명은 이 책의 모듈 부분에 있으니까 참고하세요~

그 후 Step 2의 11번 행에서 사용자에게 검색어를 입력받아 query_txt라는 변수에 저장합니다.

```
7  #Step 2. 사용자에게 검색 관련 정보들을 입력 받습니다.
8  print("=" *100)
9  print(" 이 크롤러는 RISS 사이트의 논문 및 학술자료 수집용 웹크롤러입니다.")
10 print("=" *100)
11 query_txt = input('1.수집할 자료의 키워드는 무엇입니까?(여러개일 경우 , 로 구분하여 입력): ')
12 print("₩n")
13
```

이렇게 작성 후 Shift+Enter 키를 입력하면 다음과 같이 검색어를 입력받는 창이 나오는데 "해양자원"을 입력한 후 Enter 키를 치세요.

```
==========================================================================
 이 크롤러는 RISS 사이트의 논문 및 학술자료 수집용 웹크롤러입니다.
==========================================================================
1.수집할 자료의 키워드는 무엇입니까?(여러개일 경우 , 로 구분하여 입력):
 해양자원
```

사용자가 입력한 "해양자원"키워드가 query_txt 변수에 저장되어 있겠죠?

이제 아래 그림처럼 크롬 드라이버를 설정하고 웹 페이지에 접속합니다.

```
15  #Step 3. 크롬 드라이버 설정 및 웹 페이지 열기
16  chrome_path = "c:/temp/chromedriver_85/chromedriver.exe"
17  driver = webdriver.Chrome(chrome_path)
18
19  url = 'http://www.riss.kr/'
20  driver.get(url)
21  time.sleep(2)
```

위 그림에서 16번 행의 chrome_path에는 chromedriver.exe 파일이 있는 경로를 적어주면 됩니다.

이 책에서는 위 경로이지만 혹시 다른 경로에 chromedriver.exe 파일이 있는 분들은 그 경로로 변경해서 사용하시면 됩니다.

참고로 위 16번 행의 chrome_path에 chromedriver.exe의 경로를 지정하지 않으면 현재 소스코드가 있는 폴더에서 chromedriver.exe 파일을 자동으로 찾게 됩니다.

19번 행에서 우리가 접속할 홈페이지의 주소를 지정한 후 20번 행에 있는 driver.get("URL 주소") 명령으로 주어진 URL 주소의 웹 페이지를 OPEN합니다. 사람이 웹 페이지를 열기 위해 웹 브라우저를 실행한 후 주소창에 주소를 입력하는 것과 똑같은 효과를 내는 명령어입니다.

여러분들이 크롤링하거나 열기를 원하는 주소로 바꾸고 실행해 보는 것도 재미있겠죠?

21번 행의 time.sleep( ) 명령은 인터넷 속도에 따라 웹 페이지가 열리는 속도가 다르기 때문에 driver.get( ) 명령으로 웹 페이지를 열도록 시킨 후 다 열릴 때까지 기다리는 명령인데 인터넷 속도가 느릴 경우 이 명령을 사용하지 않으면 에러가 자주 발생할 정도로 아주 중요한 역할을 합니다. 괄호 안에 기다릴 시간을 초 단위로 적으면 됩니다.

웹 페이지가 열렸다면 이제 키워드를 입력한 후 검색을 해야겠죠?

다음 코드를 볼까요?

```
23 #Step 4. 자동으로 검색어 입력 후 조회하기
24 element = driver.find_element_by_id("query")
25 driver.find_element_by_id("query").click( )
26 element.send_keys(query_txt)
27 element.send_keys("₩n")
```

위 코드에서 24번 행이 검색어를 입력하는 검색 창 정보를 지정하는 명령입니다.

그리고 25번 행에서 검색 창을 클릭한 후 26번 행에서 검색어를 입력하고 27번 행에서 엔터키를 입력하여 검색을 진행하게 됩니다.

04 개발자 도구 사용하기

우리는 앞의 실습에서 아래와 같이 입력하고 Shift+Enter를 실행하면 자동으로 크롬이 실행되면서 RISS의 웹 페이지가 열린 후 검색창에 검색어가 입력되는 것을 확인했습니다.


```
23 #Step 4. 자동으로 검색어 입력 후 조회하기
24 element = driver.find_element_by_id("query")
25 driver.find_element_by_id("query").click( )
26 element.send_keys(query_txt)
27 element.send_keys("₩n")
```


위 코드에서 25번 행에 보면 find_element_by_id("query").click( )명령이 보이죠?

이 줄의 의미는 selenium에게 현재 보이는 웹 페이지에서 "query"라는 것을 찾아서 클릭하라는 뜻입니다. 그럼 "query"가 과연 무엇이고 어떻게 찾을까요?

앞에서 언급한 작업 순서 중에 현재 페이지에서 검색창에 검색어를 입력한다고 했는데 바로 현재 페이지의 HTML 코드에서 검색창의 ID 값이 query입니다. 이처럼 우리가 웹 페이지에서 클릭하거나 값을 입력하는 등의 작업을 하는 대상을 엘리먼트(element)라고 합니다.

그럼 검색창의 ID가 query라는 것은 어떻게 찾았을까요?

바로 웹 브라우저에서 제공하는 기능인 개발자 도구를 사용해서 쉽게 찾을 수 있습니다.

지금 바로 실습으로 크롬에서 개발자 도구를 이용해서 특정 엘리먼트의 이름이나 ID 등을 찾는 방법을 소개해 드리겠습니다.

먼저 현재 RISS 웹 페이지가 있는 화면에서 F12번 키나 Ctrl+Shift+I 키를 누르세요.

그러면 다음과 같이 화면이 좌/우로 분할이 되면서 보일 거예요.

(크롬 드라이버일 경우 좌/우로 분할되고 인터넷 익스플로러일 경우 상/하로 분할됩니다)

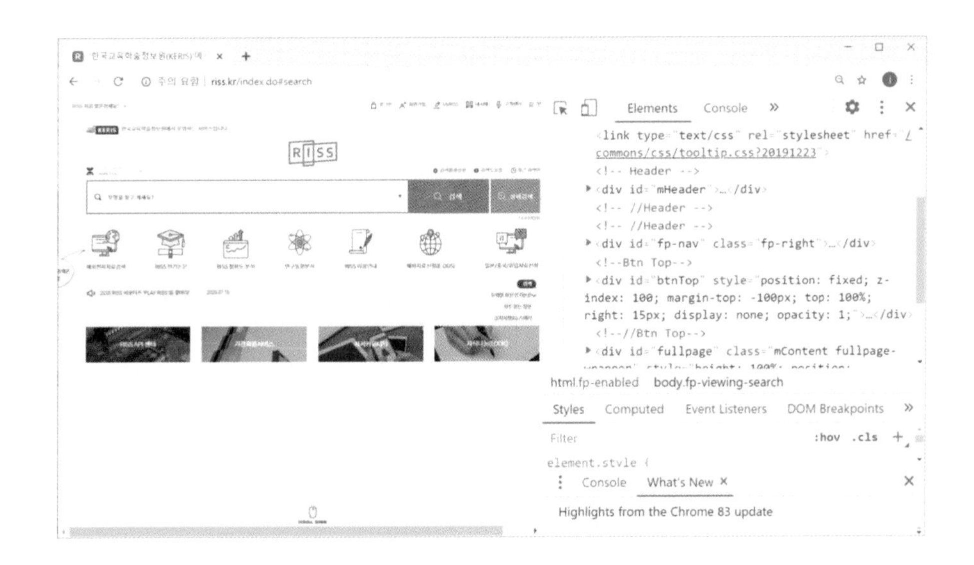

화면이 너무 작아서 잘 안보일 수도 있는데 위 화면에서 오른쪽 화면만 확대해서 다시 보겠습니다.

위 화면이 현재 웹 페이지의 HTML 전체 코드를 보여주는 창입니다.
이 창에서 우리가 원하는 엘리먼트 정보를 많이 찾게 될 거예요.

앞의 창에서 특정 엘리먼트를 선택하는 버튼을 누른 후 왼쪽 웹 페이지에서 해당 엘리먼트를 선택하면 오른쪽 창에서 해당 엘리먼트의 HTML 코드를 보여줍니다.

말로 하면 어려우니까 아래 그림의 순서를 잘 보세요.

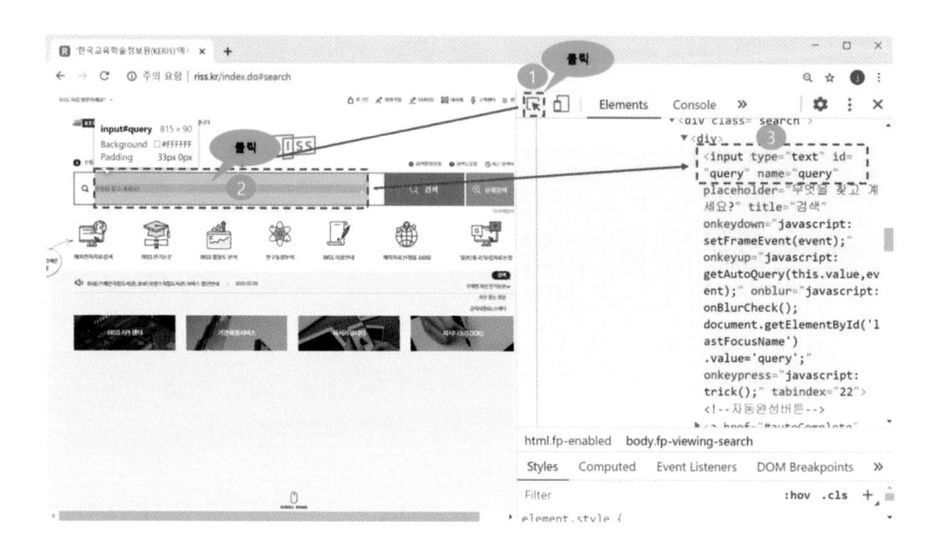

위 그림에서 HTML소스코드가 있는 3번 부분을 보면 id="query" 부분이 보이죠?

이렇게 개발자 도구를 활용해서 특정 버튼이나 메뉴의 name 값이나 id값을 찾으면 됩니다.

여기서는 해당 엘리먼트의 id나 name 값이 있어서 둘 중에서 id값을 사용했는데 만약 id 값이나 name 값이 없을 경우도 있어서 아래의 다양한 방법들을 사용하여 특정 엘리먼트를 클릭하거나 값을 입력할 수도 있습니다.

우선 id 값을 이용하는 방법부터 살펴보고 나머지 방법들은 다른 실습에서 사용하겠습니다.

참고하세요 : 웹 페이지의 특정 element에 접근하는 다양한 방식들

```
- find_element_by_id('html_id')
- find_element_by_name('html_name')
- find_element_by_xpath('/html/body/some/xpath')
- find_element_by_css_selector('#css > div.selector')
- find_element_by_class_name('some_class_name')
- find_element_by_tag_name('h1')
- find_element_by_link_text('텍스트이름')
```

오늘 배운 내용들이 앞으로 웹 크롤러를 만들 때 아주 중요하게 사용될 내용들이니까 막히는 부분이 없도록 열심히 연습해 주세요~

연습 문제로 실력 굳히기

문제 1 네이버 사이트의 검색창에 "서진수 빅데이터" 키워드를 입력한 후 검색을 실행하도록 코드를 작성하세요.

문제 2 다음 사이트의 검색창에 "서진수 빅데이터" 키워드를 입력한 후 검색을 실행하도록 코드를 작성하세요.

문제 3 구글 사이트의 검색창에 "서진수 빅데이터" 키워드를 입력한 후 검색을 실행하도록 코드를 작성하세요.

이번 장에서 배운 내용들을 완전히 습득하셔서 꼭 여러분들의 실력으로 만드세요~

데이터쟁이 서진수가 독자님을 응원합니다~!

Chap 02

Beautiful Soup로 원하는 값 추출 후 저장하기

지난 챕터에서 우리는 웹 사이트에서 특정 키워드로 자동 검색하는 방법을 배웠습니다.

이번 시간에는 검색된 결과에서 원하는 데이터만 추출하여 txt형식으로 저장하는 방법을 살펴보겠습니다.

HTML 코드에서 특정 태그 값이나 데이터를 추출하기 위해서는

Beautiful Soup라는 파이썬 라이브러리를 사용하면 아주 편하게 작업할 수 있습니다.

그래서 이번 챕터에서 공부할 학습목표는 아래와 같습니다.

학습 목표

1. Beautiful Soup의 역할과 설정을 할 수 있다.
2. Beautiful Soup의 find( ), find_all( ), select( ) 함수로 원하는 데이터만 추출할 수 있다.
3. 수집된 데이터를 txt 형식의 파일로 저장할 수 있다.

위 내용을 한가지씩 자세하게 살펴보겠습니다.

Beautiful Soup (뷰티풀 수프) 역할과 설치하기

(Youtube 동영상 강의 링크 : https://youtu.be/RjCxJViZ5HM)

Beautiful Soup는 아주 복잡한 HTML 코드에서 지정된 특정 태그나 값을 추출할 때 사용하는 라이브러리입니다. 물론 반드시 Beautiful Soup 라이브러리를 사용하지 않아도 웹 크롤러를 만드는 것은 충분히 가능하지만 웹에서 우리가 원하는 데이터를 가져오기 위해서 필요한 복잡하고 번거로운 작업들이 Beautiful Soup를 이용하면 아주 간단하게 해결이 됩니다.

예를 들어 웹에서 우리가 원하는 이미지를 가져온다고 했을 때 Beautiful Soup를 사용하지 않고 코딩을 하게 되면 HTML코드 전체를 대상으로 정규식 등을 사용하여 우리가 원하는 이미지가 있는 태그를 찾아 내야합니다.

하지만 Beautiful Soup를 이용하면 단 한 줄로 이 작업을 대신할 수 있다는 것이죠.

마치 땅을 팔 때 삽으로 100 번 파야 할 분량을 포크레인을 쓰면 1 번에 끝나는 것과 비슷한 경우입니다.Beautiful Soup는 파이썬에서 Web 관련 작업을 하시려면 꼭 배워야 할 라이브러리입니다. Beautiful Soup에 대한 자세한 정보는 아래의 링크를 참조해 주세요.

```
한글 링크 : https://www.crummy.com/software/BeautifulSoup/bs4/doc.ko/
영어 링크 : https://www.crummy.com/software/BeautifulSoup/bs4/doc/index.html
```

그리고 웹 크롤러를 만들려면 파이썬의 기초 문법은 물론이고 HTML 언어의 내용까지 일부 알고 있어야 합니다. 혹시라도 이후 내용을 보시다가 잘 생각 안 나면 이 책의 Part 3에 있는 기본 문법의 내용을 먼저 살펴보세요.

Beautiful Soup를 사용하기 위해서는 먼저 설치해야 합니다.

설치하는 방법은 여러가지가 있는데 가장 간편하게 사용할 수 있는 방법은 cmd 창에서 pip 명령을 이용하는 것입니다. 아래와 같이 cmd(윈도의 명령 프롬프트) 창을 열고 아래의 명령을 실행하세요.

```
관리자: 명령 프롬프트
C:\Windows\system32>
C:\Windows\system32>pip install bs4
Collecting bs4
  Using cached bs4-0.0.1.tar.gz (1.1 kB)
Requirement already satisfied: beautifulsoup4 in c:\python 3.5\lib\site-packages (from
 bs4) (4.6.0)
Building wheels for collected packages: bs4
  Building wheel for bs4 (setup.py) ... done
  Created wheel for bs4: filename=bs4-0.0.1-py3-none-any.whl size=1278 sha256=a962e1d1
e4d122e6d8f4b70edfeb708a08327d40d1023f362655c5040a9897f9
  Stored in directory: c:\users\seoji\appdata\local\pip\cache\wheels\df\bb\53\ffd18097
aff565fd3d64285910fabf60510830d60b49f5d933
Successfully built bs4
Installing collected packages: bs4
Successfully installed bs4-0.0.1
```

위 명령으로 설치가 되었다면 Beautiful Soup를 사용할 준비는 모두 마쳤습니다.

Beautiful Soup를 사용하여 데이터 추출하기

Beautiful Soup는 아주 많은 훌륭한 기능들을 가지고 있습니다.

하지만 우리는 이 책에서 그 모든 기능들을 다 볼 수는 없고 웹 크롤러를 만드는 데 반드시 필요한 부분을 위주로 살펴보겠습니다.

Beautiful Soup로 "웹 페이지의 데이터를 가져온다"는 것은 "웹 페이지의 HTML 태그를 가져온다"라는 말과 같습니다.

그럼 Beautiful Soup를 이용해서 웹 페이지의 특정 태그를 가져오기 위해서는 어떻게 해야 할까요?? 특정한 태그를 추출하는 여러가지 방법이 있지만 이 책에서는 find( ) / find_all ( ) / select( ) 함수를 사용하는 방법을 살펴보겠습니다.

함수를 사용하기 전에 찾아올 태그를 지정하는 원리를 먼저 살펴보겠습니다.

아래 그림을 보세요.

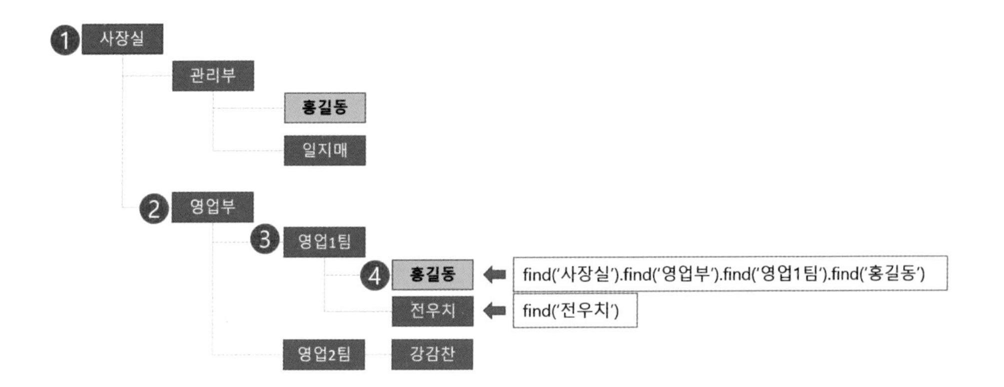

위 그림에서 "홍길동" 직원을 찾고 싶다고 할 때 관리부에도 "홍길동"이 있고 영업1팀에도 "홍길동"이 있습니다. 이때 영업1팀의 "홍길동"을 찾고 싶다면 위 그림에 있는 것처럼 맨 처음에

find('사장실').find('영업부').find('영업1팀').find('홍길동')과 같이 최상위 레벨부터 차례대로 적어줘야 합니다. 이렇게 해야 하는 이유는 "홍길동"이 2명 이상이기 때문에 정확한 부서를 전부 적어줘야 원하는 "홍길동"을 정확하게 찾을 수가 있습니다.

그런데 앞의 그림에서 "전우치"를 찾고 싶다면 그냥 find('전우치')를 해도 찾을 수 있습니다. 왜냐면 회사 전체에 '전우치'가 1명밖에 없기 때문에 쉽게 찾을 수가 있기 때문입니다.

HTML 코드의 구조도 위의 회사 조직도와 비슷하게 계층으로 이루어져 있습니다.

아래 그림으로 비교해 볼까요?

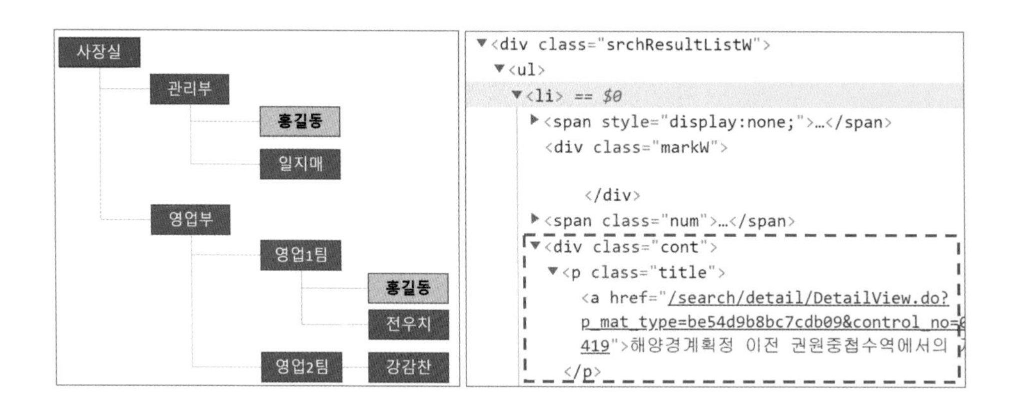

위 그림의 왼쪽 회사 조직도에서 만약에 "관리부 직원 다 데려와"라고 하면 자동으로 홍길동과 일지매가 한꺼번에 오겠죠?

즉 상위 태그의 값을 가져오면 자동적으로 해당 태그 아래에 있는 하위태그의 값은 다 가져오게 됩니다. 위 그림의 오른쪽 HTML 태그에서 <div class="cont"> 값을 찾아오라고 하면 자동적으로 그 아래 있는 <p class="title"> 값을 가져오게 된다는 뜻입니다.

이제 각 함수들의 사용방법을 보겠습니다.

01 find( ) 함수 : 주어진 조건을 만족하는 첫 번째 태그 값만 가져오기

find() 함수를 이용하면 HTML 코드 안에서 원하는 태그를 가져올 수 있습니다.

다음 그림을 보세요.

```
1  #Beautiful Soup 예제 1
2
3  from bs4 import BeautifulSoup
4  ex1 = '''
5  <html>
6      <head>
7          <title> HTML 연습 </title>
8      </head>
9      <body>
10         <p align="center"> text 1 </p>
11         <img src="c:\\temp\\image\\솔개.png">
12     </body>
13 </html> '''
14
15 soup = BeautifulSoup(ex1 , 'html.parser')
16 soup.find('title')
```

```
<title> HTML 연습 </title>
```

위의 그림은 title 태그를 가져오는 모습입니다.

Beautiful Soup를 활용하여 특정 태그를 찾을 때 작업 순서가 아주 중요합니다.

위 그림에서 3번 행에서 Beautiful Soup를 사용하도록 불러온 후 4번 행부터 13번 행까지 예제로 사용할 HTML 코드를 만들었습니다. 실제 크롤러를 만들 때는 이 부분에 특정 웹 페이지의 HTML 소스코드가 들어가겠죠?

그리고 15번 행에서 HTML 코드를 Beautiful Soup에게 넘겨서 파싱(분석)하고 그 결과를 soup이라는 변수에 저장하였습니다. 그리고 16번 행에서 분석 결과가 저장된 soup 변수에서 find 함수에게 'title'이라는 태그를 찾도록 시켰습니다.

HTML 코드 안에서 어떤 특정 태그를 가져오고 싶다면 위와 같이 find 함수의 인수에 태그의 이름을 전달해 주는 겁니다. 참 간단하죠?

그럼 이번에는 p태그를 찾아볼까요?

```
1  soup.find('p')
```

```
<p align="center"> text 1 </p>
```

만약에 찾고 싶은 태그가 없다면 아무 내용이 나오지 않습니다.

find( ) 함수는 동일한 태그가 여러 개 있을 경우에 첫 번째 태그 1개만 가져옵니다.

다음 그림을 보세요.

```
1  #Beautiful Soup 예제 2
2
3  from bs4 import BeautifulSoup
4  ex1 = '''
5  <html>
6      <head>
7          <title> HTML 연습 </title>
8      </head>
9      <body>
10         <p align="center"> text 1 </p>
11         <p align="rigth"> text 2 </p>
12         <p align="left"> text 3 </p>
13         <img src="c:\\temp\\image\\솔개.png">
14     </body>
15 </html> '''
16
17 soup = BeautifulSoup(ex1 , 'html.parser')
```

위 그림을 보면 10번 행부터 12번 행까지 〈p〉태그가 총 3개가 있습니다.

이제 p태그를 가져오겠습니다. 아래 그림을 보세요.

```
1  soup.find('p')

<p align="center"> text 1 </p>
```

위 그림을 보니까 총 3개의 p태그 중에서 첫 번째 1건만 가져오는 거 보이죠?

이번에는 태그에다가 속성을 추가로 지정하여 사용하는 방법입니다.

먼저 html 코드 중 가운데 부분을 다음과 같이 수정하고 진행하겠습니다.

```
1  #Beautiful Soup 예제 3
2
3  from bs4 import BeautifulSoup
4  ex1 = '''
5  <html>
6      <head>
7          <title> HTML 연습 </title>
8      </head>
9      <body>
10         <p align="center"> text 1 </p>
11         <p align="rigth"> text 2 </p>
12         <p align="left"> text 3 </p>
13         <img src="c:\\temp\\image\\솔개.png">
14     </body>
15 </html> '''
16
17 soup = BeautifulSoup(ex1 , 'html.parser')
```

앞의 html 코드를 보면 align 속성이 각각 center, right, left인 p태그들이 있습니다. 각각의 p태그를 속성을 이용해서 조회해 보도록 할까요??

```
1  soup.find('p',align='center')
<p align="center"> text 1 </p>

1  soup.find('p', align="rigth")
<p align="rigth"> text 2 </p>

1  soup.find('p', align="left")
<p align="left"> text 3 </p>
```

위 그림처럼 속성값을 이용하여 원하는 태그를 추출할 수도 있습니다.

지금까지 살펴본 방법 외에도 find( ) 함수에 여러가지 옵션들이 있지만 가장 많이 사용하는 방법들을 소개해 드렸으니 열심히 연습해 주세요.

02 find_all( ) 함수 : 해당 태그가 여러 개 있을 경우 한꺼번에 모두 가져오기

find_all() 함수는 find() 함수와는 다르게 원하는 태그가 몇 개가 있던지 모두 가져옵니다. find_all() 함수를 사용하기 위해서 HTML 코드를 아래 그림처럼 바꾸고 진행하겠습니다.

```
 1  #Beautiful Soup 예제 4
 2
 3  from bs4 import BeautifulSoup
 4  ex1 = '''
 5  <html>
 6      <head>
 7          <title> HTML 연습 </title>
 8      </head>
 9      <body>
10          <p align="center"> text 1 </p>
11          <p align="center"> text 2 </p>
12          <p align="center"> text 3 </p>
13          <img src="c:\\temp\\image\\솔개.png">
14      </body>
15  </html> '''
16
17  soup = BeautifulSoup(ex1 , 'html.parser')
```

앞 코드의 17번 행에서 HTML코드가 변경되어 다시 Beautiful Soup 객체를 생성했습니다.

그리고 아래 그림처럼 find_all( ) 함수를 사용하여 모든 〈p〉태그를 추출하면 됩니다.

```
1  soup.find_all('p')

[<p align="center"> text 1 </p>,
 <p align="center"> text 2 </p>,
 <p align="center"> text 3 </p>]
```

일반적인 웹 페이지는 동일한 태그가 아주 많이 있기 때문에 find_all( ) 함수를 사용하는 경우가 많이 발생합니다.

지금까지는 Beautiful Soup를 사용해서 한 가지 태그를 찾아오는 방법들을 살펴보았습니다.

그런데 코딩을 하다 보면 지금까지 했던 것과는 다르게 한가지의 태그만 찾는 것이 아니라 여러가지의 태그를 찾아야 하는 상황이 자주 있습니다.

예를 들어 p태그와 img태그를 같이 찾고 싶을 때처럼 말이죠.

이런 경우는 다음 그림처럼 사용하면 됩니다.

```
1  soup.find_all( ['p','img'])

[<p align="center"> text 1 </p>,
 <p align="center"> text 2 </p>,
 <p align="center"> text 3 </p>,
 <img src="c:₩temp₩image₩솔개.png"/>]
```

03 select( ) 함수 사용하기

앞에서 find( ) 함수와 find_all( ) 함수를 이용하여 원하는 태그를 찾는 방법을 소개했습니다. 그런데 이 함수들 외에도 select( ) 함수로 css_selector를 활용해서 원하는 태그를 찾는 방법도 많이 사용합니다. 실제 크롤링할 때는 세 가지 방법을 함께 사용하는 경우가 많기에 이 방법도 자세하게 설명하겠습니다. 예제로 다음과 같은 html을 사용하겠습니다.

```
1  ex2 = '''
2  <html>
3      <head>
4          <h1> 사야할 과일
5      </head>
6      <body>
7          <h1> 시장가서 사야할 과일 목록
8              <div> <p id='fruits1' class='name1' title='바나나'> 바나나
9                     <span class = 'price'> 3000원 </span>
10                    <span class = 'count'> 10개 </span>
11                    <span class = 'store'> 바나나가게 </span>
12                    <a href = 'https://www.banana.com'> banana.com </a>
13                    </p>
14             </div>
15             <div> <p id='fruits2' class='name2' title='체리'> 체리
16                  <span class = 'price'> 100원 </span>
17                  <span class = 'count'> 50개 </span>
18                  <span class = 'store'> 체리가게</span>
19                  <a href = 'https://www.cherry.com'> cherry.com </a>
20                  </p>
21             </div>
22             <div> <p id='fruits3' class='name3' title='오렌지'> 오렌지
23                  <span class = 'price'> 500원 </span>
24                  <span class = 'count'> 20개 </span>
25                  <span class = 'store'> 오렌지가게</span>
26                  <a href = 'https://www.orange.com'> orange.com </a>
27                  </p>
28             <div>
29     </body>
30 </html> '''
31
32 soup2 = BeautifulSoup(ex2 , 'html.parser')
```

위 내용을 입력하기 힘든 분들은 제가 제공하는 "bs테스트용 html예제.txt" 파일을 열어서 복사하셔서 주피터 노트북 셀에 붙여넣기 하시면 됩니다.

이제 select( ) 함수를 사용해서 다양한 태그들을 찾아보겠습니다.

select( ) 함수를 이용한 방법의 장점은 다양한 옵션들을 사용할 수 있다는 것입니다.

아래의 실습을 통해 여러가지 옵션들을 사용하여 원하는 태그를 추출하는 방법들을 살펴 보겠습니다.

(1) select('태그이름')

```
1  soup2.select('p')
```

```
[<p class="name1" id="fruits1" title="바나나"> 바나나
                    <span class="price"> 3000원 </span>
 <span class="count"> 10개 </span>
 <span class="store"> 바나나가게 </span>
 <a href="https://www.banana.com"> banana.com </a>
 </p>, <p class="name2" id="fruits2" title="체리"> 체리
                  <span class="price"> 100원 </span>
 <span class="count"> 50개 </span>
 <span class="store"> 체리가게</span>
 <a href="https://www.cherry.com"> cherry.com </a>
 </p>, <p class="name3" id="fruits3" title="오렌지"> 오렌지
                  <span class="price"> 500원 </span>
 <span class="count"> 20개 </span>
 <span class="store"> 오렌지가게</span>
 <a href="https://www.orange.com"> orange.com </a>
 </p>]
```

위 그림은 〈p〉태그의 내용을 모두 추출한 그림입니다.

(2) select('.클래스명')

```
1  soup2.select(' .name1')
```

```
[<p class="name1" id="fruits1" title="바나나"> 바나나
                    <span class="price"> 3000원 </span>
 <span class="count"> 10개 </span>
 <span class="store"> 바나나가게 </span>
 <a href="https://www.banana.com"> banana.com </a>
 </p>]
```

위 그림은 class 이름이 name1인 태그만 추출했습니다. 위 명령에서 태그이름앞에 .이 있다는 거 주의하세요.

(3) select('상위태그 > 하위태그 > 하위태그')

```
1  soup2.select(' div > p > span')
```

```
[<span class="price"> 3000원 </span>,
 <span class="count"> 10개 </span>,
 <span class="store"> 바나나가게 </span>,
 <span class="price"> 100원 </span>,
 <span class="count"> 50개 </span>,
 <span class="store"> 체리가게</span>,
 <span class="price"> 500원 </span>,
 <span class="count"> 20개 </span>,
 <span class="store"> 오렌지가게</span>]
```

위 화면은 여러 태그가 단계적으로 있을 때 아주 요긴하게 사용하는 방법입니다.

부등호 앞뒤로 공백이 반드시 들어가야 한다는 점 주의하세요.

그런데 위와 같이 특정 태그가 여러 개 있는 경우 한꺼번에 모두 나와서 보기가 번거롭죠?

이때는 앞의 과정 중 리스트에 배웠던 인덱싱 관련 기능을 함께 사용하면 됩니다.

아래 그림을 보세요.

```
1  soup2.select(' div > p > span')[0]
```

```
<span class="price"> 3000원 </span>
```

```
1  soup2.select(' div > p > span')[1]
```

```
<span class="count"> 10개 </span>
```

```
1  soup2.select(' div > p > span')[2]
```

```
<span class="store"> 바나나가게 </span>
```

동일한 태그가 여러 개가 있을 경우 특정 위치값을 추출할 때 아주 요긴하게 사용할 수 있는 방법입니다.

(4) select('상위태그.클래스이름 > 하위태그.클래스이름')

```
1  soup2.select('p.name1 > span.store')
```

```
[<span class="store"> 바나나가게 </span>]
```

(5) select('#아이디명')

```
1  soup2.select('#fruits1')
```

```
[<p class="name1" id="fruits1" title="바나나"> 바나나
                    <span class="price"> 3000원 </span>
 <span class="count"> 10개 </span>
 <span class="store"> 바나나가게 </span>
 <a href="https://www.banana.com"> banana.com </a>
 </p>]
```

(6) select('#아이디명 > 태그명.클래스명')

```
1  soup2.select(' #fruits1 > span.store')
```

```
[<span class="store"> 바나나가게 </span>]
```

(7) select('태그명[속성1]')

```
1  soup2.select('a[href]')
```

```
[<a href="https://www.banana.com"> banana.com </a>,
 <a href="https://www.cherry.com"> cherry.com </a>,
 <a href="https://www.orange.com"> orange.com </a>]
```

```
1  soup2.select('a[href]')[0]
```

```
<a href="https://www.banana.com"> banana.com </a>
```

04 태그 뒤의 텍스트만 추출하기

앞의 실습으로 find( ) 함수와 find_all( ) 함수와 select( ) 함수를 이용해서 태그를 찾아냈습니다. 그런데 정작 우리에게 필요한 것은 화면에 보여지는 텍스트 내용이 가장 중요합니다. 태그를 찾았지만 태그의 콘텐츠(문장이나 이미지 등)를 가져오지 못하면 무용지물이겠죠? 그래서 지금부터 태그내의 문장을 가져오는 방법을 알아보도록 하겠습니다.

```
1  txt = soup.find('p')
2  txt.string
```

```
' text 1 '
```

앞의 그림을 보면 p태그가 실제로는 3개가 존재하지만 find( ) 함수를 사용하면 제일 먼저 나오는 p태그를 가져온다는 사실 기억하시죠?

그래서 1개만 가져와서 txt 변수에 담았습니다. 그리고 p태그를 찾은 후에 객체에서 string을 가져왔습니다. string은 태그의 문장을 가지고 있습니다.

태그에 포함된 문장만을 가지고 올 때 자주 사용되니까 잘 기억해 두세요.

그런데 위의 string을 사용하면 한 번에 한 문장 밖에 가져오지 못합니다.

그렇다면 태그 안에 존재하는 여러 개의 문장을 한꺼번에 가져오려면 어떻게 해야 할까요??

바로 아래와 같은 방법을 사용하시면 됩니다.

```
1  txt2 = soup.find_all('p')
2  for i in txt2 :
3      print(i.string)

text 1
text 2
text 3
```

이번에는 get_text( ) 함수를 사용하는 방법을 알려드립니다.

이 함수도 태그 내의 텍스트 데이터를 추출할 때 아주 많이 사용합니다.

```
1  txt3 = soup.find_all('p')
2  for i in txt3 :
3      print(i.get_text())

text 1
text 2
text 3
```

지금까지 기본적인 BeautifulSoup의 사용방법을 쭉 살펴보았습니다.

내용도 생소하고 많이 어려웠죠?

하지만 크롤러를 만들기 위해서는 꼭 알아야 하는 부분이므로 계속 반복해서 연습해 주세요~

SECTION 03 수집된 내용을 txt 형식의 파일로 저장하기

(Youtube 동영상 강의 링크 : https://youtu.be/kjjjocWRkQA)

Beautiful Soup을 이용하여 원하는 데이터를 추출하는 방법을 배웠습니다.

그래서 이번에는 RISS 사이트에서 특정 검색어로 검색한 후 결과를 txt 파일에 저장하는 방법을 살펴보겠습니다.

이번에 살펴볼 내용은 Chap 1에서 진행했던 RISS 사이트에서 자동 검색하는 코드에 내용을 추가하겠습니다.

```
1  # riss.kr 에서 특정 키워드로 논문 / 학술 자료 검색하기
2
3  #Step 1. 필요한 모듈을 로딩합니다
4  from selenium import webdriver
5  import time
6
7  #Step 2. 사용자에게 검색 관련 정보들을 입력 받습니다.
8  print("=" *100)
9  print(" 이 크롤러는 RISS 사이트의 논문 및 학술자료 수집용 웹크롤러입니다.")
10 print("=" *100)
11 query_txt = input('1.수집할 자료의 키워드는 무엇입니까?(여러개일 경우 , 로 구분하여 입력): ')
12 print("₩n")
13
14 #Step 3. 크롬 드라이버 설정 및 웹 페이지 열기
15 chrome_path = "c:/temp/chromedriver_85/chromedriver.exe"
16 driver = webdriver.Chrome(chrome_path)
17
18 url = 'http://www.riss.kr/'
19 driver.get(url)
20 time.sleep(2)
21
22 #Step 4. 자동으로 검색어 입력 후 조회하기
23 element = driver.find_element_by_id("query")
24 driver.find_element_by_id("query").click( )
25 element.send_keys(query_txt)
26 element.send_keys("₩n")
27 time.sleep(2)
```

위 코드는 앞에서 배웠던 Chap 1에서 작성한 코드라서 설명은 생략하겠습니다.

```
1  #Step 5.학위 논문 선택하기
2  driver.find_element_by_link_text('학위논문').click()
3  time.sleep(2)
4
5  #Step 6.Beautiful Soup 로 본문 내용만 추출하기
6  from bs4 import BeautifulSoup
7  html_1 = driver.page_source
8  soup_1 = BeautifulSoup(html_1, 'html.parser')
9
10 content_1 = soup_1.find('div','srchResultListW').find_all('li')
11 for i in content_1 :
12     print(i.get_text().replace("₩n"," ").strip())
13     print("₩n")
14 #Step 7. 표준 출력 방향을 바꾸어 txt 파일에 저장하기
15 import sys
16 f_name = input('결과를 저장할 파일명을 쓰세요(예: c:₩₩temp₩₩riss.txt): ')
17
18 orig_stdout = sys.stdout
19 file = open(f_name , 'a' , encoding='UTF-8')
20 sys.stdout = file
21
22 for i in content_1 :
23     print(i.get_text().replace("₩n",""))
24
25 file.close()
26 sys.stdout = orig_stdout
27
28 print('요청하신 데이터 수집 작업이 정상적으로 완료되었습니다')
29 print('수집된 결과는 %s 에 저장되었습니다' %f_name)
```

위 코드에서 2번 행은 RISS 사이트에서 학위논문 카테고리로 가기 위해 해당 메뉴를 클릭하라는 의미입니다. 위 코드를 실행하면 아래 그림에서 학위논문 메뉴를 클릭합니다.

통합검색 | 학위논문 | 국내학술논문 | 해외학술논문 | 학술지 | 단행본 | 연구보고서 | 공개강의 | 해외전자자료 | 해외학술지

그리고 6번 행에서 Beautiful Soup을 사용하기 위해 import했습니다.

그 후 7번 행에서 현재 크롬 드라이버로 열려있는 웹 페이지의 전체 소스코드를 전부 가져온 후 8번 행에서 파싱을 한 후 soup_1이라는 변수에 저장을 했습니다.

이제 중요한 부분이 나옵니다.

10번 행에서 전체 웹 페이지에서 검색된 결과만 추출하기 위해서 content_1 = soup_1.find('div','srchResultListW').find_all('li')라는 코드를 작성했습니다.

HTML 소스코드를 보면 〈div class="srchResultListW"〉를 선택하면 웹 페이지에서 검색된 결과 부분만 하이라이트 되면서 선택됨을 알 수 있습니다. 그리고 그 다음 그림에 있는 li태그 1개가 검색된 결과 1건에 해당된다는 것을 알 수 있습니다.

다음 그림으로 이 사실을 확인해 볼까요?

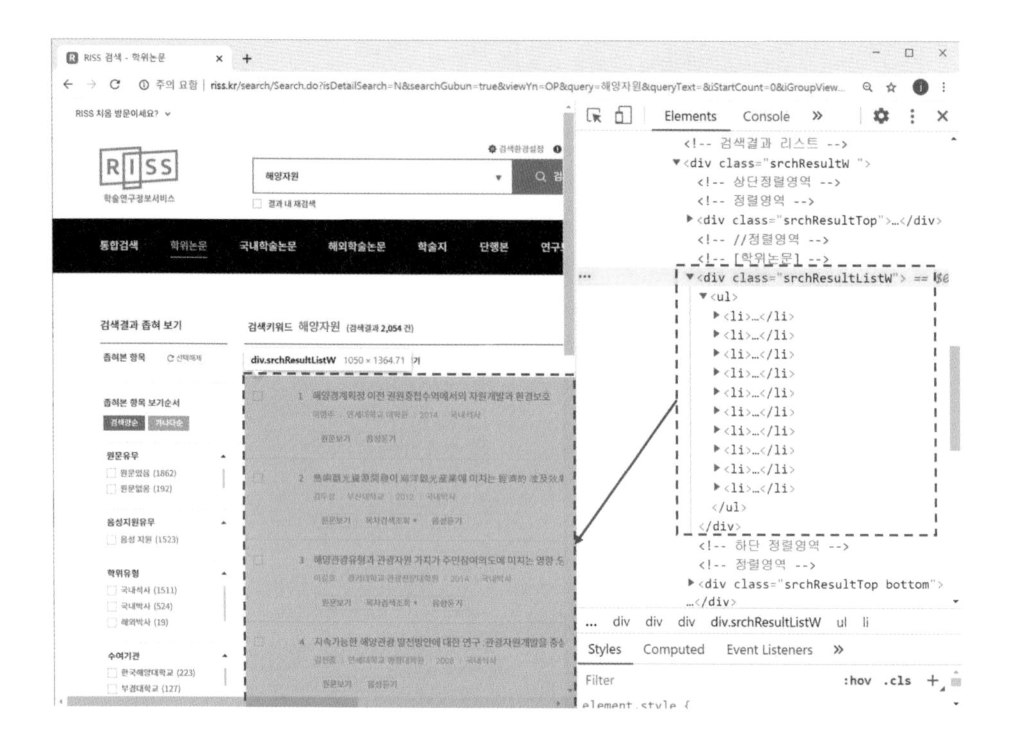

위 그림을 보니까 content_1 = soup_1.find('div','srchResultListW').find_all('li')라는 코드가 가져오는 데이터가 어떤 것인지 아시겠죠?

위 작업을 진행하면 content_1 변수에는 10개의 게시물 관련 내용이 들어가게 되겠죠? li태그가 총 10개니까요.

그래서 아래 코드의 11번 행과 같이 for 반복문으로 1개씩 텍스트 결과를 출력시켰습니다.

```
10 content_1 = soup_1.find('div','srchResultListW').find_all('li')
11 for i in content_1 :
12     print(i.get_text().replace("₩n",""))
13
```

이렇게 하면 다음과 같이 텍스트가 출력되겠죠?

```
1해양경계획정 이전 권원중첩수역에서의 자원개발과 환경보호이영주연세대학교 대학원2
014국내석사RANK : 13634431원문보기음성듣기
원문보기
음성듣기
2島嶼觀光資源開發이 海洋觀光産業에 미치는 經濟的 波及效果김두성부산대학교2012국내
박사RANK : 13634431원문보기목차검색조회음성듣기
원문보기
목차검색조회
음성듣기
```

이제 수집한 내용들을 파일로 저장하는 코드를 보겠습니다.

txt 형식으로 저장하는 방법 중 open → write → close 방법은 이 책의 Part 3에서 파일과 디렉토리 관련 기본 문법 편에 자세하게 설명이 되어있으니 참고하세요.

여기서는 다른 방법을 한 가지 더 소개하겠습니다.

다른 방법은 바로 표준 출력 방향을 바꾸어 저장하는 방법입니다.

원래 컴퓨터의 기본 출력 장치는 화면인 모니터이고 기본 입력 장치는 키보드입니다.

즉 사람이 결과를 출력(print)하라고 하면 자동으로 모니터에 결과를 출력시킨다는 의미입니다. 이것을 표준 출력이라고 부릅니다.

그런데 표준 출력 방향을 모니터에서 특정 파일로 바꾼다면 모니터에 출력될 내용들이 전부 파일에 저장되게 만들 수 있습니다.

아래 코드를 보세요.

```
14  #Step 7. 표준 출력 방향을 바꾸어 txt 파일에 저장하기
15  import sys
16  f_name = input('결과를 저장할 파일명을 쓰세요(예: c:\\temp\\riss.txt): ')
17
18  orig_stdout = sys.stdout
19  file = open(f_name , 'a' , encoding='UTF-8')
20  sys.stdout = file
21
22  for i in content_1 :
23      print(i.get_text().replace("\n",""))
24
25  file.close()
26  sys.stdout = orig_stdout
27
28  print('요청하신 데이터 수집 작업이 정상적으로 완료되었습니다')
29  print('수집된 결과는 %s 에 저장되었습니다' %f_name)
```

먼저 위 코드의 15번 행에서 표준 입/출력을 관리하는 sys 모듈을 import시켰습니다.

그리고 16번 행에서 결과를 저장할 파일의 경로와 이름을 입력받아서 f_name 변수에 저장

했습니다. 그 후 18번 행에서 표준 출력 방향을 바꾼다고 알리고 19번 행에서 파일을 지정합니다.

그리고 20번 행에서 결과를 출력할 표준 출력을 파일로 지정합니다.

이렇게 하면 이제 이후로 화면에 출력되는 모든 내용들은 전부 파일에 다 출력이 됩니다.

그래서 22번 행과 23번 행을 수행하면 결과가 모니터 화면에 안보이고 파일에 저장되는 것입니다. 그리고 정말 중요한 것은 26번 행으로 모든 작업이 끝나면 표준 출력 장치를 원래대로 모니터로 바꾸어야 합니다. 그 후 28번 행과 29번 행에서 작업 결과를 안내하고 마무리합니다. 결과가 저장된 파일을 열어보면 아래 그림과 같이 잘 저장되어 있습니다.

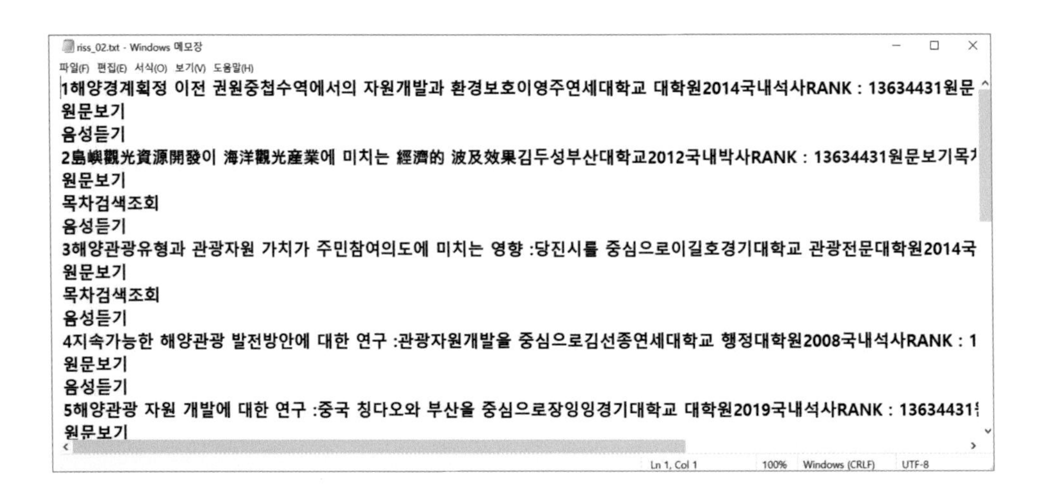

지금까지 RISS 사이트에서 특정 키워드로 검색하여 특정 카테고리를 선택한 후 조회된 내용만 추출하여 txt 형식의 파일로 저장하는 것을 살펴보았습니다.

열심히 연습해서 꼭 여러분들의 실력으로 만드세요~

연습문제로 실력굳히기

문제 1 네이버 사이트에서 "서진수 빅데이터"로 검색한 후 "뉴스" 카테고리를 선택하여 조회된 기사들을 수집하여 txt 형식으로 저장하세요(단 파일경로와 이름은 자유롭게 선택하세요).

문제 2 다음 사이트에서 "서진수 빅데이터"로 검색한 후 "뉴스" 카테고리를 선택하여 조회된 기사들을 수집하여 txt 형식으로 저장하세요(단 파일경로와 이름은 자유롭게 선택하세요).

문제 3 한국관광공사의 대한민국 구석구석 사이트(https://korean.visitkorea.or.kr)에서 "여름여행" 키워드로 검색 한 후 화면 오른쪽의 "어제의 인기 검색어" 목록을 수집하여 txt 형식으로 저장하세요(단 파일경로와 이름은 자유롭게 선택하세요).

이번 챕터에서도 중요한 내용을 많이 배웠습니다.
열심히 연습해서 꼭 독자님의 중요한 실력으로 만드세요~~!

데이터쟁이 서진수가 독자님을 힘차게 응원합니다~!

Chap 03

항목별 내용 추출 후 다양한 형식의 파일로 저장하기

SECTION 01 이번 장에서 배울 내용 소개

(Youtube 동영상 강의 링크 : https://youtu.be/tCUulvFIMX8)

지난 챕터에서는 웹 페이지에서 전체 텍스트 파일을 한꺼번에 다 추출한 것 기억하죠?

이번 시간에는 제목과 내용과 저자 등의 다양한 정보를 각각 따로 추출해서 다양한 형식의 파일로 저장하는 방법을 살펴보겠습니다. 그리고 많은 양의 데이터를 수집하기 위해 페이지를 변경하면서 조회하는 방법도 함께 살펴보겠습니다.

이렇게 하려면 HTML 코드에서 해당 부분이 어떤 태그에 들어있는지 찾아서 각각 별도로 추출하도록 Beautiful Soup에게 시키면 됩니다.

지난 시간보다 개발자 도구를 더 많이 사용해야 하는데 개발자 도구에서 특정 태그를 찾는 연습이 많이 필요합니다~

그리고 추출된 데이터들을 xls 형식과 csv 형식과 txt 형식의 파일로 저장하는 방법을 전해 드리겠습니다. 실무에서나 데이터 분석 작업 시에는 csv 형식이나 xls 형식으로 저장하는 경우도 아주 많기 때문에 이번 시간에 공부할 내용을 꼭 익혀 두세요.

학습목표

1. 검색된 결과에서 항목별로 데이터를 추출할 수 있다.
2. 항목별로 추출된 데이터들을 표형태로 만들어서 다양한 형식의 파일로 저장할 수 있다.
3. 수집할 데이터의 양이 많을 경우 페이지를 바꾸면서 작업할 수 있다.

위의 학습 목표를 하나씩 정복해 보자구요~~

일단 실행해 보기

(아래 코드는 직접 코딩하지 마시고 저자가 제공해 드린 코드를 실행하시면 됩니다.)

```
1  # riss.kr 에서 특정 키워드로 논문 / 학술 자료 검색하기
2
3  #Step 1. 필요한 모듈을 로딩합니다
4  from selenium import webdriver
5  import time
6
7  #Step 2. 사용자에게 검색 관련 정보들을 입력 받습니다.
8  print("=" *100)
9  print(" 이 크롤러는 RISS 사이트의 논문 및 학술자료 수집용 웹크롤러입니다.")
10 print("=" *100)
11 query_txt = input('1.수집할 자료의 키워드는 무엇입니까?(여러개일 경우 , 로 구분하여 입력): ')
12
13 #Step 3. 수집된 데이터를 저장할 파일 이름 입력받기
14 ft_name = input('2.결과를 저장할 txt형식의 파일명을 쓰세요(예: c:₩₩temp₩₩riss.txt): ')
15 fc_name = input('3.결과를 저장할 csv형식의 파일명을 쓰세요(예: c:₩₩temp₩₩riss.csv): ')
16 fx_name = input('4.결과를 저장할 xls형식의 파일명을 쓰세요(예: c:₩₩temp₩₩riss.xls): ')
17
18 #Step 4. 크롬 드라이버 설정 및 웹 페이지 열기
19 chrome_path = "c:/temp/chromedriver_85/chromedriver.exe"
20 driver = webdriver.Chrome(chrome_path)
21
22 url = 'http://www.riss.kr/'
23 driver.get(url)
24 time.sleep(2)
25
26 #Step 5. 자동으로 검색어 입력 후 조회하기
27 element = driver.find_element_by_id("query")
28 driver.find_element_by_id("query").click( )
29 element.send_keys(query_txt)
30 element.send_keys("₩n")
31 time.sleep(2)
32
33 #Step 6.학위 논문 선택하기
34 driver.find_element_by_link_text('학위논문').click()
35 time.sleep(2)
36
37 #Step 7.Beautiful Soup 로 본문 내용만 추출하기
38 from bs4 import BeautifulSoup
39 html_1 = driver.page_source
40 soup_1 = BeautifulSoup(html_1, 'html.parser')
41
42 content_1 = soup_1.find('div','srchResultListW').find_all('li')
43 for i in content_1 :
44     print(i.get_text().replace("₩n",""))
45
46 #Step 8. 총 검색 건수를 보여주고 수집할 건수 입력받기
47 import math
48 total_cnt = soup_1.find('div','searchBox pd').find('span','num').get_text()
49 print('검색하신 키워드 %s (으)로 총 %s 건의 학위논문이 검색되었습니다' %(query_txt,total_cnt))
50 collect_cnt = int(input('이 중에서 몇 건을 수집하시겠습니까?: '))
51 collect_page_cnt = math.ceil(collect_cnt / 10)
52 print('%s 건의 데이터를 수집하기 위해 %s 페이지의 게시물을 조회합니다.' %(collect_cnt,collect_page_cnt))
53
```

```
54  #Step 9. 각 항목별로 데이터를 추출하여 리스트에 저장하기
55  no2 = [ ]          #번호 저장
56  title2 = [ ]       #논문제목 저장
57  writer2 = [ ]      #논문저자 저장
58  org2 = [ ]         #소속기관 저장
59  no = 1
60
61  # 다음 페이지 번호 만들기
62  page_no=[ ]
63
64  for i in range(10,collect_cnt) :
65      if i % 10 == 0 :
66              page_no.append(i + 1)
67
68  for a in range(1, collect_page_cnt + 1) :
69
70      html_2 = driver.page_source
71      soup_2 = BeautifulSoup(html_2, 'html.parser')
72
73      content_2 = soup_2.find('div','srchResultListW').find_all('li')
74
75      for b in content_2 :
76          #1. 논문제목 있을 경우만
77          try :
78              title = b.find('div','cont').find('p','title').get_text()
79          except :
80              continue
81          else :
82              f = open(ft_name, 'a' , encoding="UTF-8")
83              print('1.번호:',no)
84              no2.append(no)
85              f.write('\n'+'1.번호:' + str(no))
86
87              print('2.논문제목:',title)
88              title2.append(title)
89              f.write('\n' + '2.논문제목:' + title)
90
91              writer = b.find('span','writer').get_text()
92              print('3.저자:',writer)
93              writer2.append(writer)
94              f.write('\n' + '3.저자:' + writer)
95
96              org = b.find('span','assigned').get_text()
97              print('4.소속기관:' , org)
98              org2.append(org)
99              f.write('\n' + '4.소속기관:' + org + '\n')
100
101             f.close( )
102
103             no += 1
104             print("\n")
105
106             if no > collect_cnt :
107                 break
108
109             time.sleep(1)        # 페이지 변경 전 1초 대기
110
111         c = math.floor(a/10)-1
112         a += 1
113
114         if a == page_no[c]:
115             driver.find_element_by_link_text('다음 페이지로').click()
116         else :
117             driver.find_element_by_link_text('%s' %a).click() # 다음 페이지번호 클릭
118
119 print("요청하신 작업이 모두 완료되었습니다")
120
```

```
121 # Step 10. 수집된 데이터를 xls와 csv 형태로 저장하기
122 import pandas as pd
123
124 df = pd.DataFrame()
125 df['번호']=no2
126 df['제목']=pd.Series(title2)
127 df['저자']=pd.Series(writer2)
128 df['소속(발행)기관']=pd.Series(org2)
129
130 # xls 형태로 저장하기
131 df.to_excel(fx_name,index=False, encoding="utf-8")
132
133 # csv 형태로 저장하기
134 df.to_csv(fc_name,index=False, encoding="utf-8-sig")
135
136 print('요청하신 데이터 수집 작업이 정상적으로 완료되었습니다')
137
```

소스코드가 많이 길죠?

다음 단계에서 위 내용을 자세하게 설명해 드리겠습니다 ^^

소스코드 설명

```
1  # riss.kr 에서 특정 키워드로 논문 / 학술 자료 검색하기
2
3  #Step 1. 필요한 모듈을 로딩합니다
4  from selenium import webdriver
5  import time
6
7  #Step 2. 사용자에게 검색 관련 정보들을 입력 받습니다.
8  print("=" *100)
9  print(" 이 크롤러는 RISS 사이트의 논문 및 학술자료 수집용 웹크롤러입니다.")
10 print("=" *100)
11 query_txt = input('1.수집할 자료의 키워드는 무엇입니까?(여러개일 경우 , 로 구분하여 입력): ')
12
13 #Step 3. 수집된 데이터를 저장할 파일 이름 입력받기
14 ft_name = input('2.결과를 저장할 txt형식의 파일명을 쓰세요(예: c:₩₩temp₩₩riss.txt): ')
15 fc_name = input('3.결과를 저장할 csv형식의 파일명을 쓰세요(예: c:₩₩temp₩₩riss.csv): ')
16 fx_name = input('4.결과를 저장할 xls형식의 파일명을 쓰세요(예: c:₩₩temp₩₩riss.xls): ')
17
18 #Step 4. 크롬 드라이버 설정 및 웹 페이지 열기
19 chrome_path = "c:/temp/chromedriver_85/chromedriver.exe"
20 driver = webdriver.Chrome(chrome_path)
21
22 url = 'http://www.riss.kr/'
23 driver.get(url)
24 time.sleep(2)
```

위 코드에서 1행에서 11번 행까지는 앞에서 살펴본 내용이라서 설명은 생략하겠습니다. 14번 행부터 16번 행까지는 결과를 저장할 파일명을 입력받는 부분입니다.

```
25
26 #Step 5. 자동으로 검색어 입력 후 조회하기
27 element = driver.find_element_by_id("query")
28 driver.find_element_by_id("query").click( )
29 element.send_keys(query_txt)
30 element.send_keys("₩n")
31 time.sleep(2)
32
33 #Step 6.학위 논문 선택하기
34 driver.find_element_by_link_text('학위논문').click()
35 time.sleep(2)
36
```

위 코드에서 34번 행의 의미는 카테고리 중에서 "학위논문"을 클릭하여 이동하라는 의미입니다.

만약 다른 카테고리를 선택하고 싶을 경우 "학위논문" 자리에 다른 카테고리 이름을 넣으면 해당 탭을 클릭하게 되겠죠?

```
37  #Step 7.Beautiful Soup 로 본문 내용만 추출하기
38  from bs4 import BeautifulSoup
39  html_1 = driver.page_source
40  soup_1 = BeautifulSoup(html_1, 'html.parser')
41  
42  content_1 = soup_1.find('div','srchResultListW').find_all('li')
43  for i in content_1 :
44      print(i.get_text().replace("Wn",""))
45  
```

위 코드는 전체 코드에서 본문 내용만 추출하는 부분입니다.

특히 42번 행에서 본문 내용을 추출하는 코드 부분을 이해해야 합니다.

아래 그림으로 확인해 볼까요?

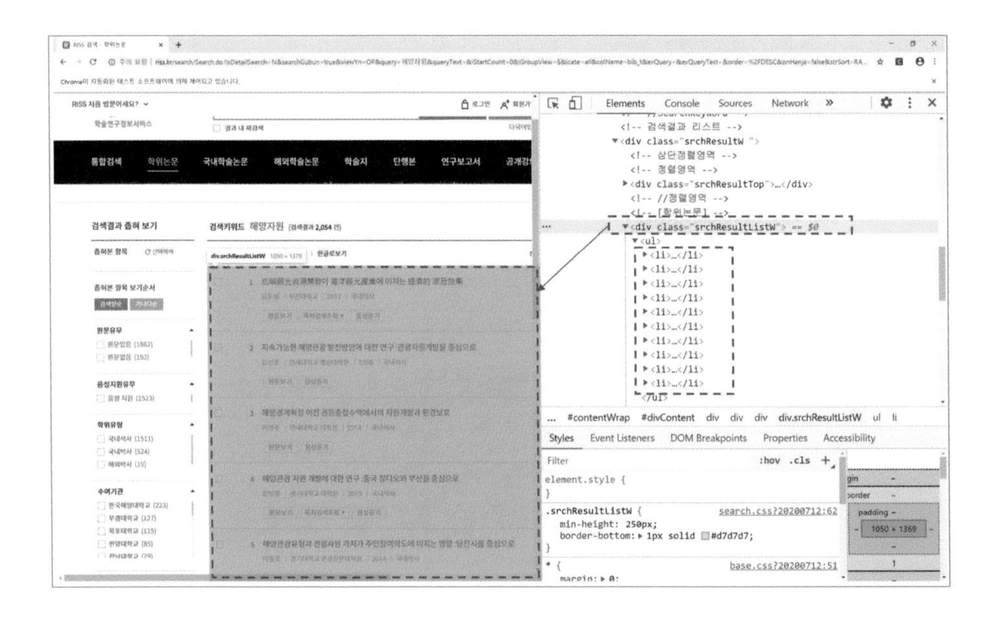

위 그림의 오른쪽 코드 부분을 보시면 'div' 태그 중 class="srchResultListW" 부분이 보이시죠?

수집할 게시글은 이 태그 아래에 있는 "li" 태그를 다 가져오면 되겠죠?

그래서 42번 행에 content_1 = soup_1.find('div','srchResultListW').find_all('li')로 작성했습니다.

```
46  #Step 8. 총 검색 건수를 보여주고 수집할 건수 입력받기
47  import math
48  total_cnt = soup_1.find('div','searchBox pd').find('span','num').get_text()
49  print('검색하신 키워드 %s (으)로 총 %s 건의 학위논문이 검색되었습니다' %(query_txt,total_cnt))
50  collect_cnt = int(input('이 중에서 몇 건을 수집하시겠습니까?: '))
51  collect_page_cnt = math.ceil(collect_cnt / 10)
52  print('%s 건의 데이터를 수집하기 위해 %s 페이지의 게시물을 조회합니다.' %(collect_cnt,collect_page_cnt))
```

위 코드는 사용자가 입력한 검색어로 검색된 결과가 총 몇 건인지 보여주고 그 중에 몇 건을 수집할 것인지를 입력받는 부분입니다. 위 코드에서 중요한 부분은 입력한 키워드로 검색된 결과가 몇 건인가를 찾는 것인데 아래 그림을 보고 확인해 볼까요?

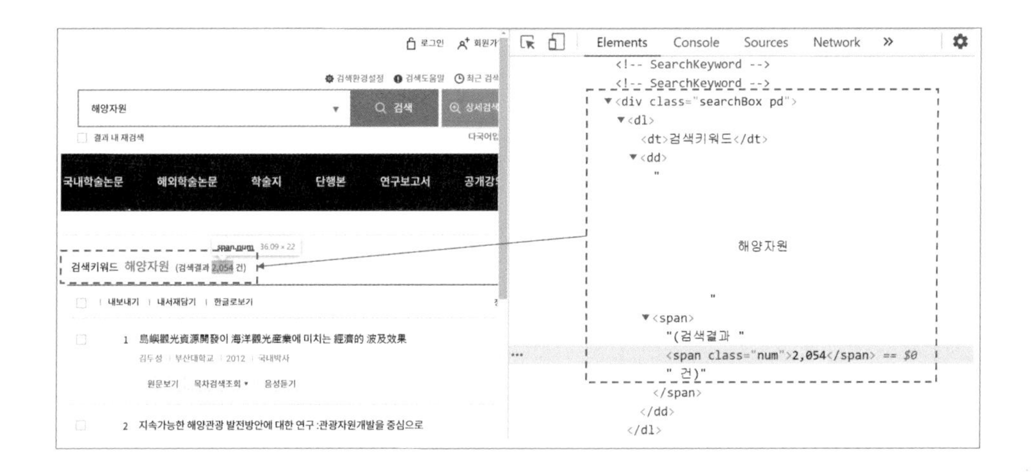

위 그림을 보시면 Step 8에서 48번 행의 총 검색 건수를 추출하는 부분이 이해되죠?

그리고 50번 행에서 사용자에게 몇 건의 데이터를 수집할 건지 건수를 입력받은 후 51번 행에서 수집할 총 페이지수를 계산합니다. 한 페이지에 총 10건의 게시물이 들어 있어서 10으로 나누어서 전체 페이지수를 구할 수 있습니다. 이렇게 수집할 페이지 수를 계산할 때 math 모듈에 있는 ceil( ) 함수를 사용합니다.

(이 함수에 대한 자세한 내용은 이 책의 Part 3에 기본문법편을 참고하세요.)

이제 사용자에게 입력 받은 정보를 바탕으로 본격적인 내용 수집 작업을 진행하겠습니다. 사용자가 30건을 수집하라고 했을 경우 총 3페이지까지 수집할 것입니다.

이때 예상되는 작업 순서를 정리해 볼까요?

1. 1페이지를 열어 전체 소스코드를 가져옵니다.
2. 전체 소스코드에서 검색된 게시물이 있는 부분만 추출합니다.

3. 검색된 게시물 전체에서 첫 번째 게시물에서 필요한 정보를 추출한 후 두 번째 게시물로 바꾸고 필요한 내용을 수집합니다. 이 작업을 1페이지의 전체 게시물수(여기서는 10건) 만큼 반복합니다.
4. 1페이지의 게시물 수집이 끝나면 2페이지로 이동합니다.
5. 2페이지로 이동 후 1~4번 과정을 반복합니다.
6. 2페이지 데이터 수집이 끝나면 3페이지로 이동 후 1~4번 과정을 반복합니다.
7. 사용자가 요청한 페이지까지 위 작업을 반복 후 수집된 데이터를 파일로 저장합니다.

이제 위 순서로 구현된 코드를 볼까요?

```
54 #Step 9. 각 항목별로 데이터를 추출하여 리스트에 저장하기
55 no2 = [ ]          #번호 저장
56 title2 = [ ]       #논문제목 저장
57 writer2 = [ ]      #논문저자 저장
58 org2 = [ ]         #소속기관 저장
59 no = 1
60
61 # 다음 페이지 번호 만들기
62 page_no=[ ]
63
64 for i in range(10,collect_cnt) :
65     if i % 10 == 0 :
66             page_no.append(i + 1)
67
```

위 코드에서 55번 행부터 58번 행까지는 수집된 데이터를 임시로 저장할 비어있는 리스트를 선언하는 부분입니다. 즉 데이터를 수집한 후 담아 둘 빈 그릇을 준비했다고 생각하면 됩니다.
그리고 중요한 부분은 62번 행부터 66번 행인데 아래 그림을 보세요.

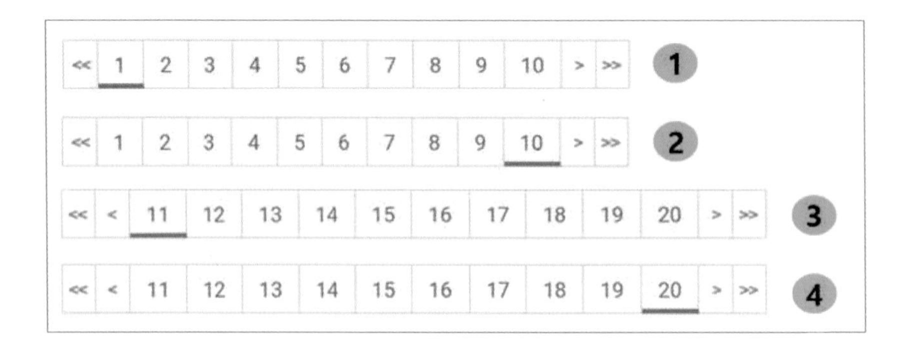

위 그림은 웹 페이지의 가장 아래 부분에 있는 페이지 번호 부분입니다.

만약 사용자가 300건의 데이터를 수집하라고 요청했을 경우 앞의 그림에서 1페이지부터 10페이지까지 정보를 다 수집을 한 후 11페이지로 넘어 가야겠죠? 그런데 앞의 그림 2번처럼 10페이지를 클릭한 후 11페이지 번호가 보이지 않습니다. 10페이지에서 11페이지로 넘어가려면 앞의 2번 그림에서 10 옆에 있는 〉표시를 눌러야 3번 그림이 나타납니다.

즉 1페이지부터 10페이지까지는 페이지 번호를 누르고 11페이지는 〉표시를 눌러야 하고 11페이지부터 20페이지까지는 페이지 번호를 누르고 21페이지는 〉표시를 눌러야 한다는 거죠. 더 많은 페이지를 수집해야 한다면 이런 경우가 더 늘어나겠죠?

그래서 아래 그림과 같이 코드를 작성했습니다.

```
61  # 다음 페이지 번호 만들기
62  page_no=[]
63
64  for i in range(10,collect_cnt) :
65      if i % 10 == 0 :
66          page_no.append(i + 1)
67
```

위 그림에서 62번 행에서 page_no라는 리스트는 11, 21, 31…과 같이 〉표시를 눌러야 하는 페이지 번호를 저장할 비어 있는 리스트입니다.

그 후 64번 행부터 10부터 사용자가 입력한 건수까지 10으로 나누어서 나머지가 0일 경우 1을 더해서 리스트에 추가를 하도록 하면 〉버튼을 눌러야 할 페이지 번호를 계산할 수 있습니다.

주로 정부에서 만든 사이트들이 이런 경우(다음 페이지 번호가 안보이고 〉기호를 눌러야 하는 경우)가 아주 많기 때문에 잘 이해해야 합니다.

이제 실제 내용 수집을 시작합니다.

아래 코드를 보세요.

```
68  for a in range(1, collect_page_cnt + 1) :
69
70      html_2 = driver.page_source
71      soup_2 = BeautifulSoup(html_2, 'html.parser')
72
73      content_2 = soup_2.find('div','srchResultListW').find_all('li')
74
```

위 코드의 68번 행은 페이지를 바꾸는 반복문입니다.

즉 1페이지부터 사용자가 요청한 총 페이지 수(collect_page_cnt) + 1까지 페이지 번호를 변경하는 코드입니다.

그리고 70번 행부터 73번 행까지는 해당 페이지의 전체 소스를 가져온 후 73번 행에서 게시물이 있는 부분만 추출해서 content_2 변수에 할당하게 됩니다.

이렇게 하면 content_2 변수에는 각 페이지별로 10건씩의 게시물이 들어가게 되겠죠? 이제 각 게시물의 상세 내역을 추출하겠습니다.

```
75    for b in content_2 :
76        #1. 논문제목 있을 경우만
77        try :
78            title = b.find('div','cont').find('p','title').get_text()
79        except :
80            continue
81        else :
82            f = open(ft_name, 'a' , encoding="UTF-8")
83            print('1.번호:',no)
84            no2.append(no)
85            f.write('Wn'+'1.번호:' + str(no))
86
87            print('2.논문제목:',title)
88            title2.append(title)
89            f.write('Wn' + '2.논문제목:' + title)
90
91            writer = b.find('span','writer').get_text()
92            print('3.저자:',writer)
93            writer2.append(writer)
94            f.write('Wn' + '3.저자:' + writer)
95
96            org = b.find('span','assigned').get_text()
97            print('4.소속기관:' , org)
98            org2.append(org)
99            f.write('Wn' + '4.소속기관:' + org + 'Wn')
100
101           f.close( )
102
103           no += 1
104           print("Wn")
105
106           if no > collect_cnt :
107               break
108
109           time.sleep(1)          # 페이지 변경 전 1초 대기
```

위 코드의 75번 행에서 content_2 변수에 있는 10개의 'li' 태그 중 첫 번째 'li' 태그 값을 가져옵니다. 그리고 78번 줄에서 논문의 제목을 추출하는 데 논문의 제목이 없는 것이 있어서 예외처리를 사용하여 논문의 제목이 있을 경우만 다른 정보를 추출하도록 작성했습니다.

제목을 추출하는 78번 행의 태그는 아래 그림을 보면 이해되실 거예요.

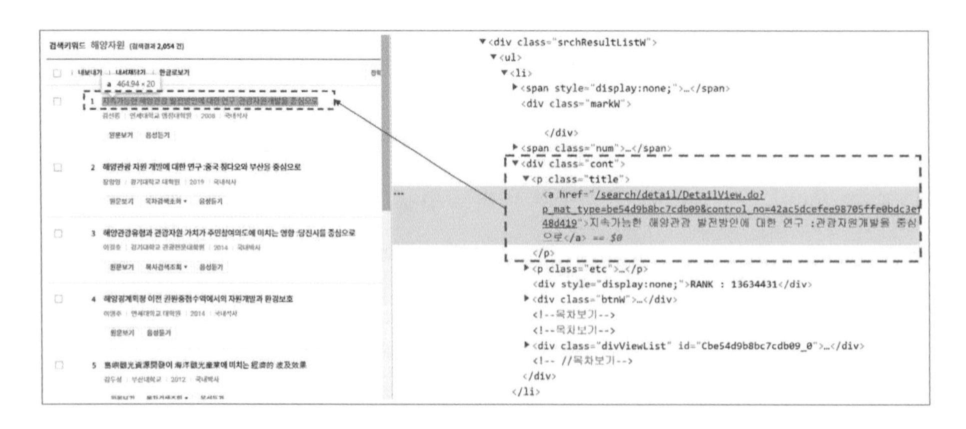

82번 행에서 추출된 결과를 txt 형식으로 저장하기 위해 파일을 open하여 준비하고 83번 행부터 85번 행까지 논문의 번호를 저장합니다.

그리고 아래 코드처럼 91번 행부터 94번 행까지는 저자 정보를 추출해서 저장합니다.

```
91        writer = b.find('span','writer').get_text()
92        print('3.저자:',writer)
93        writer2.append(writer)
94        f.write('\n' + '3.저자:' + writer)
95
```

저자 정보를 저장하는 태그는 아래 그림을 보세요.

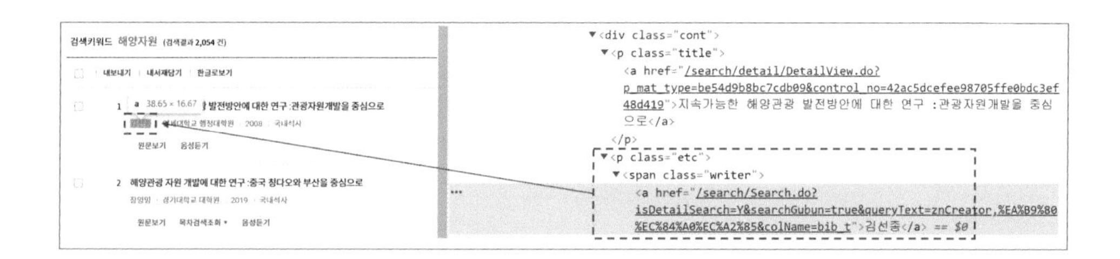

96번 행부터 99번 행까지는 소속 기관 정보를 추출하는 부분입니다.

```
96        org = b.find('span','assigned').get_text()
97        print('4.소속기관:' , org)
98        org2.append(org)
99        f.write('\n' + '4.소속기관:' + org + '\n')
100
```

소속 기관 정보를 저장하는 태그는 아래의 그림을 보세요.

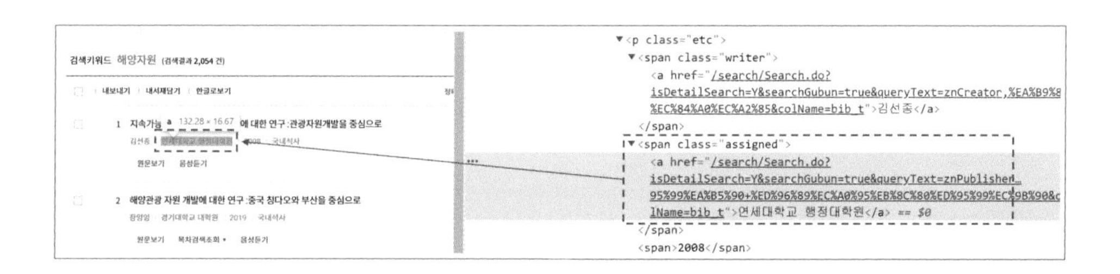

여기까지 해서 필요한 정보를 수집하는 코드는 다 봤습니다.

이제 페이지를 바꾸는 부분을 살펴볼까요?

```
101             f.close( )
102
103             no += 1
104             print("\n")
105
106             if no > collect_cnt :
107                 break
108
109             time.sleep(1)        # 페이지 변경 전 1초 대기
110
111         c = math.floor(a/10)-1
112         a += 1
113
114         if a == page_no[c]:
115             driver.find_element_by_link_text('다음 페이지로').click()
116         else :
117             driver.find_element_by_link_text('%s' %a).click() # 다음 페이지번호 클릭
118
119 print("요청하신 작업이 모두 완료되었습니다")
```

위 코드에서 106번 행은 해당 페이지의 데이터를 수집하면서 사용자가 요청한 건수에 도달하면 데이터 수집을 멈추라는 코드입니다.

페이지를 바꾸는 부분은 111번 행부터 117번 행까지입니다.

페이지를 바꾸기 위해 앞의 62번 행부터 66번 행까지 〉표시를 클릭할 번호를 생성했던 것을 기억하시죠? 위 코드의 114번 행에서 클릭할 페이지 번호가 page_no 변수의 값과 일치하는 지 확인 후 일치하면 〉기호의 텍스트인 '다음 페이지로'를 클릭하고 일치하지 않을 경우는 페이지 번호에 해당되는 숫자를 클릭하도록 코드를 작성했습니다.

이렇게 페이지 번호를 클릭할 때 위 코드의 117번 행과 같이 페이지 번호에 해당하는 숫자를 클릭하는 방법을 많이 사용하니까 꼭 기억해 주세요.

이제 수집된 데이터를 저장하는 코드를 보겠습니다.

```
121 # Step 10. 수집된 데이터를 xls와 csv 형태로 저장하기
122 import pandas as pd
123
124 df = pd.DataFrame()
125 df['번호']=no2
126 df['제목']=pd.Series(title2)
127 df['저자']=pd.Series(writer2)
128 df['소속(발행)기관']=pd.Series(org2)
129
130 # xls 형태로 저장하기
131 df.to_excel(fx_name,index=False, encoding="utf-8")
132
133 # csv 형태로 저장하기
134 df.to_csv(fc_name,index=False, encoding="utf-8-sig")
135
136 print('요청하신 데이터 수집 작업이 정상적으로 완료되었습니다')
137
```

위 코드의 124번 행에서 pandas의 기능을 이용해서 데이터프레임을 만들고 125번 행부터 128번 행까지 컬럼을 지정합니다(이 부분에 대해서는 이 책의 Part 3의 기본 문법 중 pandas

관련된 내용을 참고하세요).

그 후 생성된 데이터프레임을 131번 행에서 xls 형식으로 저장을 하고 134번 행에서 csv 형식으로 저장을 합니다(참고로 131번 행을 실행하기 전에 xlwt 모듈이 설치되어 있어야 합니다).

앞의 코드를 실행하면 아래와 같이 파일이 저장됨을 확인할 수 있습니다.

위 파일을 열어보면 아래와 같이 저장되어 있는 것이 확인됩니다.

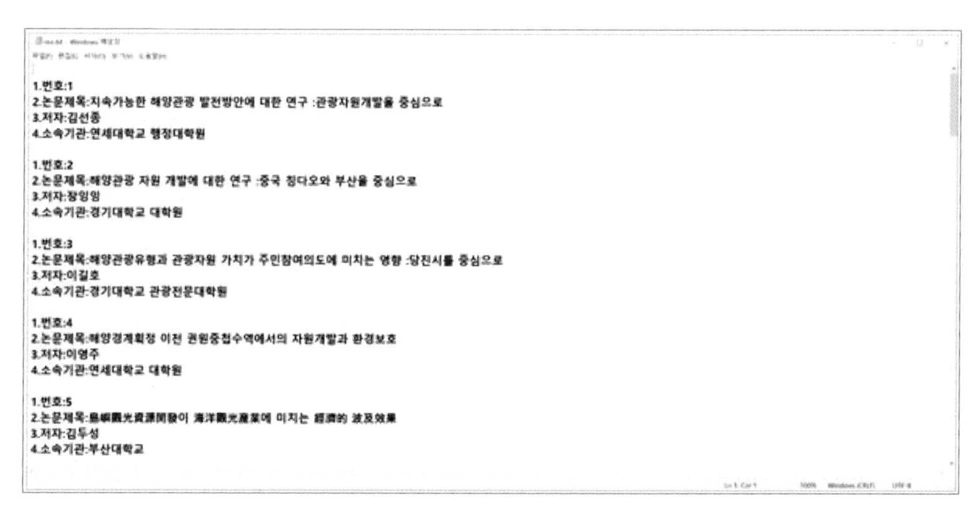

연습문제로 실력굳히기

문제 1 사용자가 RISS 사이트의 모든 카테고리를 다 보여준 후 사용자에게 "국내학술논문" 카테고리를 선택했다고 가정하여 수집할 장르를 2번으로 입력 후 저장할 파일의 이름을 입력받은 후 "국내학술논문" 카테고리의 다양한 정보들을 수집하여 csv, xls 형식으로 저장하도록 코드를 작성하세요. 수집할 항목은 아래의 예시를 참고하세요.

사용자에게 보여줄 입력 화면 예시 화면

```
====================================================================================================
 이 크롤러는 RISS 사이트의 논문 및 학술자료 수집용 웹크롤러입니다.
====================================================================================================
1.수집할 자료의 키워드는 무엇입니까?(여러개일 경우 , 로 구분하여 입력): 해양자원


2. 위 키워드로 아래의 장르 중 어떤 장르의 정보를 수집할까요?

1.학위논문        2.국내학술논문      3.해외학술논문      4.학술지
5.단행본          6.공개강의          7.연구보고서

위 장르 중 수집할 장르의 번호를 입력하세요:  2


3.결과를 저장할 csv형식의 파일명을 쓰세요(예: c:\temp\riss.csv): c:\temp\riss_2.csv

4.결과를 저장할 xls형식의 파일명을 쓰세요(예: c:\temp\riss.xls): c:\temp\riss_2.xls
```

위 키워드로 검색하여 총 검색 건수를 아래와 같이 보여준 후 실제 수집할 건수를 입력받아서 진행하세요.

```
해양자원 키워드로 국내학술논문 부분에서 검색된 자료의 건수는 총 3579 건 입니다
이 중에서 크롤링 할 건수는 몇건입니까?: 30
해양자원 키워드로 국내학술논문을 검색하여 총 3579 건 중 30건의 정보를 수집하겠습니다
```

수집할 항목 예시

(아래 그림처럼 번호/제목 / 작성자 / 소속기관 / 발표년도 / 논문집/자료집 / 논문 URL정보를 추출하여 저장하세요.)

```
1 번째 정보를 추출하고 있습니다============
1.번호 : 1
2.제목 : 발표논문 / 해양생물자원으로서 해조류 : 생물활성물질의 정제와 분자적 응용
3.작성자 : 홍용기(Yong Ki Hong)
4.소속기관 : 한국조류학회
5.발표년도 : 2000
6.논문집/자료집 : 국제심포지움 일정 및 발표논문집 - 21세기, 해양환경과 해양생물자원의 전망
7.논문 URL 주소: http://www.riss.kr/search/detail/DetailView.do?p_mat_type=1a0202e37d52c72d&control_no=508c47ca1906d5ecffe0bdc3ef48d419
```

저장된 결과 화면 예시

이번 챕터의 내용도 열심히 공부하셔서 꼭 실력으로 만드세요!!

데이터쟁이 서진수가 독자님을 응원합니다!!

Chap 04

상세 정보 수집 후 다양한 형식의 파일로 저장하기

이번 장에서 배울 내용 소개

(Youtube 동영상 강의 링크 : https://youtu.be/WgcR1oPgISY)

지난 챕터까지는 특정 키워드로 검색된 요약 정보를 추출했는데 이번 시간에는 검색된 결과의 상세 정보까지 수집하여 다양한 형식의 파일로 저장하는 방법을 전해 드리겠습니다. 이번 시간에 사용할 예제는 RISS 사이트에서 "학위논문" 카테고리인데 지난시간까지 수집했던 요약 정보들에 추가로 각 논문의 제목을 클릭하여 상세 정보창을 오픈 한 후 상세 오픈창에 있는 논문 초록 정보를 수집하여 저장하겠습니다.

이번 시간에 배우는 기술 중 가장 핵심 기술은 특정 제목이나 링크를 눌러서 나오는 새로운 창에서 정보를 추출하고 이전 페이지로 다시 돌아가는 부분입니다.

그리고 자동으로 조회하는 날짜와 시간으로 폴더를 생성하여 파일을 저장하는 기법도 아주 중요하니까 꼭 열심히 공부해주세요.

이번 시간에 배울 내용의 목표는 아래와 같습니다.

학습목표

1. 검색된 결과에서 각 게시글의 URL 링크 데이터를 추출할 수 있다.
2. 특정 게시물을 클릭하여 상세 내역을 추출할 수 있다.
3. 결과를 저장할 폴더와 파일명에 날짜를 활용하여 자동 생성 후 저장할 수 있다.

위의 학습 목표를 하나씩 정복해 보자구요~~

SECTION 02 일단 실행해 보기

(아래 코드는 직접 코딩하지 마시고 저자가 제공해 드린 코드를 실행하시면 됩니다.)

```
1  # riss.kr 에서 특정 키워드로 논문 / 학술 자료 검색하기
2  
3  #Step 1. 필요한 모듈을 로딩합니다
4  from selenium import webdriver
5  import time
6  
7  #Step 2. 사용자에게 검색 관련 정보들을 입력 받습니다.
8  print("=" *100)
9  print(" 이 크롤러는 RISS 사이트의 논문 및 학술자료 수집용 웹크롤러입니다.")
10 print("=" *100)
11 query_txt = input('1.수집할 자료의 키워드는 무엇입니까?(여러개일 경우 , 로 구분하여 입력): ')
12 
13 #Step 3. 수집된 데이터를 저장할 파일 이름 입력받기
14 f_dir = input("2.파일을 저장할 폴더명만 쓰세요(기본값:c:\\temp\\):")
15 if f_dir == '' :
16     f_dir="c:\\temp\\"
17 
18 #Step 4. 크롬 드라이버 설정 및 웹 페이지 열기
19 chrome_path = "c:/temp/chromedriver_85/chromedriver.exe"
20 driver = webdriver.Chrome(chrome_path)
21 
22 url = 'http://www.riss.kr/'
23 driver.get(url)
24 time.sleep(2)
25 
26 #Step 5. 자동으로 검색어 입력 후 조회하기
27 element = driver.find_element_by_id("query")
28 driver.find_element_by_id("query").click( )
29 element.send_keys(query_txt)
30 element.send_keys("\n")
31 time.sleep(2)
32 
33 #Step 6.학위 논문 선택하기
34 driver.find_element_by_link_text('학위논문').click()
35 time.sleep(2)
36 
37 #Step 7.Beautiful Soup 로 본문 내용만 추출하기
38 from bs4 import BeautifulSoup
39 html_1 = driver.page_source
40 soup_1 = BeautifulSoup(html_1, 'html.parser')
41 
42 content_1 = soup_1.find('div','srchResultListW').find_all('li')
```

```
43 for i in content_1 :
44     print(i.get_text().replace("₩n",""))
45
46 #Step 8. 총 검색 건수를 보여주고 수집할 건수 입력받기
47 import math
48 total_cnt = soup_1.find('div','searchBox pd').find('span','num').get_text()
49 print('검색하신 키워드 %s (으)로 총 %s 건의 학위논문이 검색되었습니다' %(query_txt,total_cnt))
50 collect_cnt = int(input('이 중에서 몇 건을 수집하시겠습니까?: '))
51 collect_page_cnt = math.ceil(collect_cnt / 10)
52 print('%s 건의 데이터를 수집하기 위해 %s 페이지의 게시물을 조회합니다.' %(collect_cnt,collect_page_cnt))
53 print("₩n")
54
55 #Step 9. 데이터 수집하기
56 no2=[]            # 게시글 번호 컬럼
57 title2=[ ]        # 게시글 제목 컬럼
58 author2=[]        # 논문 저자 컬럼
59 company2=[ ]      # 소속 기관 컬럼
60 date2=[ ]         # 게시글 날짜 컬럼
61 suksa2=[ ]        # 국내석사 컬럼
62 contents2=[]      # 초록내용
63 full_url2=[]      # 논문 원본 URL
64
65 no = 1            # 게시글 번호 초기값
66
67 # 다음 페이지 번호 만들기
68 page_no=[]
69
70 for i in range(10,collect_cnt) :
71     if i % 10 == 0 :
72             page_no.append(i + 1)
73
74 for a in range(1,collect_page_cnt+1) :
75     print("₩n")
76     print("%s 페이지 내용 수집 시작합니다 =====================" %a)
77
78     html = driver.page_source
79     soup = BeautifulSoup(html, 'html.parser')
80     content_list = soup.find('div','srchResultListW').find_all('li')
81
82     for i in content_list:
83
84         # 게시글 제목 체크하기
85         try:
86             title=i.find('div','cont').find('p','title').get_text().strip()
87         except :
88             continue
89         else :
90             # 1.게시글 번호
91             print("₩n")
92             print("%s 번째 정보를 추출하고 있습니다===========" %no)
93             no2.append(no)
94             print("1.번호 : %s" %no)
95
96             # 2. 논문 제목
97             title2.append(title.strip())
98             print("2.제목 : %s" %title.strip())
99
100             # 3. 작성자
101             try :
102                 author=i.find('div','cont').find('p','etc').find('span','writer').get_text().strip()
103             except :
104                 author = '작성자가 없습니다'
105                 print("3.작성자 : %s" %author.strip())
106                 author2.append(author.strip())
107             else :
108                 author2.append(author.strip())
109                 print("3.작성자 : %s" %author.strip())
110
```

```
111            # 4. 소속기관
112            try :
113                company=i.find('div','cont').find('p','etc').find('span','assigned').get_text().strip()
114            except :
115                company='소속 기관이 없습니다'
116                company2.append(company.strip())
117                print("4.소속기관 : %s" %company.strip())
118            else :
119                company2.append(company.strip())
120                print("4.소속기관 : %s" %company.strip())
121
122            # 5. 발표날짜
123            try :
124                date_1 =i.find('div','cont').find('p','etc').find_all('span')
125                date_2 = date_1[2].get_text().strip()
126            except :
127                date_2='발표날짜가 없습니다'
128                date2.append(date_2)
129                print("5.발표년도 : %s" %date_2)
130            else :
131                date2.append(date_2)
132                print("5.발표년도 : %s" %date_2)
133
134            # 6.학위여부
135            try :
136                suksa_1 =i.find('div','cont').find('p','etc').find_all('span')
137                suksa_2 = suksa_1[3].get_text().strip()
138            except :
139                suksa_2='학위가 없습니다'
140                suksa2.append(suksa_2)
141                print("6.학위여부 : %s" %suksa_2)
142            else :
143                suksa2.append(suksa_2)
144                print("6.학위여부 : %s" %suksa_2)
145
146            # 7.초록 내용
147            url_1 = i.find('div','cont').find('p','title').find('a')['href']
148            full_url = 'http://www.riss.kr'+url_1
149
150            time.sleep(1)
151
152            driver.get(full_url)
153
154            html_1 = driver.page_source
155            soup_1 = BeautifulSoup(html_1, 'html.parser')
156            try :
157                cont=soup_1.find("div","text").find('p').get_text().replace("₩n","").strip()
158            except :
159                cont='초록이 없습니다'
160                contents2.append(cont)
161                print("7.초록내용 : %s" %cont)
162            else :
163                contents2.append(cont)
164                print("7.초록내용 : %s" %cont)
165
166            time.sleep(1)
```

```
167
168             # 8.논문 url 주소
169             full_url2.append(full_url)
170             print('8.논문 URL 주소:' , full_url)
171
172             driver.back()  # 이전 페이지로 돌아가기
173
174             time.sleep(2)
175
176             no += 1
177
178     c = math.floor(a/10)-1
179     a += 1
180
181     if a == page_no[c]:
182         driver.find_element_by_link_text('다음 페이지로').click()
183     else :
184         driver.find_element_by_link_text('%s' %a).click() # 다음 페이지번호 클릭
185
186 print("요청하신 작업이 모두 완료되었습니다")
187
188 # Step 10. 수집된 데이터를 xls와 csv 형태로 저장하기
189 # 현재 날짜와 시간으로 폴더 만들고 파일 이름 설정하기
190 import time
191 import os
192
193 n = time.localtime()
194 s = '%04d-%02d-%02d-%02d-%02d-%02d' %(n.tm_year, n.tm_mon, n.tm_mday, n.tm_hour, n.tm_min, n.tm_sec)
195
196 os.makedirs(f_dir+'RISS'+'-'+s+'-'+'학위논문')
197
198 fc_name = f_dir+'RISS'+'-'+s+'-'+'학위논문'+'\\'+'RISS'+'-'+s+'-'+'학위논문'+'.csv'
199 fx_name = f_dir+'RISS'+'-'+s+'-'+'학위논문'+'\\'+'RISS'+'-'+s+'-'+'학위논문'+'.xls'
200
201 # 데이터 프레임 생성 후 xls , csv 형식으로 저장하기
202 import pandas as pd
203
204 df = pd.DataFrame()
205 df['번호']=no2
206 df['제목']=pd.Series(title2)
207 df['저자']=pd.Series(author2)
208 df['소속(발행)기관']=pd.Series(company2)
209 df['날짜']=pd.Series(date2)
210 df['학위(논문일경우)']=pd.Series(suksa2)
211 df['초록(논문일경우)']=pd.Series(contents2)
212 df['자료URL주소']=pd.Series(full_url2)
213
214 # xls 형태로 저장하기
215 df.to_excel(fx_name,index=False, encoding="utf-8")
216
217 # csv 형태로 저장하기
218 df.to_csv(fc_name,index=False, encoding="utf-8-sig")
219
220 print('요청하신 데이터 수집 작업이 정상적으로 완료되었습니다')
```

소스코드가 많이 길죠?

다음 단계에서 위 내용을 자세하게 설명해 드리겠습니다 ^^

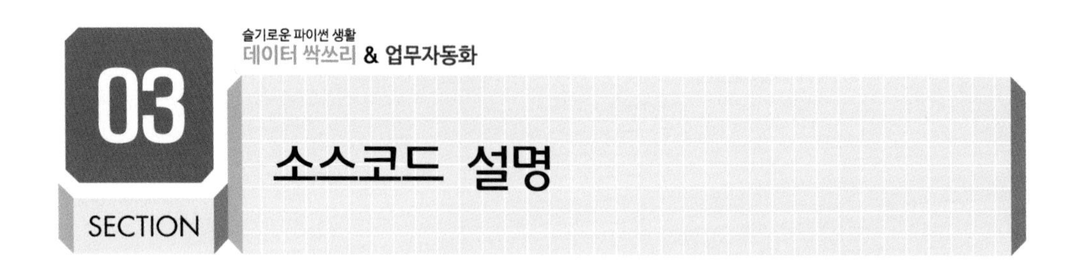


```
1  # riss.kr 에서 특정 키워드로 논문 / 학술 자료 검색하기
2
3  #Step 1. 필요한 모듈을 로딩합니다
4  from selenium import webdriver
5  import time
6
7  #Step 2. 사용자에게 검색 관련 정보들을 입력 받습니다.
8  print("=" *100)
9  print(" 이 크롤러는 RISS 사이트의 논문 및 학술자료 수집용 웹크롤러입니다.")
10 print("=" *100)
11 query_txt = input('1.수집할 자료의 키워드는 무엇입니까?(여러개일 경우 , 로 구분하여 입력): ')
12
13 #Step 3. 수집된 데이터를 저장할 파일 이름 입력받기
14 f_dir = input("2.파일을 저장할 폴더명만 쓰세요(기본값:c:₩₩temp₩₩):")
15 if f_dir == '' :
16     f_dir="c:₩₩temp₩₩"
17
```

위 코드의 대부분은 이미 앞에서 설명한 부분이라 생략하겠습니다.

위 코드의 13번 행부터 16번 행까지는 사용자에게 내용을 저장할 폴더명만 입력을 받는 부분입니다. 15번 행에서 만약 사용자가 폴더명을 입력하지 않는다면 16번 행에서 기본 폴더로 c:\temp\ 폴더를 사용하도록 설정하고 있습니다.

이렇게 폴더명을 입력받은 후 뒷부분에서 파일로 저장할 때 이 폴더 아래에 날짜로 폴더를 만들고 저장할 예정입니다.

```
18  #Step 4. 크롬 드라이버 설정 및 웹 페이지 열기
19  chrome_path = "c:/temp/chromedriver_85/chromedriver.exe"
20  driver = webdriver.Chrome(chrome_path)
21
22  url = 'http://www.riss.kr/'
23  driver.get(url)
24  time.sleep(2)
25
26  #Step 5. 자동으로 검색어 입력 후 조회하기
27  element = driver.find_element_by_id("query")
28  driver.find_element_by_id("query").click( )
29  element.send_keys(query_txt)
30  element.send_keys("\n")
31  time.sleep(2)
32
33  #Step 6.학위 논문 선택하기
34  driver.find_element_by_link_text('학위논문').click()
35  time.sleep(2)
36
37  #Step 7.Beautiful Soup 로 본문 내용만 추출하기
38  from bs4 import BeautifulSoup
39  html_1 = driver.page_source
40  soup_1 = BeautifulSoup(html_1, 'html.parser')
41
42  content_1 = soup_1.find('div','srchResultListW').find_all('li')
43  for i in content_1 :
44      print(i.get_text().replace("\n",""))
45
```

위 코드의 18번 행에서 24번 행까지는 크롬 드라이버를 지정하여 http://www.riss.kr 사이트에 접속합니다. 그리고 26번 행부터 31번 행까지는 사용자가 요청한 검색어로 검색을 진행합니다.

그 후 34번 행에서 '학위논문' 탭을 클릭합니다. 2초를 기다린 후에 38번 행부터 Beautiful Soup을 활용하여 현재 페이지의 전체 소스코드를 분석하여 42번 행에서 검색된 게시물이 있는 부분만 추출합니다.

```
46  #Step 8. 총 검색 건수를 보여주고 수집할 건수 입력받기
47  import math
48  total_cnt = soup_1.find('div','searchBox pd').find('span','num').get_text()
49  print('검색하신 키워드 %s (으)로 총 %s 건의 학위논문이 검색되었습니다' %(query_txt,total_cnt))
50  collect_cnt = int(input('이 중에서 몇 건을 수집하시겠습니까?: '))
51  collect_page_cnt = math.ceil(collect_cnt / 10)
52  print('%s 건의 데이터를 수집하기 위해 %s 페이지의 게시물을 조회합니다.' %(collect_cnt,collect_page_cnt))
53  print("\n")
54
```

위 코드의 47번 행부터 53번 행까지는 해당 키워드로 검색된 총 게시물 수를 추출하여 사용자에게 보여주고 그 중에서 몇 건을 수집할 것인지를 입력받아서 크롤링할 총 페이지수를 계산하는 부분입니다.

```
55 #Step 9. 데이터 수집하기
56 no2=[]            # 게시글 번호 컬럼
57 title2=[ ]        # 게시글 제목 컬럼
58 author2=[]        # 논문 저자 컬럼
59 company2=[ ]      # 소속 기관 컬럼
60 date2=[ ]         # 게시글 날짜 컬럼
61 suksa2=[ ]        # 국내석사 컬럼
62 contents2=[]      # 초록내용
63 full_url2=[]      # 논문 원본 URL
64
65 no = 1            # 게시글 번호 초기값
66
67 # 다음 페이지 번호 만들기
68 page_no=[]
69
70 for i in range(10,collect_cnt) :
71     if i % 10 == 0 :
72           page_no.append(i + 1)
73
```

위 코드의 55번 행부터 63번 행까지는 수집될 데이터를 임시로 저장할 비어 있는 리스트들을 생성합니다. 그리고 대량의 데이터를 수집할 것을 대비해서 68번 행부터 72번 행까지 "다음 페이지" 버튼인 "〉"을 클릭할 때 사용할 페이지 번호를 생성합니다.

```
74 for a in range(1,collect_page_cnt+1) :
75     print("\n")
76     print("%s 페이지 내용 수집 시작합니다 ======================" %a)
77
78     html = driver.page_source
79     soup = BeautifulSoup(html, 'html.parser')
80     content_list = soup.find('div','srchResultListW').find_all('li')
81
82     for i in content_list:
83
84         # 게시글 제목 체크하기
85         try:
86             title=i.find('div','cont').find('p','title').get_text().strip()
87         except :
88             continue
89         else :
90             # 1.게시글 번호
91             print("\n")
92             print("%s 번째 정보를 추출하고 있습니다===========" %no)
93             no2.append(no)
94             print("1.번호 : %s" %no)
95
96             # 2. 논문 제목
97             title2.append(title.strip())
98             print("2.제목 : %s" %title.strip())
99
```

위 코드의 74번 행에서 1페이지부터 사용자가 요청한 페이지까지 for 반복문으로 반복을 하는데 78번 행에서 80번 행까지 현재 페이지의 전체 소스코드를 가져와서 Beautiful Soup를 활용하여 검색된 게시물의 내용만 추출하여 content_list 변수에 저장합니다. 이 과정을 거치면 content_list 변수에서 게시물 10건에 대한 태그가 저장됩니다.

```
100            # 3. 작성자
101            try :
102                author=i.find('div','cont').find('p','etc').find('span','writer').get_text().strip()
103            except :
104                author = '작성자가 없습니다'
105                print("3.작성자 : %s" %author.strip())
106                author2.append(author.strip())
107            else :
108                author2.append(author.strip())
109                print("3.작성자 : %s" %author.strip())
110
111            # 4. 소속기관
112            try :
113                company=i.find('div','cont').find('p','etc').find('span','assigned').get_text().strip()
114            except :
115                company='소속 기관이 없습니다'
116                company2.append(company.strip())
117                print("4.소속기관 : %s" %company.strip())
118            else :
119                company2.append(company.strip())
120                print("4.소속기관 : %s" %company.strip())
121
```

위 코드의 100번 행부터 109번 행까지는 해당 논문의 작성자 정보를 추출합니다. 그런데 간혹 작성자 정보가 없는 논문이 있어서 위 코드와 같이 예외처리 기법을 사용했습니다.

(참고로 예외처리 기법에 대한 부분은 이 책의 필수 문법 중에 예외처리 부분을 꼭 살펴보세요.)

그리고 111번 행부터 120번 행까지는 소속기관을 추출하는 부분인데 소속 기관이 없는 경우가 있어서 예외처리를 사용했습니다.

```
122            # 5. 발표날짜
123            try :
124                date_1 =i.find('div','cont').find('p','etc').find_all('span')
125                date_2 = date_1[2].get_text().strip()
126            except :
127                date_2='발표날짜가 없습니다'
128                date2.append(date_2)
129                print("5.발표년도 : %s" %date_2)
130            else :
131                date2.append(date_2)
132                print("5.발표년도 : %s" %date_2)
133
134            # 6.학위여부
135            try :
136                suksa_1 =i.find('div','cont').find('p','etc').find_all('span')
137                suksa_2 = suksa_1[3].get_text().strip()
138            except :
139                suksa_2='학위가 없습니다'
140                suksa2.append(suksa_2)
141                print("6.학위여부 : %s" %suksa_2)
142            else :
143                suksa2.append(suksa_2)
144                print("6.학위여부 : %s" %suksa_2)
145
```

위 코드의 122번 행부터 145번 행까지는 해당 논문의 발표년도와 학위여부를 추출하는 코드입니다. 이 부분은 추출하는 원리가 같은데 특별히 주의해서 봐야 합니다.

먼저 다음의 그림에서 날짜가 저장되어 있는 HTML 코드 부분을 살펴볼까요?

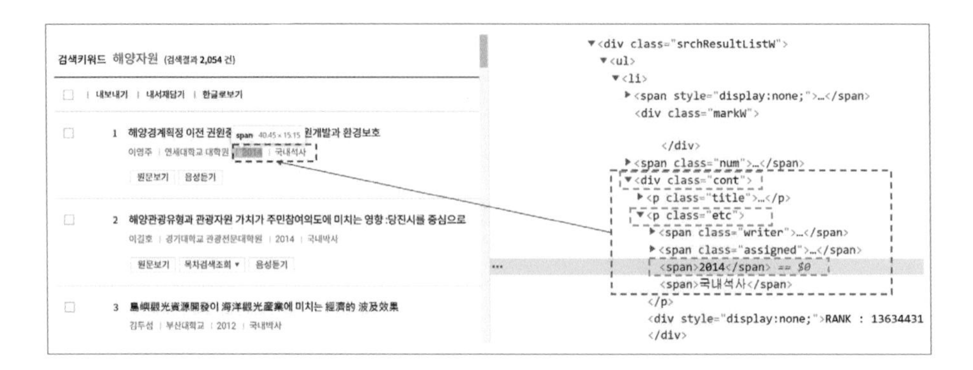

위 그림의 오른쪽 HTML 코드 부분에서 빨간색 네모칸 부분을 보면 'div' 태그에 class='cont' 아래에 'p' 태그에 class='etc' 아래에 저자와 소속 기관과 년도와 학위내용이 모두 저장되어 있습니다. 그런데 이 정보들이 전부 같은 레벨인 'span' 태그에 저장되어 있음이 확인됩니다.

이런 상황이라면 'p' 태그에 class='etc' 아래의 모든 'span' 태그를 다 가져와서 3번째 'span' 태그에서 연도를 추출하고 4번째 'span' 태그에서 학위 내용을 추출하면 원하는 정보를 추출할 수 있습니다. 그래서 위 코드에서 124 ~125행의 년도를 추출하고 136~137번 행에서 학위내용을 추출했습니다. 이때 대괄호 안에 들어가는 숫자가 리스트에 특정 항목을 추출하는 인덱싱 기법인데 파이썬은 시작 번호가 늘 0번부터이기 때문에 3번째 값을 추출하기 위해서는 2를 썼고 4번째 값을 추출하기 위해서 3을 사용했습니다.

(리스트와 인덱싱 기법에 대해 생소하신 분들은 이 책의 필수문법 편에서 다양한 데이터 유형 부분을 참고하세요.)

```
146            # 7.초록 내용
147            url_1 = i.find('div','cont').find('p','title').find('a')['href']
148            full_url = 'http://www.riss.kr'+url_1
149
150            time.sleep(1)
151
152            driver.get(full_url)
153
154            html_1 = driver.page_source
155            soup_1 = BeautifulSoup(html_1, 'html.parser')
156            try :
157                cont=soup_1.find("div","text").find('p').get_text().replace("₩n","").strip()
158            except :
159                cont='초록이 없습니다'
160                contents2.append(cont)
161                print("7.초록내용 : %s" %cont)
162            else :
163                contents2.append(cont)
164                print("7.초록내용 : %s" %cont)
165
166            time.sleep(1)
167
168            # 8.논문 url 주소
169            full_url2.append(full_url)
170            print('8.논문 URL 주소:' , full_url)
171
172            driver.back()  # 이전 페이지로 돌아가기
173
174            time.sleep(2)
```

앞의 코드는 해당 논문의 초록을 추출하고 원문의 URL 정보를 추출하는 코드입니다. 아주 중요한 내용이니 꼭 이해해야 합니다.

먼저 아래 HTML 코드를 보세요.

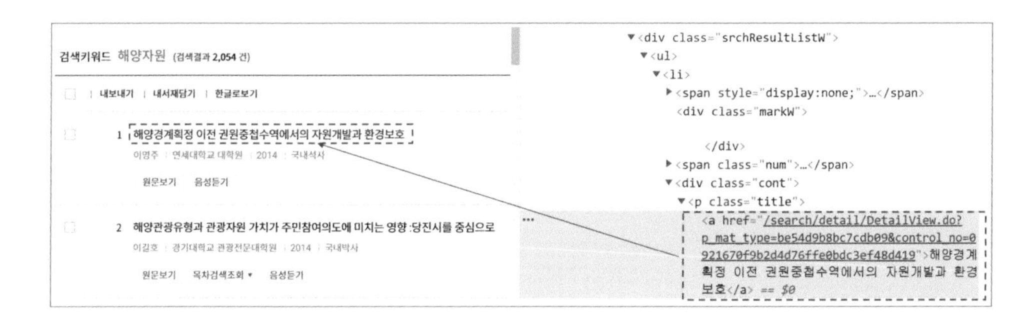

특정 논문의 상세 내역은 검색 결과에서 해당 논문의 제목을 클릭하면 해당 논문의 상세 페이지로 이동합니다. 즉 특정 논문의 상세 페이지로 이동하려면 논문의 제목을 클릭하여 논문의 원본 URL주소를 찾아야 한다는 뜻입니다. 이 작업을 하기 위해서 위 코드의 147번 행과 같이 작업을 했습니다.

특히 URL 주소는 'a' 태그 안에 'href' 속성에 저장되어 있어서 147번 행에서 find('a')['href']라고 작성한 부분을 잘 봐야 합니다. 즉 find('태그명')['속성명'] 형식으로 특정 속성을 추출할 수 있습니다(이 부분에 대한 자세한 내용은 이 책의 Beautiful Soup 부분을 참고하세요).

그런데 이렇게 추출한 URL 주소로는 페이지를 이동할 수 없습니다. 왜냐면 이렇게 추출된 주소에는 http://www.riss.kr이라는 도메인 주소가 생략되어 있기 때문입니다.

그래서 이렇게 추출할 주소에 도메인 주소를 추가하여 완전한 URL 주소를 만들어야 하는데 이 부분이 앞의 코드 148번 행입니다.

이렇게 URL 주소를 생성한 후 152번 행에서 driver.get( ) 명령으로 해당 페이지를 열면 논문의 상세 페이지가 열립니다.

이제 상세 페이지에서 해당 논문의 초록 부분을 찾아야 하겠죠?

다음 그림을 보세요.

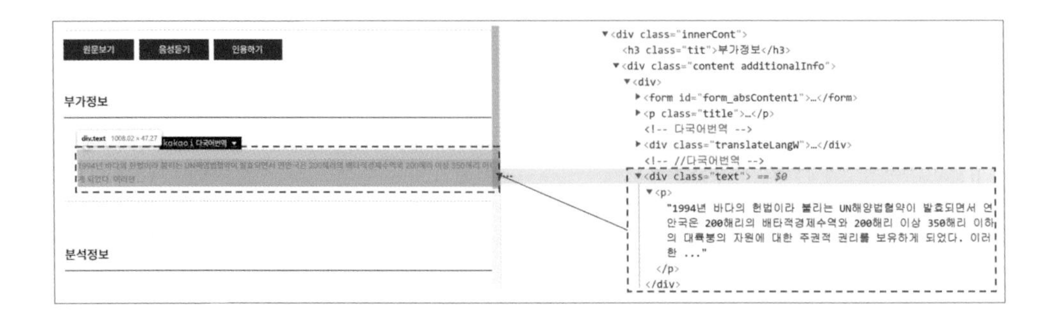

위 그림의 오른쪽 부분의 HTML 코드를 보면 'div' 태그에 class='text' 아래의 'p' 태그 안에 있는 모든 텍스트를 가져오면 초록을 가져올 수 있다는 것을 알 수 있습니다.

그래서 아래 코드의 157번 행과 같이 작성한 것입니다.

```
146             # 7.초록 내용
147             url_1 = i.find('div','cont').find('p','title').find('a')['href']
148             full_url = 'http://www.riss.kr'+url_1
149
150             time.sleep(1)
151
152             driver.get(full_url)
153
154             html_1 = driver.page_source
155             soup_1 = BeautifulSoup(html_1, 'html.parser')
156             try :
157                 cont=soup_1.find("div","text").find('p').get_text().replace("\n","").strip()
158             except :
159                 cont='초록이 없습니다'
160                 contents2.append(cont)
161                 print("7.초록내용 : %s" %cont)
162             else :
163                 contents2.append(cont)
164                 print("7.초록내용 : %s" %cont)
165
```

그런데 가끔 초록이 없는 논문도 있어서 예외처리를 사용했습니다.

그리고 157번 행의 뒷부분에 보면 replace("\n", " ").strip( )라는 부분은 초록 부분의 앞뒤 공백 등을 제거하기 위해서 사용한 방법입니다(replace( ) 함수나 strip( ) 함수에 대해서는 이 책의 필수문법 중에서 다양한 데이터 유형 부분을 참고하세요).

```
168             # 8.논문 url 주소
169             full_url2.append(full_url)
170             print('8.논문 URL 주소:' , full_url)
171
172             driver.back()  # 이전 페이지로 돌아가기
173
174             time.sleep(2)
175
```

앞의 코드는 추출된 URL 주소를 리스트에 추가하는 부분인데 중요한 것은 172번 행입니다.

driver.back( ) 명령은 키보드에서 백스페이스키를 누르는 의미인데 이전 페이지로 돌아가라는 의미입니다. 여기서는 논문 목록이 있는 페이지로 이동하라는 뜻입니다.

```
176             no += 1
177
178         c = math.floor(a/10)-1
179         a += 1
180
181         if a == page_no[c]:
182             driver.find_element_by_link_text('다음 페이지로').click()
183         else :
184             driver.find_element_by_link_text('%s' %a).click() # 다음 페이지번호 클릭
185
186 print("요청하신 작업이 모두 완료되었습니다")
187
```

위 코드는 수집할 건수가 많을 경우 페이지를 이동하는 방법인데 이전 챕터에서 설명을 자세하게 했던 내용이니까 이전 챕터를 참고하세요.

```
188 # Step 10. 수집된 데이터를 xls와 csv 형태로 저장하기
189 # 현재 날짜와 시간으로 폴더 만들고 파일 이름 설정하기
190 import time
191 import os
192
193 n = time.localtime()
194 s = '%04d-%02d-%02d-%02d-%02d-%02d' %(n.tm_year, n.tm_mon, n.tm_mday, n.tm_hour, n.tm_min, n.tm_sec)
195
196 os.makedirs(f_dir+'RISS'+'-'+s+'-'+'학위논문')
197
198 fc_name = f_dir+'RISS'+'-'+s+'-'+'학위논문'+'\\'+'RISS'+'-'+s+'-'+'학위논문'+'.csv'
199 fx_name = f_dir+'RISS'+'-'+s+'-'+'학위논문'+'\\'+'RISS'+'-'+s+'-'+'학위논문'+'.xls'
200
201 # 데이터 프레임 생성 후 xls , csv 형식으로 저장하기
202 import pandas as pd
203
204 df = pd.DataFrame()
205 df['번호']=no2
206 df['제목']=pd.Series(title2)
207 df['저자']=pd.Series(author2)
208 df['소속(발행)기관']=pd.Series(company2)
209 df['날짜']=pd.Series(date2)
210 df['학위(논문일경우)']=pd.Series(suksa2)
211 df['초록(논문일경우)']=pd.Series(contents2)
212 df['자료URL주소']=pd.Series(full_url2)
213
214 # xls 형태로 저장하기
215 df.to_excel(fx_name,index=False, encoding="utf-8")
216
217 # csv 형태로 저장하기
218 df.to_csv(fc_name,index=False, encoding="utf-8-sig")
219
220 print('요청하신 데이터 수집 작업이 정상적으로 완료되었습니다')
```

위 코드는 수집된 데이터를 저장하는 코드입니다.

그런데 저장을 할 때 조회하는 시점의 날짜와 시간을 사용하여 자동으로 폴더를 생성한 후 그 폴더 아래에 csv, xls 형식으로 저장하는 방법을 소개하겠습니다.

앞의 코드 중에서 193번 행은 현재 날짜와 시간을 조회하는 명령이고 194번 행은 조회된 데이터에서 날짜와 시간을 원하는 포맷으로 만들어서 가져오는 코드입니다.

196번 행은 지정된 폴더 아래에 날짜를 활용해서 자동으로 폴더를 생성하는 코드인데 이 코드를 실행하면 아래와 같은 형식으로 폴더가 자동으로 생성됩니다.

RISS-2020-07-15-13-38-35-학위논문

위와 같이 폴더를 생성한 후 198번 행과 199번 행에서 저장할 파일이름을 지정합니다.

(파이썬에서 폴더와 파일을 관리하는 부분에 대한 내용은 이 책의 Part 3의 필수문법 편에서 폴더와 파일관리 부분을 참고하세요.)

201번 행부터 218번 행까지는 수집된 데이터를 데이터 프레임(표) 형태로 만들어서 xls와 csv 형태로 저장하는 부분입니다.

이전 과정에서 데이터를 추출하여 각각의 지정된 리스트에 추가를 했는데 앞의 코드 202번 행부터 212번 행까지 그 리스트들을 데이터 프레임으로 합쳐서 표로 만듭니다.

이때 pandas의 기능을 활용했습니다.

(pandas에 대한 내용은 이 책의 Part 3의 필수 문법 편에서 numpy와 pandas부분을 참고하세요.)

그리고 214번 행부터 218번 행까지 pandas의 저장기능을 활용하여 xls형식과 csv 형식으로 저장을 했습니다.

이번 챕터의 내용을 열심히 공부하시면 현업에서 많이 사용하는 다양한 웹 크롤러를 제작할 수 있습니다. 예를 들어서 현재 저에게 개발 의뢰가 많이 들어와서 개발해서 납품하고 있는 웹 크롤러들이 네이버 블로그 정보 수집 / 네이버 카페 정보 수집 / 유튜브 영상과 해당 영상에 작성된 리뷰 / 인스타그램 사진과 태그 내용들을 수집하는 크롤러 / 빅카인즈를 비롯한 다양한 언론사의 언론 정보 수집용 웹 크롤러 / 다양한 인터넷 쇼핑몰 정보 수집용 웹 크롤러들인 데이런 웹 크롤러를 만들기 위해 이번 챕터의 내용이 아주 많이 필요합니다. 이번 장의 내용을 열심히 공부해서 실력을 키우세요~^^

연습문제로 실력굳히기

문제 1 사용자에게 RISS 사이트의 모든 카테고리를 다 보여준 후 사용자에게 "국내학술논문" 카테고리를 선택했다고 가정하여 수집할 장르를 2번으로 입력 후 저장할 폴더의 이름을 입력 받은 후 "국내학술논문" 카테고리의 다양한 정보들을 수집하여 csv, xls 형식으로 저장하도록 코드를 작성하세요. 수집할 항목은 아래의 예시를 참고하세요(데이터를 저장할 폴더는 조회 시점의 날짜와 시간을 활용하여 자동 생성하도록 작성하세요).

사용자에게 보여줄 입력 화면 예시 화면

```
==========================================================================================
 이 크롤러는 RISS 사이트의 논문 및 학술자료 수집용 웹크롤러입니다.
==========================================================================================
1.수집할 자료의 키워드는 무엇입니까?(여러개일 경우 , 로 구분하여 입력): 해양자원


2. 위 키워드로 아래의 장르 중 어떤 장르의 정보를 수집할까요?

1.학위논문        2.국내학술논문     3.해외학술논문      4.학술지
5.단행본          6.공개강의         7.연구보고서

위 장르 중 수집할 장르의 번호를 입력하세요:  2


3.파일을 저장할 폴더명만 쓰세요(기본값:c:\temp\):
```

수집할 항목 예시

(아래 그림처럼 번호 /제목 / 작성자 / 소속기관 / 발표년도/ 논문집/자료집 / 논문 URL정보를 추출하여 저장하세요.)

```
1 번째 정보를 추출하고 있습니다=============
1.번호 : 1
2.제목 : 발표논문 / 해양생물자원으로서 해조류 : 생물활성물질의 정체와 분자적 응용
3.작성자 : 홍용기(Yong Ki Hong)
4.소속기관 : 한국조류학회
5.발표년도 : 2000
6.논문집/자료집 : 국제심포지움 일정 및 발표논문집 - 21세기, 해양환경과 해양생물자원의 전망
7.논문 URL 주소: http://www.riss.kr/search/detail/DetailView.do?p_mat_type=1a0202e37d52c72d&control_no=508c47ca1906dfeecffe0bdc3ef48d419
```

저장된 결과 화면 예시

이번 챕터의 내용도 열심히 공부하셔서 꼭 실력으로 만드세요!!

"삶의 의미는 발견하는 것이 아니라
만들어가는 것이다"

– 생택쥐페리 –

Chap 05

다양한 인터넷 언론 정보 수집하기

01 SECTION 이번 장에서 배울 내용 소개

(Youtube 동영상 강의 링크 : https://youtu.be/84zhKJsCnu4)

다양한 분야에서 논문이나 사회적 트렌드나 이슈 등을 조사해야 할 때 신문이나 다양한 언론 매체의 기사를 수집하여 분석하는 경우가 많습니다.

저도 여러 TV나 언론사에서 빅데이터 분석을 요청받아 프로젝트를 진행할 때나 주변의 지인 교수님들의 부탁을 받아 논문의 자료로 활용하기 위해 데이터 수집을 요청받을 때 다양한 언론 정보를 수집하여 분석하는 경우가 아주 많습니다. 최근에도 모 기관에서 요청이 와서 빅카인즈 사이트의 정보를 수집하는 웹 크롤러 프로그램을 만들어서 납품을 했고 최근에 출연했던 모 방송국 프로그램에서도 지난 10년간의 언론 뉴스를 수집하고 분석해서 발표하기도 했습니다.

그래서 이번 장에서는 다양한 언론 정보(주로 기사)를 수집하는 방법을 전해 드리겠습니다.

이번 시간에 예제로 사용할 사이트는 다음 카카오의 랭킹 뉴스 중 연령대별 카테고리입니다.

```
URL 주소 : https://news.daum.net/ranking/age/?regDate=20190101
```

위 주소를 실행하면 다음 그림과 같이 해당 날짜의 랭킹 뉴스 중에 연령별 뉴스가 보입니다.

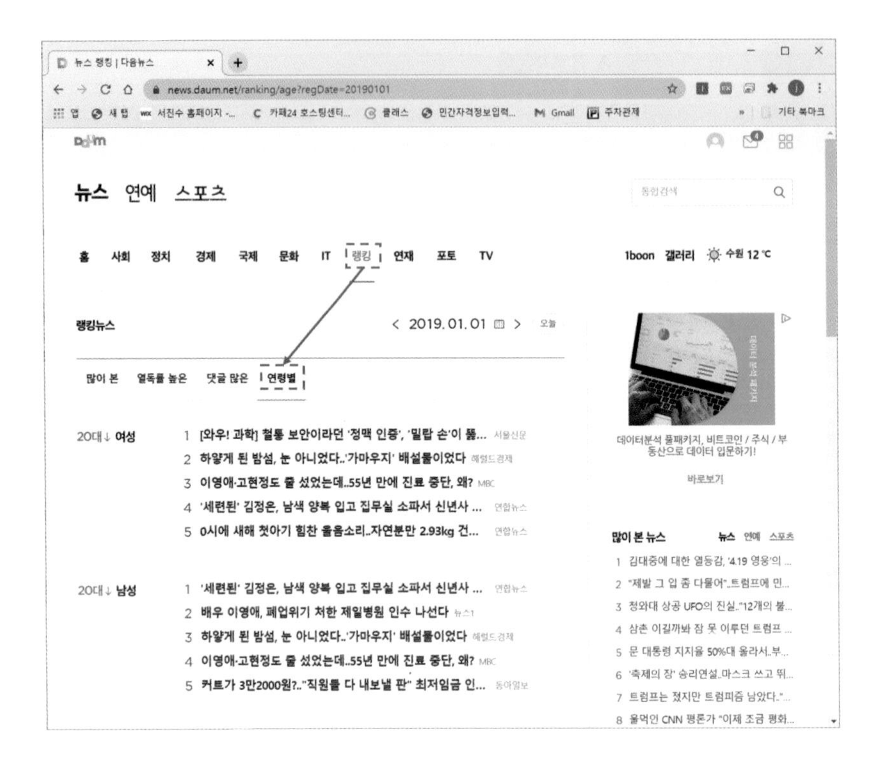

위 화면에서는 지면 관계상 모든 기사를 보여드리지 못했지만 위 페이지에서는 매일 연령대별 성별로 5건씩의 랭킹 뉴스를 보여줍니다. 즉 해당 날짜에 해당 연령대별 성별로 많이 클릭한 기사를 보여주고 있습니다. 대부분의 기사는 제목에 기사의 주요 내용이 들어가 있기 때문에 이 책에서는 기사의 제목을 수집하여 txt, csv 형식의 파일로 저장하겠습니다.

수집 결과 화면을 미리 보면 다음 그림과 같습니다.

크롤러 실행 화면

```
================================================================================
이 프로그램은 교육용 목적으로 서진수가 개발했으며 절대 상업용으로 사용해선 안됩니다
또한 이 프로그램으로 특정 회사에 피해를 줄 경우
모든 책임은 프로그램 사용자에게 있음을 미리 공지합니다
이 프로그램과 관련한 문의는 seojinsu@gmail.com 으로 보내주세요^^
================================================================================
다음 사이트 랭킹 뉴스중 연령별 랭킹 기사 정보 수집용 웹크롤러 by 서진수
================================================================================

1.조회 시작일을 입력하세요(예:20160101) : 20190101
2.조회 종료일을 입력하세요(예:20161231) : 20190103
3.파일이 저장될 경로만 쓰세요:기본값:c:\temp\) : c:\temp\
```

```
요청하신 정보를 수집중이니 잠시만 기다려 주세요~~^^

2019년 01월 01일의 뉴스 수집 중 ================================================
*2019년 01월 01일의 뉴스 중 20대 이하 여성이 많이 본 기사입니다 =====
1 : [와우! 과학] 철통 보안이라던 '정맥 인증', '밀랍 손'이 뚫었다
2 : 하얗게 된 밤섬, 눈 아니었다..'가마우지' 배설물이었다
3 : 이영애·고현정도 줄 섰었는데..55년 만에 진료 중단, 왜?
4 : '세련된' 김정은, 남색 양복 입고 집무실 소파서 신년사 발표(종합)
5 : 0시에 새해 첫아기 힘찬 울음소리..자연분만 2.93kg 건강한 딸
=============================================================================

*2019년 01월 01일의 뉴스 중 20대 이하 남성이 많이 본 기사입니다 =====
1 : '세련된' 김정은, 남색 양복 입고 집무실 소파서 신년사 발표(종합)
2 : 배우 이영애, 폐업위기 처한 제일병원 인수 나선다
3 : 하얗게 된 밤섬, 눈 아니었다..'가마우지' 배설물이었다
4 : 이영애·고현정도 줄 섰었는데..55년 만에 진료 중단, 왜?
5 : 커트가 3만2000원?.."직원들 다 내보낼 판" 최저임금 인상에 미용실 원장 한숨
=============================================================================
```

(중간 과정은 지면 관계상 생략합니다.)

```
파일이 저장된 경로는 아래와 같습니다
*************************************************************************************
1.20대 이하 여성: c:₩temp₩다음뉴스_연령별_20대이하여성_2019-2020-09-01-10-02-54₩다음뉴스_연령별_20대이하여성_2019-2020-09-01-10-02-54.txt
2.20대 이하 남성: c:₩temp₩다음뉴스_연령별_20대이하남성_2019-2020-09-01-10-02-54₩다음뉴스_연령별_20대이하남성_2019-2020-09-01-10-02-54.txt
3.30대      여성: c:₩temp₩다음뉴스_연령별_30대여성_2019-2020-09-01-10-02-54₩다음뉴스_연령별_30대여성_2019-2020-09-01-10-02-54.txt
4.30대      남성: c:₩temp₩다음뉴스_연령별_30대남성_2019-2020-09-01-10-02-54₩다음뉴스_연령별_30대남성_2019-2020-09-01-10-02-54.txt
5.40대      여성: c:₩temp₩다음뉴스_연령별_40대여성_2019-2020-09-01-10-02-54₩다음뉴스_연령별_40대여성_2019-2020-09-01-10-02-54.txt
6.40대      남성: c:₩temp₩다음뉴스_연령별_40대남성_2019-2020-09-01-10-02-54₩다음뉴스_연령별_40대남성_2019-2020-09-01-10-02-54.txt
7.50대 이상 여성: c:₩temp₩다음뉴스_연령별_50대이상여성_2019-2020-09-01-10-02-54₩다음뉴스_연령별_50대이상여성_2019-2020-09-01-10-02-54.txt
8.50대 이상 남성: c:₩temp₩다음뉴스_연령별_50대이상남성_2019-2020-09-01-10-02-54₩다음뉴스_연령별_50대이상남성_2019-2020-09-01-10-02-54.txt
9.csv 파일: c:₩temp₩다음뉴스_연령별_전체_2019-2020-09-01-10-02-54₩다음뉴스_연령별_전체_2019-2020-09-01-10-02-54.csv
10.xls 파일: c:₩temp₩다음뉴스_연령별_전체_2019-2020-09-01-10-02-54₩다음뉴스_연령별_전체_2019-2020-09-01-10-02-54.xls
*************************************************************************************
총 소요시간은 39.6 초 입니다
```

txt 형식으로 저장된 파일 예시

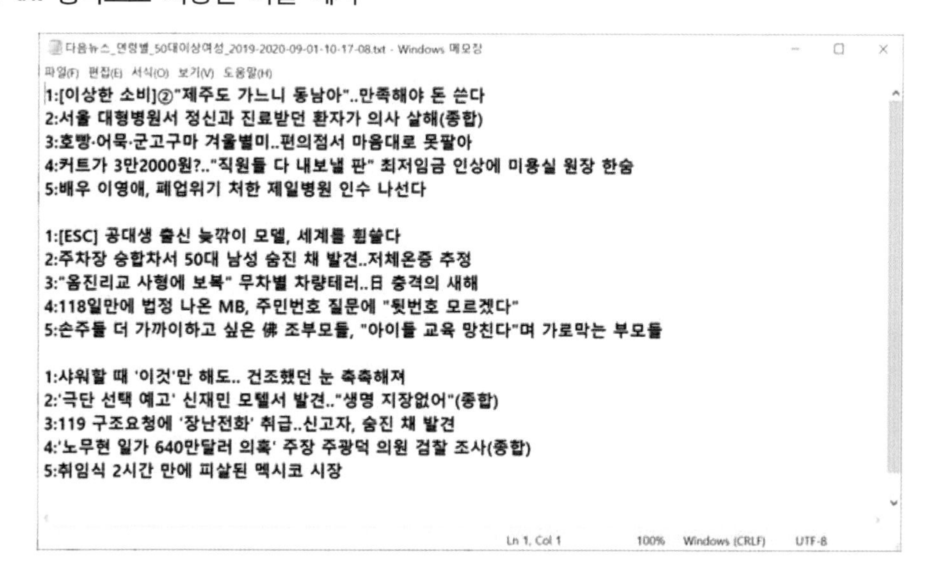
다음뉴스_연령별_50대이상여성_2019-2020-09-01-10-17-08.txt - Windows 메모장
파일(F) 편집(E) 서식(O) 보기(V) 도움말(H)
1:[이상한 소비]②"제주도 가느니 동남아"..만족해야 돈 쓴다
2:서울 대형병원서 정신과 진료받던 환자가 의사 살해(종합)
3:호빵·어묵·군고구마 겨울별미..편의점서 마음대로 못팔아
4:커트가 3만2000원?.."직원들 다 내보낼 판" 최저임금 인상에 미용실 원장 한숨
5:배우 이영애, 폐업위기 처한 제일병원 인수 나선다
1:[ESC] 공대생 출신 늦깎이 모델, 세계를 휩쓸다
2:주차장 승합차서 50대 남성 숨진 채 발견..저체온증 추정
3:"옴진리교 사형에 보복" 무차별 차량테러..日 충격의 새해
4:118일만에 법정 나온 MB, 주민번호 질문에 "뒷번호 모르겠다"
5:손주들 더 가까이하고 싶은 佛 조부모들, "아이들 교육 망친다"며 가로막는 부모들
1:샤워할 때 '이것'만 해도.. 건조했던 눈 촉촉해져
2:'극단 선택 예고' 신재민 모텔서 발견.."생명 지장없어"(종합)
3:119 구조요청에 '장난전화' 취급..신고자, 숨진 채 발견
4:'노무현 일가 640만달러 의혹' 주장 주광덕 의원 검찰 조사(종합)
5:취임식 2시간 만에 피살된 멕시코 시장
Ln 1, Col 1
100%
Windows (CRLF)
UTF-8

▎csv 형식으로 저장된 파일 예시

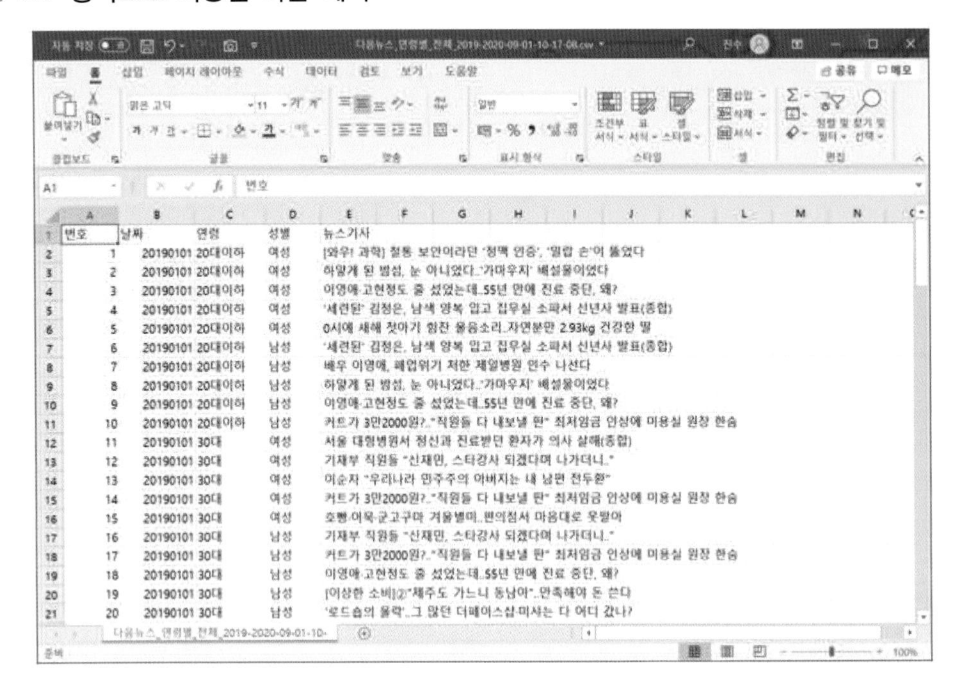

번호	날짜	연령	성별	뉴스기사
1	20190101	20대이하	여성	[와우! 과학] 철통 보안이라던 '정맥 인증', '밀랍 손'이 뚫었다
2	20190101	20대이하	여성	하얗게 된 빙섬, 눈 아니었다..'가마우지' 배설물이었다
3	20190101	20대이하	여성	이영애·고현정도 줄 섰었는데..55년 만에 진료 중단, 왜?
4	20190101	20대이하	여성	'세련된' 김정은, 남색 양복 입고 집무실 소파서 신년사 발표(종합)
5	20190101	20대이하	여성	0시에 새해 첫아기 힘찬 울음소리..자연분만 2.93kg 건강한 딸
6	20190101	20대이하	남성	'세련된' 김정은, 남색 양복 입고 집무실 소파서 신년사 발표(종합)
7	20190101	20대이하	남성	배우 이영애, 폐업위기 처한 제일병원 인수 나선다
8	20190101	20대이하	남성	하얗게 된 빙섬, 눈 아니었다..'가마우지' 배설물이었다
9	20190101	20대이하	남성	이영애·고현정도 줄 섰었는데..55년 만에 진료 중단, 왜?
10	20190101	20대이하	남성	커트가 3만2000원?.."직원들 다 내보낼 판" 최저임금 인상에 미용실 원장 한숨
11	20190101	30대	여성	서울 대형병원서 정신과 진료받던 환자가 의사 살해(종합)
12	20190101	30대	여성	기재부 직원들 "신재민, 스타강사 되겠다며 나가더니.."
13	20190101	30대	여성	이순자 "우리나라 민주주의 아버지는 내 남편 전두환"
14	20190101	30대	여성	커트가 3만2000원?.."직원들 다 내보낼 판" 최저임금 인상에 미용실 원장 한숨
15	20190101	30대	여성	호빵·어묵·군고구마 겨울별미..편의점서 마음대로 못팔아
16	20190101	30대	남성	기재부 직원들 "신재민, 스타강사 되겠다며 나가더니.."
17	20190101	30대	남성	커트가 3만2000원?.."직원들 다 내보낼 판" 최저임금 인상에 미용실 원장 한숨
18	20190101	30대	남성	이영애·고현정도 줄 섰었는데..55년 만에 진료 중단, 왜?
19	20190101	30대	남성	[이상한 소비]②"제주도 가느니 동남아"..만족해야 돈 쓴다
20	20190101	30대	남성	'로드숍의 몰락'..그 많던 더페이스샵·미샤는 다 어디 갔나?

SECTION 02 일단 실행해 보기

(아래 소스코드는 저자가 제공해 드린 소스코드를 실행하시면 됩니다.)

```
 1  # 다음 사이트의 연령대별 랭킹 뉴스 정보 수집하기
 2  #Step 1. 필요한 모듈과 라이브러리를 로딩합니다.
 3  from bs4 import BeautifulSoup
 4  from selenium import webdriver
 5  import time
 6  import math
 7  import pandas as pd
 8  import xlwt
 9  import random
10  import os
11
12  #Step 2. 사용자에게 검색 기간과 파일 저장 폴더 정보를 입력 받습니다.
13  print("=" *100)
14  print("이 프로그램은 교육용 목적으로 서진수가 개발했으며 절대 상업용으로 사용해선 안됩니다")
15  print("또한 이 프로그램으로 특정 회사에 피해를 줄 경우")
16  print("모든 책임은 프로그램 사용자에게 있음을 미리 공지합니다")
17  print("이 프로그램과 관련한 문의는 seojinsu@gmail.com 으로 보내주세요^^")
18  print("=" *100)
19  print("다음 사이트 랭킹 뉴스중 연령별 랭킹 기사 정보 수집용 웹크롤러 by 서진수 ")
20  print("=" *100)
21  print("\n")
22
23  st_date = input('1.조회 시작일을 입력하세요(예:20160101) :  ')
24  en_date = input('2.조회 종료일을 입력하세요(예:20161231) :  ')
25
26  f_dir=input('3.파일이 저장될 경로만 쓰세요:기본값:c:\\temp\\): ')
27  if f_dir=='' :
28      f_dir="c:\\temp\\"
29
30  print("\n")
31  print("요청하신 정보를 수집중이니 잠시만 기다려 주세요~~^^")
32  print("\n")
33
34  #Step 3. 결과를 저장할 파일과 폴더명을 설정합니다
35  s_time = time.time( )
36
37  n = time.localtime()
38  s = '%04d-%02d-%02d-%02d-%02d-%02d' % (n.tm_year, n.tm_mon, n.tm_mday, n.tm_hour, n.tm_min, n.tm_sec)
39
40  s_year=st_date[0:4]
41  e_year= en_date[0:4]
42
```

```
43 os.makedirs(f_dir+'다음뉴스_20대이하여성_'+s_year+'-'+s)
44 os.makedirs(f_dir+'다음뉴스_20대이하남성_'+s_year+'-'+s)
45 os.makedirs(f_dir+'다음뉴스_30대여성_'+s_year+'-'+s)
46 os.makedirs(f_dir+'다음뉴스_30대남성_'+s_year+'-'+s)
47 os.makedirs(f_dir+'다음뉴스_40대여성_'+s_year+'-'+s)
48 os.makedirs(f_dir+'다음뉴스_40대남성_'+s_year+'-'+s)
49 os.makedirs(f_dir+'다음뉴스_50대이상여성_'+s_year+'-'+s)
50 os.makedirs(f_dir+'다음뉴스_50대이상남성_'+s_year+'-'+s)
51 os.makedirs(f_dir+'다음뉴스_전체_'+s_year+'-'+s)
52
53 ff_20_w_name=f_dir+'다음뉴스_20대이하여성_'+s_year+'-'+s+'₩₩'+'다음뉴스_20대이하여성_'+s_year+'-'+s+'.txt'
54 ff_20_m_name=f_dir+'다음뉴스_20대이하남성_'+s_year+'-'+s+'₩₩'+'다음뉴스_20대이하남성_'+s_year+'-'+s+'.txt'
55 ff_30_w_name=f_dir+'다음뉴스_30대여성_'+s_year+'-'+s+'₩₩'+'다음뉴스_30대여성_'+s_year+'-'+s+'.txt'
56 ff_30_m_name=f_dir+'다음뉴스_30대남성_'+s_year+'-'+s+'₩₩'+'다음뉴스_30대남성_'+s_year+'-'+s+'.txt'
57 ff_40_w_name=f_dir+'다음뉴스_40대여성_'+s_year+'-'+s+'₩₩'+'다음뉴스_40대여성_'+s_year+'-'+s+'.txt'
58 ff_40_m_name=f_dir+'다음뉴스_40대남성_'+s_year+'-'+s+'₩₩'+'다음뉴스_40대남성_'+s_year+'-'+s+'.txt'
59 ff_50_w_name=f_dir+'다음뉴스_50대이상여성_'+s_year+'-'+s+'₩₩'+'다음뉴스_50대이상여성_'+s_year+'-'+s+'.txt'
60 ff_50_m_name=f_dir+'다음뉴스_50대이상남성_'+s_year+'-'+s+'₩₩'+'다음뉴스_50대이상남성_'+s_year+'-'+s+'.txt'
61 fc_name=f_dir+'다음뉴스_전체_'+s_year+'-'+s+'₩₩'+'다음뉴스_전체_'+s_year+'-'+s+'.csv'
62 fx_name=f_dir+'다음뉴스_전체_'+s_year+'-'+s+'₩₩'+'다음뉴스_전체_'+s_year+'-'+s+'.xls'
63
64 #크롬 드라이버를 사용해서 웹 페이지에 접속합니다.
65 chrome_path = "c:/temp/chromedriver_85/chromedriver.exe"
66 driver = webdriver.Chrome(chrome_path)
67
68 #Step 4. 날짜 관련 작업하기
69 mon=["01","02","03","04","05","06","07","08","09","10","11","12"]
70
71 start_date2=[]
72 end_date2=[]
73
74 for s in range(int(s_year),int(e_year)+1):
75     for i in range(0,len(mon)) :
76         if mon[i] =="02" :
77             sdate=str(s)+mon[i]+'01'
78             start_date2.append(sdate)
79
80             edate=str(s)+mon[i]+'28'
81             end_date=edate
82             end_date2.append(end_date)
83
84         elif mon[i] == "04" or mon[i]=="06" or mon[i]=="09" or mon[i]=="11" :
85             sdate=str(s)+mon[i]+'01'
86             start_date2.append(sdate)
87
88             edate=str(s)+mon[i]+'30'
89             end_date=edate
90             end_date2.append(end_date)
91         else :
92             sdate=str(s)+mon[i]+'01'
93             start_date2.append(sdate)
94
95             edate=str(s)+mon[i]+'31'
96             end_date=edate
97             end_date2.append(end_date)
98
99 #Step 5. 각 연령대별 뉴스 자료 수집하기
100 count_20_w = 0
101 count_20_m = 0
102 count_30_w = 0
103 count_30_m = 0
104 count_40_w = 0
105 count_40_m = 0
106 count_50_w = 0
107 count_50_m = 0
108
109 count2=[]    # 전체 게시물 번호 저장
110 age2=[]      # 연령 저장
111 gender2=[]   # 성별 저장
112 date2=[]     # 날짜 저장
113 content2=[]  # 뉴스 제목 저장
114
115 count = 1    # 전체 수집 건수를 카운트하는 변수
116
```

```
117 for x in range(0,len(end_date2)) :
118     for i in range(int(start_date2[x]),int(end_date2[x])) :
119         url = 'https://media.daum.net/ranking/age/?regDate='
120         full_url = url+str(i)
121 
122         c_year=str(i)[0:4]
123         c_mon=str(i)[4:6]
124         c_day=str(i)[6:]
125 
126         driver.get(full_url)
127         time.sleep(5)
128 
129         html = driver.page_source
130         soup = BeautifulSoup(html, 'html.parser')
131 
132         article_result = soup.select('div.rank_news')
133         print("%s년 %s월 %s일의 뉴스 수집 중" %(c_year,c_mon,c_day),"=" *49)
134 
135         for li in article_result:
136 
137             #20대 이하 여성 뉴스 모으기
138             f1 = open(ff_20_w_name, 'a',encoding='UTF-8')
139 
140             w20_news = li.find('div',class_='item_age item_20s').find('div','rank_female').find('ol')
141             print("*%s년 %s월 %s일의 뉴스 중 20대 이하 여성이 많이 본 기사입니다 =====" %(c_year,c_mon,c_day))
142             no = 1
143             for a in range(0,len(w20_news)-1) :
144 
145                 txt1=w20_news.find_all('a')
146                 try :
147                     title1 = txt1[a].get_text()
148                 except :
149                     continue
150                 else :
151                     print(no,':',title1)
152                     count_20_w += 1
153                     f1.write(str(no)+':'+title1 + "\n")
154 
155                     count2.append(count)     # 전체 게시물 건수
156                     count += 1
157 
158                     date2.append(i)          # 뉴스 날짜
159                     age2.append('20대이하')  # 연령
160                     gender2.append('여성')   # 성별
161                     content2.append(title1)    # 뉴스제목
162 
163                     no += 1
164             f1.write("\n")
165             f1.close( )
166 
167             print("=" *80)
168             print("\n")
169 
170             #20대 이하 남성 뉴스 모으기
171             f2 = open(ff_20_m_name, 'a',encoding='UTF-8')
172 
173             m20_news = li.find('div',class_='item_age item_20s').find('div','rank_male').find('ol')
174 
175             print("*%s년 %s월 %s일의 뉴스 중 20대 이하 남성이 많이 본 기사입니다 =====" %(c_year,c_mon,c_day))
176             no = 1
177             for b in range(0,len(m20_news)-1) :
178 
179                 txt2 = m20_news.find_all('a')
180                 try :
181                     title2 = txt2[b].get_text()
182                 except IndexError :
183                     continue
184                 else :
185                     print(no,':',title2)
186                     count_20_m += 1
```

```
187                 f2.write( str(no)+':'+title2 + "\n")
188
189                 count2.append(count)
190                 count += 1
191
192                 date2.append(i)          # 뉴스 날짜
193                 age2.append('20대이하')  # 연령
194                 gender2.append('남성')   # 성별
195                 content2.append(title2)    # 뉴스제목
196
197                 no += 1
198         f2.write("\n")
199         f2.close( )
200         print("=" *80)
201         print("\n")
202
203         #30대 여성 뉴스 모으기
204         f3 = open(ff_30_w_name, 'a',encoding='UTF-8')
205
206         w30_news = li.find('div',class_='item_age item_30s').find('div','rank_female').find('ol')
207
208         print("*%s년 %s월 %s일의 뉴스 중 30대 여성이 많이 본 기사입니다 =====" %(c_year,c_mon,c_day))
209         no = 1
210         for c in range(0,len(w30_news)-1) :
211
212             txt3 = w30_news.find_all('a')
213             try :
214                 title3 = txt3[c].get_text()
215             except :
216                 continue
217             else :
218                 print(no,':',title3)
219                 count_30_w += 1
220                 f3.write( str(no)+':'+title3 + "\n")
221
222                 count2.append(count)
223                 count += 1
224
225                 date2.append(i)          # 뉴스 날짜
226                 age2.append('30대')  # 연령
227                 gender2.append('여성')   # 성별
228                 content2.append(title3)    # 뉴스제목
229
230                 no += 1
231         f3.write("\n")
232         f3.close( )
233
234         print("=" *80)
235         print("\n")
236
237         #30대 남성 뉴스 모으기
238         f4 = open(ff_30_m_name, 'a',encoding='UTF-8')
239
240         m30_news = li.find('div',class_='item_age item_30s').find('div','rank_male').find('ol')
241
242         print("*%s년 %s월 %s일의 뉴스 중 30대 남성이 많이 본 기사입니다 ====" %(c_year,c_mon,c_day))
243         no = 1
244         for d in range(0,len(m30_news)-1) :
245
246             txt4 = m30_news.find_all('a')
247             try :
248                 title4 = txt4[d].get_text()
249             except :
250                 continue
251             else :
252                 print(no,':',title4)
253                 count_30_m += 1
254                 f4.write(str(no)+':'+ title4 + "\n")
255
256                 count2.append(count)
257                 count += 1
258
```

```
259                 date2.append(i)          # 뉴스 날짜
260                 age2.append('30대')  # 연령
261                 gender2.append('남성')    # 성별
262                 content2.append(title4)     # 뉴스제목
263
264                 no += 1
265         f4.write("₩n")
266         f4.close( )
267
268         print("=" *80)
269         print("₩n")
270
271         #40대 여성 뉴스 모으기
272         f5 = open(ff_40_w_name, 'a',encoding='UTF-8')
273
274         w40_news = li.find('div',class_='item_age item_40s').find('div','rank_female').find('ol')
275
276         print("*%s년 %s월 %s일의 뉴스 중 40대 여성이 많이 본 기사입니다 ====" %(c_year,c_mon,c_day))
277         no =1
278         for e in range(0,len(w40_news)-1) :
279
280             txt5 = w40_news.find_all('a')
281             try :
282                 title5 = txt5[e].get_text()
283             except :
284                 continue
285             else :
286                 print(no,':',title5)
287                 count_40_w += 1
288                 f5.write( str(no)+':'+title5 + "₩n")
289
290                 count2.append(count)
291                 count += 1
292
293                 date2.append(i)          # 뉴스 날짜
294                 age2.append('40대')  # 연령
295                 gender2.append('여성')    # 성별
296                 content2.append(title5)     # 뉴스제목
297
298                 no += 1
299         f5.write("₩n")
300         f5.close( )
301
302         print("=" *80)
303         print("₩n")
304
305         #40대 남성 뉴스 모으기
306         f6 = open(ff_40_m_name, 'a',encoding='UTF-8')
307         m40_news = li.find('div',class_='item_age item_40s').find('div','rank_male').find('ol')
308
309         print("*%s년 %s월 %s일의 뉴스 중 40대 남성이 많이 본 기사입니다 ====" %(c_year,c_mon,c_day))
310         no =1
311         for f in range(0,len(m40_news)-1) :
312
313             txt6 = m40_news.find_all('a')
314             try :
315                 title6 = txt6[f].get_text()
316             except :
317                 continue
318             else :
319                 print(no,':',title6)
320                 count_40_m += 1
321                 f6.write( str(no)+':'+title6 + "₩n")
322
323                 count2.append(count)
324                 count += 1
325
326                 date2.append(i)          # 뉴스 날짜
327                 age2.append('40대')      # 연령
328                 gender2.append('남성')   # 성별
329                 content2.append(title6)  # 뉴스제목
330
331                 no += 1
332         f6.write("₩n")
333         f6.close( )
334
```

```
335             print("=" *80)
336             print("₩n")
337
338             #50대 이상 여성 뉴스 모으기
339             f7 = open(ff_50_w_name, 'a',encoding='UTF-8')
340
341             w50_news = li.find('div',class_='item_age item_50s').find('div','rank_female').find('ol')
342
343             print("*%s년 %s월 %s일의 뉴스 중 50대 여성이 많이 본 기사입니다 ====" %(c_year,c_mon,c_day))
344             no =1
345             for g in range(0,len(w50_news)-1) :
346
347                 txt7 = w50_news.find_all('a')
348                 try :
349                     title7 =  txt7[g].get_text()
350                 except :
351                     continue
352                 else :
353                     print(no,':',title7)
354                     count_50_w += 1
355                     f7.write(str(no)+':'+ title7 + "₩n")
356
357                     count2.append(count)
358                     count += 1
359
360                     date2.append(i)          # 뉴스 날짜
361                     age2.append('50대이상')  # 연령
362                     gender2.append('여성')   # 성별
363                     content2.append(title7)  # 뉴스제목
364
365                     no += 1
366             f7.write("₩n")
367
368             f7.close( )
369             print("=" *80)
370             print("₩n")
371
372             #50대 이상 남성 뉴스 모으기
373             f8 = open(ff_50_m_name, 'a',encoding='UTF-8')
374
375             m50_news = li.find('div',class_='item_age item_50s').find('div','rank_male').find('ol')
376
377             print("*%s년 %s월 %s일의 뉴스 중 50대 남성이 많이 본 기사입니다 ====" %(c_year,c_mon,c_day))
378             no =1
379             for h in range(0,len(m50_news)-1) :
380
381                 txt8 = m50_news.find_all('a')
382                 try :
383                     title8 =  txt8[h].get_text()
384                 except :
385                     continue
386                 else :
387                     print(no,':',title8)
388                     count_50_m += 1
389                     f8.write(str(no)+':'+ title8 + "₩n")
390
391                     count2.append(count)
392                     count += 1
393
394                     date2.append(i)          # 뉴스 날짜
395                     age2.append('50대이상')  # 연령
396                     gender2.append('남성')   # 성별
397                     content2.append(title8)  # 뉴스제목
398
399                     no += 1
400             f8.write("₩n")
401             f8.close( )
402
403             print("=" *80)
404             print("₩n")
405
406             time.sleep(0.4)
407
```

```
408         if str(i) == en_date :
409             break
410
411     if str(i) == en_date :
412             break
413
414 #step 6. csv , xls 형태로 저장하기
415 import pandas as pd
416
417 daum_news = pd.DataFrame()
418 daum_news['번호']=count2
419 daum_news['날짜']=pd.Series(date2)
420 daum_news['연령']=pd.Series(age2)
421 daum_news['성별']=pd.Series(gender2)
422 daum_news['뉴스기사']=pd.Series(content2)
423
424 # csv 형태로 저장하기
425 daum_news.to_csv(fc_name,encoding="utf-8-sig",index=False)
426
427 # 엑셀 형태로 저장하기
428 daum_news.to_excel(fx_name ,index=False)
429
430 # Step 7.작업결과 요약 정보 보여주기
431 e_time = time.time( )
432 t_time = e_time - s_time
433 print("=" *150)
434 print("1.20대 이하 여성 : 총 %s 건  완료" %count_20_w)
435 print("2.20대 이하 남성 : 총 %s 건  완료" %count_20_m)
436 print("3.30대 여성      : 총 %s 건  완료" %count_30_w)
437 print("4.30대 남성      : 총 %s 건  완료" %count_30_m)
438 print("5.40대 여성      : 총 %s 건  완료" %count_40_w)
439 print("6.40대 남성      : 총 %s 건  완료" %count_40_m)
440 print("7.50대 이상 여성 : 총 %s 건  완료" %count_50_w)
441 print("8.50대 이상 남성 : 총 %s 건  완료" %count_50_m)
442 print("=" *150 )
443 print("\n")
444 print("파일이 저장된 경로는 아래와 같습니다")
445 print("=" *150)
446 201print("2.20대 이하 남성: %s"  %ff_20_m_name)
447 print("3.30대      여성: %s"  %ff_30_w_name)
448 print("4.30대      남성: %s"  %ff_30_m_name)
449 print("5.40대      여성: %s"  %ff_40_w_name)
450 print("6.40대      남성: %s"  %ff_40_m_name)
451 print("7.50대 이상 여성: %s"  %ff_50_w_name)
452 print("8.50대 이상 남성: %s"  %ff_50_m_name)
453 print("9.csv 파일: %s"  %fc_name)
454 print("10.xls 파일: %s"  %fx_name)
455 print("=" *150)
456 print("총 소요시간은 %s 초 입니다 " %round(t_time,1))
457
458 driver.close( )
```

코드가 약간(?) 길죠? ^^;;

그런데 자세히 보시면 연령대별로 거의 비슷한 코드가 반복되고 있어요.

그래서 중요한 부분의 내용을 위주로 살펴보면서 핵심적인 내용을 파악해야 합니다~^^

자세한 코드 설명을 이어서 해드리겠습니다.

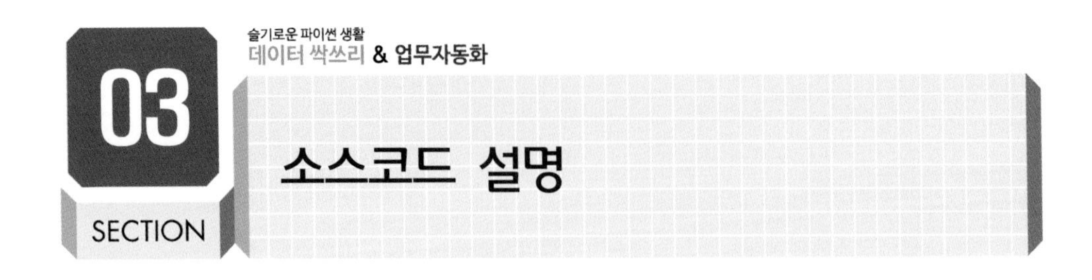

소스코드 설명

이 코드의 앞부분은 아래와 같이 안내 사항을 전하고 있습니다.

```
1  # 다음 사이트의 연령대별 랭킹 뉴스 정보 수집하기
2  #Step 1. 필요한 모듈과 라이브러리를 로딩합니다.
3  from bs4 import BeautifulSoup
4  from selenium import webdriver
5  import time
6  import math
7  import pandas as pd
8  import xlwt
9  import random
10 import os
11
12 #Step 2. 사용자에게 검색 기간과 파일 저장 폴더 정보를 입력 받습니다.
13 print("=" *100)
14 print("이 프로그램은 교육용 목적으로 서진수가 개발했으며 절대 상업용으로 사용해선 안됩니다")
15 print("또한 이 프로그램으로 특정 회사에 피해를 줄 경우")
16 print("모든 책임은 프로그램 사용자에게 있음을 미리 공지합니다")
17 print("이 프로그램과 관련한 문의는 seojinsu@gmail.com 으로 보내주세요^^")
18 print("=" *100)
19 print("다음 사이트 랭킹 뉴스중 연령별 랭킹 기사 정보 수집용 웹크롤러 by 서진수 ")
20 print("=" *100)
21 print("\n")
```

위 내용처럼 이 프로그램을 상업용으로 사용한다든지 또는 서버에 과도한 부하를 주는 등의 피해를 발생시킬 경우 모든 책임은 이 프로그램을 수행하는 사람에게 있음을 한 번 더 주의 드립니다(가끔 제가 만든 웹 크롤러 소스로 DDOS 공격을 하는 분이 있어서요 ㅠㅠ).

```
23 st_date = input('1.조회 시작일을 입력하세요(예:20160101) :  ')
24 en_date = input('2.조회 종료일을 입력하세요(예:20161231) :  ')
25
26 f_dir=input('3.파일이 저장될 경로만 쓰세요:기본값:c:\\temp\\): ')
27 if f_dir=='' :
28     f_dir="c:\\temp\\"
29
30 print("\n")
31 print("요청하신 정보를 수집중이니 잠시만 기다려 주세요~~^^")
32 print("\n")
33
34 #Step 3. 결과를 저장할 파일과 폴더명을 설정합니다
35 s_time = time.time( )
36
37 n = time.localtime()
38 s = '%04d-%02d-%02d-%02d-%02d-%02d' % (n.tm_year, n.tm_mon, n.tm_mday, n.tm_hour, n.tm_min, n.tm_sec)
39
40 s_year=st_date[0:4]
41 e_year= en_date[0:4]
42
43 os.makedirs(f_dir+'다음뉴스_20대이하여성_'+s_year+'-'+s)
44 os.makedirs(f_dir+'다음뉴스_20대이하남성_'+s_year+'-'+s)
45 os.makedirs(f_dir+'다음뉴스_30대여성_'+s_year+'-'+s)
46 os.makedirs(f_dir+'다음뉴스_30대남성_'+s_year+'-'+s)
47 os.makedirs(f_dir+'다음뉴스_40대여성_'+s_year+'-'+s)
48 os.makedirs(f_dir+'다음뉴스_40대남성_'+s_year+'-'+s)
49 os.makedirs(f_dir+'다음뉴스_50대이상여성_'+s_year+'-'+s)
50 os.makedirs(f_dir+'다음뉴스_50대이상남성_'+s_year+'-'+s)
51 os.makedirs(f_dir+'다음뉴스_전체_'+s_year+'-'+s)
52
53 ff_20_w_name=f_dir+'다음뉴스_20대이하여성_'+s_year+'-'+s+'\\'+'다음뉴스_20대이하여성_'+s_year+'-'+s+'.txt'
54 ff_20_m_name=f_dir+'다음뉴스_20대이하남성_'+s_year+'-'+s+'\\'+'다음뉴스_20대이하남성_'+s_year+'-'+s+'.txt'
55 ff_30_w_name=f_dir+'다음뉴스_30대여성_'+s_year+'-'+s+'\\'+'다음뉴스_30대여성_'+s_year+'-'+s+'.txt'
56 ff_30_m_name=f_dir+'다음뉴스_30대남성_'+s_year+'-'+s+'\\'+'다음뉴스_30대남성_'+s_year+'-'+s+'.txt'
57 ff_40_w_name=f_dir+'다음뉴스_40대여성_'+s_year+'-'+s+'\\'+'다음뉴스_40대여성_'+s_year+'-'+s+'.txt'
58 ff_40_m_name=f_dir+'다음뉴스_40대남성_'+s_year+'-'+s+'\\'+'다음뉴스_40대남성_'+s_year+'-'+s+'.txt'
59 ff_50_w_name=f_dir+'다음뉴스_50대이상여성_'+s_year+'-'+s+'\\'+'다음뉴스_50대이상여성_'+s_year+'-'+s+'.txt'
60 ff_50_m_name=f_dir+'다음뉴스_50대이상남성_'+s_year+'-'+s+'\\'+'다음뉴스_50대이상남성_'+s_year+'-'+s+'.txt'
61 fc_name=f_dir+'다음뉴스_전체_'+s_year+'-'+s+'\\'+'다음뉴스_전체_'+s_year+'-'+s+'.csv'
62 fx_name=f_dir+'다음뉴스_전체_'+s_year+'-'+s+'\\'+'다음뉴스_전체_'+s_year+'-'+s+'.xls'
63
```

위 코드에서 23, 24번 행에서 조회할 날짜를 입력받고 26번 행부터 28번 행까지는 결과를 저장할 폴더명을 입력받는 부분입니다. 그리고 37~38번 행은 폴더명에 현재 날짜와 시간을 사용하기 위해 시스템의 날짜를 가져오고 40~62번 행까지는 결과를 저장할 파일명을 지정하는 부분입니다. 연령대별로 다른 파일에 저장하도록 해서 파일이 좀 많죠? ^^

이제 이번 장에서 배우는 내용 중 가장 중요하고도 어려운 부분인 날짜 처리하는 부분을 살펴보겠습니다. 특정 기간을 주고 데이터를 수집할 때 반드시 필요한 기능이므로 잘 이해하세요.

가장 핵심이 되는 문제는 바로 월별로 종료 날짜가 다르다는 부분입니다.

예를 들어 1월 31일까지 뉴스를 수집한 후 1월 32일이 아니라 2월 1일로 날짜가 넘어가야 합니다. 그리고 2월 28일까지 수집한 후에는 2월 29일이 아니라 3월 1일로 넘어가야 합니다. (여기서는 윤달은 없다고 가정하고 진행하겠습니다~)

이렇게 월에 따라서 종료 날짜가 다르기 때문에 월별로 종료 날짜를 생성한 후 URL에서 가장 마지막 부분에 날짜 넣는 곳에 입력해야 해당 날짜의 기사가 수집됩니다.

이 부분을 어떻게 처리하는 지 다음의 코드로 살펴보겠습니다.

```
64 #크롬 드라이버를 사용해서 웹 페이지에 접속합니다.
65 chrome_path = "c:/temp/chromedriver_85/chromedriver.exe"
66 driver = webdriver.Chrome(chrome_path)
67
68 #Step 4. 날짜 관련 작업하기
69 mon=["01","02","03","04","05","06","07","08","09","10","11","12"]
70
71 start_date2=[]
72 end_date2=[]
73
74 for s in range(int(s_year),int(e_year)+1):
75     for i in range(0,len(mon)) :
76         if mon[i] =="02" :
77             sdate=str(s)+mon[i]+'01'
78             start_date2.append(sdate)
79
80             edate=str(s)+mon[i]+'28'
81             end_date=edate
82             end_date2.append(end_date)
83
84         elif mon[i] == "04" or mon[i]=="06" or mon[i]=="09" or mon[i]=="11" :
85             sdate=str(s)+mon[i]+'01'
86             start_date2.append(sdate)
87
88             edate=str(s)+mon[i]+'30'
89             end_date=edate
90             end_date2.append(end_date)
91         else :
92             sdate=str(s)+mon[i]+'01'
93             start_date2.append(sdate)
94
95             edate=str(s)+mon[i]+'31'
96             end_date=edate
97             end_date2.append(end_date)
98
```

앞에서 설명한 대로 월별로 종료 일자가 다르기 때문에 먼저 월을 지정하고 해당 월에 따라 종료 날짜를 지정하도록 반복문과 조건문을 사용하면 됩니다. 즉 2월이면 종료일을 28일로 하고 4월, 6월, 9월, 11월이면 종료일을 30일로 하고 나머지 월은 종료일을 31일로 지정하면 됩니다.

위 코드에서 69번 행에서 먼저 월을 지정했습니다.

그리고 71번 행과 72번 행에서 각 월별로 시작일과 종료일을 지정하기 위한 비어 있는 리스트를 생성한 후에 74번 행부터 97번 행까지 월별로 반복문과 조건문을 사용하여 시작일과 종료일을 생성한 후 71번 행과 72번 행에 생성했던 리스트에 추가했습니다.

이 부분이 이번 시간에 배우는 내용 중에서 가장 중요한 부분이므로 꼭 이해하고 넘어가야 합니다.

위 과정으로 날짜를 생성했다면 해당 날짜의 기사를 조회해야겠죠?

언론사별로 날짜를 입력하는 방식이 다른데 다음뉴스의 경우는 다음 그림과 같이 URL의 가장 마지막 부분에 날짜를 넣어서 조회하면 됩니다.

```
https://news.daum.net/ranking/popular?regDate=20190101
```

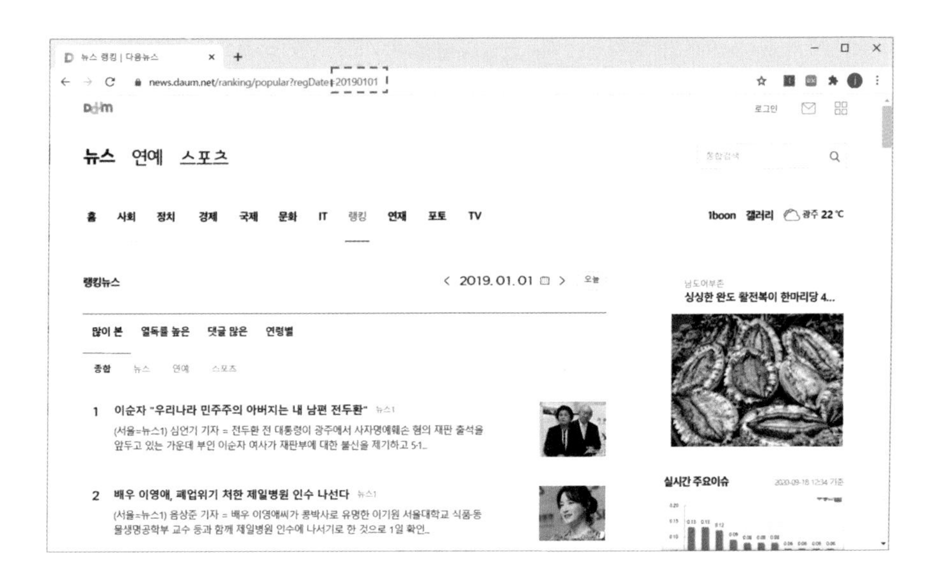

위 그림에서 URL 주소 부분을 잘 확인을 해 주세요~

위 URL 주소에서 나머지 부분은 모두 동일하고 date 부분의 값만 앞에서 생성한 날짜로 바꾸면서 기사를 수집하면 되겠죠?

그래서 아래 코드의 117번 행부터 시작해서 반복문을 사용해서 날짜를 바꾸면서 기사 제목을 수집합니다.

```
99  #Step 5. 각 연령대별 뉴스 자료 수집하기
100 count_20_w = 0
101 count_20_m = 0
102 count_30_w = 0
103 count_30_m = 0
104 count_40_w = 0
105 count_40_m = 0
106 count_50_w = 0
107 count_50_m = 0
108
109 count2=[]     # 전체 게시물 번호 저장
110 age2=[]       # 연령 저장
111 gender2=[]    # 성별 저장
112 date2=[]      # 날짜 저장
113 content2=[]   # 뉴스 제목 저장
114
115 count = 1     # 전체 수집 건수를 카운트하는 변수
116
117 for x in range(0,len(end_date2)) :
118     for i in range(int(start_date2[x]),int(end_date2[x])) :
119         url = 'https://media.daum.net/ranking/age/?regDate='
120         full_url = url+str(i)
121
122         c_year=str(i)[0:4]
123         c_mon=str(i)[4:6]
124         c_day=str(i)[6:]
125
126         driver.get(full_url)
127         time.sleep(5)
128
129         html = driver.page_source
130         soup = BeautifulSoup(html, 'html.parser')
131
132         article_result = soup.select('div.rank_news')
133         print("%s년 %s월 %s일의 뉴스 수집 중" %(c_year,c_mon,c_day),"=" *49)
134
```

앞의 코드에서 100~107번 행까지는 각 연령대별로 뉴스 건수를 0건으로 초기화시키는 부분입니다. 그리고 109번 행부터 113번 행까지는 수집된 정보를 저장할 리스트를 설정하는 부분입니다.

위 코드에서 117번 행의 for 반복문은 월 부분을 반복하는 반복문입니다.

그리고 118번 행은 일부분을 반복하는 행입니다.

위 코드에서 120번 행이 중요한 부분입니다.

url + str(i) 부분이 전체 url과 우리가 생성한 일자 부분을 넣어서 full_url을 만드는 것입니다.

122~124번 행에서 년도, 월, 일을 구분해서 메시지를 보여주기 위해서 년도, 월, 일을 구분해서 변수에 할당했습니다.

그리고 126번 행에서 full_url에 있는 웹 페이지를 열고 129번 행과 130번 행에서 해당 일자의 전체 웹 페이지의 소스코드를 가져오는 것입니다.

다음 그림에서 오른쪽의 개발자 도구 부분을 보면 랭킹 뉴스가 'div' 태그에 'rank_news' 클래스 아래에 있다는 것이 확인됩니다.

그래서 앞의 코드 132번 행처럼 전체 소스코드에서 뉴스가 들어있는 부분만 추출하여 article_result 변수에 저장했습니다.

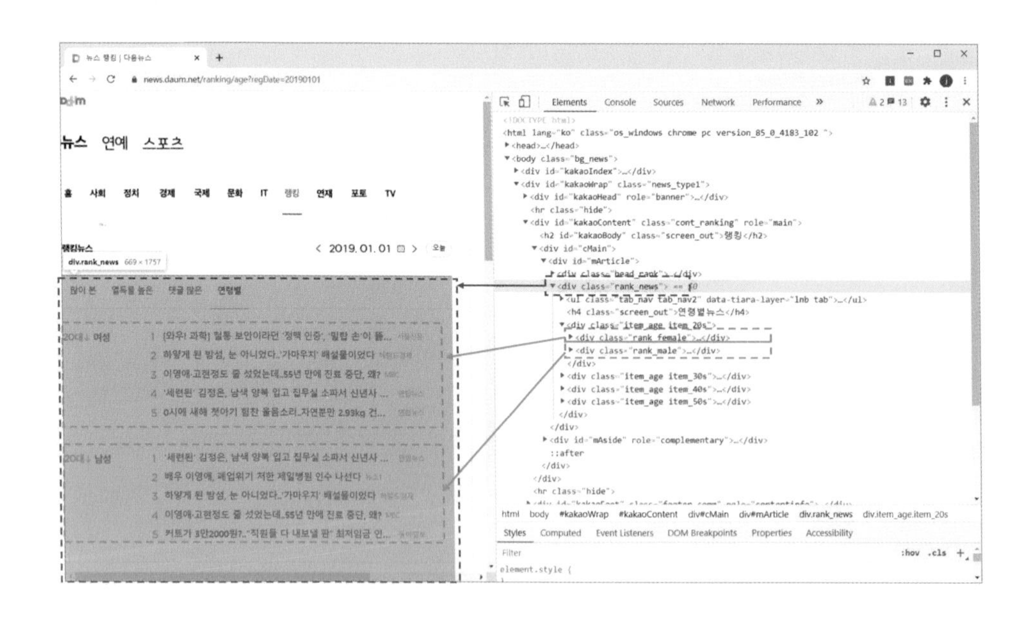

이제 연령대별로 많이 본 뉴스 내용을 추출해 볼까요?

위 그림에서 오른쪽 부분의 개발자 도구에서 'div' 태그 중 class='Item_age Item_20s' 아래에 20대가 많이 본 뉴스 정보가 있고 그 아래에 'div' 태그에 class='rank_female' 아래에 20대 여성이 많이 본 뉴스가 있고 'div' 태그에 class='rank_male' 아래에 20대 남성이 많이 본 뉴스들이 있음이 확인됩니다.

뉴스 부분을 조금 더 자세히 살펴볼까요?

아래 그림을 보세요.

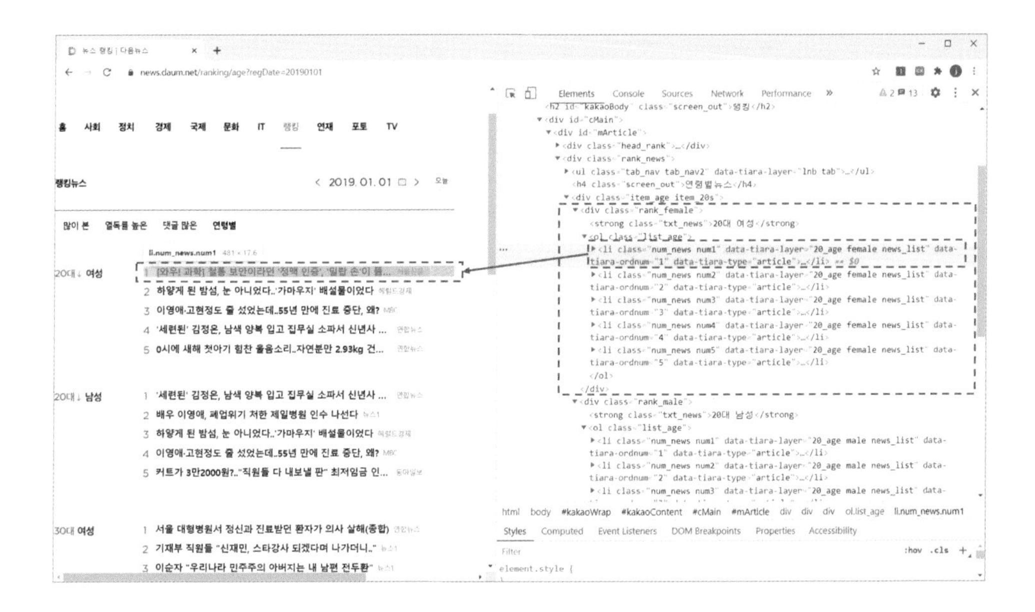

앞의 그림에서 오른쪽의 개발자 도구를 보면 'ol' 태그에 class='list_age'에 특정 연령에서 많이 본 5개의 뉴스들이 'li' 태그 아래에 있다는 것이 확인됩니다.

다음 코드에서 140번 행의 w20_news 변수에는 20대 여성이 많이 본 5개의 뉴스 정보를 가진 'li' 태그가 들어가 있겠죠?

그래서 다음 코드의 140번 행에서 해당 태그를 추출하였고 143번 행부터 반복문을 사용하여 데이터를 추출하고 저장하였습니다.

```
135         for li in article_result:
136
137             #20대 이하 여성 뉴스 모으기
138             f1 = open(ff_20_w_name, 'a',encoding='UTF-8')
139
140             w20_news = li.find('div',class_='item_age item_20s').find('div','rank_female').find('ol')
141             print("*%s년 %s월 %s일의 뉴스 중 20대 이하 여성이 많이 본 기사입니다 =====" %(c_year,c_mon,c_day))
142             no = 1
143             for a in range(0,len(w20_news)-1) :
144
145                 txt1=w20_news.find_all('a')
146                 try :
147                     title1 = txt1[a].get_text()
148                 except :
149                     continue
150                 else :
151                     print(no,':',title1)
152                     count_20_w += 1
153                     f1.write(str(no)+':'+title1 + "₩n")
154
155                     count2.append(count)     # 전체 게시물 건수
156                     count += 1
157
158                     date2.append(i)          # 뉴스 날짜
159                     age2.append('20대이하')  # 연령
160                     gender2.append('여성')   # 성별
161                     content2.append(title1)    # 뉴스제목
162
163                     no += 1
164             f1.write("₩n")
165             f1.close( )
166
167             print("=" *80)
168             print("₩n")
169
```

나머지 연령대나 성별도 모두 비슷한 구조로 되어 있어서 중복되는 설명은 생략하겠습니다. 여러분들께서 직접 소스코드와 개발자 도구를 활용해서 구조를 파악해 보세요~^^

데이터 추출이 끝나면 아래와 같이 pandas의 DataFrame 기능으로 표를 만든 후 xls 형태나 csv 형태로 저장하면 됩니다.

```
414 #step 6. csv , xls 형태로 저장하기
415 import pandas as pd
416
417 daum_news = pd.DataFrame()
418 daum_news['번호']=count2
419 daum_news['날짜']=pd.Series(date2)
420 daum_news['연령']=pd.Series(age2)
421 daum_news['성별']=pd.Series(gender2)
422 daum_news['뉴스기사']=pd.Series(content2)
423
424 # csv 형태로 저장하기
425 daum_news.to_csv(fc_name,encoding="utf-8-sig",index=False)
426
427 # 엑셀 형태로 저장하기
428 daum_news.to_excel(fx_name ,index=False)
429
```

이번 시간의 내용 중 가장 어려운 부분은 날짜 계산하는 부분이므로 이 부분을 반드시 이해를 해야 합니다^^

현업에서의 경험 소개

이번 장에서 언론 뉴스를 수집하는 내용들을 살펴보았습니다.

현업에서 이번 시간에 배운 언론 뉴스를 수집하는 경우가 상당히 많은데 제가 얼마 전에 실무에서 했던 일을 소개해 드리겠습니다.

어떤 정부 기관에서 특정 키워드로 언론 뉴스를 수집하고 싶다고 하시면서 빅카인즈와 네이버 뉴스 정보를 수집하는 웹 크롤러를 제작할 수 있냐고 문의를 주셨습니다.

그래서 빅카인즈(https://www.bigkinds.or.kr/) 사이트를 분석한 후 가능하다고 답변을 드렸습니다.

그 후 얼마의 시간이 지난 후 비용 견적을 제안하고 통과되어 개발을 진행하였습니다.

빅카인즈 사이트는 거의 대부분의 언론사에서 만들어진 뉴스를 취합하여 가지고 있기 때문에 뉴스 정보를 수집하기에 아주 좋은 조건이었습니다.

특정 키워드를 입력하고 검색 기간과 포함하는 단어와 제외하는 단어를 입력하여 뉴스를 추출하도록 했는데 여기까지는 그게 어렵지 않았습니다.

그런데 빅카인즈 사이트는 대량으로 정보를 추출할 경우 빅카인즈 서버 쪽에서 접속을 차단하는 문제가 발생했습니다. 그리고 그로 인해 크롤링이 강제 중단이 되어 취소가 되는 일이 발생하였습니다. 그래서 고객사에서 원하시는 기능이 접속 차단을 우회하는 방법과 크롤링 작업 도중에 에러가 나서 취소가 될 경우 이어받기를 가능하도록 해달라고 요청하셨고 빅카인즈 뉴스의 원문을 볼 수 있는 링크까지 넣어서 엑셀로 저장해 달라고 요청하셨습니다.

그런데 빅카인즈 사이트에 이어받기 기능이 없어서 많이 고민하고 또 고민했습니다.

결론은 고객사에서 원하시는 내용들을 모두 구현해서 납품했습니다.

또 모 방송국에서도 특정 키워드로 지난 10년간 뉴스 정보를 수집하여 주요 키워드를 분석하여 그 결과를 방송에 출연해서 발표해 달라는 요청받아 작업을 해서 방송에서 사용하기도 했습니다. 그 외에도 다양한 사례들이 많은데 대부분 뉴스 정보를 수집하는 일이었습니다.

뉴스 정보를 수집하는 웹 크롤러를 제작하면서 현업에서 이 기술이 정말 유용하고 중요하다는 것을 많이 깨닫게 되는 시간이었습니다.

지금 이 책을 보고 계신 독자님도 아주 중요한 기술을 배우고 계신 것이니까 이번 장의 내용을 열심히 공부해 주세요~^^

연습문제로 실력굳히기

문제 **1** 한겨레신문의 경제일반 뉴스 기사 정보 수집하기.

이번 연습문제로 한겨레신문의 경제일반 섹션의 뉴스 정보를 수집하겠습니다.
수집할 URL 주소는 아래와 같습니다.

```
URL : http://www.hani.co.kr/arti/economy/economy_general/list1.html
```

위 URL 주소에 접속하면 아래 그림과 같이 다양한 뉴스가 나옵니다.

(단 아래 그림의 내용은 날짜에 따라 다른 뉴스가 나옵니다.)

앞의 페이지에 있는 다양한 뉴스 정보를 수집하되 사용자에게 수집할 뉴스 건수를 입력받아서 해당 건 수만큼의 뉴스를 수집하여 아래의 예시 화면을 참고하여 txt 파일과 xls 형식으로 저장하세요. 단 xls 형식으로 저장할 때는 번호(1번부터 시작)/기사 제목/기사 게시 일자 컬럼으로 구분하여 저장하세요.

크롤러를 실행한 화면 예시

```
================================================================================
 이 크롤러는 한겨레신문의 경제 분야 기사 정보를 수집합니다
================================================================================


1.크롤링 할 뉴스의 건수는 몇건입니까?: 35
2.파일을 저장할 폴더명만 쓰세요(예:c:\temp\):c:\data\
```

```
한겨레 신문 경제 뉴스 수집 중 ==========================================================
1 기사제목:  미 연준 "세계 경제에 역류" 금리 인하 시사…한은도 "주시"
*요약내용:  미국 연방준비제도(Fed · 연준)가 향후 기준금리 인하를 시사하면서 한국도 뒤따라 금리를 내릴 가능성이 높아졌다.
  미 연...
*게시날짜:2019-06-20 18:48


2 기사제목:  폐비닐 활용한 남부발전 'A' …김용균씨 숨진 서부발전 'C'
*요약내용:  한국남부발전은 중국의 폐비닐, 폐플라스틱 수입 제한으로 제주도의 폐비닐 처리에 난항을 겪자, 폐비닐 정제유를 중유와 ...
*게시날짜:2019-06-20 18:43


3 기사제목:  경기정점 판단 어려운 이유…2017 · 2018년 호조-부진 엇갈려
*요약내용:  2년 전 이맘때인 '2017년 2분기 무렵' 에 우리나라 경기가 정점을 찍었는지 판정하는 일을 두고 최근 난데없는 논란이 벌어...
*게시날짜:2019-06-20 18:36
```

(중간 과정은 생략합니다.)

```
35 기사제목:  '층수일가표' 김치 · 와인 비싸게 사주기…이호진 전 회장 고발
*요약내용:  김기유 태광그룹 경영기획실장은 2014년 4월 휘슬링락씨씨(CC)가 홍천 영농조합을 통해 김치를 대량 생산하도록 지시했다. ...
*게시날짜:2019-06-17 12:00



================================================================================
1.요청된 총 35 건의 리뷰 중에서 실제 크롤링 된 리뷰수는 35 건입니다
2.총 소요시간은 44.4 초 입니다
3.파일 저장 완료: txt 파일명 : c:\data\2019-06-24-17-36-17-한겨레신문_경제뉴스\2019-06-24-17-36-17-한겨레신문_경제뉴스.txt
4.파일 저장 완료: csv 파일명 : c:\data\2019-06-24-17-36-17-한겨레신문_경제뉴스\2019-06-24-17-36-17-한겨레신문_경제뉴스.csv
5.파일 저장 완료: xls 파일명 : c:\data\2019-06-24-17-36-17-한겨레신문_경제뉴스\2019-06-24-17-36-17-한겨레신문_경제뉴스.xls
================================================================================
```

txt 형식으로 저장한 예시

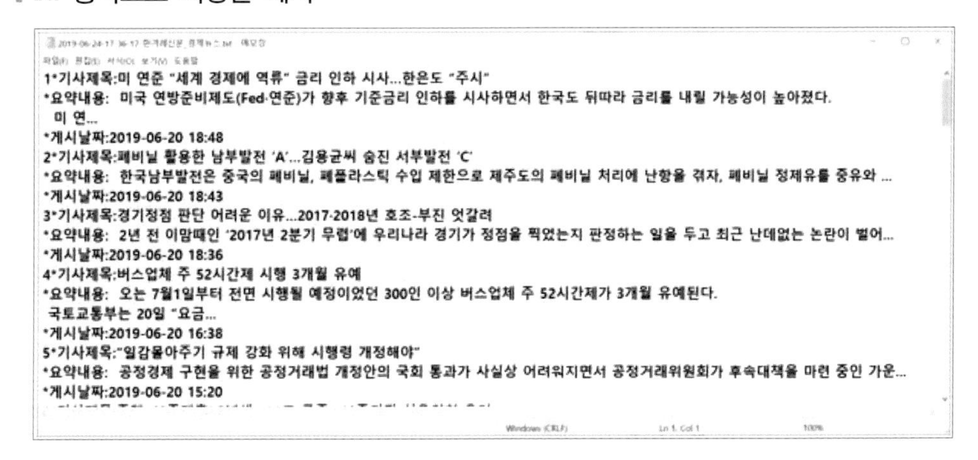

1*기사제목:미 연준 "세계 경제에 역류" 금리 인하 시사...한은도 "주시"
*요약내용: 미국 연방준비제도(Fed·연준)가 향후 기준금리 인하를 시사하면서 한국도 뒤따라 금리를 내릴 가능성이 높아졌다.
미 연...
*게시날짜:2019-06-20 18:48
2*기사제목:폐비닐 활용한 남부발전 'A'...김용균씨 숨진 서부발전 'C'
*요약내용: 한국남부발전은 중국의 폐비닐, 폐플라스틱 수입 제한으로 제주도의 폐비닐 처리에 난항을 겪자, 폐비닐 정제유를 중유와 ...
*게시날짜:2019-06-20 18:43
3*기사제목:경기정점 판단 어려운 이유...2017-2018년 호조-부진 엇갈려
*요약내용: 2년 전 이맘때인 '2017년 2분기 무렵'에 우리나라 경기가 정점을 찍었는지 판정하는 일을 두고 최근 난데없는 논란이 벌어...
*게시날짜:2019-06-20 18:36
4*기사제목:버스업체 주 52시간제 시행 3개월 유예
*요약내용: 오는 7월1일부터 전면 시행될 예정이었던 300인 이상 버스업체 주 52시간제가 3개월 유예된다.
국토교통부는 20일 "요금...
*게시날짜:2019-06-20 16:38
5*기사제목:"일감몰아주기 규제 강화 위해 시행령 개정해야"
*요약내용: 공정경제 구현을 위한 공정거래법 개정안의 국회 통과가 사실상 어려워지면서 공정거래위원회가 후속대책을 마련 중인 가운...
*게시날짜:2019-06-20 15:20

csv/xls 형식으로 저장한 예시

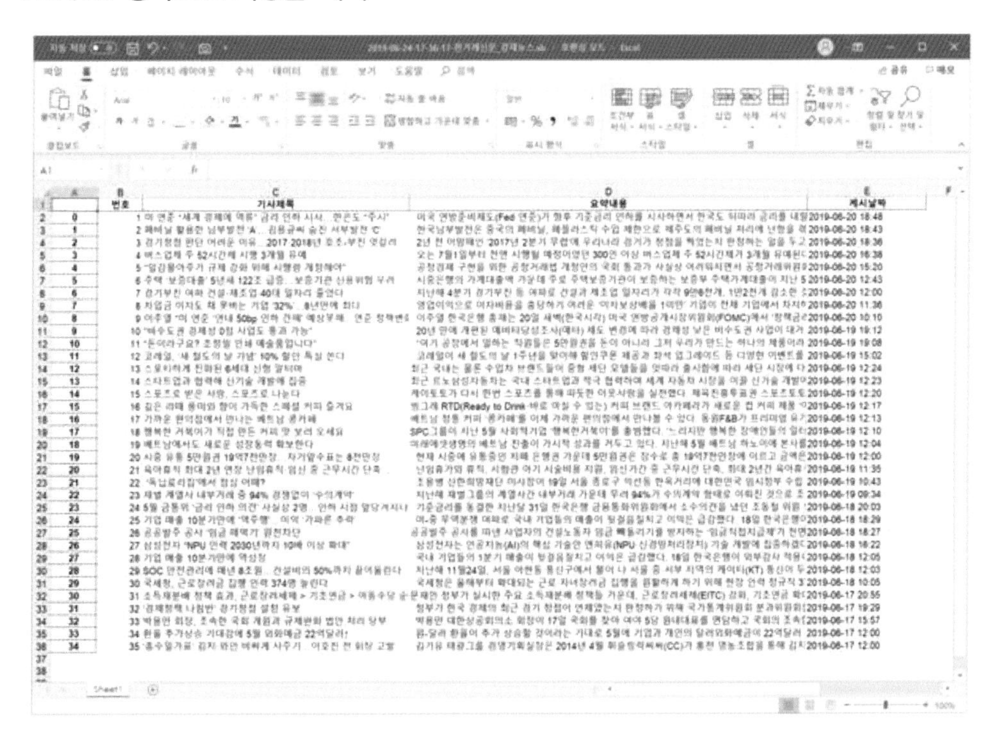

문제 2 빅카인즈 사이트의 뉴스 정보 수집하기

이번 연습문제는 한국언론진흥재단에서 서비스하고 있는 빅카인즈 사이트에서 날짜와 검색어를 입력한 후 뉴스 정보를 조회하여 수집하는 문제입니다.

```
빅카인즈 URL :https://www.bigkinds.or.kr/
```

사용자에게 입력받을 내용

아래 그림과 같이 키워드와 조회시작일, 조회종료일, 파일을 저장할 폴더명을 입력받으세요.

```
1.크롤링할 뉴스의 키워드는 무엇입니까?: 코로나19
2.반드시 포함해야 할 단어가 있다면 적어주세요(여러 단어일 경우 , 로 구분해 주세요):
3.제외할 단어가 있다면 적어주세요:
4.조회를 시작할 날짜를 입력하세요(예:2017-01-01) :2020-01-01
5.조회를 종료할 날짜를 입력하세요(예:2017-12-31): 2020-10-31
6.파일을 저장할 폴더명만 쓰세요(기본값:c:\temp\):c:\temp\
```

위 정보를 입력한 후 실행하면 빅카인즈 사이트에 접속하여 해당 키워드와 날짜로 뉴스를 검색하여 한 페이지에 100건씩 출력되도록 설정하세요.

한 페이지에 100건씩 출력하는 부분은 화면의 오른쪽 상단에 드롭다운 메뉴로 있습니다.

아래 그림에서 오른쪽 부분입니다.

그 후 총 검색된 건수를 사용자에게 보여준 후 수집할 건수를 입력받으세요.

```
Step 1.빅카인즈 홈페이지에 자동 접속 합니다. 잠시만 기다려 주세요 ^^

Step 2.날짜 조건과 검색어를 입력하여 요청하신 뉴스를 검색중입니다. 잠시 후 총 뉴스의 건수가 표시될 예정입니다~^^
Step 3.검색된 기사의 개수는 총 954585 건 입니다
검색된 기사 중에서 크롤링 할 건수를 입력해주세요(최대:954585 건): 800
```

수집 예시

아래 그림과 같이 수집한 정보를 화면에 출력하고 xls 형식의 파일로도 저장하세요.

```
1 번째 기사 정보를 수집합니다==========================================================
1.언론사명:  중도일보
2.뉴스제목: [코로나19] 세종시 일가족 3명 확진… 지역 82명
3.게시날짜 : 2020/10/31
4.뉴스내용 : 30대 여성과 영유아 자녀 2명                세종시에서 일가족 3명이 지난 30일 코로나19 확진
판정을 받았다. 이번 일가족 확진으로 지역 누적 확진자는 82명으로 늘었다. 지역발생 기준 지난 9월 8일 이후 5
2일 만의 확진 사례다. 세종시에 따르면, 80번째 확진자는 30대 여성으로 영유아 자녀 2명(#81 유아·#82 영아)
이 함께 양성 판정을 받았다. 이들은 지난 29일 양성 판정을 받은 서울 강남구에 사는 친정 부모로부터 감염된
것으로 추정된다. 3명의 일가족 확진자는 세종충남대병원에 입원해 치료 중이며, 함께 서울을 방문했던 남편은
음성 판정을 받고 자가격리 중이다. 방역 당국은 확진자들이 다닌 학원과 어린이집 원생들을 전원 귀가조치하고,
자녀들과 접촉한 원생 및 교직원 등에 대해 검사를 진행하고 있다.세종=고미선 기자 misunyda@


2 번째 기사 정보를 수집합니다==========================================================
1.언론사명:  중도일보
2.뉴스제목:  '10월의 마지막 밤' 밝히는 대전 목척교 워터스크린
3.게시날짜 : 2020/10/31
4.뉴스내용 : 코로나19의 여파로 위축되고 침체된 원도심의 경기활성화를 위한 워터스크린 홍보영상이 상영 중인
가운데 31일 대전천 목척교 상류 에 조성된 분수에서 대전시가 소개되고 있다. 영상은 다음달 14일까지 매주 수
요일, 금요일, 토요일에 상영된다. 이성희 기자 token77@
```

xls 형식 저장 예시

이번 연습문제에서는 위 그림의 4가지 정보만 추출했지만 실제 뉴스의 URL 이나크롤링 도중 에러가 발생할 경우 이어 받기 기능 같은 것도 추가해서 연습하시면 훨씬 재미있을거예요^^

이번 장의 내용도 꼭 열심히 연습해서 독자님의 무기로 만드세요~!!

Chap 06

다양한 SNS 정보 수집하기

이번 장에서 배울 내용 소개

(Youtube 동영상 강의 링크 : https://youtu.be/SpnqEET20eU)

여러분들은 어떤 Social Network Service를 사용하고 계신가요?

우리가 살고 있는 지금 이 시대에는 아주 다양한 Social Network Service가 존재합니다.

대표적으로 많이 사용하고 있는 소셜 네트워크 미디어로는 인스타그램, 페이스북, 트위터, 네이버 블로그, 다음 블로그, 카카오 스토리, 티스토리, 유튜브 등 아주 많죠. 아마도 지금 이 책을 보시는 여러분도 이런 소셜 미디어 중에서 최소 1개 이상에 여러분들의 생각이나 다양한 일상들을 남기고 계시죠?

현대를 살아가는 수많은 사람들이 다양한 소셜 미디어에 다양한 생각이나 의견을 남기고 소셜 미디어로 서로 소통을 하고 있기에 많은 기업이나 연구 주체에서 소셜 미디어의 정보를 수집하여 사업에 활용도 하고 연구에 참고하기도 합니다.

그래서 이런 니즈들이 아주 많기 때문에 이번 챕터에서는 소셜 미디어의 정보를 수집하는 내용을 전해 드리겠습니다.

다양한 소셜 미디어 중에서 이 책에서는 인스타그램(https://www.instagram.com) 사이트에 자동으로 로그인 한 후 특정 키워드로 검색하여 여러 건의 해시태그를 추출하여 파일에 저장하는 내용을 다루겠습니다.

인스타그램에는 사진을 비롯하여 다양한 정보들이 있는데 다른 사람의 사진을 무단으로 다운로드받을 경우 불법이 될 수 있습니다.

그래서 이 책에서는 해시태그만 수집하여 저장하는 방법을 설명하고 있습니다.

하지만 실전에서는 해시태그 이외에도 리뷰 내용이나 날짜 정보 등 다양한 정보를 추출하는 경우가 아주 많이 있으니 이번 챕터의 내용을 공부한 후에 직접 도전해보시는 것도 실력 향상에 많은 도움이 될 것 같습니다~^^

SECTION 02 일단 실행하기

(아래 코드는 저자가 제공하는 소스코드를 사용하세요.)

```
1  ##########################################################################
2  # 인스타 그램의 해쉬태그 수집하기 - by 서진수
3  ##########################################################################
4  #Step 1. 필요한 모듈과 라이브러리를 로딩합니다.
5  from bs4 import BeautifulSoup
6  from selenium import webdriver
7  import time
8  import math
9  import os
10 import random
11 import unicodedata   # 인스타그램의 해시태그 수집 중 자음/모음 분리현상 방지용 모듈
12 
13 #Step 2. 사용자에게 필요한 정보들을를 입력 받습니다.
14 print("=" *70)
15 print("   이 크롤러는 인스타그램의 해시태그 정보를 수집합니다")
16 print("   본 제품은 서진수가 교육용으로 특별 제작했으며 ")
17 print("   용도외의 사용으로 저작권을 침해하는 행위는 불법입니다")
18 print("   본 제품에 대한 문의는 seojinsu@gmail.com 으로 보내주세요~^^")
19 print("=" *70)
20 
21 v_id = input("1.인스타그램의 ID를 입력하세요: ")
22 v_passwd = input("2.인스타그램의 비밀번호를 입력하세요: ")
23 query_txt = input("3.검색할 해쉬태그를 입력하세요(예: 강남맛집): ")
24 cnt = int(input('4.크롤링 할 건수는 몇건입니까?: '))
25 real_cnt = math.ceil(cnt / 30)
26 
27 f_dir=input('5.파일이 저장될 경로만 쓰세요(기본경로 : c:₩₩temp₩₩ ) : ')
28 if f_dir =='' :
29     f_dir = "c:₩₩temp₩₩"
30 
31 #Step 3. 결과를 저장할 폴더명과 파일명을 설정하고 폴더를 생성합니다.
32 s_time = time.time( )
33 query_txt2 = '인스타그램'
34 now = time.localtime()
35 s = '%04d-%02d-%02d-%02d-%02d-%02d' % (now.tm_year, now.tm_mon, now.tm_mday, now.tm_hour, now.tm_min, now.tm_sec)
36 
37 f_name=f_dir+s+'-'+query_txt2+'-'+query_txt+'₩₩'+s+'-'+query_txt+'.txt'
38 
39 # Step 4. 인스타그램 자동 로그인 하기
40 chrome_path = "c:/temp/chromedriver_85/chromedriver.exe"
41 driver = webdriver.Chrome(chrome_path)
42 
43 driver.get("https://www.instagram.com/")
44 time.sleep(random.randrange(1,5))
45 
46 print("₩n")
47 print("요청하신 데이터를 추출중이오니 잠시만 기다려 주세요~~~~^^")
48 print("₩n")
49 
50 #ID와 비번 입력후 로그인하기
51 eid = driver.find_element_by_name('username')
```

```
52  for a in v_id :
53          eid.send_keys(a)
54          time.sleep(0.3)
55  epwd = driver.find_element_by_name('password')
56  for b in v_passwd :
57          epwd.send_keys(b)
58          time.sleep(0.5)
59
60  driver.find_element_by_xpath('//*[@id="loginForm"]/div/div[3]/button/div').click()
61  time.sleep(3)
62
63  # Step 5. 검색할 해쉬태그 입력하기
64  #로그인 정보 나중에 저장하기
65  driver.find_element_by_xpath('//*[@id="react-root"]/section/main/div/div/div/div/button').click()
66  time.sleep(2)
67
68  driver.find_element_by_xpath('/html/body/div[4]/div/div/div/div[3]/button[2]').click()
69  time.sleep(1)
70
71  # 검색할 키워드 입력하기
72  element = driver.find_element_by_xpath('''//*[@id="react-root"]/section/nav/div[2]/div/div/div[2]/input''')
73
74  for c in query_txt :
75      element.send_keys(c)
76      time.sleep(0.2)
77
78  time.sleep(2)
79  driver.find_element_by_xpath('//*[@id="react-root"]/section/nav/div[2]/div/div/div[2]/div[3]/div[2]/div/a[1]/div').click()
80
81  # 자동 스크롤다운 함수
82  def scroll_down(driver):
83    driver.execute_script("window.scrollTo(0,document.body.scrollHeight);")
84    time.sleep(5)
85
86  i = 1
87  while (i <= real_cnt):
88        scroll_down(driver)
89        i += 1
90
91  # Step 6. 전체 게시물의 원본 URL 추출하기
92  item=[]
93  count = 0
94
95  html = driver.page_source
96  soup = BeautifulSoup(html, 'html.parser')
97
98  all = soup.find('article','KC1QD').find_all('a')
99
100 for i in all:
101     url = i['href']
102     item.append(url)
103     count += 1
104
105     if count == cnt :
106         break
107
108 # 추출된 URL 사용하여 전체 URL 완성하기
109 full_url=[]
110 url_cnt = 0
111 for x in range(0,len(item)) :
112     url_cnt += 1
113     url = 'https://www.instagram.com' +item[x]
114     full_url.append(url)
115
116 #Step 7. 각 페이지별로 그림과 해쉬태그를 수집하기
117 count = 1         # 추출 데이터 건수 세기
118 hash_txt = []     # 해쉬 태그 저장
119
120 # 비트맵 이미지 아이콘을 위한 대체 딕셔너리를 만든다
121 import sys
122 bmp_map = dict.fromkeys(range(0x10000, sys.maxunicode + 1), 0xfffd)
123
124 count = 0
125 for c in range(0,len(full_url)) :
126     driver.get(full_url[c])
127     time.sleep(2)
128
```

```
129     html = driver.page_source
130     soup = BeautifulSoup(html, 'html.parser')
131
132     f = open(f_name, 'a',encoding='UTF-8')
133
134     # 해당 페이지의 해시태그 수집
135     tags = soup.find('div','EtaWk')
136
137     try :
138         tags_1 = tags.find_all('a')
139     except :
140         pass
141     else :
142         for d in range(0, len(tags_1)) :
143             tags = tags_1[d].get_text()
144             tags_11 = tags.translate(bmp_map)
145             tags_2 = unicodedata.normalize('NFC', tags_11)
146
147             for i in tags_2 :
148                 if i[0:1]=='#' :
149                     hash_txt.append(tags_2)
150                     print(tags_2)
151                     f.write("₩n" + str(tags_2))
152     f.close()
153     count += 1
154
155 #Step 7. 요약 정보 출력하기
156 e_time = time.time( )
157 t_time = e_time - s_time
158
159 print("=" *100)
160 print("총 소요시간: %s 초" %round(t_time,1))
161 print("총 저장 건수: %s 건 " %count)
162 print("파일 저장 경로: %s" %f_name)
163 print("=" *100)
164
165 driver.close( )
```

코드가 약간 길죠?

다음 절에서 위 코드를 자세하게 설명하니까 걱정하지 마세요~^^

소스코드 설명

이번 장에서 배우는 인스타그램 웹 크롤러도 앞에서 살펴봤던 다른 크롤러들과 비슷한 부분이 많습니다. 그래서 앞의 다른 웹 크롤러와 겹치는 부분은 최대한 간결하게 설명하겠습니다.

```
1  ###############################################################################
2  # 인스타 그램의 해쉬태그 수집하기 - by 서진수
3  ###############################################################################
4  #Step 1. 필요한 모듈과 라이브러리를 로딩합니다.
5  from bs4 import BeautifulSoup
6  from selenium import webdriver
7  import time
8  import math
9  import os
10 import random
11 import unicodedata   # 인스타그램의 해시태그 수집 중 자음/모음 분리현상 방지용 모듈
12
13 #Step 2. 사용자에게 필요한 정보들을를 입력 받습니다.
14 print("=" *70)
15 print("   이 크롤러는 인스타그램의 해시태그 정보를 수집합니다")
16 print("   본 제품은 서진수가 교육용으로 특별 제작했으며 ")
17 print("   용도외의 사용으로 저작권을 침해하는 행위는 불법입니다")
18 print("   본 제품에 대한 문의는 seojinsu@gmail.com 으로 보내주세요~^^")
19 print("=" *70)
20
21 v_id = input("1.인스타그램의 ID를 입력하세요: ")
22 v_passwd = input("2.인스타그램의 비밀번호를 입력하세요: ")
23 query_txt = input("3.검색할 해쉬태그를 입력하세요(예: 강남맛집): ")
24 cnt = int(input('4.크롤링 할 건수는 몇건입니까?: '))
25 real_cnt = math.ceil(cnt / 30)
26
27 f_dir=input('5.파일이 저장될 경로만 쓰세요(기본경로 : c:₩₩temp₩₩ ) : ')
28 if f_dir =='' :
29     f_dir = "c:₩₩temp₩₩"
30
```

위 코드는 크롤링에 필요한 모듈을 불러오고 크롤링을 하기 위해 필요한 정보를 입력받는 부분입니다. 특히 21번, 22번 행에서 인스타그램에 로그인을 하기 위한 ID 값과 비밀번호를 입력받는 부분이 있습니다.

```
31 #Step 3. 결과를 저장할 폴더명과 파일명을 설정하고 폴더를 생성합니다.
32 s_time = time.time( )
33 query_txt2 = '인스타그램'
34 now = time.localtime()
35 s = '%04d-%02d-%02d-%02d-%02d-%02d' % (now.tm_year, now.tm_mon, now.tm_mday, now.tm_hour, now.tm_min, now.tm_sec)
36
37 f_name=f_dir+s+'-'+query_txt2+'-'+query_txt+'\\'+s+'-'+query_txt+'.txt'
38
```

위 코드는 수집된 결과를 저장하기 위한 폴더와 파일에 관한 내용인 것을 다 아시죠?

위 코드까지는 지난 시간 다른 웹 크롤러를 만들 때 사용했던 코드와 거의 비슷합니다.

그래서 설명을 간략하게 했는데 이제부터 나올 내용은 중요하니까 집중해서 보세요~

먼저 아래 코드는 인스타그램에 로그인하는 코드입니다.

웹 브라우저에서 인스타그램(https://www.instagram.com)에 접속하면 ID와 비밀번호를 입력하는 페이지가 열립니다.

인스타그램의 내용을 크롤링하려면 먼저 인스타그램 사이트에 로그인을 한 후 특정 키워드로 검색하여 데이터를 수집해야 하기 때문에 아래의 로그인 하는 코드를 잘 보세요.

```
39 # Step 4. 인스타그램 자동 로그인 하기
40 chrome_path = "c:/temp/chromedriver_85/chromedriver.exe"
41 driver = webdriver.Chrome(chrome_path)
42
43 driver.get("https://www.instagram.com/")
44 time.sleep(random.randrange(1,5))
45
46 print("\n")
47 print("요청하신 데이터를 추출중이오니 잠시만 기다려 주세요~~~~^^")
48 print("\n")
49
50 #ID와 비번 입력후 로그인하기
51 eid = driver.find_element_by_name('username')
52 for a in v_id :
53         eid.send_keys(a)
54         time.sleep(0.3)
55 epwd = driver.find_element_by_name('password')
56 for b in v_passwd :
57         epwd.send_keys(b)
58         time.sleep(0.5)
59
60 driver.find_element_by_xpath('//*[@id="loginForm"]/div/div[3]/button/div').click()
61 time.sleep(3)
62
```

위 코드에서 43번 행에서 인스타그램 사이트에 접속을 합니다.

그리고 51~54번 행까지 ID를 입력하고 55~58번 행까지 비밀 번호를 입력한 후 60번 행에서 로그인 버튼을 클릭하여 사이트에 로그인합니다. 이때 ID 값이나 비밀번호 값을 너무 빨리 입력하면 가끔 오류가 발생하는 경우가 있어서 52~54번 행과 같이 1글자 입력 후 잠시(0.5초) 기다렸다가 다음 글자를 입력하는 방법을 사용했습니다.

51번 행과 55번 행에서 ID값과 Password 값을 입력하는 엘리먼트의 정보는 다음의 그림에서 확인할 수 있습니다.

ID와 암호를 입력한 후 60번 행에서 아래 그림의 하늘색 로그인 버튼을 클릭합니다.

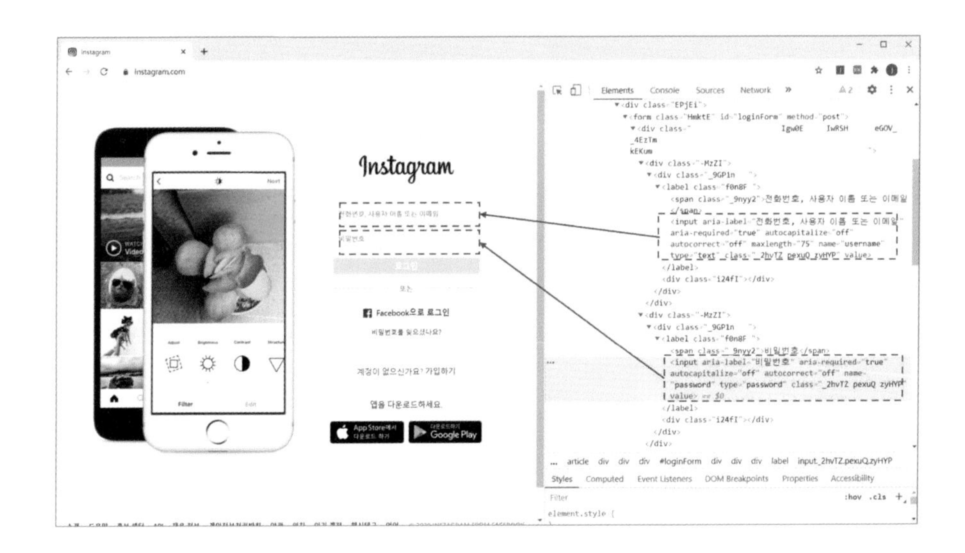

인스타그램에 ID와 암호를 입력 후 로그인 하면 아래와 같이 로그인 정보를 저장하시겠어요?라고 묻는 화면이 나옵니다.

우리는 "나중에 하기" 버튼을 클릭하여 다음 단계로 진행합니다.

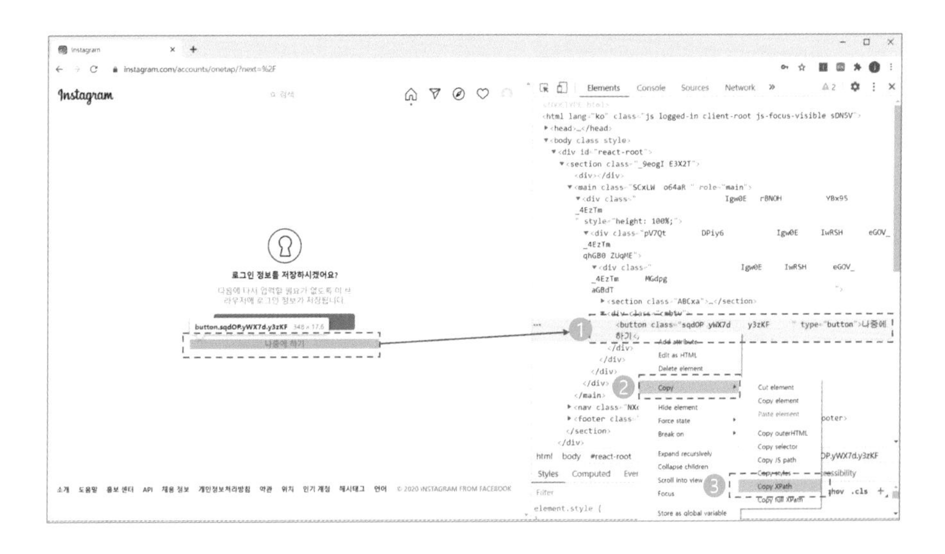

위 화면의 오른쪽 부분처럼 개발자 도구를 실행한 후 "다음에 하기"의 엘리먼트 정보를 찾았는데 id 값도 없고 name 값도 없습니다. 이런 경우에는 xpath값을 사용해야겠죠?

그래서 앞 그림의 오른쪽 부분에서 xpath값을 찾았습니다.

그리고 아래그림처럼 알림 설정도 "나중에 하기" 버튼의 xpath값을 찾아서 사용했습니다.

아래 코드가 위 2가지 버튼의 xpath값을 찾아서 클릭하는 부분입니다.

```
63  # Step 5. 검색할 해쉬태그 입력하기
64  #로그인 정보 나중에 저장하기
65  driver.find_element_by_xpath('//*[@id="react-root"]/section/main/div/div/div/div/button').click()
66  time.sleep(2)
67
68  driver.find_element_by_xpath('/html/body/div[4]/div/div/div/div[3]/button[2]').click()
69  time.sleep(1)
70
```

이제 로그인 과정이 끝나고 검색 창에서 주어진 키워드로 검색을 진행합니다.

이때 다음 그림처럼 검색창 엘리먼트의 정보 중에 ID 값이나 name 값이 없기 때문에 간편하게 xpath값을 사용하겠습니다.

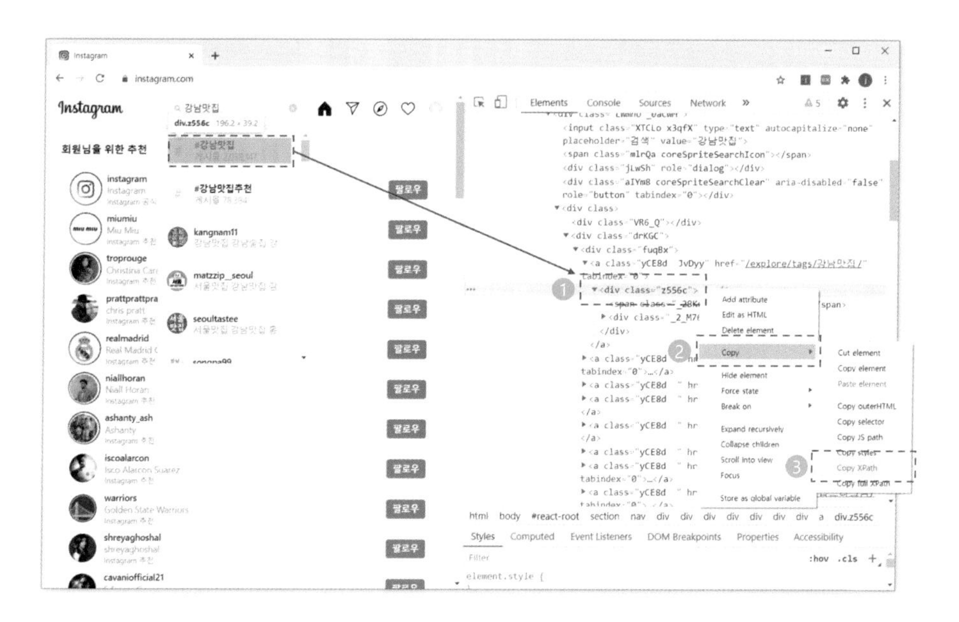

그리고 검색창에 검색어를 입력하면 해당 검색어와 비슷한 다양한 해쉬태그들이 보이는데 그 중에서 가장 위에 있는 해쉬태그가 검색어와 가장 유사한 것이라서 목록 중에서 가장 위에 있는 값을 클릭합니다.

이때 아래 그림과 같이 해당 해쉬태그의 id 값이나 name 값이 없기 때문에 xpath값을 사용했습니다.

이 부분을 구현한 코드는 아래와 같습니다.

```
71  # 검색할 키워드 입력하기
72  element = driver.find_element_by_xpath('''//*[@id="react-root"]/section/nav/div[2]/div/div/div[2]/input''')
73
74  for c in query_txt :
75      element.send_keys(c)
76      time.sleep(0.2)
77
78  time.sleep(2)
79  driver.find_element_by_xpath('//*[@id="react-root"]/section/nav/div[2]/div/div/div[2]/div[3]/div[2]/div/a[1]/div').click()
80
```

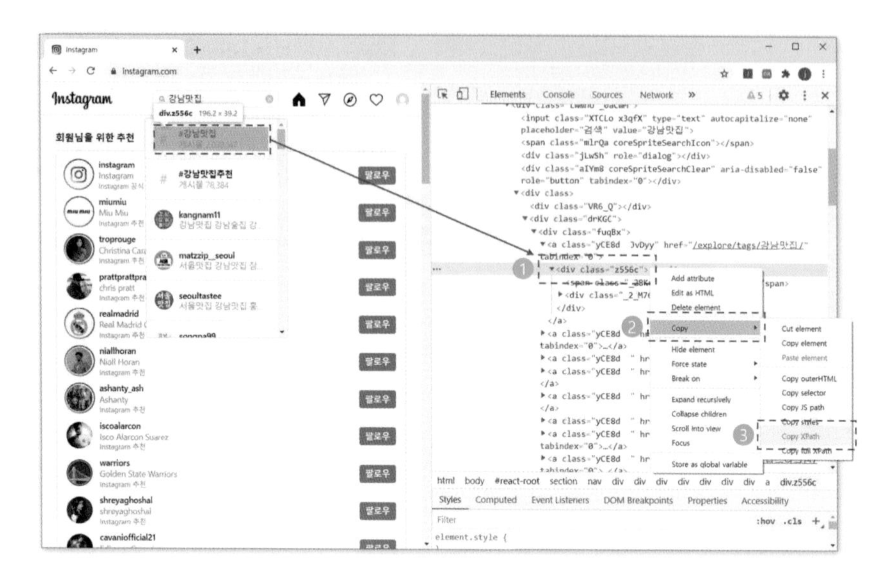

여기까지 진행하면 해당 해쉬태그로 많은 게시물들이 검색되어 화면에 보일거예요.

그런데 게시물을 많이 수집할 경우는 화면을 스크롤다운해서 아래로 커서를 내려야 다른 내용들이 보입니다. 크롤링할 때도 마찬가지인데 수집할 데이터가 많을 경우 자동으로 화면을 아래로 내리도록 코드를 작성해야 합니다. 이때를 위해서 아래와 같이 자동으로 scroll down 기능을 하는 사용자 정의 함수를 만들어서 사용하면 됩니다. scroll down 함수에 대해서는 다음 챕터에서 자세히 설명하고 있습니다.

```
81  # 자동 스크롤다운 함수
82  def scroll_down(driver):
83      driver.execute_script("window.scrollTo(0,document.body.scrollHeight);")
84      time.sleep(5)
85
86  i = 1
87  while (i <= real_cnt):
88          scroll_down(driver)
89          i += 1
90
```

이제 실제 데이터를 수집하겠습니다.

실제 데이터를 수집하는 방법은 여러가지가 있는데 이 책에서는 우선 먼저 현재 검색된 모든 게시물의 URL 주소를 추출하여 리스트에 저장한 후 리스트에서 URL을 1건씩 가져와서 원하는 데이터를 추출하는 방식을 사용했습니다.

이 방식이 나중에 네이버 블로그나 다른 뉴스 같은 게시물 수집할 때도 아주 많이 사용되는 보편적인 방법이기 때문에 이번 장에서 나오는 부분을 잘 이해해야 합니다.

그럼 먼저 이 부분에 해당하는 소스코드를 볼까요?

```
91  # Step 6. 전체 게시물의 원본 URL 추출하기
92  item=[]
93  count = 0
94
95  html = driver.page_source
96  soup = BeautifulSoup(html, 'html.parser')
97
98  all = soup.find('article','KC1QD').find_all('a')
99
100 for i in all:
101     url = i['href']
102     item.append(url)
103     count += 1
104
105     if count == cnt :
106         break
107
```

위 코드는 특정 게시물의 개별 URL을 모두 추출하여 리스트로 저장하는 코드입니다.

아래 그림의 오른쪽 부분에 소스코드의 1번 항목이 게시물 전체를 저장하고 있는 HTML 코드이고 2번 항목이 1줄(3개)의 게시물을 저장하는 HTML코드이며 3번 항목이 각각 개별 게시물을 저장하고 있는 HTML코드입니다. 그래서 위 코드의 98번 행에서 모든 게시물의 정보를 가져온 후 100번 행부터 반복문을 이용하여 각 게시물의 URL 정보를 추출한 후 item 리스트에 추가를 했습니다.

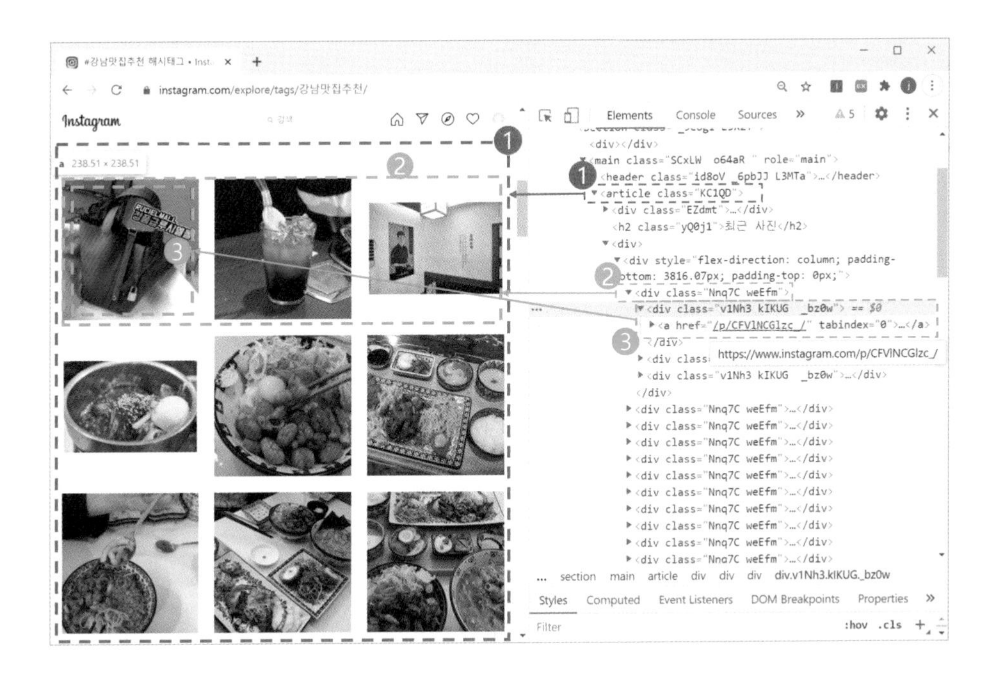

앞의 코드를 실행하면 각 게시물의 URL을 추출할 수 있습니다. 그런데 이렇게 추출한 URL 주소가 앞 그림의 3번에서 확인되듯이 "/p/CFV1NCGlzc"와 같은 형태라서 사용할 수가 없습니다.

이렇게 수집한 주소값 앞에 https://www.instagram.com을 붙여서 완성된 URL을 만들어야 사용할 수가 있습니다.

이 부분을 구현한 코드가 아래 부분입니다.

```
108 # 추출된 URL 사용하여 전체 URL 완성하기
109 full_url=[]
110 url_cnt = 0
111 for x in range(0,len(item)) :
112     url_cnt += 1
113     url = 'https://www.instagram.com' +item[x]
114     full_url.append(url)
115
```

위 코드까지 작업하면 게시물의 URL 주소를 다 파악했기 때문에 이제 각각의 게시물을 불러와서 해시태그를 추출하면 됩니다.

아래 코드가 각 게시물을 불러와서 해시 태그 값을 추출하는 부분입니다

```
116 #Step 7. 각 페이지별로 그림과 해쉬태그를 수집하기
117 count = 1        # 추출 데이터 건수 세기
118 hash_txt = []    # 해쉬 태그 저장
119
120 # 비트맵 이미지 아이콘을 위한 대체 딕셔너리를 만든다
121 import sys
122 bmp_map = dict.fromkeys(range(0x10000, sys.maxunicode + 1), 0xfffd)
123
124 count = 0
125 for c in range(0,len(full_url)) :
126     driver.get(full_url[c])
127     time.sleep(2)
128
129     html = driver.page_source
130     soup = BeautifulSoup(html, 'html.parser')
131
132     f = open(f_name, 'a',encoding='UTF-8')
133
134     # 해당 페이지의 해시태그 수집
135     tags = soup.find('div','EtaWk')
136
137     try :
138         tags_1 = tags.find_all('a')
139     except :
140         pass
141     else :
142         for d in range(0, len(tags_1)) :
143             tags = tags_1[d].get_text()
144             tags_11 = tags.translate(bmp_map)
145             tags_2 = unicodedata.normalize('NFC', tags_11)
146
147             for i in tags_2 :
148                 if i[0:1]=='#' :
149                     hash_txt.append(tags_2)
150                     print(tags_2)
151                     f.write("₩n" + str(tags_2))
152     f.close()
153     count += 1
154
```

앞의 코드에서 122번 행은 리뷰 중에서 윈도 메모장에 저장 안되는 특수 문자나 기호가 있을 경우 에러가 발생하는데 그런 상황을 방지하기 위해 저장 안되는 특수 문자나 기호를 강제로 저장 가능한 글자로 변환시키는 부분입니다.

125번 행부터 전체 게시물의 URL 중 1 건씩 차례대로 불러와서 126번 행에서 해당 페이지에 접속합니다. 그리고 129번 행에서 현재 게시물 페이지의 전체 소스코드를 모두 가져오고 130번 행에서 Beautiful Soup로 분석(파싱)을 합니다.

132번 행은 결과를 텍스트 파일에 저장하기 위해 텍스트 파일을 지정하는 부분입니다.

135번 행은 현재 페이지에서 해시태그가 있는 HTML 코드를 지정하는데 어떤 게시물은 해시태그가 없는 경우도 있기 때문에 137번 행과 같이 예외처리를 사용하여 해시 태그가 없으면 pass 하도록 예외처리를 사용했습니다.

그리고 142번 행부터 반복문을 사용하여 해시태그를 추출하는데 인스타그램의 독특한 특징 중에 게시물을 올린 후 수정하게 되면 해당 태그를 추출할 경우 자음과 모음이 분리되어 추출되는 현상이 있습니다. 그래서 그 부분을 해결하기 위해 145번 행과 같이 unicodedata 모듈을 사용했습니다. 그 위의 144번 행은 윈도에서 메모장으로 저장할 수없는 문자나 기호가 나올 경우 저장 가능한 기호로 강제로 변환하는 부분입니다.

147번 행은 추출된 리뷰나 태그에서 첫 글자가 '#' 기호인 태그들이 우리가 찾는 해시태그라서 그 데이터만 모아서 hash_txt 리스트에 추가를 하고 파일로 저장하는 부분입니다.

(사실 이 책에서는 수집된 데이터를 텍스트 파일로 저장하기 때문에 굳이 hash_txt라는 리스트에 저장할 필요는 없습니다만 실무에서는 수집된 데이터들을 엑셀형태로 저장하는 경우가 아주 많기 때문에 그때 사용하기 위해 결과를 리스트에도 추가를 했습니다.)

```
159 print("=" *100)
160 print("총 소요시간: %s 초" %round(t_time,1))
161 print("총 저장 건수: %s 건 " %count)
162 print("파일 저장 경로: %s" %f_name)
163 print("=" *100)
164
165 driver.close( )
```

위 코드는 수집된 내용을 요약해서 출력하는 부분입니다.

위 부분의 내용은 다 이해하시죠?

여기까지 인스타그램의 해시태그를 추출하는 내용을 살펴보았습니다.

많이 연습해서 여러분들의 실력으로 만드세요~

SECTION

현업에서의 경험 소개

저에게 제작 의뢰가 많이 들어오는 웹 크롤러 중에서 압도적으로 많은 요청이 바로 이번 장에서 살펴본 다양한 SNS입니다. 마케팅이나 기획, 광고 등의 작업할 때 현재 고객들이 어떤 생각이고 경쟁 제품에 대한 반응은 어떤 것인지 등의 내용으로 시장 조사를 해야 하는데 예전이라면 무조건 설문지 들고 파라솔 들고 밖으로 나갔을 것입니다. 그런데 요즘은 정말 많이 변했습니다.

요즘은 여러 SNS의 정보를 수집해서 먼저 분석을 한 후에 현장에 방문을 하는 경우가 많습니다.

예전에는 페이스북을 크롤링하는 크롤러를 제작해 달라고 많이 했는데 요즘은 페이스북에 대한 크롤링 요청은 거의 없네요. 대신 이번 장에서 살펴본 인스타그램 정보를 수집하는 크롤러를 요청하시는 분도 많고 유튜브 사이트에서 특정 키워드로 검색하여 나오는 동영상들 아래에 작성된 댓글을 수집해 달라는 요청도 아주 많습니다.

얼마 전에 겪었던 에피소드 하나 소개해 드릴게요.

고객사에서 요청받은 후 납품했던 내용인데 유튜브에서 "다이어트 식단"이라는 키워드로 검색을 해서 나오는 영상 중에서 올해 업로드된 영상들에 작성된 리뷰들을 전부 수집해 달라는 요청을 받았습니다. 별로 어려운 작업은 아닐 거 같았고 리뷰를 수집하는 비슷한 작업들을 많이 했던 터라 별로 고민 안하고 흔쾌히 수락을 하고 견적 제안해서 고객사와 계약까지 다 마쳤습니다.

그 후 본격적으로 크롤러를 만들려고 유튜브에서 해당 키워드로 검색을 했더니 동영상이 무려 수천개가….헐…….

기술적으로 별로 어렵지 않을 것 같다는 생각에 쉽게 생각해서 계약을 했는데 막상 실제 작업을 하는데 다른 웹 크롤러보다 시간이 2배 이상 많이 들어갔습니다 ㅠㅠ

그래도… 계약은 계약이고 약속이라서 다른 일정들을 조금씩 뒤로 미루고 빡씨게(?) 작업해서 무사히 납품을 완료했습니다.

그런데 놀라운 일이 생겼습니다.

그 뒤에 비슷한 요청을 하시는 고객사들이 계속 나오고 있다는 사실!!

요즘 유튜브 영상과 관련된 정보를 수집하는 분들이 점점 많이 생기고 있는 것을 보면서 정말 확실히 유튜브가 대세이긴 하구나라고 직접 경험하고 있습니다~^^

그리고 예전부터 변함없이 많이 요청하는 크롤러는 네이버 카페 정보를 수집하는 크롤러입니다. 네이버 카페에는 정말 좋은 데이터들이 많이 들어 있기 때문에 네이버 카페 정보를 수집하는 업체들이 정말 많이 있는 것 같습니다.

현업에서도 다양한 SNS의 정보를 수집하는 웹 크롤러를 많이 만들고 있기 때문에 이번 장의 내용을 잘 공부하시면 큰 도움이 되실 것입니다 ^^

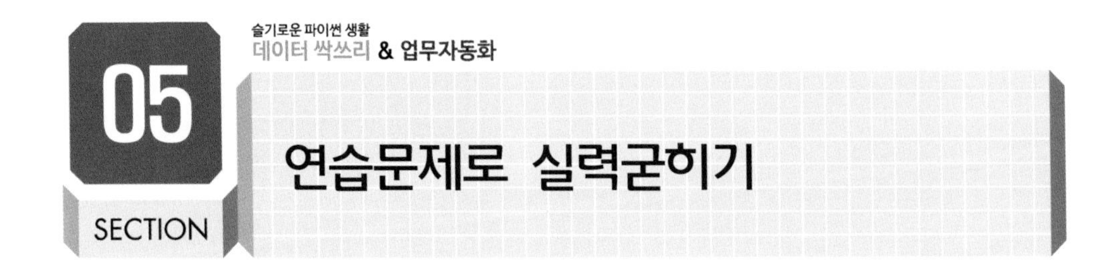

이번 챕터에서 공부한 내용을 조금 더 확장하는 연습문제입니다.

문제 **1** 인스타그램에 자동으로 로그인 한 후 "강남맛집추천"으로 검색하여 나오는 게시물 중 50개를 추출하여 사진과 해시태그를 수집하여 사진은 사진 폴더에 별도로 저장하고(사진파일의 이름은 1.jpg부터 50.jpg) 해시태그는 txt파일 형식으로 저장하는 웹 크롤러를 저장하세요(단 게시물의 사진이 여러 장일 경우 대표사진 1장만 수집하여 저장하면 됩니다).

(이미지를 다운로드하는 방법은 다음 챕터의 쇼핑몰 크롤러 부분을 참고하세요^^)

▌저장된 txt파일 샘플

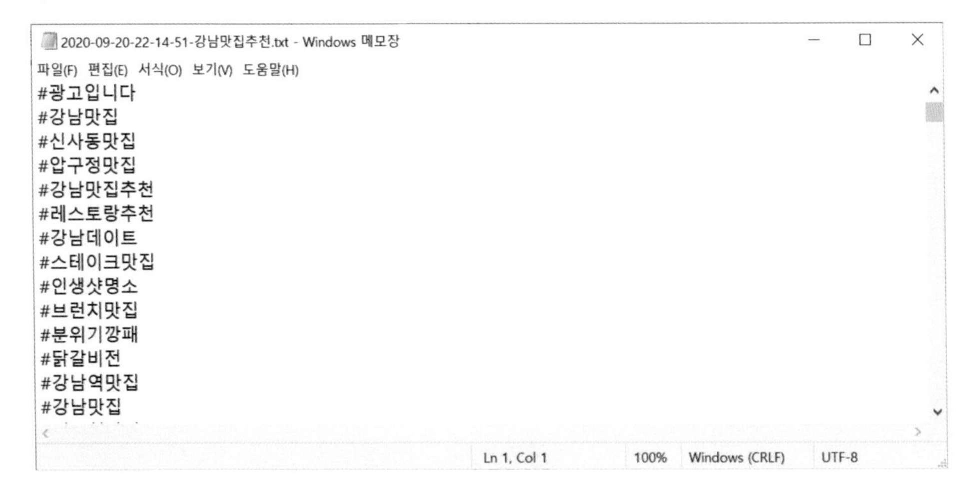

저장된 이미지 모음 폴더 샘플

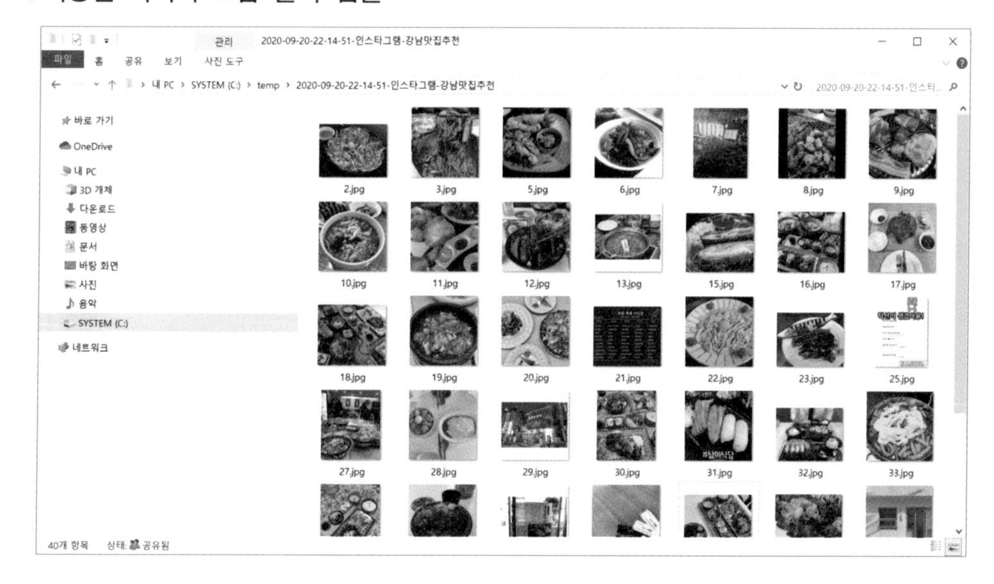

해 낼 수 있겠죠? ^^

Chap 07

다양한 인터넷 쇼핑몰 정보 수집하기

SECTION 01 이번 장에서 배울 내용 소개

(Youtube 동영상 강의 링크 : https://youtu.be/tgYQjaCyeiA)

이번 시간에는 지난 시간까지 배웠던 모든 지식을 동원해서 실제 업무에서 많이 사용될 수 있는 인터넷 쇼핑몰의 판매 정보를 수집하고 저장하는 방법을 배우겠습니다.

이번 시간에 사용할 예제 사이트는 한국의 쿠팡(https://www.coupang.com) 사이트입니다.

쿠팡 사이트에서 식품 카테고리에서 많이 판매된 Best Seller 상품의 목록을 추출하여 다양한 형식의 파일로 저장하는 방법을 알려드리겠습니다.

학습목표

1. 사진을 포함한 다양한 정보를 수집하여 저장할 수 있다
2. 수집된 사진을 xls파일에 추가할 수 있다.

이번 시간에 공부할 내용을 미리 살펴볼까요?

실행화면 예시

```
==========================================================================
 쿠팡 사이트의 식품 카테고리 Best Seller 상품 정보 추출하기
==========================================================================
1.크롤링 할 건수는 몇건입니까?: 200
2.파일을 저장할 폴더명만 쓰세요(기본경로:c:\temp\):
```

수집 결과 예시

```
------------------------------------------------------------------------
1.판매순위: 1
2.제품소개: 고디바 스페셜 빼빼로 데이 비스킷 세트, 밀크 비스킷 + 다크 비스킷 + 다크 핫 초콜렛사 1+1쿠폰, 1세트
3.판매가격: 29,990
4:할인률: 10%
5.상품평 수: 0
------------------------------------------------------------------------
------------------------------------------------------------------------
1.판매순위: 2
2.제품소개: 빼빼로 자판기 세트, 아몬드맛 9개입 + 오리지널 9개입 + 누드초코 9개입 + 크런키 9개입, 1세트
3.판매가격: 31,500
4:할인률: 10%
5.상품평 수: 0
------------------------------------------------------------------------
------------------------------------------------------------------------
1.판매순위: 3
2.제품소개: 죠리퐁 마시멜로, 35g, 18개
3.판매가격: 14,220
4:할인률: 8%
5.상품평 수: 761
------------------------------------------------------------------------
```

파일 저장 예시

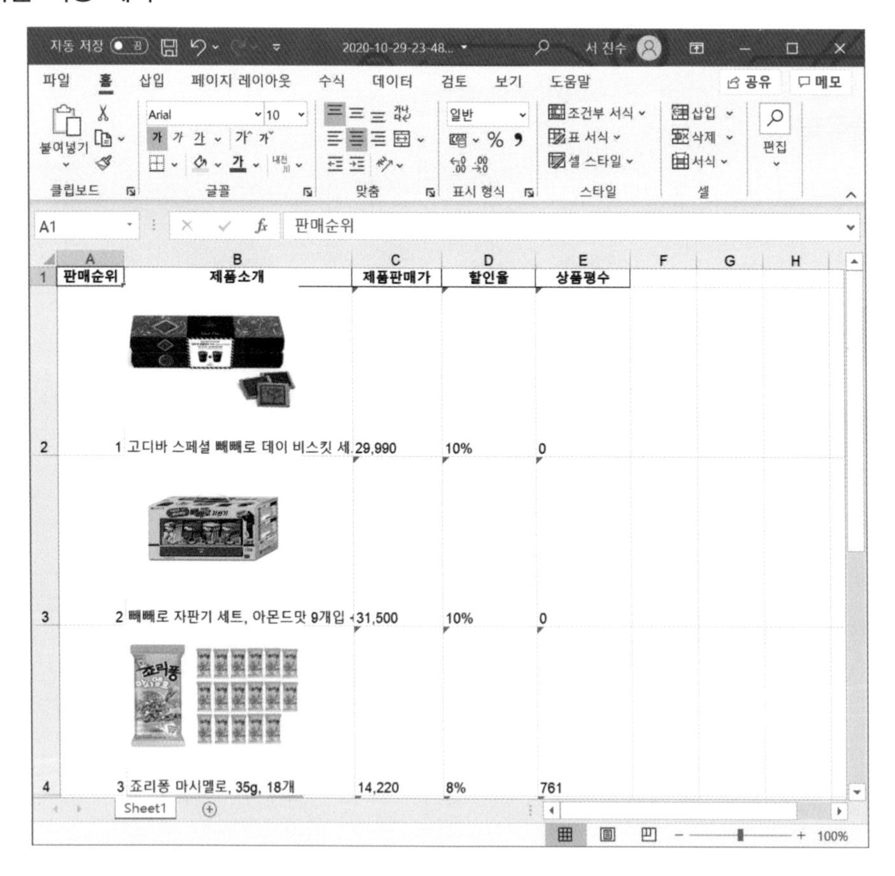

이번 시간에 공부하는 내용은 쿠팡뿐만 아니라 국내외의 모든 온라인 쇼핑몰 데이터 수집에 바로 적용할 수 있는 즉 실무에서 바로 사용할 수 있는 내용이라서 소스코드가 약간 길고 내용도 복잡하지만 열심히 공부해서 꼭 독자님의 실력으로 만들기 바랍니다.

일단 실행해 보기

(아래 코드는 저자가 제공해 드린 코드를 사용하세요~)

```
#Step 1. 필요한 모듈과 라이브러리를 로딩합니다.
from bs4 import BeautifulSoup
from selenium import webdriver
import time
import pandas as pd
import os
import math

#Step 2. 사용자에게 검색어 키워드를 입력 받습니다.
print("=" *80)
print(" 쿠팡 사이트의 식품 카테고리 Best Seller 상품 정보 추출하기 ")
print("=" *80)

cnt = int(input('1.크롤링 할 건수는 몇건입니까?: '))
page_cnt = math.ceil(cnt/60)

f_dir = input("2.파일을 저장할 폴더명만 쓰세요(기본경로:c:\\temp\\):")
if f_dir == '' :
    f_dir = "c:\\temp\\"

print("\n")

if cnt > 30 :
      print("    요청 건수가 많아서 시간이 제법 소요되오니 잠시만 기다려 주세요~~")
else :
      print("    요청하신 데이터를 수집하고 있으니 잠시만 기다려 주세요~~")

#Step 3.저장될 파일 경로와 이름을 지정합니다
sec_name = '식품'
query_txt='쿠팡'

n = time.localtime()
s = '%04d-%02d-%02d-%02d-%02d-%02d' % (n.tm_year, n.tm_mon, n.tm_mday, n.tm_hour, n.tm_min, n.tm_sec)

os.makedirs(f_dir+s+'-'+query_txt+'-'+sec_name)
os.chdir(f_dir+s+'-'+query_txt+'-'+sec_name)

ff_dir=f_dir+s+'-'+query_txt+'-'+sec_name
ff_name=f_dir+s+'-'+query_txt+'-'+sec_name+'\\'+s+'-'+query_txt+'-'+sec_name+'.txt'
fc_name=f_dir+s+'-'+query_txt+'-'+sec_name+'\\'+s+'-'+query_txt+'-'+sec_name+'.csv'
fx_name=f_dir+s+'-'+query_txt+'-'+sec_name+'\\'+s+'-'+query_txt+'-'+sec_name+'.xls'

# 제품 이미지 저장용 폴더 생성
img_dir = ff_dir+"\\images"
```

```
45  os.makedirs(img_dir)
46  os.chdir(img_dir)
47
48  s_time = time.time( )
49
50  #Step 4. 웹사이트 접속 후 해당 메뉴로 이동합니다.
51  chrome_path = "c:/temp/chromedriver_85/chromedriver.exe"
52  driver = webdriver.Chrome(chrome_path)
53  query_url='https://www.coupang.com/'
54  driver.get(query_url)
55  time.sleep(5)
56
57  # 분야별 더보기 버튼을 눌러 페이지를 엽니다
58  driver.find_element_by_xpath("""//*[@id="header"]/div""").click( )
59  driver.find_element_by_xpath("""//*[@id="gnbAnalytics"]/ul[1]/li[4]/a""").click( )
60
61  #Step 5. 내용을 수집합니다
62  print("\n")
63  print("===== 곧 수집된 결과를 출력합니다 ^^ ===== ")
64  print("\n")
65
66  ranking2=[]        #제품의 판매순위 저장
67  title2=[]          #제품 정보 저장
68  p_price2=[]        #현재 판매가 저장
69  discount2 = []     #할인율 저장
70  sat_count2=[]      #상품평 수 저장
71
72  img_src2=[]   # 이미지 URL 저장변수
73  file_no = 0   # 이미지 파일 저장할 때 번호
74  count = 1     # 총 게시물 건수 카운트 변수
75
76  def scroll_down(driver):
77      driver.execute_script("window.scrollTo(0,document.body.scrollHeight);")
78      time.sleep(1)
79
80  scroll_down(driver)   #현재화면의 가장 아래로 스크롤다운합니다
81  scroll_down(driver)
82
82  for x in range(1,page_cnt + 1) :
83      html = driver.page_source
84      soup = BeautifulSoup(html, 'html.parser')
85
86      item_result = soup.find('ul','baby-product-list').find_all('li')
87
88      for li in item_result :
89          if cnt < count :
90              break
91
92          # 제품 이미지 다운로드 하기
93          import urllib.request
94          import urllib
95
96          try :
97              photo = li.find('dt','image').find('img')['src']
98          except AttributeError :
99              continue
100
101         file_no += 1
102         full_photo = 'https:' + photo
103         urllib.request.urlretrieve(full_photo,str(file_no)+'.jpg')
104         time.sleep(0.5)
105
106         #제품 내용 추출하기
107         f = open(ff_name, 'a',encoding='UTF-8')
108         f.write("-----------------------------------------------------------"+"\n")
109         print("-" *70)
110
```

```
111         ranking = count
112         print("1.판매순위:",ranking)
113         f.write('1.판매순위:'+ str(ranking) + "₩n")
114 
115         try :
116             t = li.find('div','name').get_text().replace("₩n","")
117         except :
118             title = '제품소개가 없습니다'
119             print(title.replace("₩n",""))
120             f.write('2.제품소개:'+ title + "₩n")
121         else :
122             title = t.replace("₩n","").strip()
123             print("2.제품소개:", title.replace("₩n","").strip())
124             f.write('2.제품소개:'+ title + "₩n")
125 
126         try :
127             p_price = li.find('strong','price-value').get_text().replace("₩n","")
128         except :
129             p_price = '0'
130             print("3.판매가격:", p_price.replace("₩n",""))
131             f.write('3.판매가격:'+ p_price + "₩n")
132         else :
133             print("3.판매가격:", p_price.replace("₩n",""))
134             f.write('3.판매가격:'+ p_price + "₩n")
135 
136         try :
137             discount = li.find('span','discount-percentage').get_text().replace("₩n","")
138         except  :
139             discount = '0'
140             print("4:할인률:", discount)
141             f.write('4.할인율:'+ discount + "₩n")
142         else :
143             print("4:할인률:", discount)
144             f.write('4.할인율:'+ discount + "₩n")
145 
146         try :
147             sat_count_1 = li.find('span','rating-total-count').get_text()
148             sat_count_2 = sat_count_1.replace("(","").replace(")","")
149         except  :
150             sat_count_2='0'
151             print('5.상품평 수: ',sat_count_2)
152             f.write('5.상품평 수:'+ sat_count_2 + "₩n")
153         else :
154             print('5.상품평 수:',sat_count_2)
155             f.write('5.상품평 수:'+ sat_count_2 + "₩n")
156 
157         print("-" *70)
158 
159         f.close( )
160         time.sleep(0.5)
161 
162         ranking2.append(ranking)
163         title2.append(title.replace("₩n",""))
164 
165         p_price2.append(p_price.replace("₩n",""))
166         discount2.append(discount)
167 
168         try :
169             sat_count2.append(sat_count_2)
170         except IndexError :
171             sat_count2.append(0)
172 
173         count += 1
174     x += 1
175     driver.find_element_by_link_text('%s' %x).click() # 다음 페이지번호 클릭
176 
```

```
177  #step 6. csv , xls 형태로 저장하기
178  co_best_seller = pd.DataFrame()
179  co_best_seller['판매순위']=ranking2
180  co_best_seller['제품소개']=pd.Series(title2)
181  co_best_seller['제품판매가']=pd.Series(p_price2)
182  co_best_seller['할인율']=pd.Series(discount2)
183  co_best_seller['상품평수']=pd.Series(sat_count2)
184
185  # csv 형태로 저장하기
186  co_best_seller.to_csv(fc_name,encoding="utf-8-sig",index=False)
187
188  # 엑셀 형태로 저장하기
189  co_best_seller.to_excel(fx_name ,index=False)
190
191  e_time = time.time( )
192  t_time = e_time - s_time
193
194  count -= 1
195  print("\n")
196  print("=" *80)
197  print("1.요청된 총 %s 건의 리뷰 중에서 실제 크롤링 된 리뷰수는 %s 건입니다" %(cnt,count))
198  print("2.총 소요시간은 %s 초 입니다 " %round(t_time,1))
199  print("3.파일 저장 완료: txt 파일명 : %s " %ff_name)
200  print("4.파일 저장 완료: csv 파일명 : %s " %fc_name)
201  print("5.파일 저장 완료: xls 파일명 : %s " %fx_name)
202  print("=" *80)
203
204  #Step 7. xls 파일에 제품 이미지 삽입하기
205
206  import win32com.client as win32   #pywin32 , pypiwin32 설치후 동작
207  import win32api                    #파이썬 프롬프트를 관리자 권한으로 실행해야 에러없음
208
209  excel = win32.gencache.EnsureDispatch('Excel.Application')
210  wb = excel.Workbooks.Open(fx_name)
211  sheet = wb.ActiveSheet
212  sheet.Columns(2).ColumnWidth = 30
213  row_cnt = cnt+1
214  sheet.Rows("2:%s" %row_cnt).RowHeight = 120
215
216  ws = wb.Sheets("Sheet1")
217  col_name2=[]
218  file_name2=[]
219
220  for a in range(2,cnt+2) :
221        col_name='B'+str(a)
222        col_name2.append(col_name)
223
224  for b in range(1,cnt+1) :
225        file_name=img_dir+'\\'+str(b)+'.jpg'
226        file_name2.append(file_name)
227
228  for i in range(0,cnt) :
229        rng = ws.Range(col_name2[i])
230        image = ws.Shapes.AddPicture(file_name2[i], False, True, rng.Left, rng.Top, 130, 100)
231        excel.Visible=True
232        excel.ActiveWorkbook.Save()
233
234  driver.close( )
```

코드가 좀 길죠? 이제 이 코드에 대해서 자세하게 살펴보겠습니다.

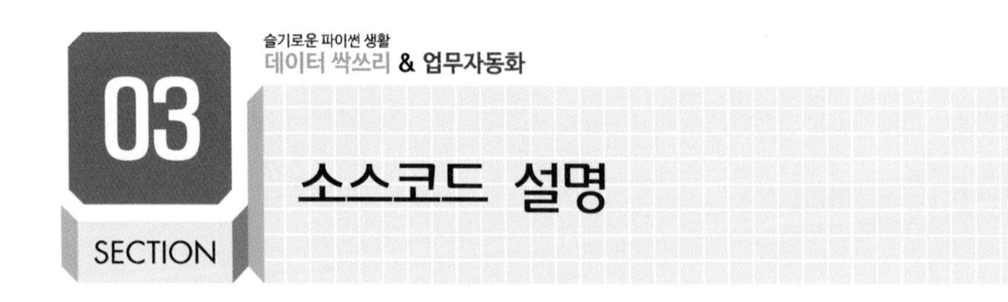

SECTION 03 소스코드 설명

```
 1  #Step 1. 필요한 모듈과 라이브러리를 로딩합니다.
 2  from bs4 import BeautifulSoup
 3  from selenium import webdriver
 4  import time
 5  import pandas as pd
 6  import os
 7  import math
 8
 9  #Step 2. 사용자에게 검색어 키워드를 입력 받습니다.
10  print("=" *80)
11  print(" 쿠팡 사이트의 식품 카테고리 Best Seller 상품 정보 추출하기 ")
12  print("=" *80)
13
14  cnt = int(input('1.크롤링 할 건수는 몇건입니까?: '))
15  page_cnt = math.ceil(cnt/60)
16
17  f_dir = input("2.파일을 저장할 폴더명만 쓰세요(기본경로:c:₩₩temp₩₩):")
18  if f_dir == '' :
19      f_dir = "c:₩₩temp₩₩"
20
21  print("₩n")
22
23  if cnt > 30 :
24          print("    요청 건수가 많아서 시간이 제법 소요되오니 잠시만 기다려 주세요~~")
25  else :
26          print("    요청하신 데이터를 수집하고 있으니 잠시만 기다려 주세요~~")
27
```

위 코드에서 나오는 내용은 대부분 이전 챕터에서 본 내용들입니다.

1번 행에서 7번 행까지는 필요한 모듈을 사용하기 위해 import하는 작업이죠?

그리고 9번 행부터 12번 행까지는 크롤러에 대한 안내를 하고 있습니다. 14번 행과 15번 행은 사용자에게 크롤링할 건수를 입력받아서 페이지 수를 계산하는 부분인데 쿠팡 사이트는 기본적으로 1페이지에 검색 결과가 60개씩 출력되도록 설정되어 있습니다. 그래서 15번 줄과 같이 페이지 번호를 계산했습니다. 17번 행은 결과를 파일로 저장할 최상위 폴더 이름을 입력받는 부분이며 18번 행은 기본 경로로 c:\temp\ 폴더를 지정하고 있습니다.

23번 행부터 26번 행까지는 사용자에게 크롤링하는 시간이 많이 걸린다고 안내를 하는 부분입니다.

```
28 #Step 3.저장될 파일 경로와 이름을 지정합니다
29 sec_name = '식품'
30 query_txt='쿠팡'
31
32 n = time.localtime()
33 s = '%04d-%02d-%02d-%02d-%02d-%02d' % (n.tm_year, n.tm_mon, n.tm_mday, n.tm_hour, n.tm_min, n.tm_sec)
34
35 os.makedirs(f_dir+s+'-'+query_txt+'-'+sec_name)
36 os.chdir(f_dir+s+'-'+query_txt+'-'+sec_name)
37
38 ff_dir=f_dir+s+'-'+query_txt+'-'+sec_name
39 ff_name=f_dir+s+'-'+query_txt+'-'+sec_name+'\\'+s+'-'+query_txt+'-'+sec_name+'.txt'
40 fc_name=f_dir+s+'-'+query_txt+'-'+sec_name+'\\'+s+'-'+query_txt+'-'+sec_name+'.csv'
41 fx_name=f_dir+s+'-'+query_txt+'-'+sec_name+'\\'+s+'-'+query_txt+'-'+sec_name+'.xls'
42
43 # 제품 이미지 저장용 폴더 생성
44 img_dir = ff_dir+"\\images"
45 os.makedirs(img_dir)
46 os.chdir(img_dir)
```

앞 코드의 28번 행부터 46번 행까지는 결과를 저장할 폴더를 생성하고 파일명을 지정하는 부부입니다. 이 책에서는 폴더와 파일을 만들 때 현재 시점의 날짜와 시간을 가져와서 디렉토리 이름으로 지정하도록 할 것입니다. 아래 예시를 보세요.

2020-07-25-15-09-17-쿠팡-식품

위 그림과 같은 형태로 크롤링하는 시점의 날짜와 시간과 사이트 이름과 카테고리 이름으로 폴더를 자동으로 생성하고 그 아래 여러가지 형태의 파일로 저장하는 것이죠.

위 코드에서 29번 행과 30번 행은 결과를 저장할 때 디렉토리 이름에 넣을 사이트 이름과 카테고리 이름을 지정하는 부분입니다. 그리고 32번 행과 33번 행은 지금 시점의 날짜와 시간을 조회한 후 디렉토리 이름으로 사용할 형식에 맞도록 변형하는 부분입니다. 그 후 35번 행에서 33번 행의 결과로 디렉토리를 생성한 후 36번 행에서 해당 디렉토리로 이동을 합니다.

38번 행부터 41번 행까지는 파일 이름을 지정하는 부분입니다.

txt 형식과 csv, xls 형식의 이름을 지정하고 있는 것이 보이죠?

나중에 저장할 때 여기의 이름을 지정하여 저장할 예정입니다.

44번 행과 45번 행은 상품의 이미지를 저장할 폴더를 생성하는 코드입니다. 상품의 이미지를 별도의 그림 파일로 추출하여 이 폴더에 저장한 후 나중에 xls 형식의 파일에 추가할 예정입니다.

```
48 s_time = time.time( )
49
50 #Step 4. 웹사이트 접속 후 해당 메뉴로 이동합니다.
51 chrome_path = "c:/temp/chromedriver_85/chromedriver.exe"
52 driver = webdriver.Chrome(chrome_path)
53 query_url='https://www.coupang.com/'
54 driver.get(query_url)
55 time.sleep(5)
56
```

앞의 코드에서 48번 행은 총 작업시간을 계산하기 위해서 시작 시간의 타임스탬프를 시작하는 부분입니다. 그리고 50번 행부터 55번 행까지는 크롬 드라이버를 지정한 후 쿠팡 사이트에 접속을 하는 부분입니다.

```
57  # 분야별 더보기 버튼을 눌러 페이지를 엽니다
58  driver.find_element_by_xpath("""//*[@id="header"]/div""").click( )
59  driver.find_element_by_xpath("""//*[@id="gnbAnalytics"]/ul[1]/li[4]/a""").click( )
60
```

위 코드는 쿠팡 사이트에서 카테고리 메뉴를 누르고 식품 카테고리를 찾아서 클릭하는 코드입니다. 카테고리 메뉴에 대한 ID나 NAME 값이 없어서 xpath값을 사용하여 작업하고 있습니다.

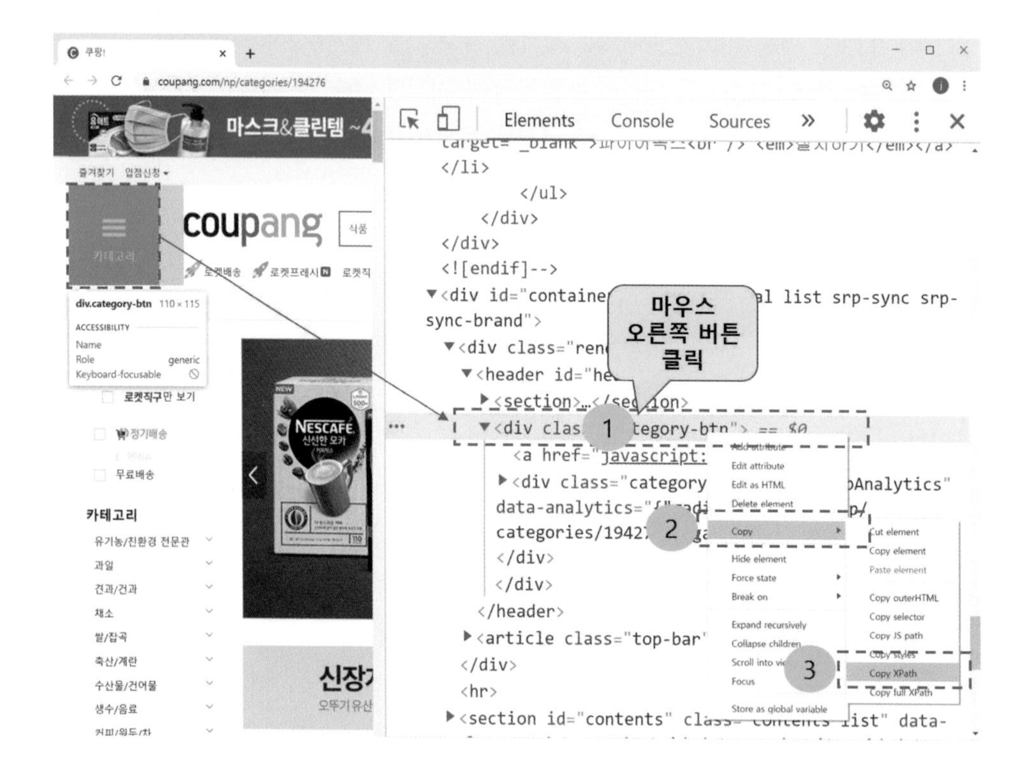

xpath 값을 찾는 방법은 위 그림과 같이 오른쪽의 HTML 코드 부분에서 마우스 오른쪽 버튼을 클릭 → 단축메뉴에서 Copy → Copy Xpath를 선택하면 해당 엘리먼트의 Xpath값이 메모리로 복사가 됩니다. 특정 엘리먼트의 ID 값이나 Name 값이 없을 때 아주 요긴하게 사용되는 방법입니다.

```
61  #Step 5. 내용을 수집합니다
62  print("\n")
63  print("===== 곧 수집된 결과를 출력합니다 ^^ ===== ")
64  print("\n")
65
66  ranking2=[]         #제품의 판매순위 저장
67  title2=[]           #제품 정보 저장
68  p_price2=[]         #현재 판매가 저장
69  discount2 = []      #할인율 저장
70  sat_count2=[]       #상품평 수 저장
71
72  img_src2=[]   # 이미지 URL 저장변수
73  file_no = 0   # 이미지 파일 저장할 때 번호
74  count = 1     # 총 게시물 건수 카운트 변수
75
76  def scroll_down(driver):
77      driver.execute_script("window.scrollTo(0,document.body.scrollHeight);")
78      time.sleep(1)
79
80  scroll_down(driver)   #현재화면의 가장 아래로 스크롤다운합니다
```

앞 코드에서 66번 행부터 74번 행까지는 수집된 데이터를 저장할 리스트를 지정하는 부분입니다. 그리고 76번 행부터 78번 행은 현재 검색된 웹 페이지를 스크롤 다운해서 화면을 아래쪽으로 내려주는 사용자정의 함수를 만드는 부분입니다(사용자 정의 함수에 대해서는 이 책의 필수문법편을 참고하세요). 쿠팡의 경우 랭킹별 판매 순위가 화면의 아래 부분에 위치하기 때문에 자동으로 스크롤 다운하는 함수가 필요해서 만들었습니다.

77번 행에 driver.execute_script( ) 함수를 사용한 것은 파이썬 코드에서 외부 OS에 있는 특정 함수나 스크립트를 실행할 때 많이 사용하는 방법입니다. 즉 이 함수의 괄호 안에 우리가 실행하고 싶은 OS의 함수나 기능을 적으면 되는데 우리는 윈도의 마우스 스크롤 하는 기능을 실행하기 위해서 window.scrollTo( ) 함수를 사용한 것입니다.

window.scrollTo(x좌표, y좌표) 형식으로 사용하는데 예를 들어 window.scrollTo(0, 500)이라고 적으면 500 픽셀만큼 아래로 화면을 이동시켜 줍니다. 이 함수와 비슷한 함수로 window.scrollBy(x좌표, y좌표)의 함수도 있는데 의미는 동일하지만 차이점은 window.scrollTo( ) 함수는 기준값이 절대 좌표이고 window.scrollBy( ) 함수는 기준값이 상대좌표입니다. 화면 끝까지 이동하고 싶을 경우에는 document.body. scrollHeight값을 사용하면 됩니다. 이 기능은 페이스북이나 인스타그램, 유튜브 등의 크롤러를 만들 때 반드시 사용하는 기능이므로 꼭 기억해 주세요.

```
82  for x in range(1,page_cnt + 1) :
83      html = driver.page_source
84      soup = BeautifulSoup(html, 'html.parser')
85
86      item_result = soup.find('ul','baby-product-list').find_all('li')
87
```

앞의 코드는 게시물이 있는 태그정보를 모두 추출하는 코드입니다.

아래 그림을 볼까요?

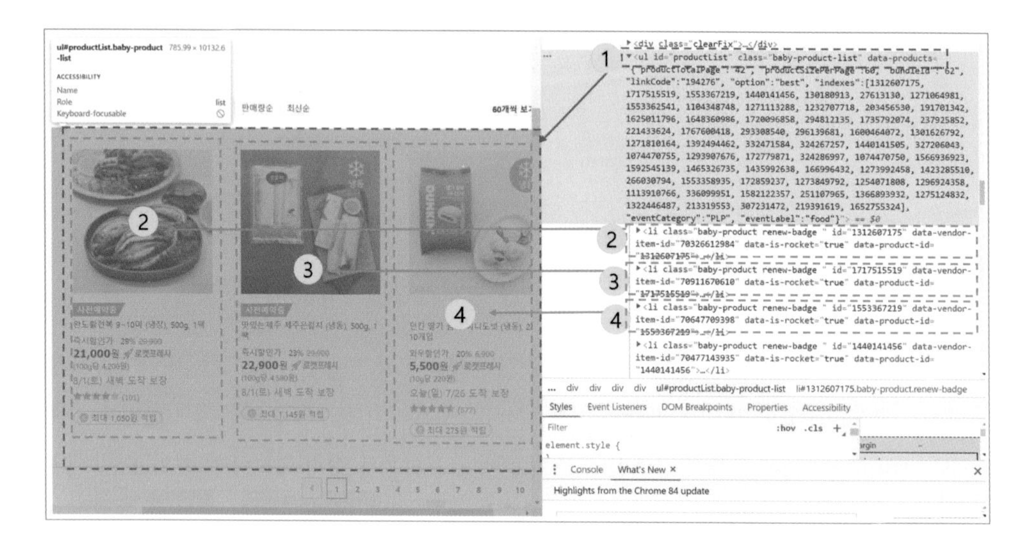

위 그림에서 왼쪽의 HTML 코드에서 1번을 보면 'ul' 태그에서 class='baby-product-list' 값을 가져 온 후 그 아래의 모든 'li' 태그를 가져오면 게시물 전체를 가져올 수 있다는 것이 확인됩니다. 그래서 앞의 코드에서 86번 행처럼 코드를 작성했습니다.

```
88     for li in item_result :
89         if cnt < count :
90             break
91
92         # 제품 이미지 다운로드 하기
93         import urllib.request
94         import urllib
95
96         try :
97             photo = li.find('dt','image').find('img')['src']
98         except AttributeError :
99             continue
100
101        file_no += 1
102        full_photo = 'https:' + photo
103        urllib.request.urlretrieve(full_photo,str(file_no)+'.jpg')
104        time.sleep(0.5)
```

위 코드는 상품 정보에서 상품의 이미지를 다운로드하는 부분입니다.

88번 행에서 item_result2 변수에 1페이지에 있는 60개 상품에 대한 목록이 들어있는데 for 반복문을 사용해서 첫 번째부터 상품의 정보가 들어 있는 li 태그를 가져옵니다.

인터넷상의 그림을 다운로드 하기 위해서는 urlretrieve( ) 함수를 사용하면 편한데 이 함수가 urllib 모듈에 들어 있습니다. 그래서 93번 행과 94번 행에서 해당 모듈을 불러왔습니다.

그리고 97번 행에서 특정 상품의 이미지가 저장되어 있는 URL 주소를 찾아내는데 아래 그림처럼 img태그의 src 속성 값을 가져오면 됩니다.

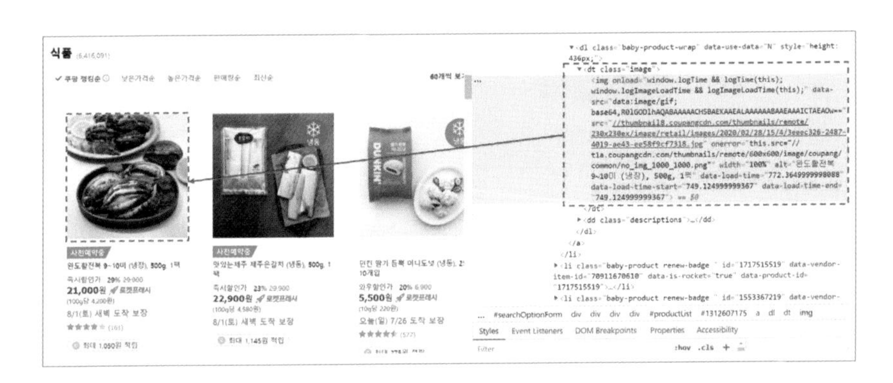

간혹 상품 설명에서 이미지가 없는 경우가 있어서 예외처리를 사용했습니다.

103번 행을 보면 urllib.request.urlretrieve(가져올 이미지 주소, 저장할 경로와 이름)의 형식으로 이미지를 수집하는 코드가 사용되고 있습니다. 이때 가져올 이미지 주소는 102번 행에서 정확한 URL 주소를 지정했습니다. 이미지를 다운로드 하는 방법 쉽죠?

```
106         #제품 내용 추출하기
107         f = open(ff_name, 'a',encoding='UTF-8')
108         f.write("-------------------------------------------------------------"+"\n")
109         print("-" *70)
110
111         ranking = count
112         print("1.판매순위:",ranking)
113         f.write('1.판매순위:'+ str(ranking) + "\n")
114
```

위 코드의 107번 행은 수집 결과를 저장할 txt 형식의 파일을 지정하는 부분입니다. 제품의 판매 순위는 1번부터 시작하도록 지정했습니다.

```
115         try :
116             t = li.find('div','name').get_text().replace("\n","")
117         except :
118             title = '제품소개가 없습니다'
119             print(title.replace("\n",""))
120             f.write('2.제품소개:'+ title + "\n")
121         else :
122             title = t.replace("\n","").strip()
123             print("2.제품소개:", title.replace("\n","").strip())
124             f.write('2.제품소개:'+ title + "\n")
125
```

앞의 코드는 제품 소개를 추출하는 부분입니다. 다음 그림을 보세요.

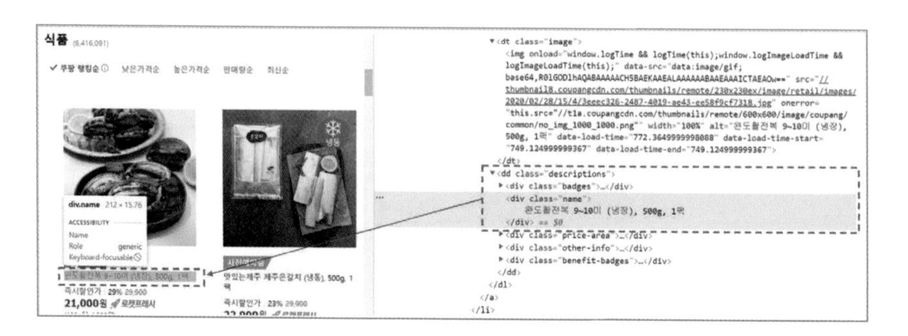

위 그림에서 'div' 태그에 class='name' 아래에 상품에 대한 설명이 있는 것이 확인됩니다. 그래서 앞의 코드 116번 행과 같이 코드를 작성했습니다.

그런데 간혹 상품에 대한 설명이 없는 부분이 있어서 예외처리를 사용했습니다.

```
126         try :
127             p_price = li.find('strong','price-value').get_text().replace("₩n","")
128         except :
129             p_price = '0'
130             print("3.판매가격:", p_price.replace("₩n",""))
131             f.write('3.판매가격:'+ p_price + "₩n")
132         else :
133             print("3.판매가격:", p_price.replace("₩n",""))
134             f.write('3.판매가격:'+ p_price + "₩n")
135
136         try :
137             discount = li.find('span','discount-percentage').get_text().replace("₩n","")
138         except  :
139             discount = '0'
140             print("4:할인률:", discount)
141             f.write('4.할인율:'+ discount + "₩n")
142         else :
143             print("4:할인률:", discount)
144             f.write('4.할인율:'+ discount + "₩n")
145
```

위 코드는 제품의 현재 판매가격과 할인율을 추출하는 코드입니다.

아래 그림을 보세요.

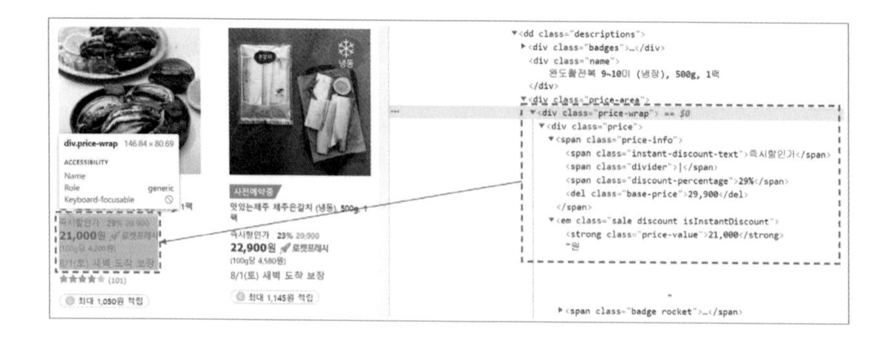

앞의 그림을 보면 제품의 판매 가격은 "strong" 태그에 class="price-value" 부분에 있는 것이 확인됩니다. 그래서 앞의 소스코드에서 127번 행과 같이 사용했습니다.

그리고 할인율은 "span" 태그에 class="discount-percentage" 부분에 있는 것이 확인되죠? 그래서 137번 행과 같이 사용했습니다.

그리고 판매가격과 할인율 정보가 없는 상품이 있어서 예외처리를 사용했습니다.

```
146         try :
147             sat_count_1 = li.find('span','rating-total-count').get_text()
148             sat_count_2 = sat_count_1.replace("(","").replace(")","")
149         except  :
150             sat_count_2='0'
151             print('5.상품평 수: ',sat_count_2)
152             f.write('5.상품평 수:'+ sat_count_2 + "\n")
153         else :
154             print('5.상품평 수:',sat_count_2)
155             f.write('5.상품평 수:'+ sat_count_2 + "\n")
156 
157         print("-" *70)
158 
159         f.close( )
160         time.sleep(0.5)
```

위 코드는 상품평 수를 수집하는 코드입니다. 아래 그림을 보세요.

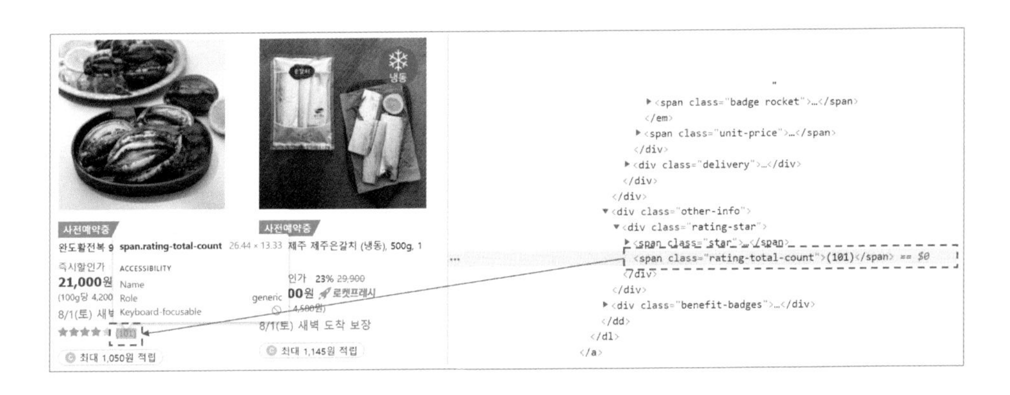

위 그림을 보면 리뷰수가 "span" 태그에 class="rating-total-count" 부분에 있는 것이 확인됩니다.

그런데 리뷰가 괄호로 감싸져 있죠? 그래서 위 코드의 147번 행과 148번 행처럼 코드를 작성했습니다.

```
162         ranking2.append(ranking)
163         title2.append(title.replace("Wn",""))
164
165         p_price2.append(p_price.replace("Wn",""))
166         discount2.append(discount)
167
168         try :
169             sat_count2.append(sat_count_2)
170         except IndexError :
171             sat_count2.append(0)
172
173         count += 1
174     x += 1
175     driver.find_element_by_link_text('%s' %x).click() # 다음 페이지번호 클릭
176
```

그리고 175번 행은 페이지 번호를 바꾸는 부분입니다.

```
177 #step 6. csv , xls 형태로 저장하기
178 co_best_seller = pd.DataFrame()
179 co_best_seller['판매순위']=ranking2
180 co_best_seller['제품소개']=pd.Series(title2)
181 co_best_seller['제품판매가']=pd.Series(p_price2)
182 co_best_seller['할인율']=pd.Series(discount2)
183 co_best_seller['상품평수']=pd.Series(sat_count2)
184
185 # csv 형태로 저장하기
186 co_best_seller.to_csv(fc_name,encoding="utf-8-sig",index=False)
187
188 # 엑셀 형태로 저장하기
189 co_best_seller.to_excel(fx_name ,index=False)
190
```

위 코드는 pandas를 활용하여 수집된 데이터를 표 형태로 만든 후 csv, xls 형태의 파일로 저장하는 코드입니다(pandas에 대한 내용은 이 책의 필수문법편을 참고하세요).

```
191 e_time = time.time( )
192 t_time = e_time - s_time
193
194 count -= 1
195 print("Wn")
196 print("=" *80)
197 print("1.요청된 총 %s 건의 리뷰 중에서 실제 크롤링 된 리뷰수는 %s 건입니다" %(cnt,count))
198 print("2.총 소요시간은 %s 초 입니다 " %round(t_time,1))
199 print("3.파일 저장 완료: txt 파일명 : %s " %ff_name)
200 print("4.파일 저장 완료: csv 파일명 : %s " %fc_name)
201 print("5.파일 저장 완료: xls 파일명 : %s " %fx_name)
202 print("=" *80)
203
```

위 코드는 작업된 결과를 사용자에게 보여주는 코드입니다.

191번 행에서 작업의 종료시점의 시간을 구하고 192번 행에서 종료시간~시작시간으로 총 소요시간을 추출합니다.

196번 행부터 202번 행까지 총 수집건수와 소요된 시간과 저장된 파일이름들을 사용자에게 보여줍니다.

```
204  #Step 7. xls 파일에 제품 이미지 삽입하기
205
206  import win32com.client as win32   #pywin32 , pypiwin32 설치후 동작
207  import win32api                   #파이썬 프롬프트를 관리자 권한으로 실행해야 에러없음
208
209  excel = win32.gencache.EnsureDispatch('Excel.Application')
210  wb = excel.Workbooks.Open(fx_name)
211  sheet = wb.ActiveSheet
212  sheet.Columns(2).ColumnWidth = 30
213  row_cnt = cnt+1
214  sheet.Rows("2:%s" %row_cnt).RowHeight = 120
215
216  ws = wb.Sheets("Sheet1")
217  col_name2=[]
218  file_name2=[]
219
220  for a in range(2,cnt+2) :
221       col_name='B'+str(a)
222       col_name2.append(col_name)
223
224  for b in range(1,cnt+1) :
225       file_name=img_dir+'WW'+str(b)+'.jpg'
226       file_name2.append(file_name)
227
228  for i in range(0,cnt) :
229       rng = ws.Range(col_name2[i])
230       image = ws.Shapes.AddPicture(file_name2[i], False, True, rng.Left, rng.Top, 130, 100)
231       excel.Visible=True
232       excel.ActiveWorkbook.Save()
233
234  driver.close( )
```

위 코드는 xls 형식의 파일을 열어서 앞에서 수집한 사진을 추가하는 코드입니다.

이 작업을 하기 위해 win32com 모듈을 사용하는데 206번 행과 207번 행에서 해당 모듈을 불러옵니다. 그리고 209번 행에서 엑셀 프로그램을 열고 210번 행에서 수집된 결과가 저장된 엑셀 파일을 엽니다.

212번 행과 214번 행은 사진을 저장할 컬럼의 행과 열의 크기를 지정하는 부분인데 이 부분은 사진의 크기에 따라 값이 달라지므로 사용하실 때 사이즈가 다를 경우 수정해서 사용하면 됩니다.

220번 행부터 222번 행까지는 사진을 추가할 "B" 컬럼 관련 설정을 하고 224번 행부터 226번 행까지는 추가할 사진의 파일명을 설정합니다.

228번 행부터 230번까지 엑셀 파일에 사진을 추가하고 231번 행은 사진 추가 작업 후 결과를 화면에 보이게 설정하는 부분이며 232번 행은 결과를 자동 저장하는 코드입니다.

여기까지 전체 코드에서 중요한 부분들을 설명했습니다.

나머지 코드들은 중복되는 내용이거나 이전 시간에 공부할 때 배운 코드이기 때문에 연습을 많이 해서 꼭 여러분의 실력으로 만드세요~

현업에서의 경험 소개

이번 시간에 배웠던 인터넷 쇼핑몰 웹 크롤러는 기업에서 아주 많이 사용하는 웹 크롤러입니다.

제가 예전에 했던 프로젝트인데 이름을 말하면 알 수 있는 국내 유통 대기업에서 MD 직군에 계신 분들 약 600여명을 대상으로 인터넷 쇼핑몰 데이터를 수집하고 분석하는 프로젝트를 진행했습니다. 먼저 그분들의 평소 업무를 분석한 후 그 업무의 성과를 높일 수 있도록 컨설팅을 하는 프로젝트였는데 이분들의 업무를 분석하다가 깜짝 놀랐습니다. 왜냐하면 이분들의 업무의 특성상 다양한 국내외의 인터넷 쇼핑몰의 다양한 카테고리별 판매 현황들을 수집하여 상품의 트렌드와 고객의 불만이나 칭찬 사항들을 분석해서 buying을 하는 데 데이터를 모으는 작업을 거의 수작업으로 하고 있었습니다. 국내외의 수많은 인터넷 쇼핑몰의 다양한 카테고리의 판매 현황을 매일 수집하여 분석해야 하는데 가장 중요한 데이터를 모으는 작업부터 수작업으로 진행되고 있었던 것이죠. 정말 깜 놀했습니다!!!

그래서 데이터를 수집하고 분석하는 과정을 자동으로 할 수 있도록 웹 크롤러와 분석용 프로그램을 개발해서 납품했습니다. 이 분들이 아주 신기해하고 놀라시더군요.

이때가 벌써 몇 년 전인데 요즘은 쇼핑몰 정보를 자동으로 수집하고 분석하면서 회사와 개인의 경쟁력을 많이 높이고 있는 것 같습니다.

그리고 요즘 해외 직구를 알바나 생업으로 하시는 분들도 많은 것 같습니다.

저한테 요청이 들어오는 내용 중 한 가지가 해외 쇼핑몰 사이트에서 특정 키워드로 검색을 하여 데이터를 수집 한 후 엑셀 파일로 저장해서 국내의 네이버 스토어팜에 자동으로 업로드를 할 수 있는 프로그램을 만들어 달라고 요청하시는 분들이 제법 많이 있습니다.

그래서 찾아보니까 실제 해외 사이트에서 판매되고 있는 제품의 목록을 가져와서 국내의 쇼핑몰에 업로드해서 판매를 하시는 분들이 많이 계시더라구요.

그런데 해외 쇼핑몰 사이트의 정보를 수집하는 것을 수작업으로 하는 것은 아주 힘들겠죠?

그래서 웹 크롤러로 자동화하여 다운로드 하고 또 국내 쇼핑몰에 업로드하는 것도 자동화해서 편리하게 사업을 하시는 분들도 제법 많이 보았습니다.

요즘 많이 제작 의뢰가 들어오는 국내외 인터넷 쇼핑몰은 쿠팡, 마켓컬리, 네이버 쇼핑, 아마존닷컴 정도이고 부동산 관련해서 네이버 부동산 정보를 수집하는 웹 크롤러를 요청하시는 고객사도 있습니다.

이번 시간에 배우신 내용을 잘 활용하시면 돈 많이 안들이고 다양한 사업들을 하시는 데 큰 힘이 될 수도 있으니 열공해 주세요~

연습문제로 실력굳히기

문제 1 쿠팡 사이트의 모든 카테고리를 사용자에게 보여준 후 수집을 원하는 카테고리와 수집할 데이터 건수와 저장할 폴더 이름을 입력 받은 후 아래 보기와 같이 데이터를 수집하여 txt, csv, xls 형식으로 저장하세요.

실행 화면

```
================================================================================
  연습문제 : 쿠팡 사이트의 베스트셀러 상품 정보 수집하기
================================================================================

 1.패션의류/잡화-남성    2.패션의류/잡화-여성   3.뷰티            4.출산/유아동
 5.식품                  6.주방용품             7.생활용품        8.홈인테리어
 9.가전/디지털          10.스포츠/레저         11.자동차용품     12.도서/음반/DVD
13.완구/취미            14.문구/오피스         15.반려동물용품   16.헬스/건강식품

1.위 분야 중에서 자료를 수집할 분야의 번호를  선택하세요: 5
2.크롤링 할 건수는 몇건입니까?: 100
3.파일을 저장할 폴더명만 쓰세요(엔터키 입력시 :c:\temp\ 아래에 저장됨):c:\temp\
```

수집 항목

```
--------------------------------------------------------------------------------
1.판매순위: 1
2.제품소개: 제스프리 그린키위, 5kg, 1개
3.판매가격: 23,500
4.원래가격: 24,900
5:할인률: 5%
6:로켓배송여부: 로켓배송
7:품절여부:
8.상품평수:  0
9.평점: 5.0 / 0
--------------------------------------------------------------------------------
--------------------------------------------------------------------------------
1.판매순위: 2
2.제품소개: 맛있는제주 제주은갈치 (냉동), 500g, 1팩
3.판매가격: 22,900
4.원래가격: 29,900
5:할인률: 23%
6:로켓배송여부: 로켓배송
7:품절여부:
8.상품평수:  0
9.평점: 5.0 / 0
--------------------------------------------------------------------------------
```

앞의 그림과 같이 9가지 항목의 정보를 추출하도록 작성하세요.

xls파일 저장 예시

	판매순위	제품소개	제품정가	제품판매가	할인율	로켓배송여부	상품평수	상품평점	품절여부
0	1	맛있는제주 제주은갈치 (냉동), 500g,	29,900	22,900	23%	로켓배송	0	0	
1	2	일주일 제철 과일, 1세트	19,900	17,900	10%	로켓배송	0	0	
2	3	던킨 딸기 듬뿍 미니도넛 (냉동), 25g,	6,900	5,500	20%	로켓배송	584	4.5	

txt 파일 저장 예시

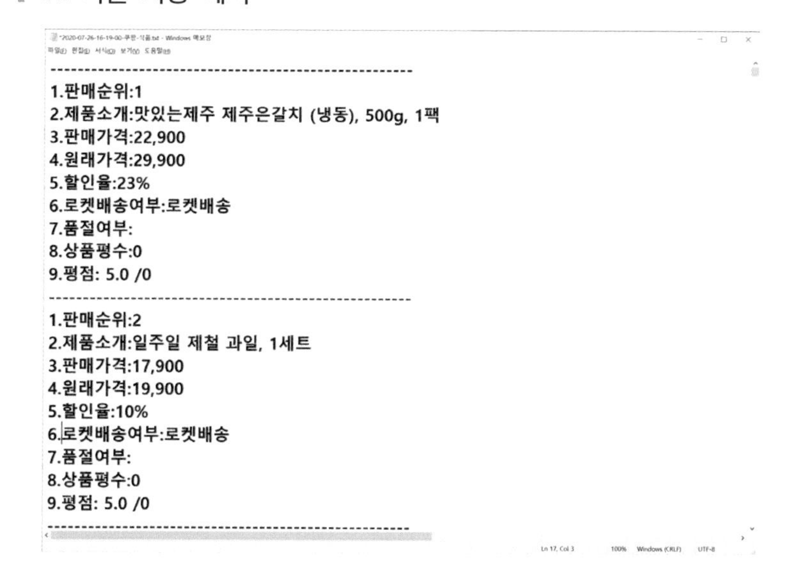

1.판매순위:1
2.제품소개:맛있는제주 제주은갈치 (냉동), 500g, 1팩
3.판매가격:22,900
4.원래가격:29,900
5.할인율:23%
6.로켓배송여부:로켓배송
7.품절여부:
8.상품평수:0
9.평점: 5.0 /0

1.판매순위:2
2.제품소개:일주일 제철 과일, 1세트
3.판매가격:17,900
4.원래가격:19,900
5.할인율:10%
6.로켓배송여부:로켓배송
7.품절여부:
8.상품평수:0
9.평점: 5.0 /0

Chap 08

전자(세금) 계산서 발행 내역 수집하기

이번 장에서 배울 내용 소개

(Youtube 동영상 강의 링크 : https://youtu.be/eACKoTeUx38)

이번 챕터에서는 국세청 홈택스(https://www.hometax.go.kr) 사이트에 공인 인증서를 사용해서 로그인 한 뒤 특정기간 동안 발행된 전자(세금)계산서의 목록을 가져오는 내용을 살펴보겠습니다(참고 : "공인 인증서"라는 용어가 향후 "인증서"로 변경될 예정이지만 현재까지는 이 용어를 사용하고 있어서 이 책에서도"공인 인증서" 용어를 사용하겠습니다).

이번 시간에 배우는 이 내용은 홈택스 사이트뿐만 아니라 공인 인증서를 사용하여 로그인하는 모든 사이트(예를 들어 은행이나 중요한 관공서 등)에 적용할 수 있는 아주 중요한 방법입니다.

이번 시간에 볼 내용 중 가장 핵심적인 부분은 공인 인증서 로그인 창은 웹 페이지가 아니기 때문에 셀레니움으로 제어가 되지 않습니다. 이 부분을 해결하기 위해서 이 책에서는 OpenCV 모듈을 활용하고 있는데 이런 부분을 잘 보고 응용하는 방법을 배워야 합니다.

이번 시간에 중요한 학습 내용을 살펴보겠습니다.

학습 목표

1. OpenCV를 활용하여 어플리케이션 제어 및 인식 방법을 배운다.
2. IFRAME 기반 웹 페이지의 데이터 수집 방법을 배운다.
3. Alert 창의 제어 방법을 배운다.

참 고

이번 시간의 내용을 학습하기 위해서는 먼저 수동으로 크롬을 사용하여 홈택스에 로그인해서 필요한 보안 프로그램을 모두 설치하시고 홈택스에 공인인증서가 등록이 되어있어야 합니다.

그럼 먼저 이번 시간에 배울 내용을 먼저 살펴볼까요?

프로그램 실행 화면 예시

```
==========================================================================
이 프로그램은 국세청 홈텍스 사이트에서 매출 전자세금계산서(전자계산서)를
조회하여 엑셀 파일로 저장하는 프로그램입니다
이 프로그램은 서진수가 교육용으로 제작하였으며 이 프로그램에 대한 문의는
seojinsu@gmail.com 으로 보내주시기 바랍니다~^^
==========================================================================
========================== 기간 조회시 참고하세요 ==========================
홈텍스에서의 전자세금계산서(전자계산서) 조회기간은 3개월입니다
단 3개월 이상 자료는 '월/분기별 목록조회'화면에서 조회할 수 있습니다
공급(받는)자 등록번호 입력시 1년이내 조회 가능)
==========================================================================


1.조회 시작 날짜를 입력하세요(예:2019-12-01): 2019-12-01
2.조회 종료 날짜를 입력하세요(예:2019-12-31): 2019-12-31


요청하신 내용으로 홈텍스에 로그인 한 후 데이터 수집을 시작합니다
잠시만 기다려 주세요~~^^
```

위와 같이 공인 인증서 로그인 창이 열리면 특정 공인 인증서를 선택한 후 아래의 인증서 비밀번호를 자동으로 입력하고 로그인을 한 후 다음 그림과 같이 조회/발급→목록조회→발급목록조회를 눌러 발행된 전자(세금) 계산서를 조회하여 출력하는 작업입니다.

완전 재미있고도 많은 분야에서 활용될 수 있는 기술이니까 열공해 주세요~

SECTION 02

일단 실행해 보기

(아래 코드는 저자가 제공해 드린 코드를 사용하세요~)

```
1  #Step 1. 필요한 모듈과 라이브러리를 로딩합니다.
2  from bs4 import BeautifulSoup
3  from selenium import webdriver
4  import time
5  import numpy as np
6  import pandas as pd
7  import os
8
9  #아래 모듈들이 중요합니다.
10 import cv2           # pip install opencv_python , pip install opencv-contrib-python
11 import pyautogui     # pip install pyautogui
12 import imutils       # pip install imutils
13
14 #Step 2.사용자에게 안내를 보여주고 조회할 날짜를 입력받습니다.
15 print("=" *80)
16 print("이 프로그램은 국세청 홈텍스 사이트에서 매출 전자세금계산서(전자계산서)를")
17 print("조회하여 엑셀 파일로 저장하는 프로그램입니다")
18 print("이 프로그램은 서진수가 교육용으로 제작하였으며 이 프로그램에 대한 문의는")
19 print("seojinsu@gmail.com 으로 보내주시기 바랍니다~^^")
20 print("=" *80)
21
22 print("=" *28 , '기간 조회시 참고하세요' , "="*28)
23 print('홈텍스에서의 전자세금계산서(전자계산서) 조회기간은 3개월입니다')
24 print("단 3개월 이상 자료는 '월/분기별 목록조회'화면에서 조회할 수 있습니다")
25 print('공급(받는)자 등록번호 입력시 1년이내 조회 가능)')
26 print("=" *80)
27
28 print("₩n")
29 start_date = input('1.조회 시작 날짜를 입력하세요(예:2019-12-01): ')
30 end_date = input('2.조회 종료 날짜를 입력하세요(예:2019-12-31): ')
31 print("₩n")
32
33 print('요청하신 내용으로 홈텍스에 로그인 한 후 데이터 수집을 시작합니다')
34 print('잠시만 기다려 주세요~~^^')
35
```

```
36  #Step 3. 크롬 드라이버 설정하고 홈택스에 접속합니다.
37  query_url='https://www.hometax.go.kr//'
38  chrome_path = "c:/temp/chromedriver_85/chromedriver.exe"
39  driver = webdriver.Chrome(chrome_path)
40  driver.get(query_url)
41  driver.maximize_window()
42  time.sleep(5)
43
44  # 상단의 로그인 버튼 클릭하기
45  driver.find_element_by_id('textbox81212912').click()
46  time.sleep(2)
47
48  #Step 4.공인 인증서로 로그인합니다.
49  #같은 그림 좌표 찾는 함수
50  def match_center_loc(screen, template):
51      res = cv2.matchTemplate(screen, template, cv2.TM_CCOEFF_NORMED)
52      min_val,max_val,min_loc, max_loc = cv2.minMaxLoc(res)
53      top_left = max_loc
54      h,w = template.shape[:2]
55      x, y = int(top_left[0] + w/2), int(top_left[1] + h/2)
56      return x,y
57
58  #전체 화면 캡처하기
59  time.sleep(5)
60  image1 = pyautogui.screenshot()
61  image2 = cv2.cvtColor(np.array(image1), cv2.COLOR_RGB2BGR)
62  cv2.imwrite("c:₩₩data₩₩image₩₩full_screen_1.png", image2)
63  time.sleep(1)
64
65  screenshot_1 = cv2.imread('c:₩₩data₩₩image₩₩full_screen_1.png', cv2.IMREAD_COLOR)
66  img_0 = cv2.imread('c:₩₩data₩₩image₩₩login.jpg', cv2.IMREAD_COLOR)     # 로그인버튼
67  img_1 = cv2.imread('c:₩₩data₩₩image₩₩name.jpg', cv2.IMREAD_COLOR)      # 회사이름
68  img_2 = cv2.imread('c:₩₩data₩₩image₩₩password.jpg', cv2.IMREAD_COLOR) # 비밀번호 입력창
69  img_3 = cv2.imread('c:₩₩data₩₩image₩₩enter.jpg', cv2.IMREAD_COLOR)     # 확인버튼
70
71  # 공인인증서로 로그인 버튼 클릭하기
72  driver.switch_to.frame('txppIframe')
73  driver.find_element_by_id('trigger38').click()
74  time.sleep(5)
75
76  # 공인인증서 화면에서 회사이름 선택하고 클릭
77  image1 = pyautogui.screenshot()
78  image2 = cv2.cvtColor(np.array(image1), cv2.COLOR_RGB2BGR)
79  cv2.imwrite("c:₩₩data₩₩image₩₩full_screen_2.png", image2)
80  time.sleep(1)
81  screenshot_2 = cv2.imread('c:₩₩data₩₩image₩₩full_screen_2.png', cv2.IMREAD_COLOR)
82
83  match_pos_1 = match_center_loc(screenshot_2, img_1)
84  pyautogui.moveTo(match_pos_1)
85  pyautogui.click()
86  time.sleep(1)
87
```

```
88  # 암호인증 창에 암호 입력하기
89  match_pos_2 = match_center_loc(screenshot_2, img_2)
90  pyautogui.moveTo(match_pos_2)
91  pyautogui.click()
92  password = '이곳에 여러분의 공인인증서 암호를 입력하세요'
93  pyautogui.typewrite(password)
94
95  # 암호 입력 후 확인 버튼 클릭하기
96  match_pos_3 = match_center_loc(screenshot_2, img_3)  # 인증서암호 넣고 확인 버튼 누르기
97  pyautogui.moveTo(match_pos_3)
98  pyautogui.click()
99  time.sleep(5)
100
101 #Step 5. 전자세금계산서 조회를 시작합니다.
102 #조회/발급 메뉴 클릭하기
103 driver.find_element_by_link_text('조회/발급').click()
104 time.sleep(2)
105
106 # 목록조회 -> 발급목록 조회 클릭하기
107 driver.switch_to.frame('txppIframe')
108
109 driver.find_element_by_xpath('//*[@id="a_0104020000"]').click()
110 driver.find_element_by_xpath('//*[@id="a_0104020100"]').click()
111 time.sleep(5)
112
113 #전자 계산서 클릭하기
114 radio = driver.find_element_by_id("radio6_input_0")
115 radio.click()
116 time.sleep(1)
117
118 # 기간 입력하여 조회하기
119 s_input_area = driver.find_element_by_id('inqrDtStrt_input')
120 s_input_area.click()
121 s_input_area.clear()
122 for a in start_date :
123     s_input_area.send_keys(a)
124     time.sleep(0.2)
125
126 time.sleep(1)
127
128 e_input_area = driver.find_element_by_id('inqrDtEnd_input')
129 e_input_area.click()
130 time.sleep(1)
131 e_input_area.clear()
132 for a in end_date :
133     e_input_area.send_keys(a)
134     time.sleep(0.2)
135
136 time.sleep(1)
137
138 driver.find_element_by_id('trigger50').click()
139
140 time.sleep(3)
141
```

```
142 #Step 6. 조회된 결과를 엑셀 형태의 파일로 저장합니다.
143 #내려받기 버튼 클릭하기
144 driver.find_element_by_id('trigger55').click()
145 time.sleep(2)
146
147 driver.switch_to.frame('UTEETBDA17_iframe')
148 driver.find_element_by_id('btnProcess').click()
149 time.sleep(2)
150
151 #엑셀 버튼 클릭하기
152 driver.find_element_by_id('trigger4').click()
153 time.sleep(2)
154
155 #참고 : alert창의 내용 확인하기
156 #alert = driver.switch_to.alert
157 #message = alert.text
158 #print("Alert 창 내용: "+ message )
159 #time.sleep(2)
160
161 #Alert 창의 확인 버튼 클릭하기
162 alert = driver.switch_to.alert
163 alert.accept()
164 time.sleep(2)
165
166 #참고 : alert 창을 취소하고 싶을 경우
167 #alert = driver.switch_to.alert
168 #alert.dismiss()
169 #time.sleep(2)
170
171 #취소 버튼 클릭한 후 창 닫기
172 driver.find_element_by_id('trigger10004').click()
173 time.sleep(2)
174
175 driver.close()
```

코드 내용이 많은 편은 아니지만 중요한 모듈이 많이 사용되니까 집중해서 공부해 주세요~
이제 위 코드의 중요한 부분에 대해서 상세하게 설명하겠습니다.

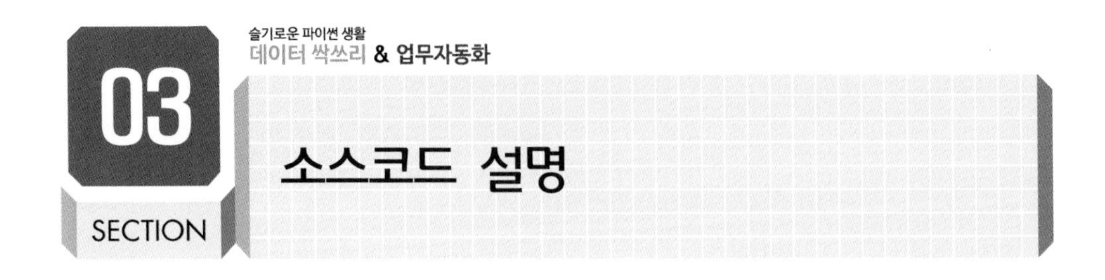

소스코드 설명

```
1  #Step 1. 필요한 모듈과 라이브러리를 로딩합니다.
2  from bs4 import BeautifulSoup
3  from selenium import webdriver
4  import time
5  import numpy as np
6  import pandas as pd
7  import os
8
9  #아래 모듈들이 중요합니다.
10 import cv2          # pip install opencv_python , pip install opencv-contrib-python
11 import pyautogui    # pip install pyautogui
12 import imutils      # pip install imutils
13
```

위 코드에서 10번 행부터 12번 행까지는 공인 인증서 창을 인식하고 제어하기 위해 필요한 모듈을 설정한 곳입니다. 10번 행의 cv2 모듈은 OpenCV라는 모듈의 파이썬버전인데 CV는 Computer Vision의 약자입니다. 즉 사람이 어떤 대상을 눈으로 보고 인식하듯이 컴퓨터에게 어떤 객체나 대상을 마치 사람이 눈으로 보는 것처럼 인식시킬 때 사용하는 모듈인데 인공지능 분야에서는 이 기술을 이용하여 사진이나 동영상에서 특정 사람이나 사물을 인식하게 만드는데 활용되고 있습니다. OpenCV가 Computer Vision 분야에서 아주 많이 사용되는 기술이고 많은 기능들이 있지만 이 책에서는 공인 인증서에서 특정 인증서를 인식시키고 선택하는 데 활용하겠습니다. 그리고 문서 업무 자동화 편에서는 특정 프로그램의 메뉴 아이콘을 인식하는데 사용하고 있습니다.

이 모듈을 파이썬에서 사용하기 위해서는 pip 명령으로 opencv_python 모듈과 opencv_contrib_python 모듈 2개를 설치해야 오류없이 잘 사용할 수 있습니다.

11번 행의 pyautogui 모듈은 파이썬이 키보드와 마우스를 제어하도록 돕는 모듈입니다. 이 책의 문서 업무자동화 편에서 이 모듈에 대해서 자세하게 설명하고 있으니 참고하세요.

여기서는 이 모듈의 기능 중에서 전체 화면 캡쳐 기능과 공인 인증서 선택 및 암호창에 암호 입력하는 기능을 사용하고 있습니다.

12번 행의 imutils 모듈은 OpenCV와 함께 사용되는데 OpenCV의 부족한 기능을 보완해 주는 모듈입니다. 다양한 기능들이 있지만 이 책에서는 이미지를 저장하고 이미지를 불러오는 기능을 사용하고 있습니다.

```
14  #Step 2.사용자에게 안내를 보여주고 조회할 날짜를 입력받습니다.
15  print("=" *80)
16  print("이 프로그램은 국세청 홈텍스 사이트에서 매출 전자세금계산서(전자계산서)를")
17  print("조회하여 엑셀 파일로 저장하는 프로그램입니다")
18  print("이 프로그램은 서진수가 교육용으로 제작하였으며 이 프로그램에 대한 문의는")
19  print("seojinsu@gmail.com 으로 보내주시기 바랍니다~^^")
20  print("=" *80)
21
22  print("=" *28 , '기간 조회시 참고하세요' , "="*28)
23  print('홈텍스에서의 전자세금계산서(전자계산서) 조회기간은 3개월입니다')
24  print("단 3개월 이상 자료는 '월/분기별 목록조회'화면에서 조회할 수 있습니다")
25  print('공급(받는)자 등록번호 입력시 1년이내 조회 가능)')
26  print("=" *80)
27
28  print("₩n")
29  start_date = input('1.조회 시작 날짜를 입력하세요(예:2019-12-01): ')
30  end_date = input('2.조회 종료 날짜를 입력하세요(예:2019-12-31): ')
31  print("₩n")
32
33  print('요청하신 내용으로 홈텍스에 로그인 한 후 데이터 수집을 시작합니다')
34  print('잠시만 기다려 주세요~~^^')
35
```

위 코드의 내용은 다 이해되죠?

22번 행부터 26번 행까지의 안내는 홈택스 사이트에 있는 내용을 가져와서 안내하고 있습니다.

29번 행과 30번 행은 조회할 기간을 입력 받는 부분입니다.

혹시 거래처명이나 사업자등록번호나 다른 조건으로 검색하길 원한다면 그런 내용을 입력 받도록 수정해서 쓰면 되겠죠?

```
36  #Step 3. 크롬 드라이버 설정하고 홈택스에 접속합니다.
37  query_url='https://www.hometax.go.kr//'
38  chrome_path = "c:/temp/chromedriver_85/chromedriver.exe"
39  driver = webdriver.Chrome(chrome_path)
40  driver.get(query_url)
41  driver.maximize_window()
42  time.sleep(5)
43
44  # 상단의 로그인 버튼 클릭하기
45  driver.find_element_by_id('textbox81212912').click()
46  time.sleep(2)
47
```

앞의 그림은 크롬 드라이버를 설정하고 홈택스에 로그인하는 내용입니다.

앞의 41번 행은 크롬 드라이버로 오픈한 웹 페이지의 크기를 전체화면으로 바꾸는 코드입니다.

그리고 45번 행은 홈페이지에 로그인버튼을 클릭하는 코드입니다.

아래 그림에서 로그인 메뉴의 id 값을 확인할 수 있습니다.

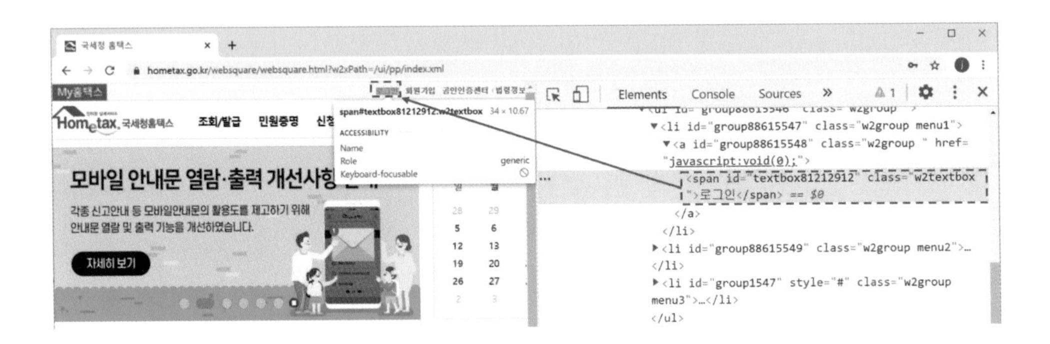

이제부터 아주 중요한 부분이 나옵니다.

아래 코드를 보세요.

```
48 #Step 4.공인 인증서로 로그인합니다.
49 #같은 그림 좌표 찾는 함수
50 def match_center_loc(screen, template):
51     res = cv2.matchTemplate(screen, template, cv2.TM_CCOEFF_NORMED)
52     min_val,max_val,min_loc, max_loc = cv2.minMaxLoc(res)
53     top_left = max_loc
54     h,w = template.shape[:2]
55     x, y = int(top_left[0] + w/2), int(top_left[1] + h/2)
56     return x,y
57
```

위 코드는 OpenCV를 사용하여 이미지를 인식할 때 아주 중요한 역할을 합니다.

이번 챕터에서 OpenCV를 사용하여 이미지를 인식하는 순서를 요약하면 아래와 같습니다.

1. 공인 인증서창이 떠 있는 현재 전체화면을 캡처해서 이미지로 저장해라.
2. 위의 1번 단계에서 캡처한 이미지에서 샘플로 제공되는 특정 이름의 공인 인증서를 찾아서 클릭해라
3. 선택된 공인 인증서의 암호를 암호창에 입력한 후 확인 버튼을 눌러라

위 과정에서 2번 단계에서 샘플로 제공되는 특정 이름은 공인 인증서 창을 열어서 미리 캡처하여 샘플로 저장해 두어야 합니다.

OpenCV를 이용할 때는 거의 같은 패턴으로 진행되는데 핵심은 "현재 화면에서 샘플 이미지를 찾아라"이고 이때 현재 화면에서 샘플 이미지의 위치 좌표 값을 찾는 함수가 앞의 코드 48번 행부터 56번 행까지의 함수입니다.

중 요

찾고 싶은 샘플 이미지는 반드시 이 코드를 실행하는 컴퓨터에서 캡쳐해야 합니다.
해상도 등의 문제로 다른 컴퓨터에서 캡처한 이미지를 사용할 경우 인식을 못하는 경우가 많으니 반드시 현재 컴퓨터에서 샘플 이미지를 캡처한 후 저장하세요.

```
58 #전체 화면 캡처하기
59 time.sleep(5)
60 image1 = pyautogui.screenshot()
61 image2 = cv2.cvtColor(np.array(image1), cv2.COLOR_RGB2BGR)
62 cv2.imwrite("c:\\data\\image\\full_screen_1.png", image2)
63 time.sleep(1)
64
65 screenshot_1 = cv2.imread('c:\\data\\image\\full_screen_1.png', cv2.IMREAD_COLOR)
66 img_0 = cv2.imread('c:\\data\\image\\login.jpg', cv2.IMREAD_COLOR)      # 로그인버튼
67 img_1 = cv2.imread('c:\\data\\image\\name.jpg', cv2.IMREAD_COLOR)       # 가치랩스
68 img_2 = cv2.imread('c:\\data\\image\\password.jpg', cv2.IMREAD_COLOR)  # 비밀번호 입력창
69 img_3 = cv2.imread('c:\\data\\image\\enter.jpg', cv2.IMREAD_COLOR)      # 확인버튼
70
```

위 코드에서 60번 행이 공인 인증서가 나와 있는 현재 화면을 캡처하는 내용입니다.

그리고 61번 행과 62번 행에서 캡처한 이미지를 파일로 저장합니다.

65번 행부터 69번 행까지는 샘플로 사용할 이미지를 지정하는 부분입니다.

66번 행은 공인 인증서 로그인 버튼의 이미지이고 67번 행은 공인 인증서 창 안에서 로그인에 사용할 계정을 캡처해서 만든 이미지입니다.

68번 행은 공인 인증서 창의 비밀번호를 입력하는 부분의 이미지를 캡처해서 만든 샘플 이미지이고 69번 행은 공인 인증서 암호 입력 후 누를 확인 버튼의 캡처 이미지입니다.

위에서 중요한 내용은 66번 행부터 69번 행까지 사용될 샘플 이미지들은 미리 캡처를 해서 만들어야 하며 이때 중요한 것은 캡처할 컴퓨터의 해상도에 따라 인식이 안 될 수도 있으니 반드시 해당 컴퓨터에서 샘플 이미지를 캡처해야 한다는 점입니다.

```
71 # 공인인증서로 로그인 버튼 클릭하기
72 driver.switch_to.frame('txppIframe')
73 driver.find_element_by_id('trigger38').click()
74 time.sleep(5)
75
```

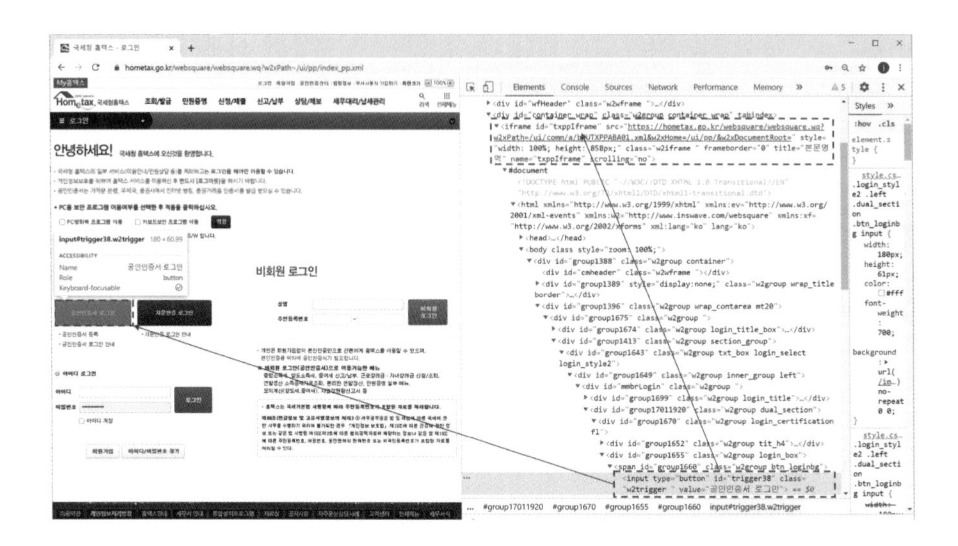

위 코드는 공인 인증서로 로그인하기 위해 로그인 버튼을 클릭하는 코드입니다.

이때 OpenCV를 활용해도 되고 HTML 코드의 엘리먼트 값을 활용해도 되는데 여기서는 후자의 방법을 사용했습니다. 이때 주의할 내용은 로그인 버튼이 IFRAME로 나누어진 페이지에 존재하고 있기 때문에 72번 행으로 IFRAME을 변경하고 난 후 해당 버튼을 클릭해야 한다는 것입니다.

```
76  # 공인인증서 화면에서 회사이름 선택하고 클릭
77  image1 = pyautogui.screenshot()
78  image2 = cv2.cvtColor(np.array(image1), cv2.COLOR_RGB2BGR)
79  cv2.imwrite("c:\\data\\image\\full_screen_2.png", image2)
80  time.sleep(1)
81  screenshot_2 = cv2.imread('c:\\data\\image\\full_screen_2.png', cv2.IMREAD_COLOR)
82
83  match_pos_1 = match_center_loc(screenshot_2, img_1)
84  pyautogui.moveTo(match_pos_1)
85  pyautogui.click()
86  time.sleep(1)
87
```

위 코드는 공인 인증서 창이 열렸을 때 특정 회사의 이름을 찾아서 해당 공인 인증서를 클릭하는 코드입니다.

위 코드의 77번 행과 78번 행은 현재 공인 인증서 창이 열려있는 화면을 캡처해서 저장하는 부분입니다. 그리고 81번 행에서 현재 화면의 캡처 이미지를 불러오고 83번 행에서 현재 화면의 캡처 이미지에서 샘플로 제공된 img_1 이미지의 위치를 찾습니다. img_1 이미지는 67번 행에서 공인인증서 목록의 특정 인증서 이름을 캡처해서 만든 샘플 이미지입니다.

그리고 84번 행에서 해당 이미지의 위치로 이동하여 85번 행에서 해당 이름의 공인 인증서를 클릭합니다.

```
88  # 암호인증 창에 암호 입력하기
89  match_pos_2 = match_center_loc(screenshot_2, img_2)
90  pyautogui.moveTo(match_pos_2)
91  pyautogui.click()
92  password = '█████████'
93  pyautogui.typewrite(password)
94
95  # 암호 입력 후 확인 버튼 클릭하기
96  match_pos_3 = match_center_loc(screenshot_2, img_3)  # 인증서암호 넣고 확인 버튼 누르기
97  pyautogui.moveTo(match_pos_3)
98  pyautogui.click()
99  time.sleep(5)
100
```

위 코드는 선택된 공인 인증서의 암호창에 암호를 입력한 후 확인 버튼을 눌러 로그인을 진행하는 코드입니다.

위 89번 행에서 암호를 입력하는 창의 샘플 이미지를 찾고 90번 행에서 해당 입력창으로 이동하여 91번 행에서 그곳을 클릭 한 후 93번 행에서 암호를 입력합니다.

92번 행의 공인 인증서 암호는 독자의 인증서 암호를 넣어서 사용하세요.

그리고 96번 행에서 확인 버튼의 샘플 이미지를 참고하여 확인 버튼을 찾고 97번 행에서 이동하여 98번 행에서 확인 버튼을 클릭합니다.

이렇게 해서 인증서 창에서 인증서를 찾고 암호 입력 후 로그인이 완료되었습니다.

```
101 #Step 5. 전자세금계산서 조회를 시작합니다.
102 #조회/발급 메뉴 클릭하기
103 driver.find_element_by_link_text('조회/발급').click()
104 time.sleep(2)
105
106 # 목록조회 -> 발급목록 조회 클릭하기
107 driver.switch_to.frame('txppIframe')
108
109 driver.find_element_by_xpath('//*[@id="a_0104020000"]').click()
110 driver.find_element_by_xpath('//*[@id="a_0104020100"]').click()
111 time.sleep(5)
112
```

위 코드는 전자(세금)계산서를 조회하기 위해 해당 메뉴를 클릭하는 코드입니다.

103번 행에서 화면 상단의 "조회/발급" 메뉴를 클릭합니다.

그 후 다음의 "목록조회" → "발급목록조회" 메뉴를 클릭해야 하는데 이 메뉴들이 다른 IFRAME 안에 있어서 107번 행과 같이 IFRAME을 변경한 후 클릭해야 합니다.

다음 그림을 보세요.

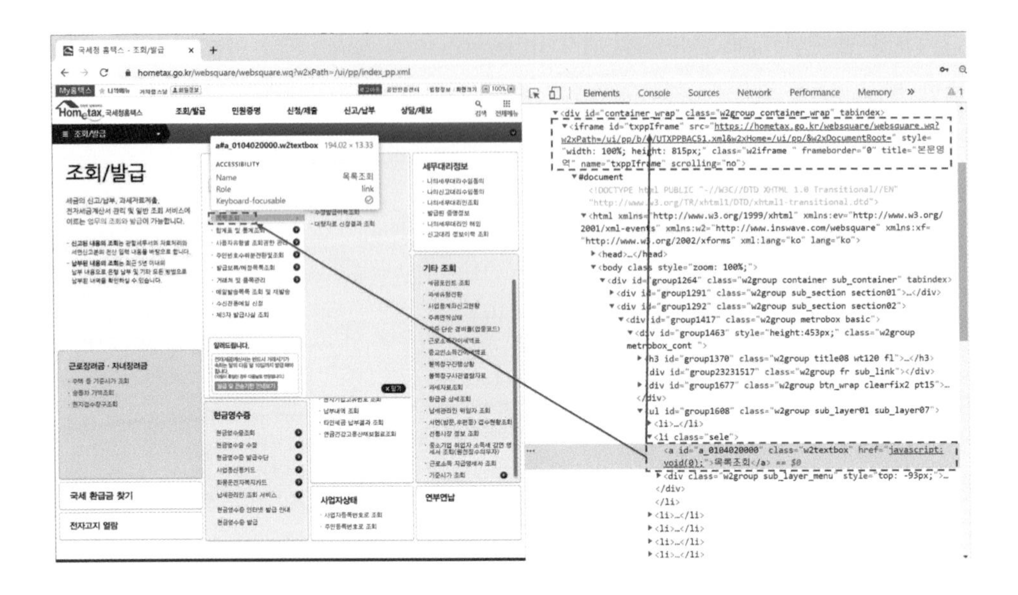

위 그림에서 보듯이 "목록조회" 메뉴의 id나 name 값이 없어서 109번 행과 110번 행처럼 xpath값으로 해당 메뉴를 클릭했습니다.

"발급목록조회" 버튼을 클릭하면 기본값이 "전자세금계산서"로 되어있는데 여기서는 라디오 버튼을 클릭하는 방법을 안내하기 위해 "전자계산서"를 선택하도록 하겠습니다.

```
113  #전자 계산서 클릭하기
114  radio = driver.find_element_by_id("radio6_input_0")
115  radio.click()
116  time.sleep(1)
117
```

위 코드의 114번 행에서 전자계산서의 라디오버튼의 ID 값을 찾아서 115번 행에서 클릭했습니다. 아래 그림을 참고하세요.

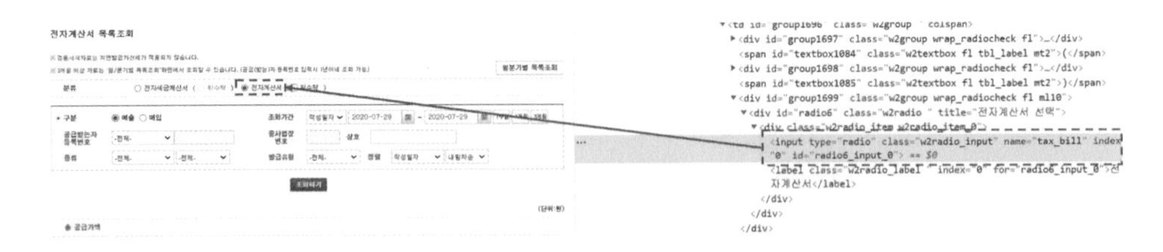

이제 기간을 입력하겠습니다.

다음 코드를 보세요.

```
118  # 기간 입력하여 조회하기
119  s_input_area = driver.find_element_by_id('inqrDtStrt_input')
120  s_input_area.click()
121  s_input_area.clear()
122  for a in start_date :
123      s_input_area.send_keys(a)
124      time.sleep(0.2)
125
126  time.sleep(1)
127
128  e_input_area = driver.find_element_by_id('inqrDtEnd_input')
129  e_input_area.click()
130  time.sleep(1)
131  e_input_area.clear()
132  for a in end_date :
133      e_input_area.send_keys(a)
134      time.sleep(0.2)
135
136  time.sleep(1)
137
138  driver.find_element_by_id('trigger50').click()
139
140  time.sleep(3)
141
```

아래 그림을 보면 위 코드의 119번 행과 128번 행에서 지정한 id 값을 찾을 수 있죠?

그리고 날짜를 입력할 때 입력 속도가 빠르면 에러가 발생할 수 있어서 천천히 입력하도록 코드를 작성했습니다.

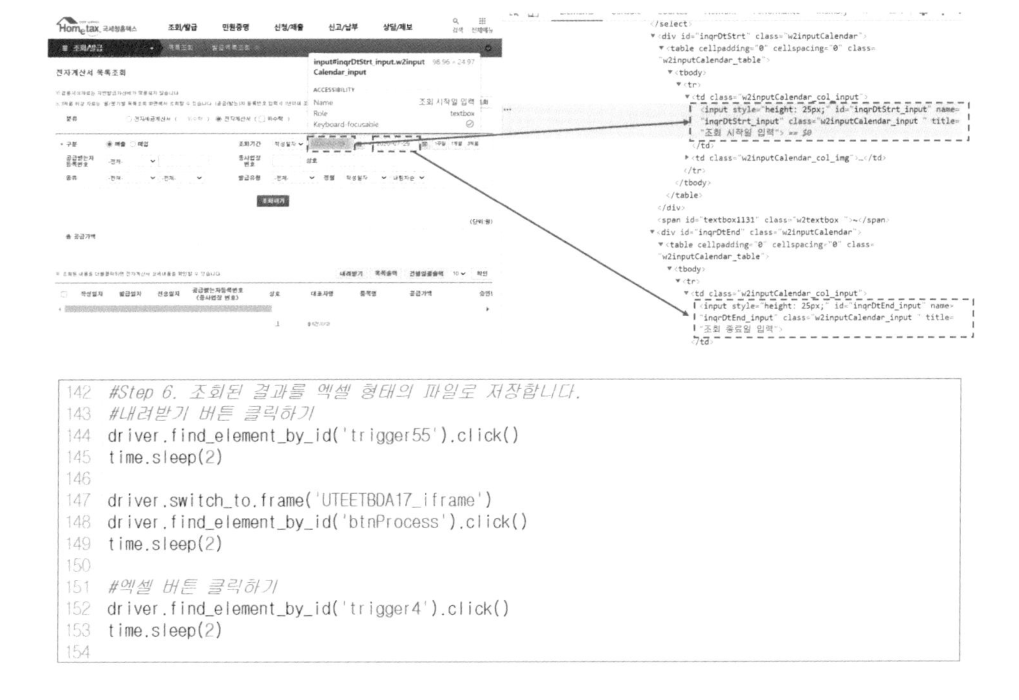


```
142  #Step 6. 조회된 결과를 엑셀 형태의 파일로 저장합니다.
143  #내려받기 버튼 클릭하기
144  driver.find_element_by_id('trigger55').click()
145  time.sleep(2)
146
147  driver.switch_to.frame('UTEETBDA17_iframe')
148  driver.find_element_by_id('btnProcess').click()
149  time.sleep(2)
150
151  #엑셀 버튼 클릭하기
152  driver.find_element_by_id('trigger4').click()
153  time.sleep(2)
154
```

앞의 코드는 조회된 결과를 엑셀 파일로 저장하는 코드입니다.

앞 코드의 144번 행이 아래 그림에서 내려받기 버튼을 클릭하는 코드입니다.

총 공급가액 16,806,400

※ 조회된 내용을 더블클릭하면 전자계산서 상세내용을 확인할 수 있습니다.

내려받기 | 목록출력 | 건별일괄출력 | 10 | 확인

□	작성일자	발급일자	전송일자	공급받는자등록번호 (종사업장 번호)	상호	대표자명	품목명	공급가액	승인
□	2019-12···	2020-01···	2020-01···	128-86-66944				8,135,400	20191231-10
□	2019-12···	2019-12···	2019-12···	632-87-00088				4,671,000	20191224-10
□	2019-12···	2019-12···	2019-12···	632-87-00088				4,000,000	20191210-10

1 총3건(1/1)

위 그림에서 내려받기를 클릭하면 아래 그림의 왼쪽 부분처럼 다운로드 파일 종류를 묻는 창이 나오고 확인 버튼을 누르면 여러가지 형태의 파일 종류가 나옵니다.

문제는 확인 버튼이 다른 IFRAME에 속해 있기 때문에 앞의 코드 147번 행에서 IFRAME을 변경한 후 148번 행에서 확인버튼을 클릭합니다.

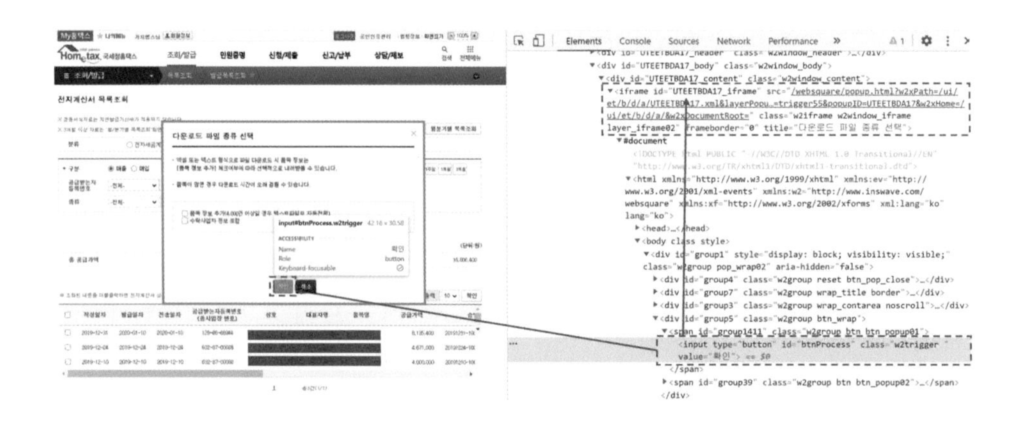

위 그림에서 확인 버튼을 클릭하면 다음 그림의 화면과 같이 여러가지 종류의 파일 버튼이 나오고 우리는 엑셀 버튼을 클릭하여 엑셀 형식으로 저장하겠습니다.

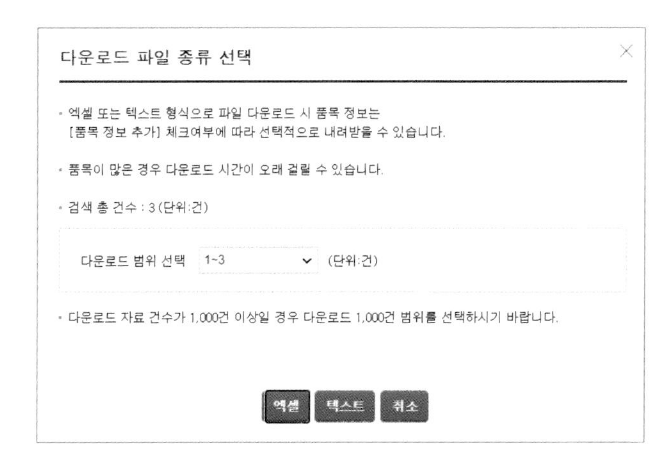

위 그림에서 엑셀이나 텍스트 버튼을 클릭하면 아래 그림과 같이 Alert 창이 나오면서 파일을 받을 것인지 한 번 더 확인합니다. 이때 확인 버튼을 눌러야 파일 다운로드가 진행됩니다.

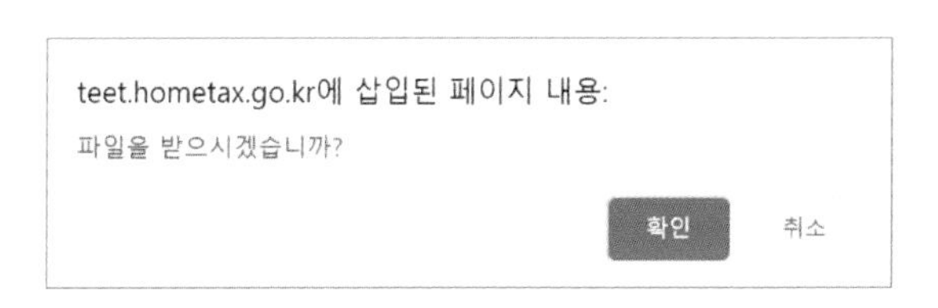

이처럼 웹 크롤링을 할 때 Alert 창이 나오는 경우가 많은데 아래 코드를 참고하여 제어하면 됩니다.

```
155 #참고 : alert창의 내용 확인하기
156 #alert = driver.switch_to.alert
157 #message = alert.text
158 #print("Alert 창 내용: "+ message )
159 #time.sleep(2)
160
161 #Alert 창의 확인 버튼 클릭하기
162 alert = driver.switch_to.alert
163 alert.accept()
164 time.sleep(2)
165
166 #참고 : alert 창을 취소하고 싶을 경우
167 #alert = driver.switch_to.alert
168 #alert.dismiss()
169 #time.sleep(2)
170
171 #취소 버튼 클릭한 후 창 닫기
172 driver.find_element_by_id('trigger10004').click()
173 time.sleep(2)
174
175 driver.close()
```

SECTION 04 연습문제로 실력굳히기

이번 챕터의 연습문제는 예제를 보여드리기가 어려워서 문제만 제시하겠습니다.

문제 1 독자님의 개인 은행 사이트에 접속해서 자동 로그인 한 후 최근 입출금 내역을 조회하여 엑셀파일로 다운로드받는 코드를 작성해 보세요.

아마 사용하시는 은행 사이트에서 보안 프로그램이 여러가지가 설치될 것입니다.

그래서 크롬드라이버의 개발자도구를 사용하실 수 없을 거예요.

로그인하고 거래내역 조회하는 모든 단계들을 클릭하실 때 이번 시간에 배운 OpenCV를 적극 활용해 보세요^^

"노력한다고 항상 성공할 수는 없지만,
성공한 사람은 모두 노력했단 걸 알아둬!!"

- 곰돌이 푸우 -

Chap 09

수집된 데이터를 데이터베이스에 저장하기

우리는 앞에서 웹 크롤러를 만들어서 데이터를 수집할 때 xls 형식이나 txt 형식으로 파일에 저장하는 방법들을 배웠습니다. 그런데 데이터의 양이 많거나 주기적으로 대량의 데이터를 수집할 경우 파일에 저장하는 것은 한계가 있어서 실무에서는 대부분 데이터베이스 프로그램에 저장을 하고 있습니다. 그래서 이번 챕터는 웹 크롤러로 데이터를 수집한 후 데이터데이스에 저장하는 방법을 안내해 드리겠습니다. 회사마다 사용하는 RDBMS 종류가 달라서 모든 RDBMS 종류를 다 살펴보기에는 한계가 있어서 이 책에서는 가장 일반적으로 많이 사용하고 있는 MySQL DB와 Oracle DB를 기준으로 설명을 하겠습니다.

그리고 이번 장의 내용은 저자(서진수/손기동)에게 교육을 받고 있는 제자 중에서 "김동규"님과 "최윤희"님께서 직접 수많은 실습과 테스트를 진행한 후 작성한 원고임을 알려드립니다.
힘든 원고 작업을 저와 함께 해 주신 두 분을 먼저 소개해 드립니다.

• **김동규님 : Case 1. 쿠팡 쇼핑몰 크롤러와 MySQL 저장하기 원고 작업**

세상을 깊게, 멀리보고, 진리를 추구하며, 좀 더 나은 세상을 만들사람. 서울시립대 경영학부출신. 세계 최고의 커뮤니티단위컨설턴트가 되기 위해 경영학과 CPA를 공부했으며, 다양한 서비스직, 외국계기업영업직부터 두 차례의 창업경험이 있으며, 현재는 빅데이터 및 분석, 이를 통한 전략수립을 배우고 있습니다.

• **최윤희님 : Case 2.네이버 쇼핑 크롤러와 Oracle 저장하기 원고 작업**

University of Texas at Arlington에서 실험심리 박사학위를 취득한 후 심리평가전문기관 (주)어세스타에서 책임연구원으로 근무하며, 심리검사 및 교육개발과 역량모델링 컨설팅을 담당했습니다. 다양한 심리사회적 현상을 데이터로 분석하고, 통찰을 이끌어내는 데 전문성을 보유하고 있다. 현재 빅데이터와 인공지능 기반의 디지털 전문가 양성과정에 참여중입니다.

쿠팡 크롤러 MySQL과 연결하기

Case 1. 쿠팡 크롤러 MySQL과 연결하기

이번 챕터에서는 쿠팡(https://www.coupang.com/)에서 키워드를 검색해 크롤링한 후, 그렇게 크롤링한 데이터를 txt, csv로 저장하고 MySQL과 연결해 데이터베이스에 저장하는 내용을 살펴보겠습니다. 오라클을 비롯해서 MySQL 또한 한 번 연결할 수 있게 되면 그것을 조금씩 응용하는 것은 그리 어렵지 않으니, 단계별로 하나씩 이해하고 배운다면 자신만의 크롤러와 데이터베이스를 만들어 활용하실 수 있을 것입니다.

이번 시간에 배울 부분에서 가장 핵심적인 내용은 MySQL과 python을 연결해주는 module인 pyMysql입니다. 그 외에도 검색어 키워드를 입력하고 페이지 당 게시글 수를 늘려주기 위해 selenium 안에 있는 ActionChains라는 라이브러리를 사용하게 되는데, 추후 웹 조작에 있어 단순히 특정 코드를 찾아서 누르는 것 이외에 더욱 다양한 조작을 가능하도록 해주는 기능인 만큼 잘 보고 배워야 합니다.

학습 목표

1. Level 1 : pyMysql을 통해 크롤링 데이터를 MySQLDB에 연결하는 법을 배운다.
2. Level 2 : ActionChains를 통해 보다 다양한 웹 조작 방법을 배운다.

위 학습 목표에서 보듯이 이번 장은 총 2개의 단계로 나누어져 있습니다.

그 중에서 1단계는 MySQL 데이터베이스에 접속하여 데이터를 입력하는 부분에 집중하고 있고 2단계는 웹 크롤러 설명과 MySQL DB 활용을 함께 언급하고 있습니다.

다음 내용에서 먼저 1단계부터 살펴본 후 2단계를 진행할 예정입니다.

그럼 먼저 이번 시간에 배울 내용을 먼저 살펴볼까요?

프로그램 실행 화면 예시

```
================================================================================
        키워드 검색 쿠팡 크롤러입니다.
================================================================================
1.크롤링할 키워드를 지정해주세요 : 웰치스
2.크롤링 할 건수는 몇건입니까?: 100
3.파일을 저장할 폴더명을 지정해주세요(기본경로:c:₩temp₩mysql3₩):
================================================================================
데이터 크롤링을 시작합니다.
================================================================================


========== 곧 수집된 결과를 출력합니다 ==========


---------------------------------------------------------------------------
1.판매순위: 1
2.제품소개: 테틀리 잉글리쉬 브렉퍼스트 티백, 2g, 50개
3.판매가격: 11,960
4:원래가격: 12,920
```

```
        ==========            중략            ==========

8.상품평 수:  0
9.상품평점:  0
10.카테고리: 웰치스
---------------------------------------------------------------------------


================================================================================
1.요청된 총 100 건의 리뷰 중에서 실제 크롤링 된 리뷰수는 100 건입니다
2.총 소요시간은 124.5 초 입니다
3.파일 저장 완료: txt 파일명 : c:₩temp₩mysql3₩2020-09-22₩10-50₩쿠팡-웰치스₩2020-09-22-쿠팡-웰치스.txt
4.파일 저장 완료: csv 파일명 : c:₩temp₩mysql3₩2020-09-22₩10-50₩쿠팡-웰치스₩2020-09-22-쿠팡-웰치스.csv
5.파일 저장 완료: xls 파일명 : c:₩temp₩mysql3₩2020-09-22₩10-50₩쿠팡-웰치스₩2020-09-22-쿠팡-웰치스.xls
================================================================================



================================================================================
 excel에 이미지를 저장 중입니다. 잠시만 기다려주세요.
================================================================================
크롤링된 데이터를 DB에 저장하시겠습니까? (Y/N):Y
입력값 :  Y
크롤링 데이터를 저장합니다.
데이터를 저장할 DataBase명을 입력해주세요. (기본 db : test_db) :
데이터를 저장할 table명을 입력해주세요. (기본 table : test_db.table) :
Database가 이미 존재합니다. 해당 DB에 접속하거나(Y), 중복 DB를 제거하고 새로 만듭니다(N) :N
================================================================================
 작업이 완료되었습니다.


 작업 폴더를 엽니다.
================================================================================
```

위와 같이 크롤러가 실행되면 입력 받은 키워드에 맞는 페이지로 들어가, 그곳에 존재하는 상품 정보를 입력받은 수만큼 수집합니다. 추후 이를 어느 DB, 어느 TABLE에 저장할지 물어보고 이를 기반으로 새로운 DB와 TABLE을 만드는 것뿐 아니라 기존 것들에 데이터를 추가하거나 덮어쓰는 등의 작업까지 가능합니다.

• 참고하세요 •

MySQL 프로그램을 설치하는 부분은 분량 문제 때문에 책 본문에는 넣지 않고 별도의 파일로 제공하고 있습니다. MySQL 설치와 환경 설정이 궁금하신 분들은 별도로 제공되는 설치 매뉴얼을 참고해 주세요.

SECTION 02 일단 실행해 보기

```
1  ################################### BLOCK 1 : 공통 ###################################
2
3  # 필요한 모듈과 라이브러리를 로딩
4  import pandas as pd
5  import pymysql
6
7  ################################### BLOCK 2 : 크롤러 ###################################
8
9  #1단계에선 크롤러 없이 리스트에 값을 직접 넣어서 수행합니다~
10
11 ############################## BLOCK 3 : 데이터 정리 ##############################
12
13 # 데이터베이스에 들어갈 값을 임의로 지정합니다. 추후 크롤러가 대체합니다.
14 test_df = pd.DataFrame()
15 test_df['판매순위']=[1,2,3]
16 test_df['제품소개']=['콜라','사이다','웰치스']
17 test_df['제품판매가']=['100','200','300']
18 test_df['상품평수']=[123,234,456]
19 test_df['상품평점']=[5.0,4.5,4.8]
20 test_df['분류']=['탄산음료','탄산음료','탄산음료']
21
22 ################################ BLOCK 4 : mySQL ################################
23
24 # mySQL과 연결하기 위한 필수값 설정
25 host_name = "localhost"     # DB가 존재하는 host, localhost가 아닌 ip의 경우 사전에 권한을 주어야 합니다.
26 username = "root"           # 해당 DB의 USER NAME을 적습니다.(mySQL editor에 들어가는 계정의 이름)
27 password = "oracle"         # 해당 USER의 PASSWORD를 적습니다.(mySQL editor에 접속할 때 사용하는 비밀번호)
28 database_name = "mysql"     # 연결할 데이터베이스의 이름
29
30 # mySQL과 연결
31 con = pymysql.connect(host=host_name,port=3306,user=username, passwd=password, db=database_name,charset='utf8')
32 cur = con.cursor()
33
34 # # # # # 데이터베이스 및 테이블 구성 # # # # #
35 # STEP1. IF EXISTS 구문을 활용해 같은 이름의 DB가 존재하면 없애고(DROP), 추후(STEP2) 새로 만든다.
36 SQL_QUERY = """ DROP DATABASE IF EXISTS test_db ; """
37 cur.execute(SQL_QUERY)
38
39 # STEP2. 데이터베이스 생성
40 SQL_QUERY = """ CREATE DATABASE test_db ; """
41 cur.execute(SQL_QUERY)
42
43 # STEP3. 생성한 데이터 베이스를 사용하는 데이터 베이스로 지정
44 SQL_QUERY=""" USE test_db ; """
45 cur.execute(SQL_QUERY)
46
47 # STEP4. 활성화된 데이터 베이스 안에 지정한 이름의 테이블이 중복 존재하는 경우 삭제(DROP)
48 # 지정형식은 DB.TABLE, 여기서는 test_db 아래의 test라는 이름의 테이블을 조회한 후 중복존재하면 삭제하는 것
49 SQL_QUERY=""" DROP TABLE IF EXISTS test_db.test ; """
50 cur.execute(SQL_QUERY)
51
52 # STEP5. 테이블 생성
53 # VARCHAR2는 VARCHAR로, NUMBER는 정수의 경우 INT로, 소수점이 있는 경우 DECIMAL로 바꿔줍니다.
54 # CRAWLED 값의 경우엔 추후에 따로 SYSDATE 값을 넣지 않고 테이블 생성 과정에서 DATETIME과 DEFAULT 값으로 설정해줍니다.
55
56 SQL_QUERY="""
57     CREATE TABLE test_db.test (
58     RANKING INT,
59     TITLE VARCHAR(256) ,
```

```
60      PRICE VARCHAR(10) ,
61      REVIEW INT ,
62      STARS DECIMAL(2,1) ,
63      CATEGORY VARCHAR(20) ,
64      CRAWLED DATE DEFAULT (CURRENT_DATE)
65  ) DEFAULT CHARSET=utf8 COLLATE=utf8_bin
66  """   # 앞에 DATE를 DATETIME으로 쓰면 시간까지 표시되고, DATE라고만 하면 날짜만 나옵니다.
67  cur.execute(SQL_QUERY)
68  con.commit()
69
70  # STEP6. 테이블에 들어갈 값을 지정합니다.
71  # 첫 괄호에는 각각의 항목에 부여할 열의 이름을, 그 다음에는 그 데이터에 걸맞은 형식을 지정해줍니다.
72  # mySQL의 경우에는 VALUE 값을 일일히 순서로 지정하지 않고, %s로 적은 뒤 for구문과 executemany를 이용해 하나씩 대입시킵니다.
73  sql = ''' INSERT INTO test_db.test (RANKING, TITLE, PRICE, REVIEW, STARS, CATEGORY)
74          VALUES (%s,%s,%s,%s,%s,%s) '''
75
76  rows = [tuple(x) for x in test_df.values]
77  cur.executemany(sql,rows)
78  con.commit()
```

이 경우 MySQL에 출력되는 결과값은 다음과 같이 나오게 됩니다.

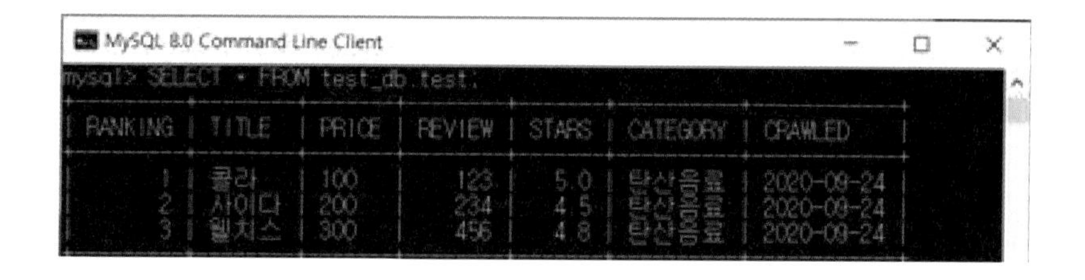

MySQL 8.0 Command Line Client

mysql> SELECT * FROM test_db.test;

RANKING	TITLE	PRICE	REVIEW	STARS	CATEGORY	CRAWLED
1	콜라	100	123	5.0	탄산음료	2020-09-24
2	사이다	200	234	4.5	탄산음료	2020-09-24
3	웰치스	300	456	4.8	탄산음료	2020-09-24

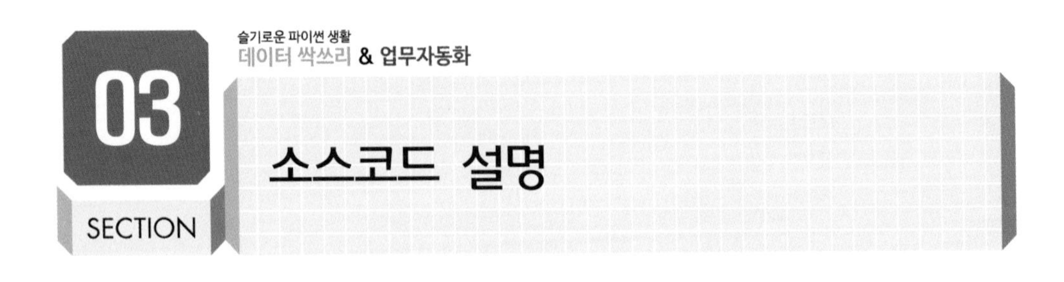

소스코드 설명

01 [1단계] MySQL 연결

```
##################################### BLOCK 1 : 공통 ######################################

# 필요한 모듈과 라이브러리를 로딩
import pandas as pd
import pymysql

##################################### BLOCK 2 : 크롤러 #####################################

#1단계에선 크롤러 없이 리스트에 값을 직접 넣어서 수행합니다~

```

위 코드에서 4번 행부터 8번 행에 해당하는 부분은 [제1블록]으로 작업에 필요한 모듈과 라이브러리를 설정하는 구간입니다. [제2블록]의 크롤러 코드는 뒷부분에서 별도로 살펴보고 여기서는 해당 크롤러 코드 부분이 잘 작동해 위에서 넣어준 것처럼 데이터가 잘 수집되었다고 가정하겠습니다. 추후 개인적으로 만든 크롤러 코드가 있다면 그것을 [제2블록] 부분에 넣고, 그에 맞게 리스트와 데이터 프레임들을 조정하신 뒤에 사용하시면 됩니다.

```
################################ BLOCK 3 : 데이터 정리 ##################################

# 데이터베이스에 들어갈 값을 임의로 지정합니다. 추후 크롤러가 대체합니다.
test_df = pd.DataFrame()
test_df['판매순위']=[1,2,3]
test_df['제품소개']=['콜라','사이다','웰치스']
test_df['제품판매가']=['100','200','300']
test_df['상품평수']=[123,234,456]
test_df['상품평점']=[5.0,4.5,4.8]
test_df['분류']=['탄산음료','탄산음료','탄산음료']
```

[제3블록]은 DB에 입력할 샘플 데이터를 생성하는 부분인데 실제로는 이 데이터들은 웹 크롤러를 통해 수집되어 만들어진 데이터입니다. 이 책에서는 DB에 입력하는 원리를 설명하기 위해 샘플 데이터로 먼저 설명을 한 후 뒷부분에서 실제 크롤러로 데이터를 직접 수집해서 사용하겠습니다.

만약 크롤러 부분의 코드가 궁금하시다면 뒷부분의 2단계 코드 부분을 참고하시면 됩니다.

```
################################### BLOCK 4 : mySQL ###################################

# mySQL과 연결하기 위한 필수값 설정
host_name = "localhost"     # DB가 존재하는 host, localhost가 아닌 ip의 경우 사전에 권한을 주어야 합니다.
username = "root"           # 해당 DB의 USER NAME을 적습니다.(mySQL editor에 들어가는 계정의 이름)
password = "oracle"         # 해당 USER의 PASSWORD를 적습니다.(mySQL editor에 접속할 때 사용하는 비밀번호)
database_name = "mysql"     # 연결할 데이터베이스의 이름

# mySQL과 연결
con = pymysql.connect(host=host_name,port=3306,user=username, passwd=password, db=database_name,charset='utf8')
cur = con.cursor()
```

[제4블록]은 드디어 MySQL과 연결하는 부분입니다!

MySQL과 연결하기 위해서는 크게 다섯 가지 필수 항목이 필요합니다.

첫 번째는 host_name입니다. 일반적으로 연습용으로는 localhost나 접속할 ip를 입력하면 됩니다. Localhost 외 계정으로 접속할 때는 사전에 권한을 부여해야 한다는 것을 잊지 마세요. Username의 경우 해당 DB를 사용하는 유저의 이름으로 추후 새로운 유저를 추가로 만들고 관리할 수 있습니다. Password는 해당 user의 비밀번호를 database_name은 연결할 데이터베이스의 이름입니다.

이 외에도 아래의 31행 코드를 보시면 port번호와 그 뒤의 charset이 있습니다. port번호는 연습용 계정의 경우 보통 3306을 쓸 것이나 다르게 지정했을 수도 있습니다. 뒤의 charset 부분은 해당 MySQL에서 한글 깨짐 현상을 방지하기 위해 기본적인 Character Setting을 설정해두는 부분으로 그대로 쓰시면 됩니다.

뭔가 조금 비슷비슷한 이름들이 많고 복잡하죠? 그래서 준비했습니다.

단 한 번에! hostname을 비롯한 다섯가지 입력항목을 확인하는 법을 알아보겠습니다.

검색창에서 MySQL Notifier 찾아 실행하세요.

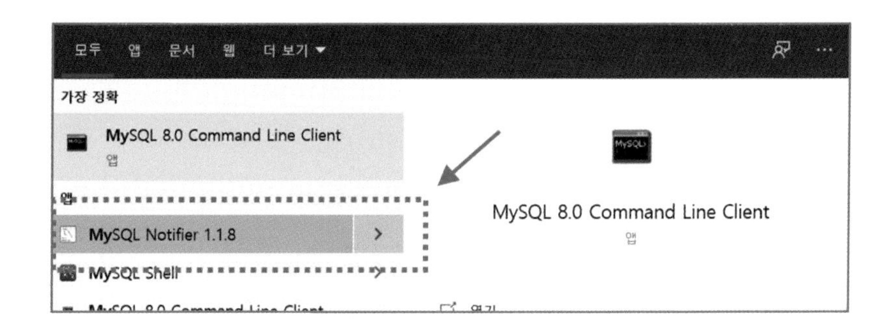

실행된 Notifier를 오른쪽 클릭한 뒤 SQL Editor…를 실행하세요.

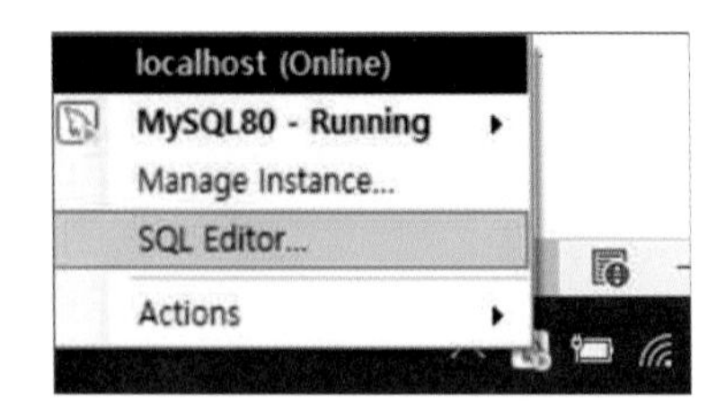

MySQL server와 연결하는 과정에서 해당 정보들을 모두 확인 가능합니다.

위의 그림에서 순서대로 1번이 database_name, 2번이 hostname, 3번이 port, 4번이 username, 5번이 password입니다. 처음 연결할 때 어떤 값을 입력해야할 지 몰라 헤매는 경우가 있는데, 이렇게 보면 참 쉽죠?

이렇게 MySQL 연결을 위해 필수적인 정보를 입력하고 계속해서 코드를 살펴보겠습니다.

```
34  ##### 데이터베이스 및 테이블 구성 #####
35  # STEP1. IF EXISTS 구문을 활용해 같은 이름의 DB가 존재하면 없애고(DROP), 추후(STEP2) 새로 만든다.
36  SQL_QUERY = """ DROP DATABASE IF EXISTS test_db ; """
37  cur.execute(SQL_QUERY)
```

34행 코드부터는 본격적으로 데이터베이스에 접속합니다. 위 코드는 생성하는 데이터베이스 이름을 test_db라고 지정하고, IF EXISTS 구문을 활용해 '만들려는 DB와 동일한 이름의 DB가 있으면 그것을 삭제해라'라는 코드를 입력했습니다. 만일 테이블이 이미 있는데 다시 테이블을 입력하라고 할 경우 발생할 오류를 방지하는 부분입니다.

Query 문을 작성한 뒤에는 반드시 그것을 실행하는 execute 문이 한 몸처럼 바로 따라와야 한다는 것을 잊지 마세요.

```
39  # STEP2. 데이터베이스 생성
40  SQL_QUERY = """ CREATE DATABASE test_db ; """
41  cur.execute(SQL_QUERY)
```

동일한 이름의 DB가 없어졌으니 40행에서는 지정한 이름의 데이터베이스를 생성합니다. 여기서도 마찬가지로 execute문을 통해 실행해줍니다.

```
43 # STEP3. 생성한 데이터 베이스를 사용하는 데이터 베이스로 지정
44 SQL_QUERY=""" USE test_db ; """
45 cur.execute(SQL_QUERY)
```

그 다음으로 필요한 것이 바로 USE 구문을 통해 해당 데이터베이스에 접속하는 과정입니다. 바로 테이블부터 시작하는 ORACLE과는 다르게 MySQL은 이처럼 데이터베이스에 접속해서 해당 데이터베이스를 사용한다고 선언하는 과정이 먼저 수행돼야 합니다.

```
47 # STEP4. 활성화된 데이터 베이스 안에 지정한 이름의 테이블이 중복 존재하는 경우 삭제(DROP)
48 # 지정형식은 DB.TABLE, 여기서는 test_db 아래의 test라는 이름의 테이블을 조회한 후 중복존재하면 삭제하는 것
49 SQL_QUERY=""" DROP TABLE IF EXISTS test_db.test ; """
50 cur.execute(SQL_QUERY)
```

46행 코드까지의 과정을 통해 데이터베이스를 만들고, 접속했다면 다음 과정은 ORACLE과 동일합니다. 데이터베이스를 만들던 것과 똑같이 테이블을 만들어주는데 그 전에 여기서도 IF EXISTS 구문을 통해 만약 동일한 이름의 테이블이 존재하는 경우, 삭제(DROP)하는 과정을 거치겠습니다.

만일 이렇게 단순히 삭제하고 새로 만드는 것이 아닌 기존 DB나 TABLE에 넣는 것이 궁금하시다면 2단계 코드를 참고하시면 됩니다.

```
52 # STEP5. 테이블 생성
53 # VARCHAR2는 VARCHAR로, NUMBER는 정수의 경우 INT로, 소수점이 있는 경우 DECIMAL로 바꿔줍니다.
54 # CRAWLED 값의 경우엔 추후에 따로 SYSDATE 값을 넣지 않고 테이블 생성 과정에서 DATETIME과 DEFAULT 값으로 설정해줍니다.
55
56 SQL_QUERY="""
57     CREATE TABLE test_db.test (
58     RANKING INT,
59     TITLE VARCHAR(256) ,
60     PRICE VARCHAR(10) ,
61     REVIEW INT ,
62     STARS DECIMAL(2,1) ,
63     CATEGORY VARCHAR(20) ,
64     CRAWLED DATE DEFAULT (CURRENT_DATE)
65 ) DEFAULT CHARSET=utf8 COLLATE=utf8_bin
66 """   # 앞에 DATE를 DATETIME으로 쓰면 시간까지 표시되고, DATE라고만 하면 날짜만 나옵니다.
67 cur.execute(SQL_QUERY)
68 con.commit()
```

56행 코드부터는 본격적으로 테이블을 생성하는 구간입니다. 여기서 주의할 점은 MySQL과 Oracle의 문법이 다르다는 것입니다. 대소문자를 구분하지 않는 ORACLE과는 달리 MYSQL은 이를 엄격히 구분하고, 여러 변수명이나 문법에서도 차이를 보입니다. 예를 들어 Oracle에서는 VARCHAR가 지원되지 않아 VARCHAR2로 입력해야 하는 것을 여전히 MySQL은 VARCHAR로 입력하는 것 등이 있습니다.

때문에 만일 ORACLE 기반으로 작성된 코드를 MySQL 기반으로 변경할 때에는 이러한 문법적 차이를 종합적으로 고려해서 변경해야 합니다. 여기선 기본적인 테이블 생성 과정에서 필요한 문법적 차이 정도만 살펴보고 가겠습니다.

ORACLE	MYSQL
VARCHAR2	VARCHAR
NUMBER	INT-정수, DECIMAL(총 자릿수,소수)-소수
SYSDATE - DATE 부분 DEFAULT값	CURRENT_TIMESTAMP, (CURRENT_DATE)

참고로 이러한 이유로 같은 테이블이라도 오라클 환경 하에서는 아래와 같이 생성해야 합니다.

```
1  create_table = '''CREATE TABLE test (
2                      RANKING NUMBER(4,0),
3                      TITLE VARCHAR2(256),
4                      PRICE NVARCHAR2(10),
5                      REVIEW NUMBER(6),
6                      STARS NUMBER(6,1)L,
7                      CATEGORY VARCHAR2(20),
8                      CRAWLED DATE DEFAULT sysdate
9                      )'''
10
```

추가적으로 오라클에서는 테이블을 만들 때나 조회할 때, 테이블 명만 적으면 되지만 MySQL에서는 'DB명.TABLE명'으로 해야 합니다. 테이블 생성 과정에서는 테이블명만 적어도, 이미 사전에 해당 DB를 사용하기로 선언(USE문)했기 때문에 문제가 없지만 추후 해당 테이블을 조회할 때는 'DB명.TABLE명'으로 해야 합니다.

이렇게 76행까지 데이터를 리스트 형태로 모으고, 그것을 데이터 프레임 형태로 저장한 뒤 MySQL에 연결해서 DB와 TABLE을 만들었습니다.

```
70 # STEP6. 테이블에 들어갈 값을 지정합니다.
71 # 첫 괄호에는 각각의 항목에 부여할 열의 이름을, 그 다음에는 그 데이터에 걸맞은 형식을 지정해줍니다.
72 # mySQL의 경우에는 VALUE 값을 일일히 순서로 지정하지 않고, %s로 적은 뒤 for구문과 executemany를 이용해 하나씩 대입시킵니다.
73 sql = ''' INSERT INTO test_db.test (RANKING, TITLE, PRICE, REVIEW, STARS, CATEGORY)
74         VALUES (%s,%s,%s,%s,%s,%s) '''
75
76 rows = [tuple(x) for x in test_df.values]
77 cur.executemany(sql,rows)
78 con.commit()
```

마지막으로 여태까지 모아서 잘 정렬해둔 데이터를 테이블에 하나씩 대입하여 넣는 것입니다. INSERT INTO 부분 뒤로 'DB명.TABLE명'을 적어주고, 그 뒤로는 칼럼의 값을 적어줍니다.

그 이후의 VALUES값의 경우 %s로 항목의 숫자에 맞게 적어주되 맨 마지막의 크롤링 수행 날짜를 의미하는 CRAWLED 부분은 DEFAULT값으로 지정해 두어 따로 값을 넣어주지 않아도 됩니다. 이 부분도 ORACLE과의 차이점입니다.

위의 rows는 기존에 데이터 프레임화한 것을 순서대로 뽑아서 넣어주도록 지정한 것입니다. 만일 해당 부분을 오라클로 지정한다면 각각의 컬럼 순서를 이용해 섞어서 값을 넣어줄 수도 있습니다. 해당 부분을 ORACLE로 하면 아래와 같습니다.

```
12 execute1 = '''INSERT INTO test (RANKING, TITLE, PRICE, REVIEW, STARS, CATEGORY, CRAWLED) ₩
13 VALUES (:1,:2,:3,:4,:5,:6,SYSDATE)'''
14 cur.executemany(execute1,rows)
15 con.commit()
```

차이는 오라클에서는 값을 넣어줄 때 몇 번째 값을 넣어줄지 순서를 지정해 준다는 것과 디폴트로 해 놓은 부분도 SYSDATE와 같이 다시 넣어주어야 한다는 것입니다. 만일 해당 부분이 충족되지 않으면 오라클에서는 '값의 수가 충분하지 않습니다'와 같은 오류 메시지가 뜨게 됩니다.

여기까지 1단계의 내용을 살펴보았습니다. 1단계 내용의 핵심은 MySQL DB와 연결해서 데이터를 입력하는 부분이니 다음 단계로 진행하기 전에 잘 정리하시기 바랍니다.

이제 웹 크롤러를 포함한 2단계로 진행하겠습니다.

02 [2단계] CRAWLER 제작과 MySQL 연결하기

이미 앞의 챕터에서 기본적인 카테고리 크롤링과 크롤러 생성은 했다고 가정하고 여기서는 새로운 ActionChains라는 라이브러리와 try, if 구문 등을 활용해 사용자에게 저장할 DB 이름, TABLE 이름을 묻고, 어떤 식으로 데이터 처리를 진행할 지 묻고 움직이는 내용을 알려 드립니다.

```
1  ################################### BLOCK 1 : 공통 ##################################
2
3  #필요한 모듈과 라이브러리를 로딩
4  from bs4 import BeautifulSoup
5  from selenium import webdriver
6  import pandas as pd
7  import time, os, math, random
8
9  import pymysql
10 from selenium.webdriver.common.action_chains import ActionChains
```

제일 먼저 해야 할 것은 모듈과 라이브러리를 불러오는 것입니다. 이전 단계와 달리 직접 크롤러를 만들어 웹 드라이버 조작, 페이지 파싱 등 작업을 하기 때문에 보다 다양한 모듈이 사용됩니다.

```
13 # 사용자에게 크롤링 방식 묻기
14 print("=" *80)
15 print("        키워드 검색 쿠팡 크롤러입니다.")
16 print("=" *80)
17 print('\n')
18
19 #검색할 키워드와 크롤링할 건수 입력받기
20 keyword = str(input("1.크롤링할 키워드를 지정해주세요 : "))
21 cnt = int(input('2.크롤링 할 건수는 몇건입니까?: '))
22
23 #직접 검색 방식으로 크롤링할 경우에는 한 페이지당 최대 게시물이 72개.
24 #동시에 72개씩 볼때 가장 많은 게시물을 크롤링 가능
25 page_cnt = math.ceil(cnt/72)
26 f_dir = input("3.파일을 저장할 폴더명을 지정해주세요(기본경로:c:\\temp\\mysql2\\):")
27 if f_dir == '' :
28     f_dir = "c:\\temp\\mysql2\\"
29
30 print("=" *80)
31 print("데이터 크롤링을 시작합니다.")
32 print("=" *80)
```

키워드 크롤링 과정에 있어 사용자로부터 크롤링을 수행할 키워드와 몇 건의 데이터를 크롤링할지 그리고 그러한 크롤링 결과물을 파일로 어디에 저장할지를 묻는 과정입니다.

20행과 21행에서 각각 키워드와 크롤링 건수를 입력 받고,이를 기반으로 25행에서 몇 페이지까지 작업을 해야 하는지를 계산합니다. 이때 72라는 숫자는 추후 페이지 당 게시물 보기를 72개씩 보기로 변경하기에 나온 숫자입니다.

26행에서 크롤링 데이터 파일을 저장할 폴더를 입력하면 되는데, 이러한 과정을 매번 반복하기 번거로울 경우를 대비해 아무 값도 입력하지 않고 엔터를 쳤을 경우 27행의 if문이 작동해 기본값으로 설정해둔 폴더를 자동으로 사용하도록 default 값을 지정했습니다.

```
34 # 작업 시간과 고유 dir 등 생성
35 n = time.localtime()
36 s = '%04d-%02d-%02d' % (n.tm_year, n.tm_mon, n.tm_mday)
37 s1 = '%02d-%02d' % (n.tm_hour, n.tm_min)
38 s_time = time.time( )
```

34번 행부터는 작업 시간과 작업 디렉토리를 만드는 과정입니다.

35행은 데이터 수집 작업을 시작하기에 앞서 현재 시간을 사용하여 시시각각 변하는 날짜와 시간을 변수화함으로써 결과를 저장할 때 디렉토리 이름과 파일 이름에 이용할 예정입니다.

36행을 보면 4글자 형식의 연도와 2글자 형식의 월일을 지정해 두었고, 이어서 37행에서는

2글자 형식의 시간과 분을 지정하였습니다. 이를 통해 추후 크롤링 수행 디렉토리가 하나의 날짜 폴더 안에 다시 시간과 분으로 구성된 폴더를 작업 디렉토리로 함으로써 중복을 피하도록 했습니다. 이후 38행의 시간 함수를 통해 현재 시간을 저장해둠으로써 이를 기반으로 작업이 모두 끝났을 때의 시간과 비교해 총 작업시간을 구할 수 있도록 설정해두고 다음 단계로 넘어갑니다.

```
40  # 웹사이트 접속 후 해당 메뉴로 이동
41  chrome_path = "c:/temp/python/chromedriver.exe"
42  driver = webdriver.Chrome(chrome_path)
43  query_url= ('https://www.coupang.com/np/search?component=&q={}&channel=user'. format(keyword))
44  driver.get(query_url)
45  driver.implicitly_wait(5)
```

40~45번 행의 코드는 크롬 드라이버를 이용해 이전에 입력 받은 키워드가 입력된 사이트를 여는 코드입니다. 특정 사이트에서 키워드 입력을 통해 크롤링하는 방법에는 여러 방법이 존재하는데, 가장 대표적인 방법이 위와 같이 그 사이트의 주소를 분석해 키워드가 들어가는 부분을 찾는 것입니다.

그러한 부분을 중괄호({ })로 묶은 후 format 구문을 이용해 이전에 입력받은 키워드 값을 넣어 주기만 하면 됩니다. 꽤나 많은 사이트들을 이런 식으로 url 주소를 분석해 단번에 사이트를 이동할 수 있습니다.

실제 페이지에서는 아래와 같이 보여집니다.

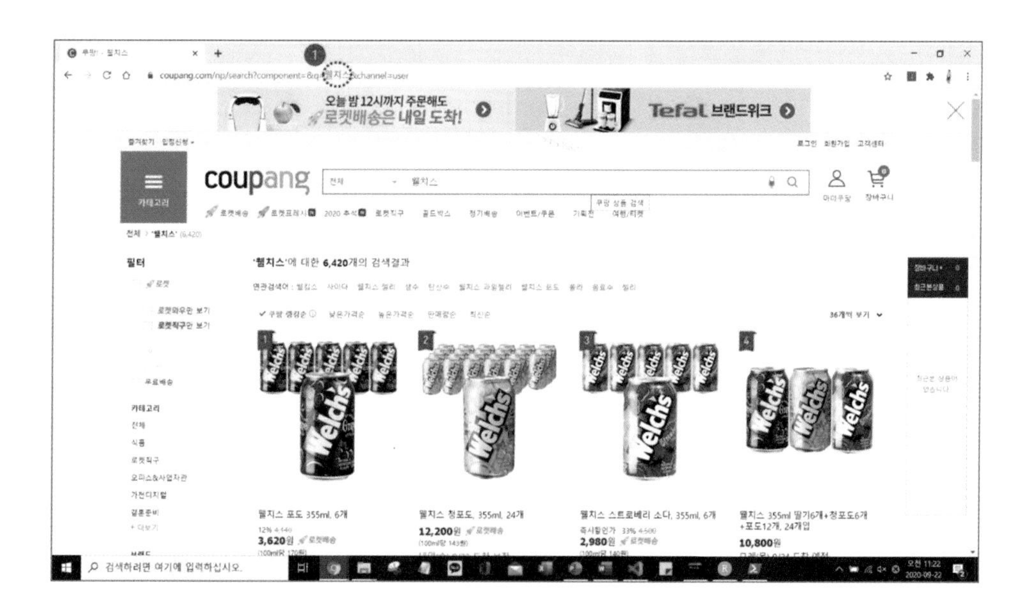

```
47  # 72개씩 보기로 변경 - 액션 체인으로 마우스 가져다대고 클릭
48  time.sleep(random.randint(1,3))
49  from selenium.webdriver.common.action_chains import ActionChains
50  action = ActionChains(driver)
51  selectbox = driver.find_element_by_class_name('selectbox-options')
52  action.move_to_element(selectbox).perform()
53  time.sleep(0.5)
54  driver.find_element_by_xpath('''//*[@id="searchSortingList"]/ul/li[4]/label''').click()
55  driver.implicitly_wait(3)
56  time.sleep(random.randint(1,3))
```

47번 행부터는 그렇게 들어간 사이트에서 게시물 보기를 변경하는 방법입니다. 쿠팡 사이트의 경우 카테고리 검색과 달리 키워드 검색화면에서 게시물 보기를 변경하기 위해선 클릭이 아닌 마우스 커서를 가져다 댄 후 새로 생기는 서브 창에서 버튼을 눌러 입력하는 식으로 작동하게 됩니다.

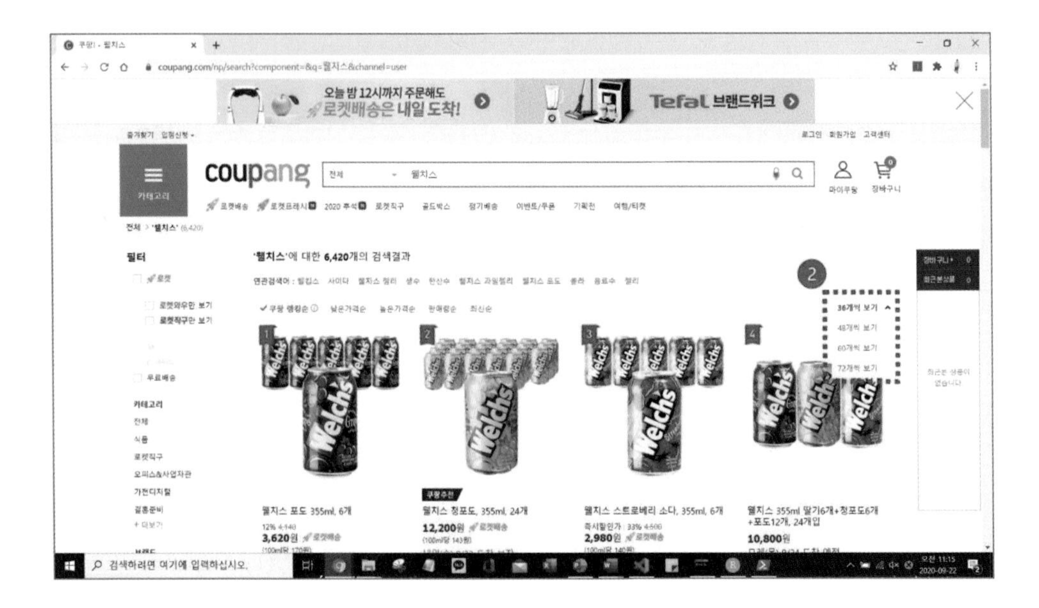

이런 방식 때문에 게시물 보기 방식을 변경하기 위해서는 기존의 라이브러리와는 다른 ActionChains라는 라이브러리를 사용해줘야 합니다.

```
47  # 72개씩 보기로 변경 - 액션 체인으로 마우스 가져다대고 클릭
48  time.sleep(random.randint(1,3))
49  from selenium.webdriver.common.action_chains import ActionChains
50  action = ActionChains(driver)
```

우선 해당 페이지로 접속해 크롤러가 아닌 사람인 척을 하기 위해 48번 행에서 random 모듈과 그 안에서 지정된 정수 범위를 랜덤으로 지정하는 randint 라이브러리를 사용해 1초에서 3초 사이의 시간을 랜덤으로 정해 쉬도록 하였습니다.

크롤링과 같이 웹 드라이버 등을 통해 자동화하는 과정이 생각보다 여러 과정에서 탐색되고 블락처리 되는 불상사가 잦기에 틈틈이 이와 같은 쉬어 가는 구간을 만들어주는 것이 좋습니다.

이후 ActionChains을 파이썬이 찾기 쉽도록 도와주기 위해 49번 행처럼 불러오고, 50번 행에서 같은 Selenium 모듈 상에 있는 webdriver와 연결시켜 chrome창에서 작동하도록 했습니다.

```
51  selectbox = driver.find_element_by_class_name('selectbox-options')
52  action.move_to_element(selectbox).perform()
53  time.sleep(0.5)
```

51번 행에서는 webdriver를 이용해 게시물보기 옵션 박스를 지정해 'selectbox'라는 옵션에 넣어주고, 52번 행에서는 그것을 받아 마우스를 그쪽으로 움직이도록 했습니다. 이때 ActionChains를 사용할 때에는 제일 오른쪽의 perform( )을 꼭 사용해야 한다는 걸 잊지 마세요. perform( )이 없으면 해당 코드가 실행되지 않습니다.

애니메이션의 형태로 게시물 보기 옵션이 내려오는 시간을 고려해 53번 행에서는 0.5초의 쉬는 시간을 갖고 다음 코드로 넘어가겠습니다.

```
54  driver.find_element_by_xpath('''//*[@id="searchSortingList"]/ul/li[4]/label''').click()
55  driver.implicitly_wait(3)
56  time.sleep(random.randint(1,3))
```

54번 행에서는 웹 드라이버를 통해 72개씩 보기의 xpath를 추적해 눌러줍니다.

55번 행에서는 그렇게 페이지 옵션이 바뀌면서 새로고침되는 시간까지 최대 3초를 쉬는 함수를 넣어주었습니다. Webdriver 상의 implicitly_wait 함수를 쓰면 해당 페이지가 새로고침될 때까지 기다리게 됩니다. 물론 괄호 안에 지정해 놓은 숫자가 기다리는 최대 시간이므로, 해당 코드에서는 3초 안에 새로고침되면 그때까지만 기다리고 아니면 최대 3초를 기다리게 됩니다.

```
62  # 크롤링 데이터가 저장될 폴더를 날짜/시간/파일이름 순으로 저장
63  try: os.makedirs(f_dir+s+'₩₩'+s1+'₩₩'+keyword)
64  except : pass
65  os.chdir(f_dir+s+'₩₩'+s1+'₩₩'+keyword)
```

63번 행에서는 사용자로부터 입력 받은 파일 저장 위치와 keyword, 작업 시작 날짜와 시간을 기준으로 새로운 디렉토리(폴더)를 만들고, 65번 행에서는 해당 디렉토리에서 작업하는 것으로 지정하는 과정입니다.

```
62  # 크롤링 데이터가 저장될 폴더를 날짜/시간/파일이름 순으로 저장
63  try: os.makedirs(f_dir+s+'₩₩'+s1+'₩₩'+keyword)
64  except : pass
65  else : os.chdir(f_dir+s+'₩₩'+s1+'₩₩'+keyword)
66
67  # 이미지/txt/csv 이름 지정
68  ff_dir=f_dir+s+'₩₩'+s1+'₩₩'+keyword
69  ff_name=f_dir+s+'₩₩'+s1+'₩₩'+keyword+'₩₩'+s+keyword+'.txt'
70  fc_name=f_dir+s+'₩₩'+s1+'₩₩'+keyword+'₩₩'+s+keyword+'.csv'
71
72  # 제품 이미지 저장용 폴더 생성
73  img_dir = ff_dir+"₩₩images"
74  os.makedirs(img_dir)
75  os.chdir(img_dir)
76
77  # 내용을 수집
78  print("₩n")
79  print("========= 곧 수집된 결과를 출력합니다 ========= ")
80  print("₩n")
```

68번 행부터 70번 행까지는 이후 저장할 파일의 이름을 정해두는 코드입니다. 68번 행이 이미지, 69번 행이 텍스트 파일, 70번 행이 CSV 파일의 이름으로 지정했습니다.

73번 행에서는 위에서 지정한 이미지 파일의 이름을 기준으로 74번 행에서 이미지 파일 폴더를 만들고, 75번 행에서 그 폴더를 작업 디렉토리로 지정하는 과정입니다.

하나의 폴더에 적게는 수십에서 많게는 천 개가 넘는 이미지들이 작업 파일과 함께 저장되면 난잡할 수 있으니 이미지 파일은 이렇게 하위 폴더에 저장하시는 것을 추천합니다.

```
83  # 크롤링 데이터가 들어갈 리스트 생성
84  ranking2=[]         #제품의 판매순위 저장
85  title2=[]           #제품 정보 저장
86  price2=[]           #현재 판매가 저장
87  sat_count2=[]       #상품평 수 저장
88  stars2 = []         #상품평점 저장
89  keyword2 = []       #크롤링 검색어
90
91  file_no = 0   # 이미지 파일 저장할 때 번호
92  count = 1     # 총 게시물 건수 카운트 변수
```

84번 행부터 89번 행까지는 크롤링할 데이터를 집어넣을 빈 리스트를 만들어주는 과정입니다.

보이시는 것과 같이 해당 크롤러를 통해 제품의 판매순위와, 제품의 이름, 가격, 상품평 수와

평점, 검색한 키워드를 직접 크롤링하고 추후 크롤링 작업을 수행할 날짜를 데이터베이스에 자체적으로 입력해주는 방식으로 수행할 것이기에 위와 같이 리스트들을 만들어주었습니다.

91번 행은 이미지 파일을 저장하는 과정에서 첫 번째부터 순서대로 이름을 지정해줌으로써 추후 엑셀에 첨부하거나 txt, csv 파일에 저장된 것과 쉽게 대조해볼 수 있도록 하였습니다.

본격적인 크롤링을 시작하기 전 마지막으로 92번 행에서 사용자로부터 입력 받은 크롤링 건수를 맞추기 위해 카운트 변수를 넣어주고 크롤러 코드로 넘어가겠습니다.

```
95  ################################### BLOCK 2 : 크롤러 ###################################
96
97  #각 페이지별 소스를 파싱해서 게시글 단위로 크롤링
98  for x in range(1,page_cnt + 1) :
99      html = driver.page_source
100     soup = BeautifulSoup(html, 'html.parser')
```

크롤링이 시작되는 [제2블록] 부분입니다.

98행은 가장 큰 반복 구문으로 페이지 당 작업이 파싱되어 있습니다. 이처럼 여러 페이지를 오가며 크롤링을 수행할 때에는 우선적으로 가장 큰 단위의 작업이 이뤄져야 합니다. 해당 행에서는 사전에 입력 받은 크롤링 건수를 기반으로 산출된 총 페이지 작업 수(page_cnt)만큼 반복 수행하라는 의미를 갖고 있습니다.

구체적으로 99번 행에서는 html로 구성된 페이지 소스를 넣어주고, 100행에서 이러한 소스 데이터와 BeautifulSoup 라이브러리를 이용해서 파싱준비를 하는 과정입니다. 이를 통해 각 페이지마다 파싱이라는 과정을 거쳐 이미지 url이나 텍스트 정보 등을 가져올 수 있게 됩니다.

```
102     item_result = soup.find('div','search-content search-content-with-feedback')
103     item_result2 = item_result.find_all('li')
104
```

102번 행에서 게시물 목록들이 쭉 포함되어 있는 부분을 지정하고, 103번 행에서 모든 게시물들을 찾아 파싱하기 위해 find_all을 통해 각각의 모든 게시물 항목들을 파싱했습니다.

이러한 과정을 거치고 해당 페이지에서의 작업이 끝나면 98행에서 작업 페이지 넘버로 지정된 변수인 x가 하나씩 올라가게 되면서 페이지 소스를 넣고, 파싱해서, 크롤링하는 작업을 반복수 행하게 됩니다.

해당 부분을 실제 쿠팡 페이지에서 보면 다음과 같습니다.

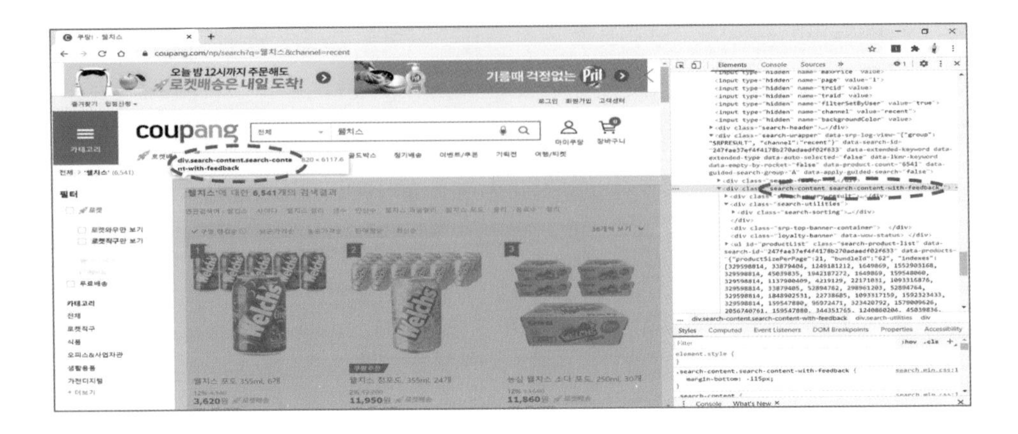

한 페이지에 72개씩 정렬해놓은 게시물들이 하나의 div 카테고리 안에 들어있는 모습입니다. 102번 행에서 이 카테고리를 지정해주었습니다.

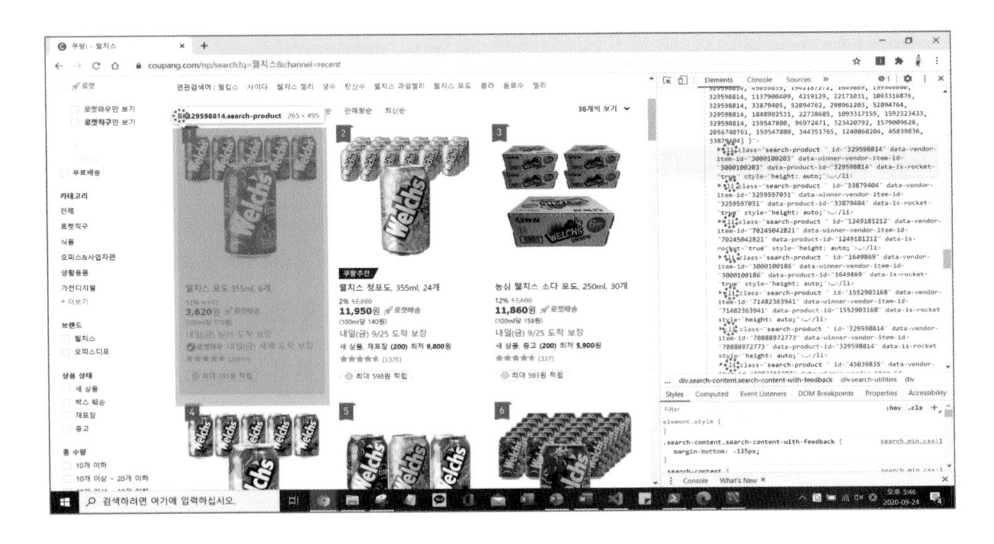

위의 실제 페이지에서 보이는 바와 같이 게시물들이 하나의 큰 div 카테고리 안에 묶여 있고, 그 카테고리 하위 카테고리에 구조화되어 각 게시물마다 li라는 형태로 구분되어 있음을 알 수 있습니다. 103번 행에서 find_all( ) 함수를 사용해서 li들을 모두 찾아준 이유입니다.

만약 find만을 사용했다면 첫 번째 게시물만을 파싱해서 가져왔을 것입니다.

```
105     for li in item_result2:
106
107         if cnt < count :
108             break
```

105번 행부터는 본격적인 각 게시물의 정보를 크롤링하게 됩니다. 한 페이지에 존재하는 모든 게시물들을 1건씩 반복하면서 수집한다는 내용입니다.

107번 행에서는 사용자가가 실제로 입력한 크롤링 숫자인 cnt와 게시물 하나마다 숫자를 메겨주는 count 변수를 비교해, 크롤링하는 게시물 수가 요청한 것보다 많아지려는 순간 해당 반복문을 정지하게 됩니다.

```
110        # 제품 이미지 다운로드
111        import urllib.request
112        import urllib
113
```

제일 먼저 크롤링하는 정보는 다름 아닌 상품의 이미지입니다. 보통 이미지의 경우 네트워크 상에서 'url'이라는 형태로 저장되어 있기 때문에 이를 받아 오기 위해 111행과 112행에서 urllib라는 모듈을 불러왔습니다.

urllib를 불러왔다면 제일 먼저 거쳐야하는 과정은 페이지 소스를 분석하는 것입니다.

페이지 소스를 살펴보겠습니다.

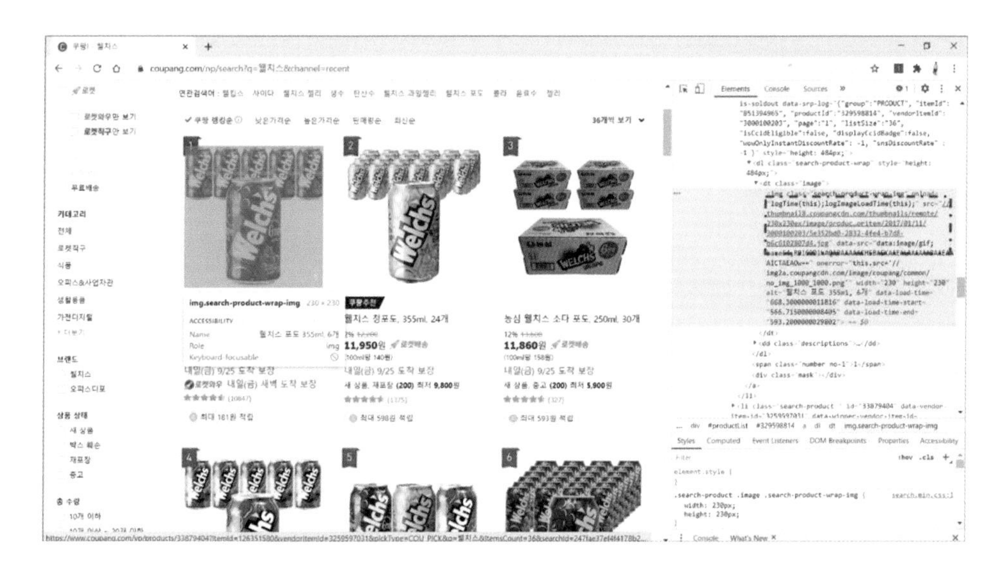

오른쪽의 페이지 소스 부분의 표시된 곳이 해당 사진의 url부분입니다. 사이트마다 특징이 있지만 쿠팡의 경우 저 url소스를 'https:'를 제외하고 저장하는 것으로 보입니다. 해당 url의 앞에 'https:'를 붙여준 뒤 주소창에 입력해 보겠습니다.

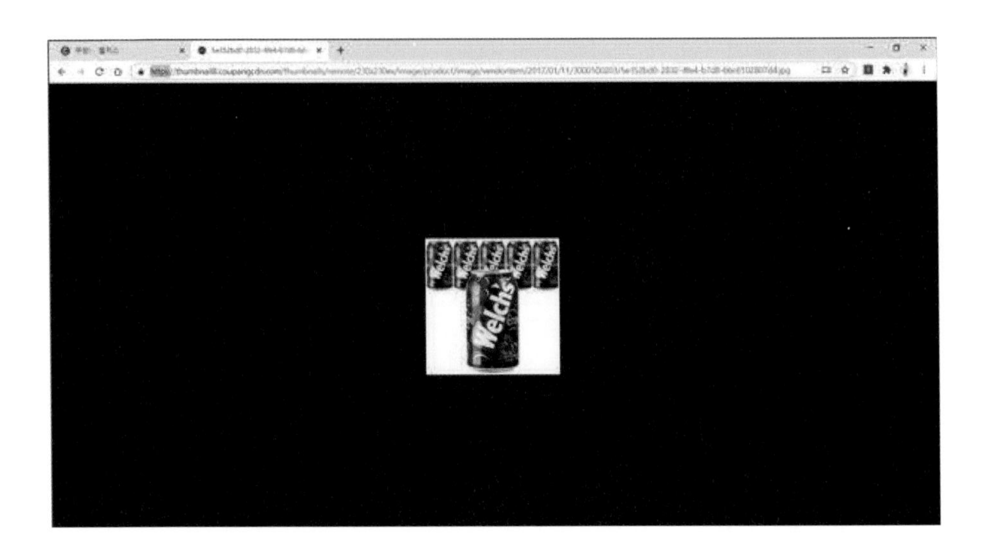

예상했던 이미지 파일이 불러와지는 것을 확인할 수 있습니다. 제품 이미지의 URL 주소를 확인했으니 이제 이 주소를 이용해 이미지 크롤링을 하면 됩니다. 그런데 주의할 점은 이미지 파일의 경우 일반적인 텍스트와는 달리 url이라는 [속성값]을 불러와야 한다는 것입니다.

실제 코드로 보겠습니다.

```
114        try :
115            photo = li.find('dt','image').find('img')['src']
116        except AttributeError :
117            continue
118
119        file_no += 1
120        full_photo = 'https:' + photo
121        urllib.request.urlretrieve(full_photo,str(file_no)+'.jpg')
122        time.sleep(0.5)
```

해당 코드에서 보면 115행부터 일반적인 텍스트 크롤링 과정과 다른 점이 있습니다. 다름 아닌 img 값을 단순히 긁어오는 것이 아니라, img 안의 src라는 속성값을 긁어오라는 코드가 적혀있다는 것입니다. 속성값을 불러오기 위해서는 위의 코드에서처럼 해당 속성이 위치한 상위 카테고리(img)를 찾아주고, 이후 대괄호를 이용해 속성값(src)을 불러오는 것입니다.

116번 행은 이러한 속성값을 크롤링하는 과정에서 제대로 된 속성값을 가져오지 못했을 경우 이를 무시하고 패스하는 코드입니다. 이후 119번 행에서는 이전 91번 행에서 0으로 지정했던 이미지 파일의 번호를 하나씩 올려주며, 120번 행에서는 해당 속성값에서 부족한 'https:' 부분을 더해 온전한 이미지 url 값을 만들어줍니다. 만약 url을 한 번이라도 분석해보지 않고 그냥 코드만 짜고 수정하는 과정을 반복했다면 찾아내지 못했을 지도 모르니 제대로 된 크롤링을 하기 위해서는 우선적으로 페이지 소스와 홈페이지를 여러 시각으로 분석해보는 과정이 우선적으로 이루어져야 합니다.

121번 행에서는 이렇게 완성한 이미지 url과 해당 url에서 이미지 파일을 받아오는 함수인 urlretrieve를 통해 지정한 이름으로 이미지 파일을 저장합니다.

```
124         #제품 내용 추출
125         f = open(ff_name, 'a',encoding='UTF-8')
126         f.write("------------------------------------------------------"+"\n")
127         print("-" *70)
```

125번 행은 txt 형식의 파일을 ff_name이라는 이름으로 만들고, 이이쓰기(a) 모드로 열어 UTF-8 인코딩 방식으로 작성하는 내용입니다. 이를 통해 print 함수로 터미널에 보이는 것 외에 텍스트 파일에 제대로 저장되고 있는지, 오류는 없는지 등을 데이터베이스에 저장하기 전에 확인할 수 있습니다.

```
129         ranking = count
130         print("1.판매순위:",ranking)
131         f.write('1.판매순위:'+ str(ranking) + "\n")
132
```

이미지 다음으로 크롤링할 것은 순위입니다. 해당 페이지가 랭킹 순으로 정렬되어 있는 상태이기에 특별히 페이지에서 크롤링하는 것이 아니라 게시물이 몇 번째인지(count)를 그대로 순위로 입력해 줍니다.

```
133         try :
134             t = li.find('div',class_='name').get_text().replace("\n","")
135         except AttributeError :
136             title = '제품소개가 없습니다'
137             print(title.replace("\n",""))
138             f.write('2.제품소개:'+ title + "\n")
139         else :
140             title = t.replace("\n","").strip()
141             print("2.제품소개:", title.replace("\n","").strip())
142             f.write('2.제품소개:'+ title + "\n")
```

이후에는 대동소이한 과정을 거치게 됩니다. 원하는 정보가 담긴 부분이 페이지 소스의 어디에 들어가 있는지를 확인하고, 코드로 작성하며 확인해봅니다. 홈페이지 상황에 따라 위와 같이 한 번에 해당 정보가 있는 소스에 바로 접근하는 것이 아니라 큰 카테고리에서부터 하나씩 좁혀 들어와야 하는 경우도 있습니다.

134번 행에서는 div클래스가 name인 곳의 글자를 찾아 빈칸을 삭제한 후 가져오는 내용입니다. 만약 이러한 내용이 제대로 수행되지 않았을 경우 135번 행의 except 구문으로 넘어가며 136번 행에서 지정한 것처럼 '제품소개가 없습니다'가 입력되게 됩니다.

만일 그렇지 않고 제품소개에 대한 텍스트가 원하는 대로 가져와진다면 140번 행에 따라 빈칸을 없애고, 좌우에 붙은 소스값들을 제거(strip)해준 값을 title이라는 이름으로 저장하게 됩니다. 이를 즉시 프린트하고, 텍스트 파일에 저장함으로써 현재 어느 과정이 진행되고 있는지 등을 체크할 수 있습니다.

```
144         try :
145             price = li.find('strong','price-value').get_text()
146         except :
147             price = '0'
148             print("3.판매가격:", price.replace("\n",""))
149             f.write('3.판매가격:'+ price + "\n")
150         else :
151             print("3.판매가격:", price.replace("\n",""))
152             f.write('3.판매가격:'+ price + "\n")
153 
154         try :
155             sat_count_1 = li.find('span','rating-total-count').get_text()
156             sat_count_2 = sat_count_1.replace("(","").replace(")","")
157         except  :
158             sat_count_2='0'
159             print('4.상품평 수: ',sat_count_2)
160             f.write('4.상품평 수:'+ sat_count_2 + "\n")
161         else :
162             print('4.상품평 수:',sat_count_2)
163             f.write('4.상품평 수:'+ sat_count_2 + "\n")
164 
165         try :
166             stars1 = li.find('em','rating').get_text()
167         except  :
168             stars1='0'
169             print('5.상품평점: ',stars1)
170             f.write('5.상품평점:'+ stars1 + "\n")
171         else :
172             print('5.상품평점:',stars1)
173             f.write('5.상품평점:'+ stars1 + "\n")
174 
175         print("6.키워드:",keyword)
176         f.write('6.키워드:'+ str(keyword) + "\n")
177 
178 
179         print("-" *70)
```

이후는 원하는 데이터가 위치한 페이지 소스를 파싱하고, 만약 그 정보가 없거나 오류가 생겼을 경우의 예외구문을 작성하고, 이러한 것들을 출력하며 저장하는 것들의 반복입니다. 이때 분명코드를 잘 짠 것 같은데 한두 개가 아닌 모든 크롤링 요소가 오류가 발생하거나 크롤링 하지 못한다면 iframe과 같이 페이지 안에 또 다른 프레임이 들어있는 것은 아닌지 의심해 보아야 합니다.

175번 행에서는 순위를 count 값으로 대체했던 것과 같이 카테고리를 사용자가 입력한 값으로 대체하는 내용입니다.

이렇게 하나의 게시물에 대한 크롤링이 끝났습니다. 그렇다면 그 다음 과정은 이렇게 크롤링한 데이터를 미리 만들어 놓은 빈 리스트에 하나씩 차곡차곡 넣어주는 과정입니다.

```
183
184         #추출한 데이터를 리스트화
185         ranking2.append(ranking)
186         title2.append(title)
187         price2.append(price)
188         sat_count2.append(sat_count_2)
189         stars2.append(stars1)
190         keyword2.append(str(keyword))
191
```

위와 같이 미리 생성해 놓은 리스트에 크롤링한 데이터를 넣어줍니다.

```
191
192         count += 1
193
194     # 페이지 번호를 넘기고, 다음 페이지 번호 클릭
195     x += 1
196     try :
197         driver.find_element_by_class_name("btn-page").find_element_by_link_text('%s' %x).click()
198     except :
199         pass
200
201     time.sleep(2)
202
```

리스트에 데이터를 넣어주었으면 하나의 게시물에서 하는 크롤링 작업은 끝나게 됩니다. 따라서 192번 행처럼 게시물 번호를 하나씩 올려 줌으로써 다음 게시물 작업에 착수하고, 그렇게 한 페이지 내에서의 작업이 모두 끝나게 되면 195번 행처럼 작업이 진행될 페이지 번호(x)를 올려줍니다.

197번 행에서는 페이지 소스 분석을 통해 페이지 번호를 바꾸는 부분의 link_text가 해당 숫자로 지정되어 있으며, 동시에 동일하다는 것을 파악하고 이를 기반으로 다음 작업할 페이지 번호를 누르는 코드입니다.

하지만 197번 행까지만 작성하고 198번 행의 예외 구문을 작성하지 않으면 크롤링이 끝나가며 오류가 발생하기도 합니다. 그 이유는 위 크롤러 코드가 끝나는 break 구문을 마지막이 아닌 처음에 적었기 때문입니다. 이로 인해 페이지 번호인 x가 올라가면서 만약 그 다음 페이지 번호가 없을 때까지 크롤링이 진행될 경우, 197번 코드에서 누를 버튼이 존재하지 않아 오류가 발생하게 됩니다. 이러한 것을 고치기 위해 앞의 코드처럼 예외구문을 작성하거나, 반복문의 break를 마지막 부분에 써주면 됩니다.

이렇게 게시물을 하나씩 넘겨가며, 페이지를 넘겨가며 크롤링이 끝나게 되면 해당 정보들은 리스트화되어 다음과 같이 저장되게 됩니다.

```
판매순위 : [1, 2, 3, 4, 5, 6, 7, 8, 9, 10]
제품소개 : ['테틀리 잉글리쉬 브렉퍼스트 티백, 2g, 50개', '웰치스 포도 355ml, 6개', '웰치스 청포도, 355ml, 24개', '농심 웰치스 소다 포도, 250ml, 30개', '티바인 프리미엄 홍차 블랜드 밀크티스틱, 24개입', '코카콜라음료 미닛메이드 스파클링청포도 텐칼로리 350ml PET 24개+펭수컵홀더, 24개', '웰치스 스트로베리 소다, 355ml, 6개', '웰치스 355ml 딸기6개+청포도6개+포도12개, 24개입', '코카콜라음료 [본사직영] 스프라이트 300ml 페트 24개', '웰치스 포도, 355ml, 48개']
제품판매가 : ['11,960', '3,620', '11,950', '11,860', '13,900', '12,900', '2,980', '10,800', '14,500', '26,400']
상품평수 : ['6', '10850', '1378', '327', '35', '4', '270', '9', '62', '10850']
상품평점 : ['5.0', '4.5', '4.5', '4.5', '5.0', '4.0', '4.5', '4.5', '4.5', '4.5']
키워드 : ['웰치스', '웰치스', '웰치스', '웰치스', '웰치스', '웰치스', '웰치스', '웰치스', '웰치스', '웰치스']
```

이렇게 리스트의 형태로 저장된 것들을 하나하나 지정해 데이터베이스 등에 넣는 방법도 있지만 그보다 훨씬 효율적으로 데이터를 관리하고, 사용하기 위해 pandas 모듈을 사용해 DataFrame화 시킵니다.

```
202
203  ################################### BLOCK 3 : 데이터 정리 ###################################
204
205  # 크롤링한 데이터를 pandas를 이용해 DataFrame 형태로 저장
206  coupang_df = pd.DataFrame()
207  coupang_df['판매순위']=ranking2
208  coupang_df['제품소개']=pd.Series(title2)
209  coupang_df['제품판매가']=pd.Series(price2)
210  coupang_df['상품평수']=pd.Series(sat_count2)
211  coupang_df['상품평점']=pd.Series(stars2)
212  coupang_df['키워드']=pd.Series(keyword2)
213
214  # csv 형태로 저장하기
215  coupang_df.to_csv(fc_name,encoding="utf-8-sig",index=False)
```

206번 행에서 DataFrame을 만들어주고 순서대로 열의 이름과 그에 해당하는 리스트들을 대입시켜주었습니다. 이렇게 저장된 데이터프레임은 215행에서와 같이 csv로 저장 가능하며, 이외에도 수집한 이미지 파일까지도 함께 넣어 엑셀 파일을 만들어줄 수도 있습니다.

```
217  e_time = time.time( )
218  t_time = e_time - s_time
```

217번 행에서 현재의 시간을 e_time에 부여하고, 218번 행에서 이를 크롤링 작업이 시작되기 전에 기록한 시작 시간과 비교해 크롤링 작업에 시간이 얼마나 걸렸는지를 산출합니다.

```
220 count -= 1
221
222 print("₩n")
223 print("=" *80)
224 print("1.요청된 총 %s 건의 리뷰 중에서 실제 크롤링 된 리뷰수는 %s 건입니다" %(cnt,count))
225 print("2.총 소요시간은 %s 초 입니다 " %round(t_time,1))
226 print("3.파일 저장 완료: txt 파일명 : %s " %ff_name)
227 print("4.파일 저장 완료: csv 파일명 : %s " %fc_name)
228 print("=" *80)
229
230 driver.close( )
```

220번 행은 count를 하나씩 더하며 이를 기준으로 break를 넣던 구문이 반복구문의 마지막 부분이 아닌 초반부에 있기에 실제 게시물 작업 건수보다 하나 더 올라가며 멈춘 count 값을 하나 줄여주는 내용입니다. 예를 들어 10개의 게시물을 크롤링하고자 했을 때,10개의 크롤링을 수행하고 다시 반복문의 처음으로 돌아가 count값이 11이 되면서 반복문이 정지되게 되는데 이렇게 11로 올라간 값을 다시 10으로 줄여주는 과정입니다.

여기까지 크롤러 작업은 끝이 났습니다. 222번 행부터 크롤러 작업의 중간 결과를 출력하고, 모든 작업이 끝났기에 230번 행에서 가동되고 있던 웹 드라이버를 종료시켜줍니다.

```
233 ##################################### BLOCK 4 : mySQL #####################################
234
235 # 크롤링 데이터를 저장할지 여부 묻기
236 # STEP1. 크롤링 데이터를 DB에 저장할지 여부 묻고, 보여주기
237 db_save = input('크롤링된 데이터를 DB에 저장하시겠습니까? (Y/N) ')
238 print('입력값 : ', db_save)
239
```

다음은 [제4블록]입니다. 이전과 구조상 차이는 없지만, 크롤링 데이터를 저장할지 여부를 묻거나 저장할 DB와 TABLE을 묻고 이에 따라 동작한다는 차이가 있습니다.

237행에서는 이처럼 인풋 함수를 통해 크롤링한 데이터를 DB에 저장할지를 묻습니다. 이를 통해 이전에 크롤링한 데이터들이 텍스트나 CSV 등으로 잘 저장됐는지를 보고 최종적으로 DB에 넣을지 말지를 선택할 수 있다는 장점이 있습니다.

```
240 # STEP2. 크롤링 데이터를 저장한다고 답한 경우
241 if db_save =='y' or db_save == 'Y' or db_save == 'ㅛ':
242     print('크롤링 데이터를 저장합니다.')
243     # 데이터를 저장할 DataBase 이름 입력받기
244     db_name = str(input('''데이터를 저장할 DataBase명을 입력해주세요 (기본 db : test_db) : '''))
245     if db_name == "" :
246         db_name = "test_db"
247
248     # 테이블 이름 입력, 테이블 이름만 입력해도 상관없으나 데이터를 불러올 때는 db명.table명 으로 호출해야 한다.
249     # ex) SELECT * FROM test_db.table
250     table_name = str(input('''데이터를 저장할 table명을 입력해주세요 (기본 table : test_db.table) : '''))
251     if table_name == "" :
252         table_name = "test_db.table"
```

그렇게 묻고 난 다음에는 if 함수를 이용해 만일 저장한다고 답했을 경우, 데이터베이스를 만들고 테이블을 만드는 과정을 거치게 됩니다. 이때에도 마찬가지로 input 함수를 이용해 이름을 지정하게 되고 이후엔 이러한 이름들을 이용해서 DB와 TABLE을 구성하게 됩니다. 이 부분에선 만약 아무것도 입력하지 않고 엔터를 쳤을 경우, if 함수를 이용해 default 값을 지정해놓은 것이 포인트입니다.

```
254    # mySQL과 연결하기 위한 필수값 설정
255    host_name = "localhost"
256    username = "root"
257    password = "oracle"
258    database_name = "mysql"
259
260    # mySQL과 연결
261    con = pymysql.connect(host=host_name,port=3306,user=username, passwd=password, db=database_name,charset='utf8')
262    cur = con.cursor()
```

253행까지 DB 저장 유무를 묻고 저장할 위치를 입력받았다면, 254행 부분은 이전 단계의 코드와 동일하게 MySQL에 접속하는 부분입니다. 이때 여기서 자체적으로 입력해야하는 항목에 대해서 헷갈리는 게 있다면 이전의 [1단계]코드 설명 부분을 참고하시면 됩니다.

```
264    # STEP3. 데이터 베이스 생성 or 접속
265    try :
266        SQL_QUERY = """ CREATE DATABASE """ + db_name + """ ; """
267        cur.execute(SQL_QUERY)
268    except :
269        db_choice = input("Database가 이미 존재합니다. 해당 DB에 접속하거나(Y), 중복 DB를 제거하고 새로 만듭니다(N) :")
270        if db_choice == 'n' or db_choice == 'N' or db_choice == 'ㅜ':
271            SQL_QUERY = """ DROP DATABASE IF EXISTS """ + db_name + """ ; """
272            cur.execute(SQL_QUERY)
273
274            SQL_QUERY = """ CREATE DATABASE """ + db_name + """ ; """
275            cur.execute(SQL_QUERY)
276        else : pass
```

264행부터 진행되는 과정은 이전에 입력받은 DB 이름과 TABLE 이름을 이용해서 DB와 TABLE을 만드는 과정입니다. 이때 주의할 것은 Query문 사이에 그림 상의 db_name과 같이 사전에 입력받은 값들을 함수화해서 넣을 때에는 그림에 화살표로 표시된 것처럼 빈칸을 넣어주어야 한다는 것입니다. 만일 그렇지 않은 경우 글자들이 띄어쓰기 없이 쭉 이어진 체 Query문이 입력되며 오류가 발생하게 됩니다.

265행에서는 지정된 이름으로 DB를 만들도록 시도(try)하는 구문입니다. 만약 같은 이름의 DB가 있어 실행하지 못하게 될 경우에는 268행의 except 부분으로 넘어가게 됩니다.

269행에서는 해당 이름의 DB가 존재함을 알리고, 이를 삭제하고 다시 만들지 아니면 기존 DB에 이어서 저장할지를 묻습니다.Database라는 것이 엄밀히 말해 데이터를 오랜 기간 동안 누적시키는 것에 의미가 있어 이러한 기능을 필수적으로 넣었습니다.

269행의 DB를 삭제하고 새로 만들 것이라고 답하면 1단계 코드와 동일하게 271행에서 동명의 DB를 삭제(drop)하고, 274행에서 다시 해당 이름의 DB를 만들게 됩니다.

만일 269행에서 DB를 삭제하지 않고 이어서 사용할 것이라 하면 새로운 DB를 만드는 과정을 넘어감(pass)으로써 계속해서 데이터를 누적시킬 수 있게 됩니다.

```
278    # STEP4. 해당 데이터베이스 접속, 사용
279    SQL_QUERY=""" USE """ + db_name + """ ; """
280    cur.execute(SQL_QUERY)
```

277행까지 DB를 생성했다면 다시 필수적으로 이루어져야 하는 과정은 279행의 해당 DB를 사용한다고 선언해주는 과정입니다. 이 코드를 통해 마치 ORACLE처럼 테이블 생성이나 관리, 수정이나 가공하는 과정에서 매번 테이블 앞에 DB명을 붙이지 않아도 됩니다.

```
282    # STEP5. 테이블 생성 or 이어쓰기
283    try :
284        SQL_QUERY = """ CREATE TABLE """ + table_name + """ (
285        RANKING INT,
286        TITLE VARCHAR(256) ,
287        PRICE VARCHAR(10) ,
288        REVIEW INT ,
289        STARS DECIMAL(2,1) ,
290        KEYWORD VARCHAR(20) ,
291        CRAWLED DATETIME DEFAULT CURRENT_TIMESTAMP
292        ) DEFAULT CHARSET=utf8 COLLATE=utf8_bin
293        """
294        cur.execute(SQL_QUERY)
```

그 다음 283행부터의 과정은 try문을 활용하면서 입력받은 테이블 명을 이용해서 테이블을 생성하는 것입니다. 이때에도 쿼리문 사이에 들어가는 테이블 명 앞뒤로 빈칸을 만들어주는 것을 잊지마세요~

```
296    except :
297        print("같은 이름의 테이블이 이미 존재합니다.")
298        table_choice = input("테이블에 데이터를 추가하거나(Y), 테이블을 삭제하고 새로 만듭니다(N) :")
299
300        if table_choice == 'n' or table_choice == 'N' or table_choice == 'ㅜ' :
301
302            SQL_QUERY=""" DROP TABLE IF EXISTS """ + table_name + """ ; """
303            cur.execute(SQL_QUERY)
304
305            SQL_QUERY = """ CREATE TABLE """ + table_name + """ (
306            RANKING INT,
307            TITLE VARCHAR(256) ,
308            PRICE VARCHAR(10) ,
309            REVIEW INT ,
310            STARS DECIMAL(2,1) ,
311            KEYWORD VARCHAR(20) ,
312            CRAWLED DATETIME DEFAULT CURRENT_TIMESTAMP
313            ) DEFAULT CHARSET=utf8 COLLATE=utf8_bin
314            """
315            cur.execute(SQL_QUERY)
316
317        else : pass
318
319    con.commit()
```

296행은 만일 이전의 테이블을 생성하는 과정에서 동일한 이름의 테이블이 존재할 경우 발생하는 except 구간입니다. 해당 부분도 이전의 DB 생성 부분과 같이 기존의 테이블과 그 안의 데이터를 삭제하고 새로 만들지, 아니면 이어서 사용해 데이터를 누적시킬지 묻습니다.

만약 삭제한다고 답했을 경우 300행의 if구문 코드들이 작동하면서 기존 테이블을 드랍하고 새로 만드는 과정을 거치게 됩니다. 그 외의 경우에는 새로운 테이블을 생성하는 과정을 넘어가(pass)면서 기존 테이블을 재사용하게 됩니다.

```
321         # STEP6. 테이블에 들어갈 값을 지정합니다.
322         sql = ''' INSERT INTO ''' + table_name + ''' (RANKING, TITLE, PRICE, REVIEW, STARS, KEYWORD, CRAWLED)
323                VALUES (%s,%s,%s,%s,%s,%s, CURDATE()) '''
324
325         rows = [tuple(x) for x in coupang_df.values]
326         cur.executemany(sql,rows)
327         con.commit()
328
329     else :
330         print("크롤링 데이터를 저장하지 않습니다.")
331         pass
```

마지막 부분입니다. 322행에서는 사전에 입력받은 table 이름에 값을 넣어주고 저장합니다.

329행에서는 크롤링 데이터를 보고 데이터를 저장하지 않는다고 답했을 경우, DB과 관련된 부분을 모두 건너뛰고 작업을 종료하는 코드입니다.

내용이 조금 많았는데 도움이 되셨나요?

대량의 데이터를 수집할 경우 이번 시간에 배운 데이터베이스에 저장하는 방법이 꼭 필요하니까 열심히 공부해 주세요~~

네이버쇼핑 사이트 내용 수집 후 Oracle DB에 저장하기

Case 2. 네이버쇼핑 사이트 내용 수집 후 Oracle DB에 저장하기

이번 챕터에서는 네이버쇼핑 사이트(https://shopping.naver.com)에서 특정 검색어를 사용하여 상세 페이지 정보를 수집하는 내용을 살펴보겠습니다. 제작한 크롤러를 통해 소비자는 네이버쇼핑에서 상위로 보여주는 쇼핑몰 외에 자신이 필요한 상품을 빠르게 찾을 수 있으며, 네이버쇼핑에 입점하고자 하는 판매자는 잘 팔리는 제품의 트렌드를 확인하여 경쟁력을 확보할 수 있습니다. 더불어 검색 결과를 .txt, .cvs, .xls 파일로 저장하는 방법 뿐 아니라 오라클 프로그램으로 바로 전송하여, 데이터를 저장하는 법을 함께 소개할 예정입니다.

이번 시간에 중요한 학습 내용을 살펴보겠습니다.

학습 목표

1. 상세 페이지 검색에서 발생할 수 있는 다양한 예외사항 처리 방법을 배운다.
2. cx_Oracle을 활용하여,수집한 데이터를 오라클로 전송하는 방법을 배운다.

참 고

이번 시간의 내용을 학습하고 예시 코드를 실행하기 위해 오라클 서버용 설치파일과 클라이언트를 모두 설치해야 합니다.

그럼 먼저 이번 시간에 배울 내용을 먼저 살펴볼까요?

메인 페이지 화면

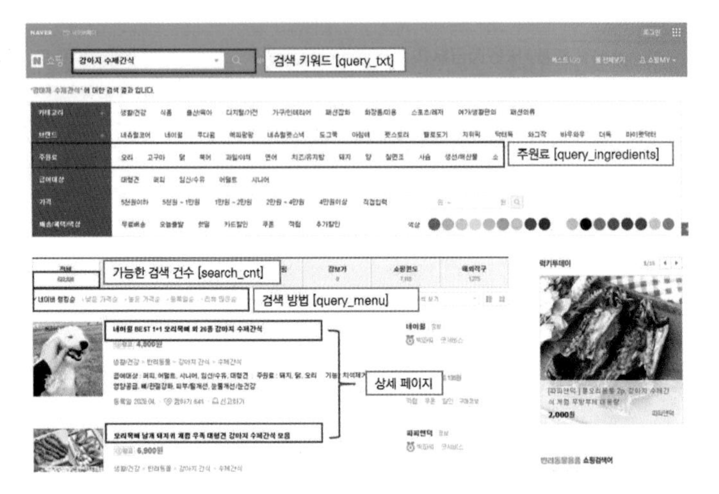

네이버쇼핑 웹 페이지에서 강아지 수제간식이라는 키워드를 통해 정보를 수집하고, 사용자가 주원료, 검색건수, 검색방법을 입력하도록 합니다.

상세 페이지 화면

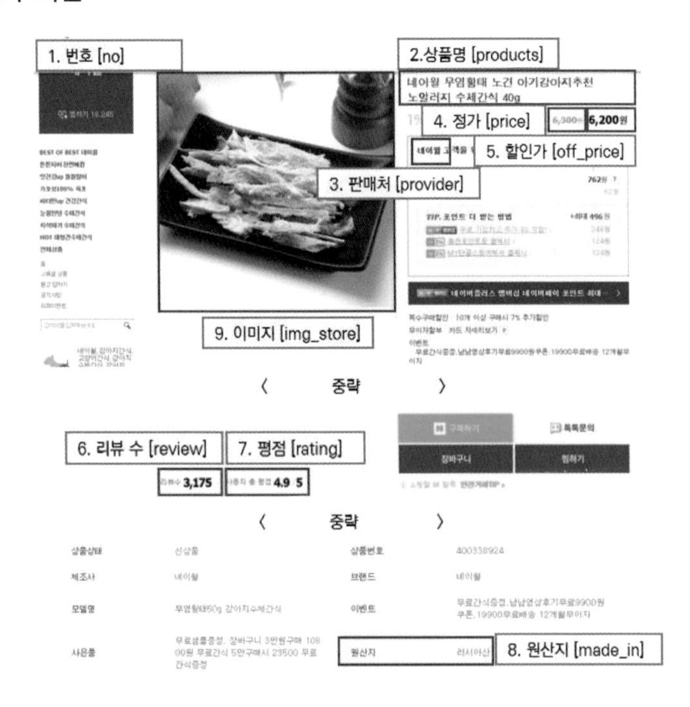

상세 페이지에서 수집 순서에 따른 번호를 포함하여 총 9개의 정보를 추출합니다. 크롤링에 앞서 어떤 웹 페이지에서 어떤 정보를 어떻게 가져오고 싶은지 미리 계획하는 것이 코드를 작성하는 데 도움이 됩니다. 특히 오라클로 데이터베이스를 연동할 때에는 정보의 속성 (예, 숫자, 문자, 날짜 등)을 지정해야 하므로, 자신이 수집하고자 하는 정보의 속성을 미리 파악해야 합니다.

▍상세 페이지 종류

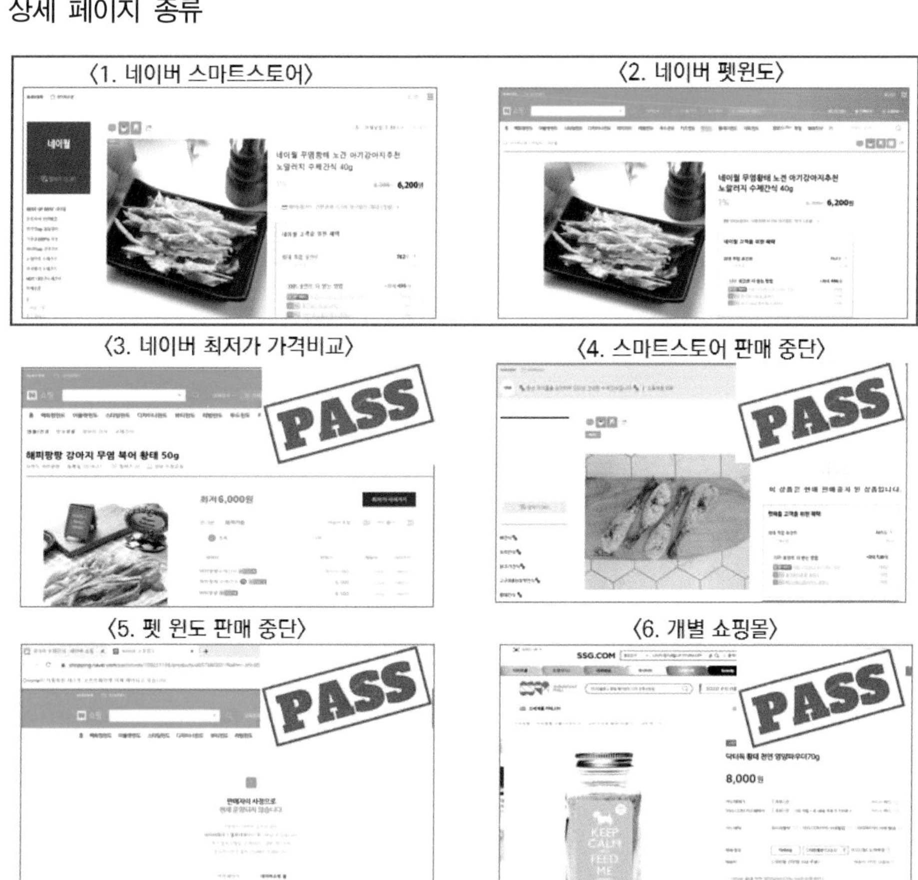

또한 상세 페이지는 다양한 종류로 구성되어 있기 때문에 각기 다른 페이지를 어떻게 처리할지 결정해야 합니다. 현 챕터는 스마트스토어와 펫윈도의 정보만 수집하도록 구성하였습니다.

프로그램 실행 화면 예시

```
============================================================================
강아지 수제간식 네이버 쇼핑 검색하기
============================================================================

  0. 전체        1. 오리        2. 고구마        3. 과일/야채   4. 북어
  5. 돼지        6. 양          7. 닭            8. 연어        9. 치즈/유지방
 10. 사슴       11.칠면조      12.생선/해산물   13.소

1. 위 분야 중에서 자료를 수집할 번호를 선택하세요 :4
============================================================================

1. 네이버 랭킹순 2. 낮은 가격순 3. 높은 가격순 4. 등록일순 5. 리뷰 많은순

2. 분류할 방법을 입력해주세요 : 5
============================================================================
3.크롤링 할 건수는 몇 건입니까?: 1000
============================================================================
4.파일을 저장할 폴더명만 쓰세요(기본경로:c:\temp\):c:\temp\
```

수집 결과 예시

```
============================================================================
요청하신 검색 건수는 1000건이고,
해당 키워드로 실제 검색된 글의 건수는 총 2107건이라서,
실제 검색 건수는 1000건으로 재설정하고,
총 25페이지의 게시글 수집을 진행하겠습니다
단, 가격비교, 판매중단, 개별쇼핑몰 정보는 수집되지 않으므로, 실제 수집 건수는 다를 수 있습니다.
============================================================================

--------------------------------------------------------------------
1. 번호: 1
2. 상품명: 네이월 무염황태 노견 아기강아지추천  노알러지 수제간식 40g
3. 판매처: 네이월
4. 정가: 6300
5. 할인가: 6200
6. 리뷰 수: 3192
7. 리뷰 평점: 4.9
8. 원산지: 러시아산
9. 이미지 경로: c:\temp\2020-09-23-22-22-54-강아지 수제간식\images\1.jpg
```

오라클 파일 저장 예시

```
다음에 접속됨:
Oracle Database 11g Enterprise Edition Release 11.2.0.1.0 - Production
With the Partitioning, OLAP, Data Mining and Real Application Testing options

SQL> SET LINE 200
SQL> SELECT no, provider, price, img_store FROM naver_shopping
  2  ORDER BY no;

        NO PROVIDER                                                PRICE IMG_STORE
---------- ---------------------------------------------------- ---------- ------------------------------------------------------------
         1 네이월                                                   6300 c:₩temp₩2020-09-23-23-06-25-강아지 수제간식₩images₩1.jpg
         2 네이월                                                   6300 c:₩temp₩2020-09-23-23-06-25-강아지 수제간식₩images₩2.jpg
         3 도란도란 수제간식                                        5000 c:₩temp₩2020-09-23-23-06-25-강아지 수제간식₩images₩3.jpg
         4 펫 파더                                                 38000 c:₩temp₩2020-09-23-23-06-25-강아지 수제간식₩images₩4.jpg
         5 흰둥이네                                                13000 c:₩temp₩2020-09-23-23-06-25-강아지 수제간식₩images₩5.jpg
         6 네이월                                                   4500 c:₩temp₩2020-09-23-23-06-25-강아지 수제간식₩images₩6.jpg
         7 영양언니의수제간식                                       5700 c:₩temp₩2020-09-23-23-06-25-강아지 수제간식₩images₩7.jpg
         8 영양언니                                                 5700 c:₩temp₩2020-09-23-23-06-25-강아지 수제간식₩images₩8.jpg
         9 마리의냉장고                                             6000 c:₩temp₩2020-09-23-23-06-25-강아지 수제간식₩images₩9.jpg
        10 마리의냉장고                                             6000 c:₩temp₩2020-09-23-23-06-25-강아지 수제간식₩images₩10.jpg
        11 냐무냐무                                                10000 c:₩temp₩2020-09-23-23-06-25-강아지 수제간식₩images₩11.jpg
```

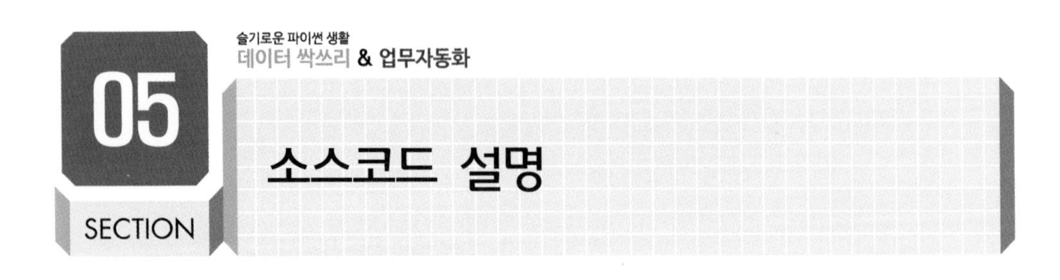

소스코드는 크게 11개의 세션으로 나누어져 있습니다(소스코드 내 #####로 구분).

- ✓ 필요한 모듈/라이브러리 설치 ······ 1~ 9번 행
- ✓ 드라이버 설치 ······ 11~14번 행
- ✓ 검색어 입력 ······ 16~43번 행
- ✓ 파일 저장 위치 설정 ······ 45~63번 행
- ✓ 웹 페이지 접속 후 정보 추출 ······ 65~128번 행
- ✓ 필요 변수 생성 ······ 130~142번 행
- ✓ 페이지 크롤링 함수+.txt 파일 저장/네이버 스토어 ······ 144~281번 행
- ✓ 페이지 크롤링 함수+.txt 파일 저장/펫 윈도 ······ 283~415번 행
- ✓ 전체 페이지 크롤링 ······ 417~485번 행
- ✓ 크롤링 결과 처리 ······ 487~515번 행
- ✓ 오라클 연결 ······ 517~535번 행

```
1  ##### 필요한 모듈/라이브러리 설치 #####
2
3  from selenium import webdriver
4  from bs4 import BeautifulSoup
5  import pandas as pd
6  import sys, time, math, os, random
7  import urllib.request
8  import urllib
9  import cx_Oracle
10
```

3번 행에서 9번 행까지는 필요한 모듈을 위해 import하는 작업입니다. 이전 챕터와 달리 추가되는 모듈은 cx_Oracle로, 오라클 데이터베이스로 접속을 가능하게 하는 모듈입니다.

```
11  ##### 드라이버 설치 #####
12
13  path = "c:/temp/chromedriver_240/chromedriver.exe"
14  driver=webdriver.Chrome(path)
15
```

13번 행과 14번 행은 브라우저 제어에 필요한 웹 드라이버의 경로를 지정해주는 작업입니다. 예시 코드를 실행하기 전에, 내 컴퓨터의 드라이버 저장 위치를 먼저 확인하고 알맞게 변경해 주세요. 크롬 드라이버의 버전도 이전 실습에서 사용하신 chromedriver_85 폴더의 드라이버를 사용하셔도 됩니다.

```
16  ##### 검색어 입력 #####
17
18  print("=" *80)
19  print("강아지 수제간식 네이버 쇼핑 검색하기")
20  print("=" *80)
21
22  query_text = "강아지 수제간식"
23
24  query_ingredients = int(input('''
25    0. 전체        1. 오리       2. 고구마       3. 닭        4. 북어
26    5. 과일/야채  6. 연어       7. 치즈/유지방  8. 돼지      9. 양
27   10. 칠면조     11.사슴       12.생선/해산물  13.소
28
29  1. 위 분야 중에서 자료를 수집할 번호를 선택하세요 :'''))
30  print("=" *80)
31
32  query_menu = int(input('''
33  1. 네이버 랭킹순 2. 낮은 가격순 3. 높은 가격순 4. 등록일순 5. 리뷰 많은순
34
35  2. 분류할 방법을 입력해주세요 : '''))
36  print("=" *80)
37
38  cnt = int(input('3.크롤링 할 건수는 몇 건입니까?: '))
39  print("=" *80)
40
41  f_dir = input("4.파일을 저장할 폴더명만 쓰세요(기본경로:c:₩₩temp₩₩):")
42  if f_dir == '' :
43      f_dir = "c:₩₩temp₩₩"
44
```

18번 행부터 43번 행까지는 사용자 화면에 출력되는 부분입니다. 강아지 수제간식 키워드를 사용하여 웹 페이지에 접속하여, 사용자가 주원료, 검색 건수, 검색 방법을 입력하게끔 하는 코드입니다.

```
45  ##### 파일 저장 위치 설정 #####
46
47  # 현재 시간 저장
48  now = time.localtime()
49  s = '%04d-%02d-%02d-%02d-%02d-%02d' ₩
50  % (now.tm_year, now.tm_mon, now.tm_mday, now.tm_hour, now.tm_min, now.tm_sec)
51
52  # txt, csc, xls 파일 저장 위치 및 파일명 지정
53  os.makedirs(f_dir+s+'-'+query_text)
54  os.chdir(f_dir+s+'-'+query_text)
55
56  f_name=f_dir+s+'-'+query_text+'₩₩'+s+'-'+query_text+'.txt'    # 메모장 파일
57  fc_name=f_dir+s+'-'+query_text+'₩₩'+s+'-'+query_text+'.csv'   # 쉼표 있는 엑셀
58  fx_name=f_dir+s+'-'+query_text+'₩₩'+s+'-'+query_text+'.xls'   # 엑셀
59
60  # 이미지 저장 위치 및 파일명 지정
61  img_dir = f_dir+s+'-'+query_text+"₩₩images"
62  os.makedirs(img_dir)
63  os.chdir(img_dir)
64
```

45번 행부터는 파일 저장 위치를 설정하는 작업입니다.

48번 행~50번 행은 현재 시간을 저장하는 코드입니다. time 모듈의 time 함수를 호출하면 초단위로 반환하기 때문에, 이를 연도-월-일-시간-분-초로 변환하여 파일 저장 위치 및 파일명에 사용합니다.

53번 행부터 사용되는 os모듈은 파일을 저장할 폴더를 만들어줍니다. 폴더 내. txt, .cvs., .xls 파일이 저장되도록 구성하였으며, 이미지 파일은 하위 폴더로 생성됩니다.

```
65 ##### 웹페이지 접속 후 정보 추출 #####
66
67 # 강아지 수제간식 키워드로 네이버 쇼핑 접속
68 driver.get('https://shopping.naver.com/home/p/index.nhn')
69 driver.maximize_window()
70 element = driver.find_element_by_xpath('//*[@id="autocompleteWrapper"]/input[1]').send_keys(query_text)
71 driver.find_element_by_xpath('//*[@id="autocompleteWrapper"]/a[2]').click()
72
73 # 간식 재료 선택하기
74 if query_ingredients == 0 :
75     driver.get('https://search.shopping.naver.com/search/all?frm=NVSHCHK&origQuery=%EA%B0%95%EC%95%84%E
76 else :
77     driver.find_element_by_xpath₩
78     ('//*[@id="__next"]/div/div[2]/div/div[2]/div[1]/div[3]/div[2]/div/ul/li[{}]/a/span[1]'₩
79     .format(query_ingredients)).click()
80
81 # 검색 순서 선택하기
82 if query_menu ==1 :
83     driver.find_element_by_class_name('subFilter_sort__rQUtM').click
84 elif query_menu ==2 :
85     driver.find_element_by_link_text('낮은 가격순').click()
86 elif query_menu ==3 :
87     driver.find_element_by_link_text('높은 가격순').click()
88 elif query_menu ==4 :
89     driver.find_element_by_link_text('등록일순').click()
90 else :
91     driver.find_element_by_link_text('리뷰 많은순').click()
92 time.sleep(random.randrange(2,5))
93
```

65번 행부터는 웹 페이지 접속 후 정보를 추출하는 작업입니다.

68번 행~71번 행은 네이버쇼핑 홈페이지에 접속하여 창을 최대화하고, 검색창에 검색어를 입력 후 찾기 버튼을 누르게 작성하였습니다. 73번 행~79번 행은 간식 재료를 선택하는 부분으로, 최대 창 크기 100%에 보이는 주원료 13개 중 하나를 선택하여 입력하게 됩니다. 주원료 xpath는 번호[1]~[13]으로 차례대로 구성되기 때문에, {}, format() (또는 %s, %())을 통해 사용자가 사전에 입력한 간식 재료 번호를 이용할 수 있습니다(* 웹 페이지에서 주원료 순서가 변경될 수 있으므로, 웹 페이지 화면과 일치하는지 확인해주세요). 주원료와 상관없이 검색을 원하는 사용자를 위해 0번을 추가하여 현재 페이지로 연결합니다.

82번~91번 행은 검색 순서를 선택하는 부분으로, 기본으로 설정된 네이버 랭킹순 외 다양한 검색방법을 link_text를 통해 연결하고, 사용자가 입력한 값에 따라 선택되도록 합니다.

92번 행은 2~5초 사이에 휴식을 취하라는 명령으로, 코드 중간 중간에 삽입하여 과부하를 방지하고 사람이 실제 입력하는 것과 같은 효과를 줍니다. time.sleep(#초)과 병행하여 사용합니다.

```
94  # 스크롤바를 끝까지 내리기
95  last_page_height = driver.execute_script("return document.documentElement.scrollHeight")
96  while True:
97      driver.execute_script("window.scrollTo(0, document.documentElement.scrollHeight);")
98      time.sleep(3.0)
99      new_page_height = driver.execute_script("return document.documentElement.scrollHeight")
100     if new_page_height == last_page_height:
101         break
102     last_page_height = new_page_height
103
```

95번 행부터 102번 행까지는 스크롤바를 가장 아래로 내리는 작업입니다. 스크롤 높이를 저장하고 스크롤을 밑으로 내린 다음, 스크롤 높이를 이전과 비교하여 동일하면 종료토록 구성하였습니다.

```
104 # 메인 페이지 정보에서 가능한 검색 숫자 추출하여, 실제 검색 숫자와 맞추기
105 html=driver.page_source
106 soup = BeautifulSoup(html,'html.parser')
107 search_cnt=int(soup.find('ul','subFilter_seller_filter__3yvWP')₩
108 .find_all('span')[0].get_text().strip().replace(",",""))
109 time.sleep(3)
110
111 if cnt > int(search_cnt) :         # 입력 건수가 실제 건수보다 크면
112     cnt1 = int(search_cnt)         # 실제 건수로 출력하라
113 else:
114     cnt1 = cnt                     # 아닐 경우, 실제 건수로 출력하라
115
116 real_page_cnt=math.ceil(cnt1/40) # 한 페이지에 포함된 개별 정보의 숫자로 나눠 페이지 계산
117
118 # 사용자 화면 출력
119 print("₩n")
120 print("="*80)
121 print("요청하신 검색 건수는 {}건이고,".format(cnt))
122 print("해당 키워드로 실제 검색된 글의 건수는 총 {}건이라서,".format(search_cnt))
123 print("실제 검색 건수는 {}건으로 재설정하고,".format(cnt1))
124 print("총 {}페이지의 게시글 수집을 진행하겠습니다".format(real_page_cnt))
125 print("단, 가격비교, 판매중단, 개별쇼핑몰 정보는 수집되지 않으므로, 실제 수집 건수는 다를 수 있습니다.")
126 print("="*80)
127 print("₩n")
128 time.sleep(2)
129
```

104번 행부터는 사용자가 입력한 건수와 실제 검색 가능 건수를 비교하여, 사용자 화면에 출력하는 작업입니다. 다음의 예와 같이 사슴 재료로 검색이 가능한 건수는 220건이기 때문에, 사용자 입력 건수가 더 클 경우, 검색 건수를 조정할 필요가 있습니다(119행~127행 참조).

```
================================================================================
요청하신 검색 건수는 300건이고,
해당 키워드로 실제 검색된 글의 건수는 총 220건이라서,
실제 검색 건수는 220건으로 재설정하고,
총 6페이지의 게시글 수집을 진행하겠습니다
단, 가격비교, 판매중단, 개별쇼핑몰 정보는 수집되지 않으므로, 실제 수집 건수는 다를 수 있습니다.
================================================================================
```

105번 행~108번 행은 실제 검색 가능 건수를 추출하는 부분으로, 화면 페이지의 html 요소를 soup으로 담은 후, 태그 이름을 찾아 텍스트를 추출, 정렬 후, 자리 수 표기를 삭제하였습니다.

111번 행~114번 행은 if-else 구분을 이용하여 실제 건수를 출력하는 구문입니다.

116번 행은 메인 페이지 수로, 상세 페이지 수인 40개를 포함하도록 수식화하였습니다.

```
130 ##### 필요 변수 생성 #####
131
132 no=0                # 번호 시작점 설정
133 no2=[]              # 1. 번호
134 products2=[]        # 2. 상품명
135 provider2=[]        # 3. 판매처
136 price2=[]           # 4. 정가
137 off_price2=[]       # 5. 할인가
138 review2=[]          # 6. 리뷰 수
139 rating2=[]          # 7. 평점
140 made_in2=[]         # 8. 원산지
141 img_store2=[]       # 9. 이미지 저장위치
142 file_no = 0         # 이미지 파일번호 시작점 설정
143
```

130번 행부터 142번 행까지는 수집할 정보를 리스트에 넣는 작업입니다.

no와 file_no는 수집하는 정보의 순서대로 번호를 부여하기위해 시작점을 0으로 설정해 줍니다.

```
144 ##### 페이지 크롤링 함수 + .txt 파일 저장 / 네이버 스토어 #####
145
146 def smartstore_crawling():
147
148     global no
149     global file_no
150
151     f = open(f_name, 'a', encoding='UTF-8')
152     f.write("------------------------------------------------------------"+"₩n")
153     print("-" *70)
154
```

144번 행부터는 네이버스토어 상세 페이지 크롤링 함수에 대한 내용으로 구성되어 있습니다. 전체적인 코드가 길어질 때, 함수를 사용하면 쉽게 구성 요소를 파악할 수 있습니다.

148번 행과 149번 행은 함수 밖 변수를 읽어올 수 없기 때문에 no와 file_no를 전역변수로 설정해 주는 부분입니다.

151번~153번 행은 이어쓰기로 저장하고 한글 깨짐을 방지하여 .txt 파일을 생성하는 코드입니다.

```
155    # 1. 번호
156    no+=1
157    print('1. 번호:',no)
158    f.write('1. 번호:'+str(no)+"₩n")
159
160    # 2. 상품명
161    try :
162        products = soup2.find('h3','_3oDjSvLwq9').get_text().strip()
163    except :
164        products = '상품명 없음'
165        print('2. 상품명:', products)
166        f.write('2. 상품명:'+str(products)+"₩n")
167    else :
168        print('2. 상품명:', products)
169        f.write('2. 상품명:'+str(products)+"₩n")
170
171    # 3. 판매처
172        try :
173            provider = soup2.find('span','_3QBCSk9AvE').get_text().strip()
174        except :
175            provider = '판매처 없음'
176            print('3. 판매처:', provider)
177            f.write('3. 판매처:'+str(provider)+"₩n")
178        else :
179            print('3. 판매처:', provider)
180            f.write('3. 판매처:'+str(provider)+"₩n")
181
```

155번 행부터 180번 행까지는 총 9개의 정보 중 번호,상품명, 판매처를 추출하는 작업입니다.

156번 행과 157번 행은 함수 밖의 no=0을 활용하여 1씩 증가하는 번호를 생성하고 출력합니다. 161번 행~169번 행은 try-except-else 문을 사용하여 상품명을 추출하고, 없는 경우 상품명 없음으로 기재합니다. 판매처도 마찬가지로 구성하였습니다. 각 158번 행, 166번 행, 169번 행, 177번 행, 180번 행은 .txt 파일을 생성하는 구문으로, 문자(str)와 숫자(int)는 더해질 수 없기 때문에 모든 정보를 문자로 처리하였습니다(이후 .txt 파일 생성 구문도 동일).

```
182    # 4. 정가
183    try :
184        price = int(soup2.find('span','_1LY7DqCnwR').get_text().replace(",",""))
185    except :
186        price = int(soup2.find('del','XdhdpmOBD9').find_all('span')[1].get_text().replace(",",""))
187        print('4. 정가:', price)
188        f.write('4. 정가:'+str(price)+"₩n")
189    else :
190        print('4. 정가:', price)
191        f.write('4. 정가:'+str(price)+"₩n")
192
193    # 4. 할인가
194    try :
195        off_price = int(soup2.find('strong','alCRqgP9zw').find_all('span')[1].get_text().replace(",",""))
196    except :
197        off_price = int(0)
198        print('5. 할인가:', off_price)
199        f.write('5. 할인가:'+str(off_price)+"₩n")
200    else :
201        print('5. 할인가:', off_price)
202        f.write('5. 할인가:'+str(off_price)+"₩n")
203
```

182번 행부터 202번 행까지는 정가와 할인가를 추출하는 작업이며, 상세 페이지는 정가 또는 정가와 할인가가 모두 있는 경우, 두 가지가 존재합니다(아래 그림 참조).

183번 행~191번 행은 정가를 추출하는 행으로, 정가는('span', '_1LY7DqCnwR')로 수집합니다. 하지만 정가와 할인가가 함께 존재하는 경우는 상위 태그인('del', 'Xdhdpm0BD9')에서 find_all을 사용하여 span을 모두 찾은 다음, 두 번째에 위치한 가격에서 정보를 추출해야 합니다. 194번 행~202번 행은 할인가를 추출하는 행으로, 할인가는('strong', 'aICRqgP9zw')로 수집합니다. 할인가가 없는 경우는 숫자0으로 추출되도록 설정하였으나, 할인가 없는 페이지 태그('strong', 'aICRqgP9zw _2oBq11Xp7s')에 띄어쓰기가 있어, aICRqgP9zw로 인식하여 정가가 추출됩니다.

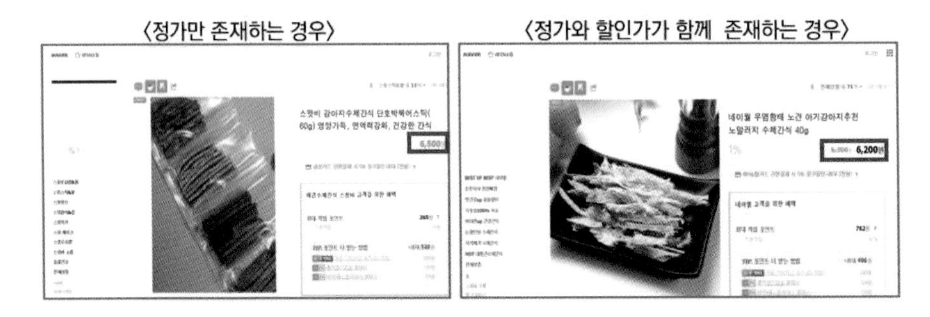


```
204    # 6. 리뷰수
205    try :
206        review = int(soup2.find('div','NFNlCQC2mv').find_all('strong')[0].get_text().replace(",",""))
207    except :
208        review = int(soup2.find('div','NFNlCQC2mv').find('a').find('strong').get_text().replace(",",""))
209        print('6. 리뷰 수:', review)
210        f.write('6. 리뷰 수:'+str(review)+"\n")
211    else :
212        print('6. 리뷰 수:', review)
213        f.write('6. 리뷰 수:'+str(review)+"\n")
214
215    # 7. 리뷰 평점
216    rating = float(soup2.find('div','NFNlCQC2mv').find_all('strong')[1].get_text().split('/')[0])
217    print('7. 리뷰 평점:', rating)
218    f.write('7. 리뷰 평점:'+str(rating)+"\n")
219
```

204번 행부터 218번 행까지는 리뷰 수와 리뷰 평점을 추출하는 작업입니다.

다음의 개발자 코드를 보면, ('div', 'NFNlCQC2mv')는 두 개의 ('div', '_2Q0vrZJNK1') 하위를 가지며 각각 리뷰 수와 리뷰 평점을 포함합니다. 즉,('div', '_2Q0vrZJNK1')를 태그로 사용하면정보가 추출되지 않습니다.

205번 행~2018번 행을 보면, 상위인 ('div', 'NFNlCQC2mv')에서 strong의 개수를 모두 찾은 후, 첫 번째 위치에서 리뷰 수, 두 번째 위치에서 리뷰 평점을 수집한 것을 확인할 수 있습니다.

207번 행~210번 행은 간혹 페이지별로 오류가 나는 경우가 있어, 예외 사항에 a태그와 strong 태그를 따라 리뷰 수를 추출하는 방법을 추가한 것입니다.

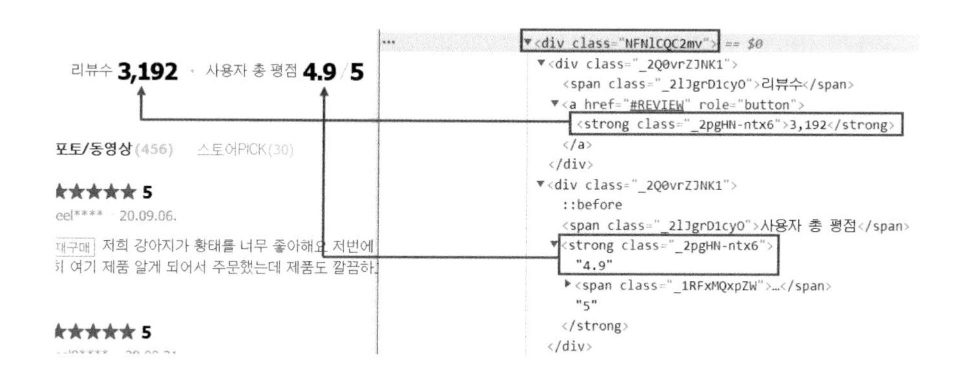


```
220    # 8. 원산지
221    info_tr = len(soup2.find('tbody').find_all('tr'))
222    info_td = len(soup2.find('tbody').find_all('td'))
223
224    if info_tr ==2 and info_td==3 :
225        made_in = soup2.find('tbody').find_all('tr')[1].find_all('td')[0].get_text()
226        print('8. 원산지:', made_in)
227        f.write('8. 원산지:'+str(made_in)+"₩n")
228    elif info_tr ==2 and info_td==4 :
229        made_in = soup2.find('tbody').find_all('tr')[1].find_all('td')[1].get_text()
230        print('8. 원산지:', made_in)
231        f.write('8. 원산지:'+str(made_in)+"₩n")
232    elif info_tr ==3 and info_td==5 :
233        made_in = soup2.find('tbody').find_all('tr')[2].find_all('td')[0].get_text()
234        print('8. 원산지:', made_in)
235        f.write('8. 원산지:'+str(made_in)+"₩n")
236    elif info_tr ==3 and info_td==6 :
237        made_in = soup2.find('tbody').find_all('tr')[2].find_all('td')[1].get_text()
238        print('8. 원산지:', made_in)
239        f.write('8. 원산지:'+str(made_in)+"₩n")
240    elif info_tr ==4 and info_td==7 :
241        made_in = soup2.find('tbody').find_all('tr')[3].find_all('td')[0].get_text()
242        print('8. 원산지:', made_in)
243        f.write('8. 원산지:'+str(made_in)+"₩n")
244    elif info_tr ==4 and info_td==8 :
245        made_in = soup2.find('tbody').find_all('tr')[3].find_all('td')[1].get_text()
246        print('8. 원산지:', made_in)
247        f.write('8. 원산지:'+str(made_in)+"₩n")
248    elif info_tr ==5 and info_td==9 :
249        made_in = soup2.find('tbody').find_all('tr')[3].find_all('td')[0].get_text()
250        print('8. 원산지:', made_in)
251        f.write('8. 원산지:'+str(made_in)+"₩n")
252    else :
253        made_in = soup2.find('tbody').find_all('tr')[3].find_all('td')[1].get_text()
254        print('9. 원산지:', made_in)
255        f.write('9. 원산지:'+str(made_in)+"₩n")
256
```

220번 행부터 255번 행까지는 원산지를 추출하는 작업입니다. 원산지의 경우 변동 테이블이기 때문에 len 함수를 이용하여, tr(행)의 개수와 td(데이터셀)의 개수를 추출합니다. 아래의 표와 같이 다양한 경우의 수를 산출한 후, if-elif-else 문을 활용하여 원산지의 출력 위치를 지정합니다.

표	항목	내용	항목	내용
tr0	상품상태 th[0]	정보1 td[0]	상품번호 th[1]	정보2 td[1]
tr1	제조사 th[0]	❶ 정보3 td[0]	브랜드 th[1]	❷ 정보4 td[1]
tr2	모델명 th[0]	❸ 정보5 td[0]	이벤트 th[1]	❹ 정보6 td[1]
tr3	사은품 th[0]	❺ 정보7 th[0]	원산지 th[1]	❻ 정보8 td[1]
t4	제조일자 th[0]	❼ 정보9 th[0]	유효일자 th[1]	❽ 정보10 td[1]
* 제조사, 브랜드, 모델명, 이벤트, 사은품, 원산지, 제조일자, 유효일자 는 옵션으로 위치 이동 가능				

* 원산지의 정보만 추출하기를 원함
  tr과 td의 개수를 len 수식으로 추출한 후, if문 구절을 활용하여
  위치를 지정함. / 8번은 else문으로 처리
① tr이 2개이고 td가 3개인 경우, tr1과 td0의 위치를 추출하라
② tr이 2개이고 td가 4개인 경우, tr1과 td1의 위치를 추출하라
③ tr이 3개이고 td가 5개인 경우, tr2와 td0의 위치를 추출하라
④ tr이 3개이고 td가 6개인 경우, tr2와 td1의 위치를 추출하라
⑤ tr이 4개이고 td가 7개인 경우, tr3과 td0의 위치를 추출하라
⑥ tr이 4개이고 td가 8개인 경우, tr3과 td1의 위치를 추출하라
⑦ tr이 5개이고 td가 9개인 경우, tr3와 td0의 위치를 추출하라
⑧ tr이 5개이고 td가 10개인 경우, tr3와 td1의 위치를 추출하라

```
257    # 9. 제품 이미지
258    try :
259        photo = soup2.find('div','_23RpOU6xpc').find('img')['src']
260    except :
261        pass
262
263    file_no += 1
264    urllib.request.urlretrieve(photo,str(file_no)+'.jpg')
265
266    image_name = str(file_no) + '.jpg'
267    img_store = f_dir+s+'-'+query_text+"₩₩images"+"₩₩"+image_name
268    print ('8. 이미지 경로:',img_store)
269    f.write('8. 이미지 경로:'+str(img_store)+"₩n")
270    print('₩n')
271    time.sleep(2)
272
```

257번 행부터 271번 행까지는 제품 이미지를 추출하는 작업입니다.

258번 행~261번 행은 img의 src 속성을 이용하여 웹 url을 추출하여 변수명 photo에 저장합니다. 263번 행에서는 이미지파일 번호를 전역변수 file_no를 0부터 1씩 증가하도록 설정합

니다. 264번 행은 urlib.request.urlretrieve 코드를 활용하여 이미지 url로 변경하는 과정입니다. 266번 행에서 image_name은 이미지 jpg파일 이름을 의미합니다(예, 1.jpg, 2.jpg, 3.jpg…..).

267번 행은 이미지 폴더에 이미지 파일을 저장하는 경로 주소로, 오라클로 이미지 경로를 옮길 때 사용합니다. 오라클의 BLOB으로 이미지를 데이터베이스에 저장하는 방법도 있으나, 디스크 사용량이 늘어나고 대용량 백업이 발생하기에 경로를 저장하는 것이 용이합니다.

```
273        no2.append(no)                    # 1. 번호
274        products2.append(products)        # 2. 상품명
275        provider2.append(provider)        # 3. 판매처
276        price2.append(price)              # 4. 정가
277        off_price2.append(off_price)      # 5. 할인가
278        review2.append(review)            # 6. 리뷰수
279        rating2.append(rating)            # 7. 평점
280        made_in2.append(made_in)          # 8. 원산지
281        img_store2.append(img_store)      # 9. 이미지 저장위치
282
```

273번 행부터 281번 행까지는 생성된 변수를 리스트 파일에 넣는 작업입니다.

```
283 ##### 페이지 크롤링 함수 + .txt 파일 저장 / 펫 윈도 #####
284
285 def pet_window_crawling():
286
287     global no
288     global file_no
289
290     f = open(f_name, 'a', encoding='UTF-8')
291     f.write("------------------------------------------------------"+"\n")
292     print("-" *70)
293
294     # 1. 번호
295     no+=1
296     print('1. 번호:',no)
297     f.write('1. 번호:'+str(no)+"\n")
298
299     # 2. 상품명
300     try :
301         products = soup2.find('h3','_2IA5sp7BRM').get_text().strip()
302     except :
303         products = '상품명 없음'
304         print('2. 상품명:', products)
305         f.write('2. 상품명:'+str(products)+"\n")
306     else :
307         print('2. 상품명:', products)
308         f.write('2. 상품명:'+str(products)+"\n")
309
310     # 3. 판매처
311     try :
312         provider = soup2.find('span','_3QBCSk9AvE').get_text().strip()
313     except :
314         provider = '판매처 없음'
315         print('3. 판매처:', provider)
316         f.write('3. 판매처:'+str(provider)+"\n")
317     else :
318         print('3. 판매처:', provider)
319         f.write('3. 판매처:'+str(provider)+"\n")
320
```

```
321         # 4. 정가
322         try :
323             price = int(soup2.find('span','_1LY7DqCnwR').get_text().replace(",",""))
324         except :
325             price = int(soup2.find('del','XdhdpmOBD9').find_all('span')[1].get_text().replace(",",""))
326             print('4. 정가:', price)
327             f.write('4. 정가:'+str(price)+"₩n")
328         else :
329             print('4. 정가:', price)
330             f.write('4. 정가:'+str(price)+"₩n")
331 
332         # 5. 할인가
333         try :
334             off_price = int(soup2.find('strong','alCRqgP9zw').find_all('span')[1]₩
335             .get_text().replace(",",""))
336         except :
337             off_price = int(0)
338             print('5. 할인가:', off_price)
339             f.write('5. 할인가:'+str(off_price)+"₩n")
340         else :
341             print('5. 할인가:', off_price)
342             f.write('5. 할인가:'+str(off_price)+"₩n")
343 
344         # 6. 리뷰 수
345         review = int(soup2.find('div','NFNlCQC2mv').find_all('strong')[0].get_text().replace(",",""))
346         print('6. 리뷰 수:', review)
347         f.write('6. 리뷰 수:'+str(review)+"₩n")
348 
349         # 7. 리뷰 평점
350         rating = float(soup2.find('div','NFNlCQC2mv').find_all('strong')[1].get_text().split("/")[0])
351         print('7. 리뷰 평점:', rating)
352         f.write('7. 리뷰 평점:'+str(rating)+"₩n")
353 
354         # 8. 원산지
355         info_tr = int(len(soup2.find('table','TH_yvPweZa').find_all('tr')))
356         info_td = int(len(soup2.find('table','TH_yvPweZa').find_all('td')))
357 
358         if info_tr ==2 and info_td==3 :
359             made_in = soup2.find('table','TH_yvPweZa').find_all('tr')[1].find_all('td')[0].get_text()
360             print('8. 원산지:', made_in)
361             f.write('8. 원산지:'+str(made_in)+"₩n")
362         elif info_tr ==2 and info_td==4 :
363             made_in = soup2.find('table','TH_yvPweZa').find_all('tr')[1].find_all('td')[1].get_text()
364             print('8. 원산지:', made_in)
365             f.write('8. 원산지:'+str(made_in)+"₩n")
366         elif info_tr ==3 and info_td==5 :
367             made_in = soup2.find('table','TH_yvPweZa').find_all('tr')[2].find_all('td')[0].get_text()
368             print('8. 원산지:', made_in)
369             f.write('8. 원산지:'+str(made_in)+"₩n")
370         elif info_tr ==3 and info_td==6 :
371             made_in = soup2.find('table','TH_yvPweZa').find_all('tr')[2].find_all('td')[1].get_text()
372             print('8. 원산지:', made_in)
373             f.write('8. 원산지:'+str(made_in)+"₩n")
374         elif info_tr ==4 and info_td==7 :
375             made_in = soup2.find('table','TH_yvPweZa').find_all('tr')[3].find_all('td')[0].get_text()
376             print('8. 원산지:', made_in)
377             f.write('8. 원산지:'+str(made_in)+"₩n")
378         elif info_tr ==4 and info_td==8 :
379             made_in = soup2.find('table','TH_yvPweZa').find_all('tr')[3].find_all('td')[1].get_text()
380             print('8. 원산지:', made_in)
381             f.write('8. 원산지:'+str(made_in)+"₩n")
382         elif info_tr ==5 and info_td==9 :
383             made_in = soup2.find('table','TH_yvPweZa').find_all('tr')[3].find_all('td')[0].get_text()
384             print('8. 원산지:', made_in)
385             f.write('8. 원산지:'+str(made_in)+"₩n")
```

```
386     else :
387         made_in = soup2.find('table','TH_yvPweZa').find_all('tr')[3].find_all('td')[1].get_text()
388         print('8. 원산지:', made_in)
389         f.write('8. 원산지:'+str(made_in)+"₩n")
390
391     # 9. 제품 이미지
392     try :
393         photo = soup2.find('div','_23RpOU6xpc').find('img')['src']
394     except :
395         pass
396
397     file_no += 1
398     urllib.request.urlretrieve(photo,str(file_no)+'.jpg')
399
400     image_name = str(file_no) + '.jpg'
401     img_store = f_dir+s+'-'+query_text+"₩₩images"+"₩₩"+image_name
402     print ('9. 이미지 경로:',img_store)
403     f.write('9. 이미지 경로:'+str(img_store)+"₩n")
404     print('₩n')
405     time.sleep(2)
406
407     no2.append(no)                  # 1. 번호
408     products2.append(products)      # 2. 상품명
409     provider2.append(provider)      # 3. 판매처
410     price2.append(price)            # 4. 정가
411     off_price2.append(off_price)    # 5. 할인가
412     review2.append(review)          # 6. 리뷰수
413     rating2.append(rating)          # 7. 평점
414     made_in2.append(made_in)        # 8. 원산지
415     img_store2.append(img_store)    # 9. 이미지 저장위치
416
```

283행부터 415행까지는 펫윈도 상세 페이지에서 총 9가지 정보를 추출하는 작업입니다. 네이버 스토어와 작업 내용이 유사하기 때문에 상세 설명을 생략합니다(* 간혹 펫윈도 태그 정보가 네이버스토어의 태그 정보와 동일하게 변경되는 경우가 있으므로, 에러 발생 시 확인해주세요).

```
417 ##### 전체 페이지 크롤링 #####
418
419 s_time = time.time()
420
421 for x in range(1, real_page_cnt+1) :
422
423     print("======= {} 페이지 내용 수집 시작합니다 =======" .format(x) , "₩n")
424     time.sleep(1)
425
426     for i in range (1,40+1):
427
428         driver.find_element_by_xpath ₩
429         ('//*[@id="__next"]/div/div[2]/div/div[3]/div[1]/ul/div/div[{}]/li/div/div[2]/div[1]/a'₩
430         .format(i)).click()
431         time.sleep(2)
432
433         driver.switch_to_window(driver.window_handles[1])
434         html=driver.page_source
435         soup2 = BeautifulSoup(html,'html.parser')
436
```

417행부터는 전체 페이지를 크롤링하는 이중 for 문 작업입니다.

419행은 시작 시간을 기록하는 것으로, 크롤링에 소요된 총시간을 계산하는 데 사용됩니다.

421번 행에 사용된 for 문은 메인 페이지에서 메인 페이지로 넘어가는 반복문입니다.

426번 행은 하나의 메인 페이지 내 40개의 상세 페이지 정보 수집을 반복하는 for 문입니다.

428번 행~431번 행은 xpath내 순서에 따라 상세 페이지를 하나씩 클릭하도록 해 두었습니다. 이때 상세 페이지는 새로운 창에서 열리기 때문에 창 번호를 명시해 주어야합니다.

433번 행~435번 행은 창을 두 번째로 옮겨서 html의 내용을 추출하라는 내용입니다.

```
437        smartstore = soup2.find ('body','smartstore')          # 스마트스토어 고유 속성
438        pet_window = soup2.find ('div','_20VEkKuVOW')          # 펫윈도 고유 속성
439        low_price = soup2.find('span','low')                   # 최저가 가격비교 고유 속성
440        smartstore_shutdown = soup2.find('div','_2BQ-WF2QUb')  # 스마트스토어 판매 중단 고유 속성
441        pet_window_shutdown = soup2.find('h2','CUJdaH2pd6')    # 펫윈도 판매 중단 고유 속성
442
443        if smartstore :
444            smartstore_crawling ()
445        elif pet_window :
446            pet_window_crawling()
447        elif smartstore_shutdown :
448            # no+=1
449            # print('0, 번호:',no)
450            # no2.append(no)
451            print ('판매 중단 정보 수집 없음')
452            print('\n')
453        elif pet_window_shutdown :
454            # no+=1
455            # print('0, 번호:',no)
456            # no2.append(no)
457            print ('판매 중단 정보 수집 없음')
458            print('\n')
459        elif low_price :
460            # no+=1
461            # print('0, 번호:',no)
462            # no2.append(no)
463            print ('최저가 쇼핑몰 정보 수집 없음')
464            print('\n')
465        else :
466            # no+=1
467            # print('0, 번호:',no)
468            # no2.append(no)
469            print ('개별 쇼핑몰 정보 수집 없음')
470            print('\n')
471
```

437번 행부터 470번 행까지는 상세 페이지 크롤링 함수를 실행하는 작업입니다. 앞서 상세 페이지의 종류를 확인하고, 그 중 네이버스토어와 펫윈도의 정보만 수집하는 것으로 결정한 바 있습니다.

437번 행~441번 행에는 각 상세 페이지 종류의 고유 속성을 파악하여 저장합니다.

443행~470번 행은 if-elif-else를 활용하여 네이버스토어와 펫윈도의 고유 속성이 나타날 때, 각 상세 페이지 크롤링 함수를 실행하도록 작성되었습니다.

```
472         driver.close()
473         driver.switch_to_window(driver.window_handles[0])
474         time.sleep(2)
475 
476         if no == cnt1 :
477             break
478 
```

472번 행부터 477번 행까지는 423번 행의 for 문 실행을 닫는 작업입니다.

472번 행~473번 행은 상세 페이지 창을 닫고 메인 페이지로 돌아가는 구문입니다.

476번 행~477번 행을 통해 수집된 정보의 번호가 실제 수집 건수와 일치할 때 정보 수집을 멈추게 됩니다.

```
479     x += 1
480 
481     if x <= 2 :
482         driver.find_element_by_xpath('//*[@id="__next"]/div/div[2]/div/div[3]/div[1]/div[3]/a').click()
483     else :
484         driver.find_element_by_xpath('//*[@id="__next"]/div/div[2]/div/div[3]/div[1]/div[3]/a[2]').click()
485     time.sleep(2)
486 
```

479번 행부터 485번 행까지는 421번 행의 이중 for 문 실행을 닫는 작업입니다.

481번 행~484번 행은 한 메인 페이지의 수집이 끝난 후 다음 메인 페이지로 넘어가는 버튼인 [다음]을 누르도록 구성되어 있습니다. 다음 버튼의 xpath는 2페이지 후 변경됨으로 if-else 문을 사용하였습니다.

```
487 ##### 크롤링 결과 처리 #####
488 
489 # 데이터 프레임으로 변환
490 naver_shopping= pd.DataFrame()
491 naver_shopping['번호'] = pd.Series(no2)
492 naver_shopping['상품명'] = pd.Series(products2)
493 naver_shopping['판매처'] = pd.Series(provider2)
494 naver_shopping['정가'] = pd.Series(price2)
495 naver_shopping['할인가'] = pd.Series(off_price2)
496 naver_shopping['리뷰수'] = pd.Series(review2)
497 naver_shopping['평점'] = pd.Series(rating2)
498 naver_shopping['원산지'] = pd.Series(made_in2)
499 naver_shopping['이미지']= pd.Series(img_store2)
500 
501 # csv, excel 파일로 저장
502 naver_shopping.to_csv(fc_name, encoding="utf-8-sig", index=False)
503 naver_shopping.to_excel(fx_name, index=False)
504 
505 # 사용자 화면 출력
506 print("\n" + "="*80)
507 print('''
508 요청한 총 {0} 건 중에서 {1} 건의 데이터를 수집 완료. 총 {2} 초 소요 \n
509 파일 저장(txt): {3}
510 파일 저장(csv): {4}
511 파일 저장(xls): {5}
```

```
512 ''' .format(cnt, cnt1, round(time.time() - s_time), f_name, fc_name, fx_name))
513 print("="*80 + "\n")
514
515 driver.close()
516
```

487번 행부터는 크롤링 결과를 처리하는 작업입니다.

490번 행~499번 행은 수집한 정보를 데이터 프레임으로 변환하는 과정입니다.

502번 행~503번 행은 사전에 정의해 둔 .csv와 .excel 파일로 데이터를 저장하는 구문입니다. 506번 행~513번 행을 통해 사용자는 크롤링 건수, 소요 시간, 저장 위치를 알 수 있습니다.

```
517 #### 오라클 연결 ####
518
519 # 오라클 계정 연결
520 con = cx_Oracle.connect('naver_crawler/shopping00@localhost:1521/testdb')
521 cursor = con.cursor()
522
523 # 데이터 프레임을 리스트로 변환
524 dataframe_list=naver_shopping.values.tolist()
525 sql='''INSERT INTO naver_shopping
526           (no, products, provider, price, off_price, review, rating, made_in, img_store)
527           values (:1,:2,:3,:4,:5,:6,:7,:8,:9)'''
528 print(sql)
529 # 리스트를 반복해서 삽입
530 for index, i in enumerate(dataframe_list):
531     cursor.execute(sql,dataframe_list[index])
532
533 con.commit()
534 cursor.close()
535 con.close()
```

517번 행부터 535번 행까지는 수집한 정보를 오라클로 옮기는 작업입니다.

520번 행~521번 행은 cx_Oracle 모듈을 이용하여 오라클 계정에 접속하는 구문이며, 다음의 오라클 계정 생성에 대한 내용을 참고할 수 있습니다(사용자계정/비밀번호@IP:포트번호/서비스명).

524번 행~528번 행을 통해 수집된 데이터프레임을 리스트로 변환하여 오라클 데이터데이스로 이동합니다. 이때 변수는 순서대로 입력되어야 하며, 수집된 정보의 속성과 오라클에 정의된 변수 속성이 반드시 일치해야 합니다.

530번 행~535번 행은 위의 행을 반복하는 구문으로 실행 후 종료하도록 구성되어 있습니다.

오라클 설치 및 계정 생성 정보

앞의 코드를 실행하기 전에, 오라클에 접속하여 계정을 만든 후 웹 페이지(https://www.oracle.com/database/technologies/112010-win64soft.html)를 통해 오라클 11g 서버용 설치파일과 클라이언트를 모두 설치해야 합니다(34비트 설치를 원하는 경우, 주소에서 64대신 32를 입력하면 됩니다).

Oracle Database 11g Release 2 (11.2.0.1.0) for Microsoft Windows (x64)

Download	Discription
win64_11gR2_database_1of2.zip	(1,213,501,989 bytes) (md5sum - 88a2167f14cbe00d30f51dcd6d3e58d0)
win64_11gR2_database_2of2.zip	(1,007,988,954 bytes) (md5sum - 1d6dca5535917b5d076d3db3af64dffa)

Directions

1. All files are in the .zip format.
2. Download and unzip both files to the same directory.
3. Installation guides and general Oracle Database 11g documentation are here.
4. Review the certification matrix for this product here.

Oracle Database 11g Release 2 Client (11.2.0.1.0) for Microsoft Windows (x64)

Download	Discription
win64_11gR2_client.zip	(615,698,264 bytes) (md5sum - 0e73bc845884d6d0d927c22134f24c9f)

오라클 서버는 실제로 데이터베이스가 존재하는 곳이며, 클라이언트란 오라클 서버로 접속하기 위한 매개체로 자신의 오라클 서버의 정보를 생성하여 입력하면 서버로 접속이 가능하게 됩니다.

클라이언트 프로그램의 NET CONFIGURATION ASSISTANT(cmd창 명령어 : netca)을 통해 tnsnames.ora와 listners.ora 파일을 생성합니다(아래의 예시는 testdb라는 서비스명으로 생성).

1) tnsnames.ora는 클라이언트에서 서버에 접속하기 위해 네트워크 정보를 가지는 파일로 C://app//사용자컴퓨터명//product//11.2.0//client_1//network//admin 경로에 위치해 있습니다.
2) listners.ora는 네트워크 연결을 담당하는 관리자로 tnsnames.or의 정보가 일치할 때 서버로의 연결을 허용합니다.

HOST는 IP 또는 localhost로 지정할 수 있으며, PORT는 변경이 가능하나 통상 오라클에 배정된 1521을 사용합니다.

```
tnsnames - Windows 메모장
파일(F) 편집(E) 서식(O) 보기(V) 도움말(H)
# tnsnames.ora Network Configuration File: C:₩app₩yuni0₩product₩11.2.0₩client_1₩network₩admin₩tnsnames.ora
# Generated by Oracle configuration tools.

TESTDB =
  (DESCRIPTION =
    (ADDRESS_LIST =
      (ADDRESS = (PROTOCOL = TCP)(HOST = localhost)(PORT = 1521))
    )
    (CONNECT_DATA =
      (SERVICE_NAME = testdb)
    )
  )
```

```
listener - Windows 메모장
파일(F) 편집(E) 서식(O) 보기(V) 도움말(H)
# listener.ora Network Configuration File: C:₩app₩yuni0₩product₩11.2.0₩client_1₩network₩admin₩listener.ora
# Generated by Oracle configuration tools.

TESTDB =
  (DESCRIPTION_LIST =
    (DESCRIPTION =
      (ADDRESS = (PROTOCOL = TCP)(HOST = LAPTOP-E6JPFMJH)(PORT = 1521))
      (ADDRESS = (PROTOCOL = IPC)(KEY = EXTPROC1521))
    )
  )
```

tnsnames.ora와 listners.ora 파일이 알맞게 생성되면 sqlplus 사용자계정/비밀번호@서비스명을 통해, 오라클 서버에 접속할 수 있습니다.

```
명령 프롬프트 - sqlplus scott/tiger@testdb as sysdba
Microsoft Windows [Version 10.0.18363.1082]
(c) 2019 Microsoft Corporation. All rights reserved.

C:₩Users₩yuni0>color F0

C:₩Users₩yuni0>sqlplus scott/tiger@testdb as sysdba

SQL*Plus: Release 11.2.0.1.0 Production on 수 9월 23 22:08:40 2020

Copyright (c) 1982, 2010, Oracle.  All rights reserved.


다음에 접속됨:
Oracle Database 11g Enterprise Edition Release 11.2.0.1.0 - Production
With the Partitioning, OLAP, Data Mining and Real Application Testing options

SQL> CREATE USER naver_crawler
  2  IDENTIFIED BY shopping00;

사용자가 생성되었습니다.

SQL> GRANT connect, resource to naver_crawler;

권한이 부여되었습니다.

SQL> GRANT CREATE user, CREATE table, CREATE sequence, CREATE view, CREATE session to naver_crawler;

권한이 부여되었습니다.

SQL> SELECT * FROM dba_sys_privs WHERE grantee='NAVER_CRAWLER';

GRANTEE                        PRIVILEGE                                ADM
------------------------------ ---------------------------------------- ---
NAVER_CRAWLER                  CREATE SESSION                           NO
NAVER_CRAWLER                  CREATE VIEW                              NO
NAVER_CRAWLER                  CREATE USER                              NO
NAVER_CRAWLER                  CREATE TABLE                             NO
NAVER_CRAWLER                  CREATE SEQUENCE                          NO
NAVER_CRAWLER                  UNLIMITED TABLESPACE                     NO

6 개의 행이 선택되었습니다.
```

cmd 화면을 밝은 흰색과 검정 글씨로 변경한 뒤, 최고 계정 관리 권한인 sysdba를 부여한 scott계정을 열어 새로운 사용자명과 비밀번호를 설정합니다. 이후 접속과 리소스 권한을 이양하고 사용자 계정, 테이블, 시퀀스, 뷰, 세션을 만들 권한도 추가합니다.

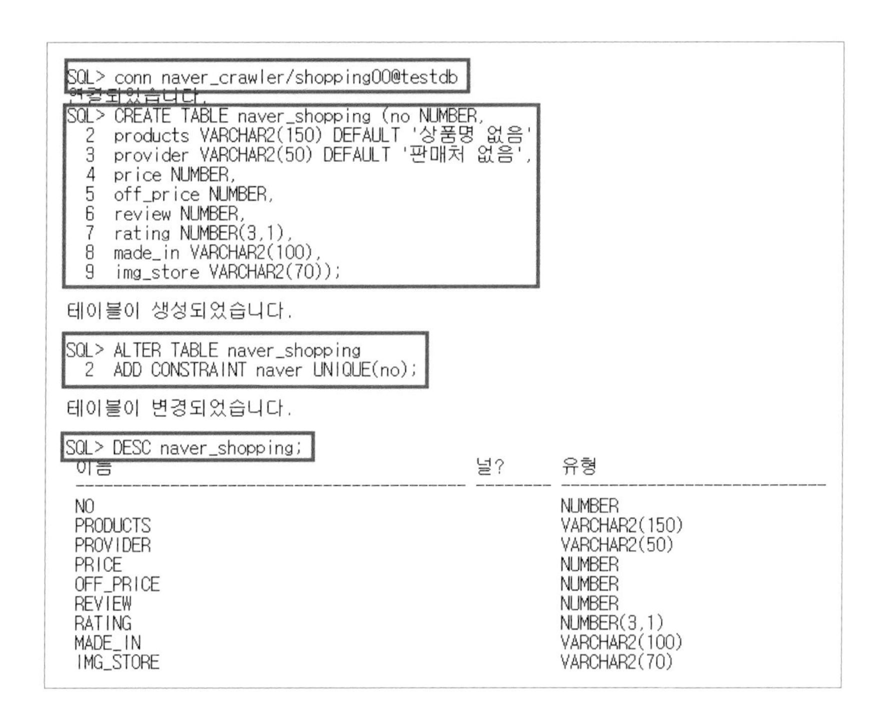

새로운 계정으로 접속하여 파이썬에서 이동할 테이블을 생성합니다. 이때 9개의 수집된 정보 속성을 정확하게 파악해야 합니다. 숫자로 이동되는 정보는 번호, 가격, 할인가, 리뷰 수, 리뷰 평점이며, 리뷰 평점은 소수점 1자리이기 때문에 자리를 지정합니다. 문자로 이동되는 정보는 상품명, 판매처, 원산지, 이미지 저장 위치입니다. 상품명과 판매처에만 정보가 없을 시 표시되는 default를 설정하였습니다. no는 고유 번호로 관리할 예정이기 때문에, UNIQUE 제약조건을 걸어 두었습니다. 테이블을 생성, 삭제하거나 컬럼을 추가, 변경하는 오라클 명령문은 다음의 표에서 확인할 수 있습니다.

명령어	내용	명령문	비고
CREATE	테이블 만들기	① DERAULT 값이 없는 경우 CREATE TABLE 테이블명 ((컬럼명1, 칼칼럼속성1), (컬럼명2, 칼칼럼속성2), (컬럼명3, 칼칼럼속성3)); ② DERAULT 값이 있는 경우 CREATE TABLE 테이블명 ((컬럼명1, 칼칼럼속성1, DERAULT, 값1), (컬럼명2, 칼칼럼속성2, DERAULT, 값2), (컬럼명3, 칼럼속성3, DERAULT, 값3));	컬럼속성은 숫자, 문자, 날짜에 따라 NUMBER(자리수) VARCHAR2(바이트수), DATE( ) 등으로 데이터 형태에 따라 다양 DERAULT 값은 숫자, 문자, 날짜에 따라 ( ) '정보없음', 'SYSDATE' 등 사용자에 맞게 입력가능
ALTER	컬럼 추가	ALTER TABLE 테이블명 ADD (신규컬럼명 신규 컬럼속성);	
	컬럼명 변경	ALTER TABLE 테이블명 RENAME COLUMN 기존컬럼명 TO 신규 컬럼명;	
	컬럼 속성 변경	ALTER TABLE 테이블명 ADD (신규컬럼명 신규 컬럼속성);	
	컬럼 삭제	ALTER TABLE 테이블명 DROP COLUMN 기존컬럼명;	
TRUNCATE	데이터만 삭제	TRUNCATE TABLE 테이블명;	
DROP	테이블과 데이터 모두 삭제	DROP TABLE 테이블명;	

여기까지 전체 코드의 주요 부분과 오라클 설치 및 계정 설명을 설명했습니다.

데이터 수집에 그치지 않고, 데이터를 관리하고 분석하기 위해서는 오라클을 비롯하여 다른 툴과의 연계가 필요합니다. 앞서 학습한 코드에 오라클과 연결하는 구문을 생성하여 꾸준히 연습해 보시기 바랍니다.

Oracle기반의

SQL, PL/SQL 책 소개

이번 장에서 데이터를 수집한 후
데이터베이스 프로그램(RDBMS) 중에서 MySQL과
Oracle 프로그램에 저장하는 방법을 살펴보았습니다.

실무에서도 대량의 데이터를 수집한 후
데이터베이스 프로그램에 저장해 놓고
필요할 때 빨리 찾아서 활용하는 경우가 아주 많습니다.

데이터베이스 프로그램에 저장된
데이터를 조회하고 수정할 때 사용하는 언어를 SQL이라고 하는데
Oracle 기반의 SQL과 PL/PQL에 대하여 자세하게
설명하고 있는 좋은 책을 소개합니다.

생능출판사/서진수 · 김균도 공저

위 책은 SQL분야에서 오랫동안 베스트셀러로 사랑받고 있는데
이 책 안에는 SQL의 기본 원리부터 다양한 실무응용 및 튜닝관련 필수 원리까지
거의 모든 것들이 다 들어있어서 SQL언어를 공부하실 때
아주 훌륭한 교재가 될 것입니다~^^

02
PART

다양한 윈도 프로그램과 문서 업무 자동화하기

Chap 10

파이썬을 활용한 윈도용 프로그램 자동 제어하기

독자님은 컴퓨터에서 지금 어떤 OS(운영체제) 쓰고 계세요?
아마도 당연히(?) Microsoft Windows나 애플의 MacOS를 사용하고 계시죠?
아래 그래프 자료(위키피디아 자료)에 따르면 2018년 기준으로 PC용 OS의 점유율 중 Microsoft Windwos 계열이 점유율이 약 81.9 %가 넘는 것으로 집계되었습니다.
Apple의 macOS가 그 뒤를 따르고 있지만 격차가 거의 4배 가까이 차이가 나네요.

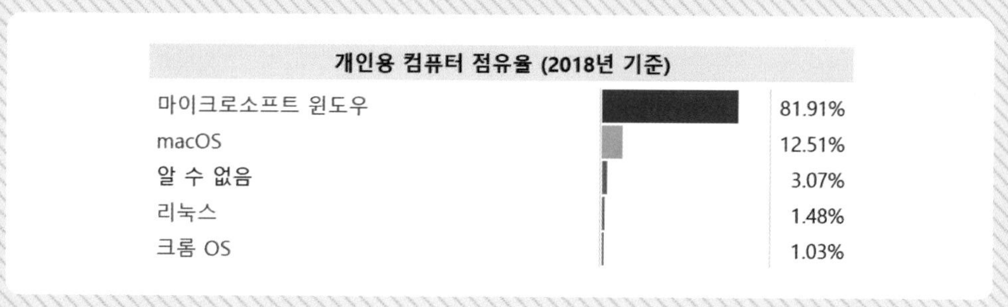

(출처 : 위키피디아(https://ko.wikipedia.org/)

윈도 OS가 많으니 당연히 개인적이든 회사 업무적이든 윈도용 프로그램을 활용하는 경우가 많이 있습니다. 이번 챕터에서는 이렇게 윈도에서 동작하는 프로그램들을 사람의 간섭없이 파이썬을 활용하여 자동으로 제어하는 방법들을 살펴봅니다.
수많은 윈도용 프로그램이 있지만 모두 윈도 기반에서 동작한다면 제어하는 원리도 거의 비슷하기 때문에 먼저 윈도용 프로그램을 제어하는 원리와 프로그램 활용법부터 자세하게 살펴본 후 실제 여러가지 프로그램들을 제어하여 업무 자동화용 프로그램(RPA)을 직접 만들어 보겠습니다.

이번 장에서 배울 내용 소개

파이썬으로 윈도용 프로그램을 자동 제어하는 방법은 몇 가지가 있는데 대표적으로 아래와 같은 방법을 많이 사용합니다.

- pywinauto 모듈 활용
- UiAutomation 모듈 활용
- pyautogui 모듈 활용

위의 3가지 방법 중에서 이 책에서는 pyautogui와 UiAutomation을 이용하여 자동화를 구현하는 방법을 소개합니다.windows가 예전 버전(초기)일 때 GUI 객체 컨트롤은 예전 방법인 Autoit으로 모두 조작이 가능했습니다. 하지만 Windows버전이 계속 업데이트되고 올라감에 따라 새로운 UI 요소를 그릴 수 있는 Library가 추가되면서 .Net Framework가 공개되었고 현재 사용 중인 대부분의 윈도 창은 .Net Framework 3.0 이후의 버전을 사용하고 있습니다.

이런 변화의 흐름에 따라 Microsoft에서는 .Net Framework의 GUI객체 컨트롤을 제어하기 위해서 새로운 UIAutomation API를 공개하였는데 이 책에서도 UiAutomation 기능을 활용하여 윈도용 프로그램을 제어하는 방법을 알려드리겠습니다.

그리고 참고로 현재 대부분의 윈도 기반의 RPA 프로그램들도 UiAutomation API를 기반으로 만들어지고 있습니다.

01 pywin32 설치

python에서 윈도용 프로그램을 제어하려면 Win32com 프로그램을 설치하는 것이 좋습니다. 자동 제어를 하다 보면 윈도에서 오류가 나는 경우가 있는데 이 모듈이 그런 오류를 막아줍니다. 이 프로그램은 웹 사이트에서 다운로드받아서 설치하는데 아래 매뉴얼을 참고해서 설치하세요.

```
설치 URL : https://sourceforge.net/projects/pywin32/files/?source=navbar
```

위 링크에 접속하면 아래와 같은 창이 나오는데 pywin32 폴더를 클릭하세요.

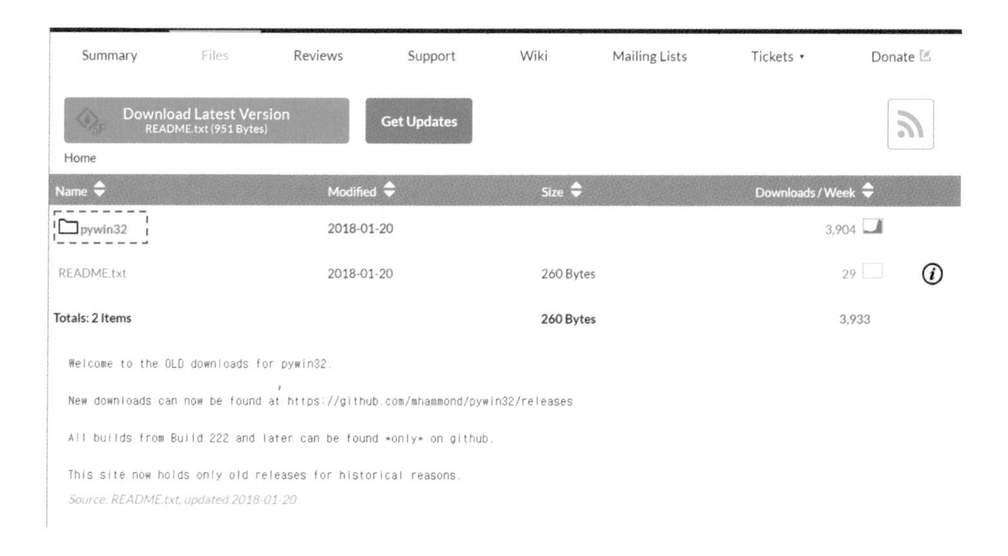

아래 그림과 같이 여러 개의 폴더가 보이는데 안정성을 위해 Build 221버전을 사용합니다.

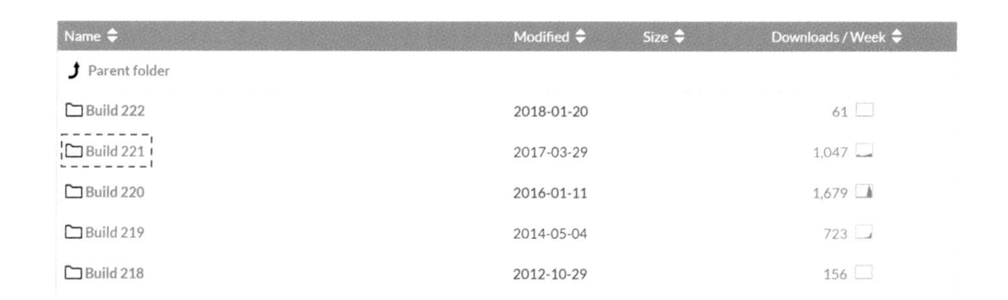

앞의 Build 221을 클릭하세요.

Name	Modified	Size	Downloads / Week	
Parent folder				
pywin32-221.zip	2017-03-29	7.3 MB	57	ⓘ
pywin32-221.win-amd64-py3.7.exe	2017-03-29	9.5 MB	315	ⓘ
pywin32-221.win-amd64-py3.6.exe	2017-03-29	9.5 MB	87	ⓘ
pywin32-221.win-amd64-py3.5.exe	2017-03-29	9.5 MB	16	ⓘ
pywin32-221.win-amd64-py3.4.exe	2017-03-29	8.8 MB	22	ⓘ
pywin32-221.win-amd64-py3.3.exe	2017-03-29	8.8 MB	0	ⓘ
pywin32-221.win-amd64-py3.2.exe	2017-03-29	7.5 MB	0	ⓘ
pywin32-221.win-amd64-py3.1.exe	2017-03-29	7.5 MB	0	ⓘ
pywin32-221.win-amd64-py2.7.exe	2017-03-29	7.5 MB	100	ⓘ
pywin32-221.win-amd64-py2.6.exe	2017-03-29	7.5 MB	2	ⓘ
pywin32-221.win32-py3.7.exe	2017-03-29	8.7 MB	807	ⓘ
pywin32-221.win32-py3.6.exe	2017-03-29	8.7 MB	20	ⓘ
pywin32-221.win32-py3.5.exe	2017-03-29	8.7 MB	8	ⓘ
pywin32-221.win32-py3.4.exe	2017-03-29	8.2 MB	5	ⓘ

위 그림과 같이 여러 버전이 있는데 이 책에서는 파이썬버전이 3.7.5이기 때문에 py3.7 버전으로 다운로드합니다. 그런데 py3.7버전도 64비트용(amd64)이 있고 32비트용이 있는데 윈도의 비트수에 따라 두 가지 중에서 1개를 다운로드 받으세요.

다운로드가 전부 되면 해당 파일을 마우스 오른쪽으로 클릭하여 "관리자 권한으로 실행"을 선택해서 설치하세요. 꼭 "관리자 권한으로 실행"하여 설치하세요!!

위 그림과 같이 다운로드받은 파일을 관리자 권한으로 실행하면 다음과 같이 설치 화면 창이 나옵니다.

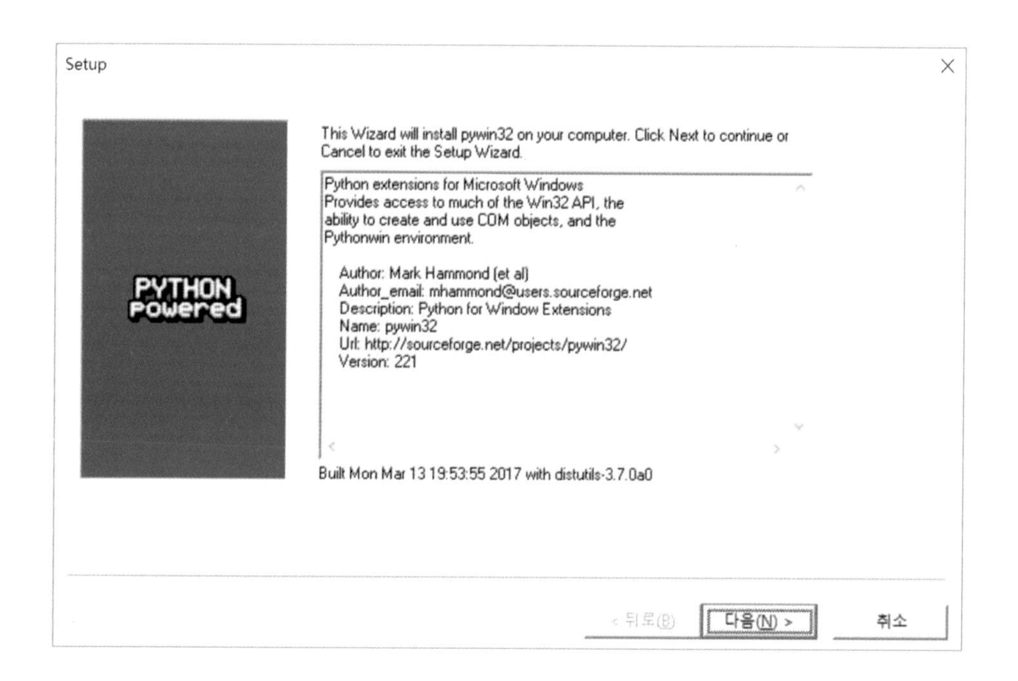

그런데 가끔 위 그림에서 가운데 부분에 있는 프로그램 소개 부분이 보이지 않을 경우가 있습니다. 아래 그림처럼 말이죠.

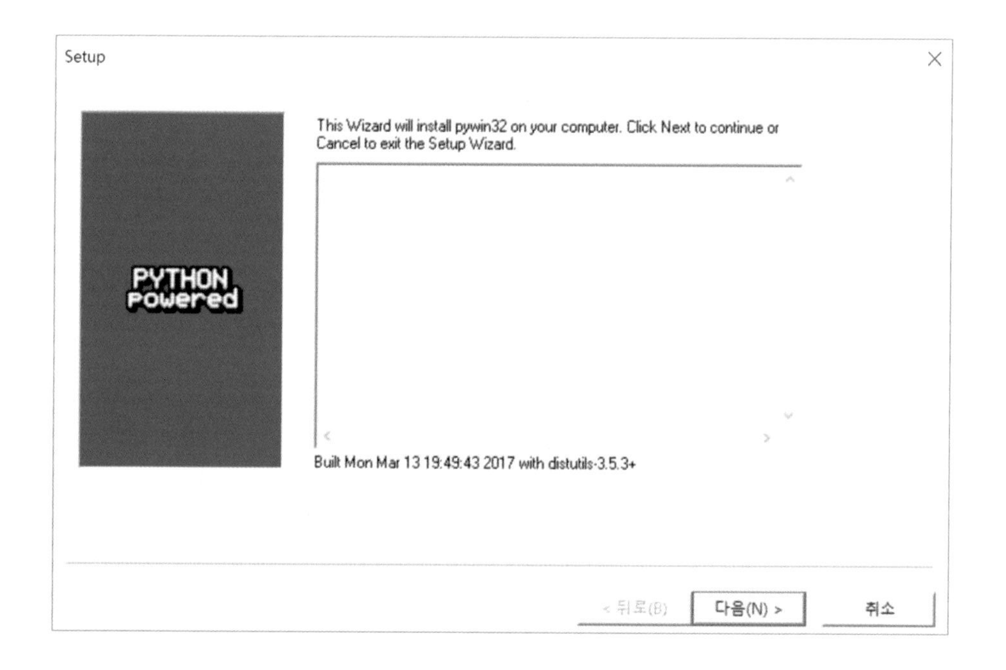

이렇게 나오면 설치에 문제가 있는 것인데 취소 버튼 누르고 설치 프로그램을 꼭 관리자 권한으로 실행해서 설치해 주세요.

02 Accessibility insights : 윈도용 프로그램의 정보를 찾는 툴

파이썬을 이용해서 윈도용 프로그램을 자동 제어하려면 파이썬에게 제어하고 싶은 프로그램의 정보나 메뉴에 대한 정보를 찾아서 알려줘야 합니다. 그런데 윈도용 프로그램에 대한 정보는 그냥 알 수는 없고 특별한 도구를 활용해야 찾을 수 있습니다.

오래전부터 사용되어 오던 툴 중 가장 유명한 것이 inspect라는 도구인데 사용하기가 불편하다는 단점이 있습니다. 그래서 이 책에서는 Microsoft에서 만든 Accessibility insights라는 도구를 사용하겠습니다. 아래 링크로 가서 다운로드를 받으면 됩니다.

```
링크 : https://accessibilityinsights.io/en/downloads
```

위 사이트로 접속하면 다양한 버전의 프로그램이 있는데 우리는 윈도용으로 다운로드받아야 합니다.

For Windows

Accessibility Insights for Windows helps developers find and fix accessibility issues in Windows apps. This desktop app runs on Windows computers.
Learn more about our Windows application.

Download for Windows

License terms for Accessibility Insights for Windows

다운로드 받은 파일을 실행하여 기본값으로 설치하시면 됩니다.

사용방법은 이어서 실습할 때 설명하겠습니다.

03 uiautomation 모듈 설치하기 : 윈도의 명령 프롬프트(cmd) 창 사용

윈도의 명령프롬프트 창에서 pip 명령을 이용하여 uiautomation을 설치하세요.

```
pip install uiautomation
```

(pip 명령에 대해서는 이 책의 필수문법 편에 있는 모듈 부분을 참고하세요.)

계산기 프로그램 자동 제어하기 : 메뉴 클릭 기능 자동화

이제 파이썬에서 실제로 윈도용 프로그램을 자동화하는 작업을 진행하겠습니다.

이번 예제로 Microsoft Windows에 기본으로 포함되어 있는 계산기(calc.exe) 프로그램을 실행하여 덧셈을 하는 과정을 보면서 자동화 원리를 파악하겠습니다.

01 소스코드 설명

```
1  # 윈도용 프로그램 자동 제어하기
2  import subprocess
3  subprocess.Popen('calc.exe')
4
5  import time
6  time.sleep(2)
7
8  import uiautomation as auto
9  calc = auto.WindowControl(searchDepth=1, Name='계산기')
10
11 calc.ButtonControl(Name="4").Click()
12 calc.ButtonControl(Name="더하기").Click()
13 calc.ButtonControl(Name="2").Click()
14 calc.ButtonControl(Name="같음").Click()
```

위 코드의 2번 행에서 나온 subprocess 모듈은 파이썬에서 OS의 쉘을 실행시키는 역할을 합니다. 즉 파이썬에서 OS에 있는 어떤 프로그램이나 명령을 실행할 때 사용합니다.

우리는 윈도에 있는 계산기를 실행하기 때문에 이 모듈이 필요합니다.

3번 행의 Popen( ) 함수는 실제 특정 프로그램이나 명령을 실행하는 함수입니다.

subprocess 모듈에서 특정 명령을 실행할 때는 call( ) 함수나 Popen( ) 함수를 많이 사용하는데 Popen( ) 함수가 옵션이 많아서 많이 사용되고 있습니다.

이렇게 2번 행과 3번 행을 수행하면 윈도의 계산기가 실행이 됩니다.

그리고 5번 행과 6번 행에서 다음 작업으로 진행하기 전에 잠시 2초 정도 쉬게 했습니다. (이건 필수 사항은 아닌데 컴퓨터 성능에 따라 계산기가 실행되는 속도가 느릴 수도 있어서 넣었습니다.)

8번 행부터 14번 행까지가 실제 자동화가 진행되는 코드입니다.

8번 행에서 uiautomation 모듈을 실행합니다.

그리고 9번 행에서 제어할 프로그램의 이름이 "계산기"라고 지정합니다.

자…그런데 여기서 궁금한 부분이 생기죠? 제어할 프로그램 이름은 우리가 마음대로 지정해도 될까요? 그리고 searchDepth 값은 무엇인가요? 이런 부분이 궁금하시죠?

이런 것들을 찾아내는 도구가 앞에서 설치했던 Accessibility insights 프로그램입니다.

이 프로그램에 대한 사용법이 약간 복잡할 수 있는데 주요 기능 위주로 간략하게 설명하겠습니다.

02 자동화 실습

(1) Accessibility insights 프로그램 실행하기

아래 그림과 같은 아이콘을 실행하거나 윈도의 시작버튼→Accessibilityinsights에서 이 프로그램을 실행해 주세요.

(2) 윈도의 계산기 프로그램 실행하기

윈도의 시작버튼→계산기 실행(또는 시작버튼+R→calc 입력 후 실행)

위 두 가지 프로그램을 실행했다면 이제 Accessibility insights 프로그램으로 계산기 프로그램의 정보를 찾는 방법을 설명하겠습니다.

먼저 Accessibility insights 프로그램을 실행한 후 마우스로 계산기 프로그램의 상단에 이름있는 부분을 클릭하세요. 그럼 Accessibility insights 프로그램에 다음 그림과 같은 내용으로 바뀝니다.

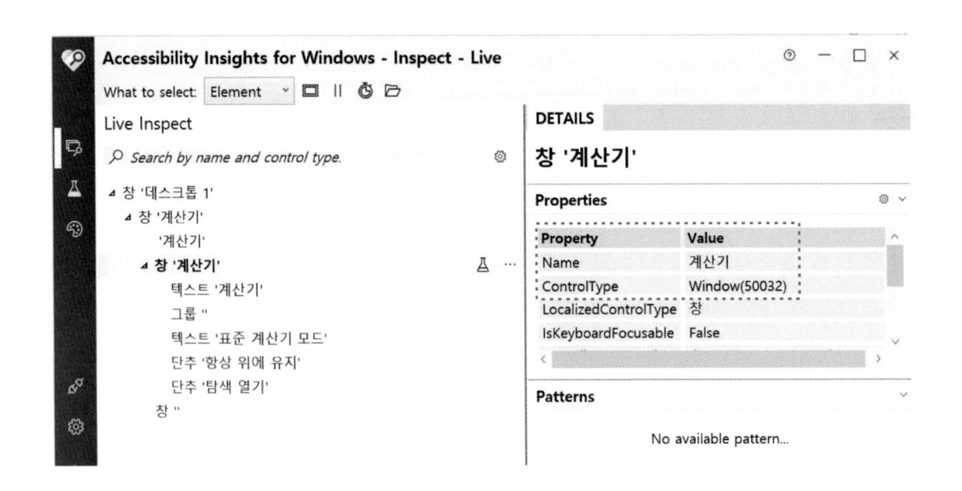

위 그림에서 우리가 주로 볼 부분은 오른쪽의 Properties 부분의 Name과 ControlType 부분입니다. 위 그림에서 Name이 "계산기"로 되어 있죠? 그래서 아래와 같이 계산기로 지정한 것입니다.

```
8  import uiautomation as auto
9  calc = auto.WindowControl(searchDepth=1, Name='계산기')
```

그렇다면 그 앞에 있는 searchDepth = 1은 뭘까요?

이 옵션은 우리가 선택할 메뉴나 대상의 depth를 지정하는 것인데 프로그램 자체를 지정할 때는 1번입니다. 그 프로그램 안에 있는 다른 메뉴들을 선택할 때는 숫자가 달라집니다.

이 부분에 대한 자세한 내용은 아래 링크의 github 사이트를 참고하면 됩니다.

```
github : https://github.com/yinkaisheng/Python-UIAutomation-for-Windows
```

이제 특정 버튼의 정보를 확인해야겠죠?

다음 그림의 순서를 잘 보세요.

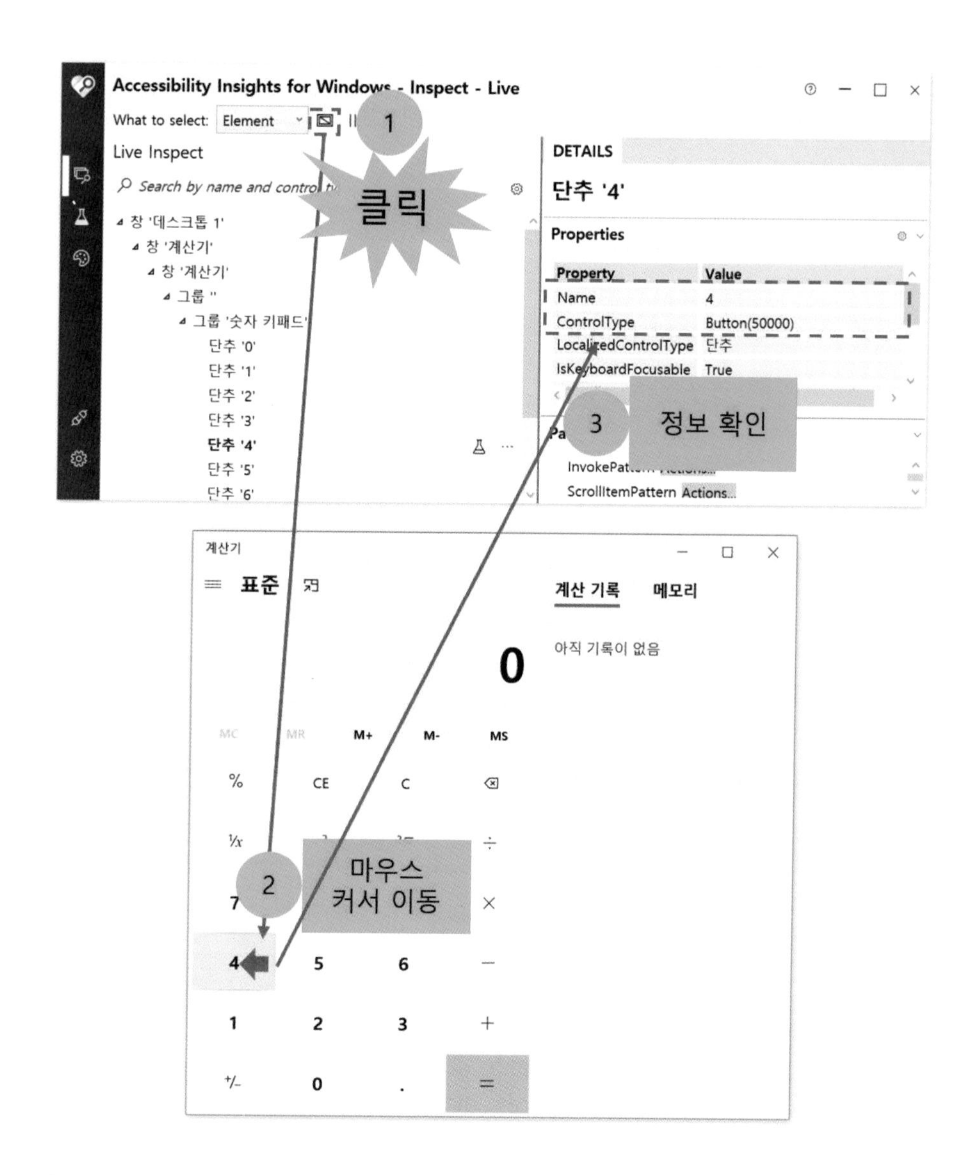

위 그림에서 1번의 버튼을 클릭한 후 아래 계산기에서 원하는 버튼 위로 마우스 커서를 옮기면 3번에서 해당 버튼의 정보를 볼 수 있습니다. 우리가 볼 부분은 Name과 ControlType입니다. 위 정보에서 Name은 '4'이고 ControlType은 Button임을 확인할 수 있죠?

그래서 소스코드를 아래와 같이 작성했습니다.

```
11  calc.ButtonControl(Name="4").Click()
```

만약 다른 메뉴를 조회했을 때 ControlType이 다르다면(예를 들어 ListItem이라면) 앞의 코드에서 ButtonControl 부분에서 Button만 ListItem으로 변하고 그 뒤에 오는 Control은 그대로 쓰면 됩니다. 다른 버튼들도 동일하겠죠?

참고로 Shift + F5를 누르면 추적 기능이 일시 정지되어 특정 엘리먼트 정보를 확인하기 쉽습니다.

연습 문제

문제 1 윈도에서 제공하는 계산기 기능 중에 환율을 계산해서 보여주는 기능이 있습니다. 아래 그림과 같이 클릭하면 볼 수 있습니다.

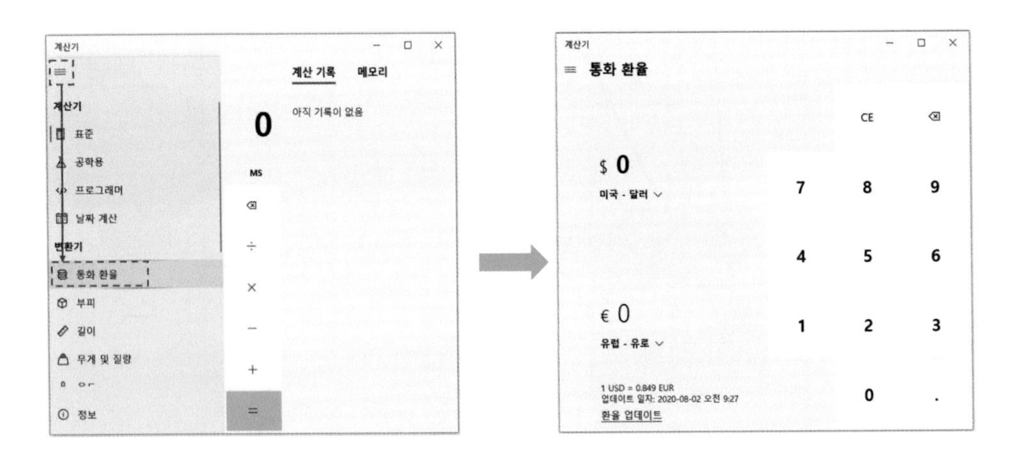

위의 환율 계산기를 활용하여 미국 달러로 100달러가 유럽의 유로로 얼마인지를 자동 계산하도록 만들어 보세요.

메모장 자동화 : 입력 기능 자동화

앞에서 계산기 프로그램을 자동화하면서 특정 버튼이나 메뉴를 찾아서 클릭하는 기능을 자동화시켰습니다. 이번에는 특정 내용을 자동으로 입력하는 기능을 살펴보겠습니다.

01 소스코드 설명

```
1  # 예제 2 - 입력 기능 자동화 연습 - 메모장
2  import subprocess
3  subprocess.Popen('notepad.exe')
4
5  import time
6  import uiautomation as auto
7  notepad = auto.WindowControl(searchDepth=1, Name='제목 없음 - Windows 메모장')
8
9  notepad.EditControl(Name="텍스트 편집").SendKeys('파이썬 완전 재미있죠?')
10
11 notepad.MenuItemControl(Name="파일(F)").Click()
12 notepad.MenuItemControl(Name="저장(S) Ctrl+S").Click()
13 f_name ='c:₩₩temp₩₩메모장연습.txt'
14 notepad.EditControl(Name="파일 이름:").Click()
15 notepad.EditControl(Name="파일 이름:").SendKeys('{Ctrl}{A}', waitTime = 1)
16 notepad.EditControl(Name="파일 이름:").SendKeys(f_name)
17 notepad.ButtonControl(Name="저장(S)").Click()
```

02 자동화 실습

앞의 코드에서 7번 행의 Name 부분을 볼까요? 아래 그림에서 Name 부분을 보세요.

위와 같이 Name 부분에 Property does not exist라고 나올 경우 해당 프로그램의 Title을 적어주면 동작합니다. 그래서 소스코드의 7번 행과 같이 작성했습니다.

이제 메모장에 글을 써야겠죠?

다음의 그림을 보세요.

위 그림을 보면 메모장에 글을 입력하는 부분의 Name이 "텍스트 편집"이고 ControlType이 Edit라는 것을 알 수 있습니다.

이곳에 글씨를 입력해야겠죠?

그래서 아래와 같이 코드를 작성했습니다.

```
9  notepad.EditControl(Name="텍스트 편집").SendKeys('파이썬 완전 재미있죠?')
```

위 코드에서 SendKeys( ) 함수가 사람이 타자를 치듯 글씨를 입력하라는 뜻입니다.

이 코드가 실행되면 메모장에 글씨가 입력됩니다.

이제 입력된 내용을 저장하겠습니다.

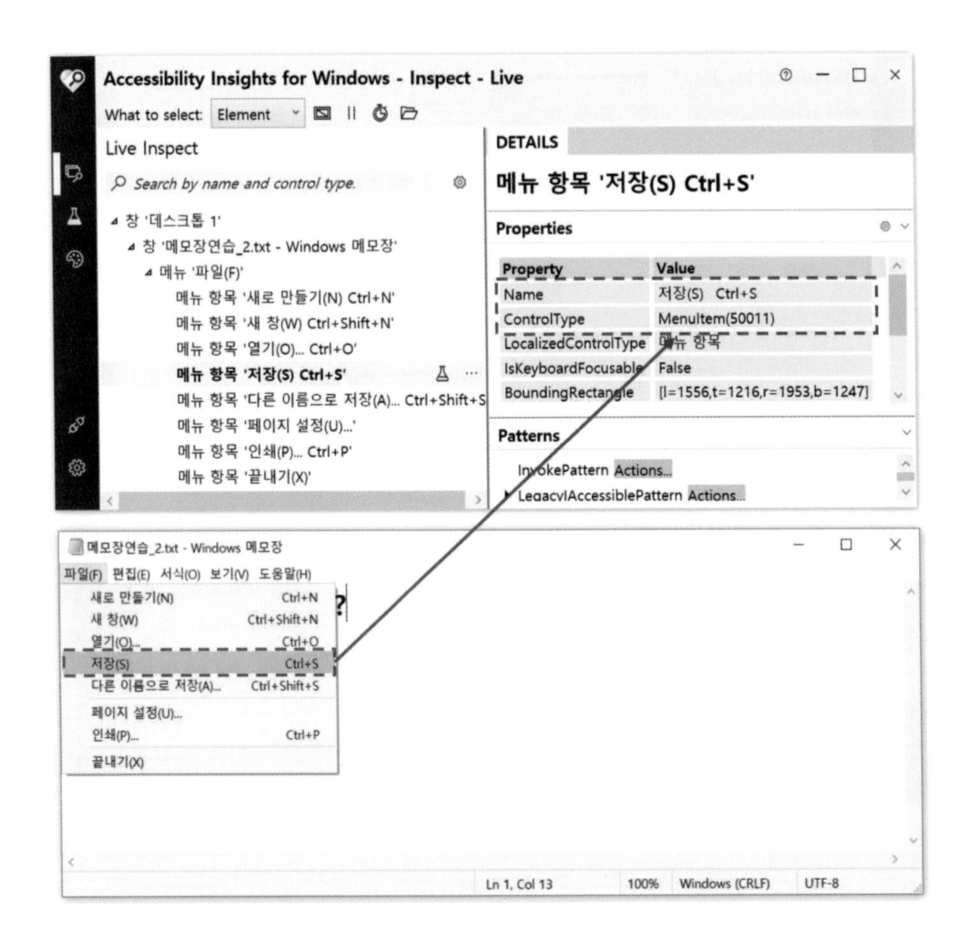

위 그림을 보면 저장 메뉴의 Name과 ControlType을 확인할 수 있습니다.
그래서 아래와 같이 소스코드의 11번 행과 12번 행과 같이 코드를 작성했습니다.

```
11  notepad.MenuItemControl(Name="파일(F)").Click()
12  notepad.MenuItemControl(Name="저장(S) Ctrl+S").Click()
```

위 코드를 실행하면 저장 메뉴가 실행되면서 파일의 저장 경로를 묻는 창이 다음 그림과 같이 열립니다. 여기서 파일의 경로를 입력해주고 확인 버튼을 누르면 저장이 되겠죠?
다음의 그림을 보세요.

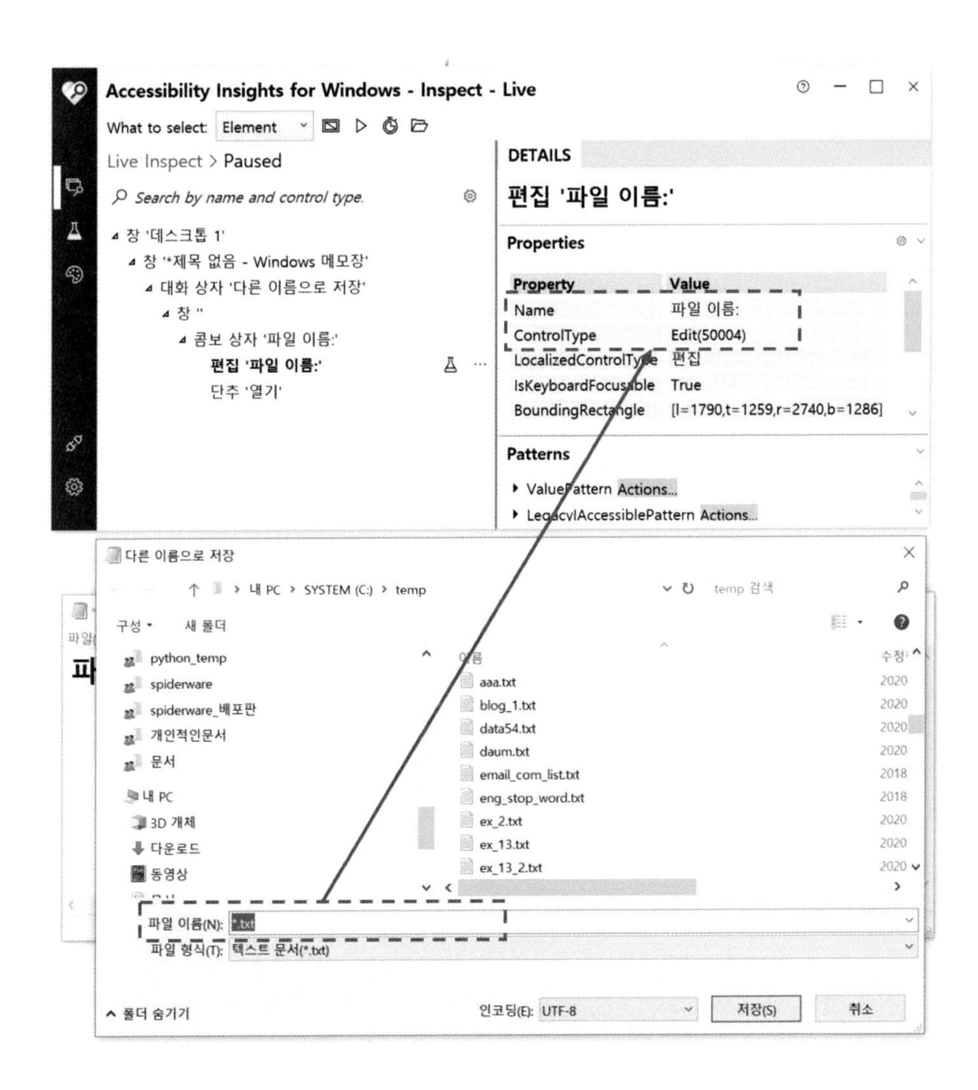

파일 이름을 입력하는 곳에 기존 내용들을 모두 지우고 파일명을 입력한 후 저장 버튼을 누르면 저장됩니다. 그래서 아래의 14번 행부터 18번 행과 같이 코드를 작성했습니다.

```
14 f_name ='c:₩₩temp₩₩메모장연습.txt'
15 notepad.EditControl(Name="파일 이름:").Click()
16 notepad.EditControl(Name="파일 이름:").SendKeys('{Ctrl}{A}', waitTime = 1)
17 notepad.EditControl(Name="파일 이름:").SendKeys(f_name)
18 notepad.ButtonControl(Name="저장(S)").Click()
```

이제 자동화 원리와 기본적인 구현이 가능하시겠죠? ^^

연습 문제

문제 1 앞에서 살펴본 메모장에 텍스트를 저장하는 방법을 활용하여 아래의 내용을 메모장에 입력한 후 "c:\temp\나의일기.txt" 파일로 저장하세요(단 이 작업할 때 아래 그림의 코드를 참고하여 빈칸에 들어갈 올바른 명령을 채워 넣어 작업을 수행하세요).

입력내용 : "나는 오늘도 파이썬 공부 완전 열심히 했다!"

```
1  # 연습문제 2 - 입력 기능 자동화 연습 - 메모장
2  import subprocess
3  subprocess.Popen('notepad.exe')
4
5  import time
6  import uiautomation as auto
7  notepad = auto.WindowControl(searchDepth=1, Name='제목 없음 - Windows 메모장')
8
9  txt = '나는 오늘도 파이썬 공부 완전 열심히 했다!'
10 notepad.EditControl(Name="텍스트 편집").[ 1.본문 내용 입력하기 ]
11 [ 2.저장하기 단축키 사용하기 ]
12 time.sleep(0.5)
13 f_name ='c:₩₩temp₩₩나의일기.txt'
14 notepad.EditControl(Name="파일 이름:").SendKeys('{Ctrl}{A}', waitTime = 1)
15 notepad.EditControl(Name="파일 이름:").[ 3.파일이름 입력하기 ]
16 notepad.EditControl(Name="파일 이름:").[ 4. 엔터키 입력하기 ]
```

pyautogui 모듈로 키보드와 마우스 자동 제어하기

01 pyautogui 소개

이번 시간에는 파이썬에서 키보드와 마우스를 자동으로 제어할 때 아주 많이 사용되는 pyautogui 모듈에 대해서 살펴보겠습니다. pyautogui 모듈은 기능이 아주 많은데 자세한 내용은 아래 링크를 참고하시고 이 책에서는 자동화와 관련하여 필수적인 기능들 위주로 살펴보겠습니다.

공식 링크 : https://pyautogui.readthedocs.io/en/latest/#

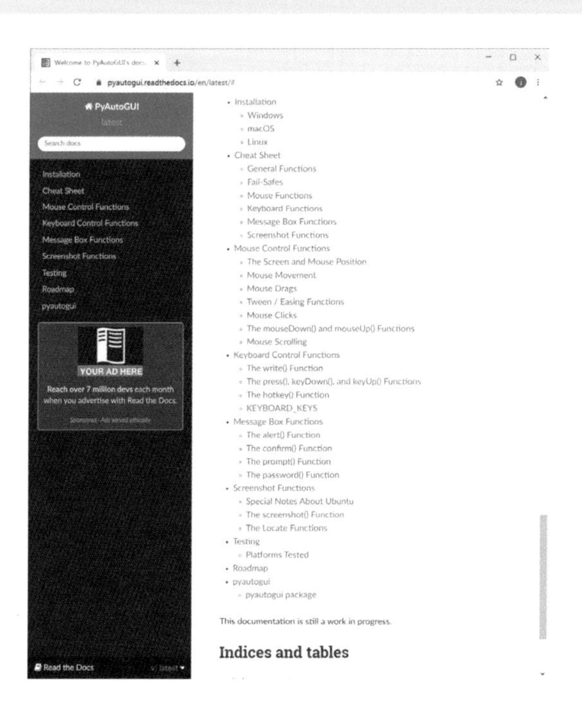

02 pyautogui 설치

이 모듈을 사용하려면 먼저 윈도의 명령 프롬프트(cmd) 창에서 pip 명령으로 설치부터 해야 합니다. 아래 그림을 참고하여 설치부터 해주세요.

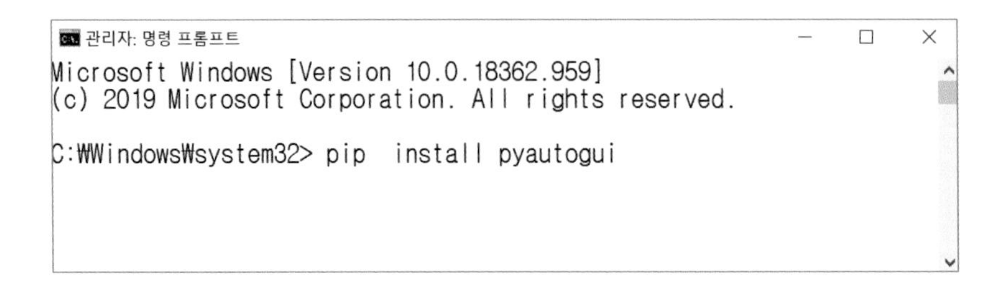

설치가 정상적으로 완료되었다면 아래의 명령들을 실습하면서 확인해 보세요.

03 pyautogui 주요 명령어 및 사용방법

(1) 모니터의 현재 해상도 찾아내기

자동화할 때 모니터의 해상도에 따라서 특정 메뉴나 아이콘의 위치값이 달라지는 경우가 많습니다. 그래서 자동화를 하기 전에 컴퓨터에 설정된 현재의 해상도를 파악한 후에 후속 작업이 진행되는 경우가 많습니다. 아래와 같이 사용하면 됩니다.

```
1 import pyautogui
2
3 #1. 모니터의 현재 해상도 가져오기
4 w,h = pyautogui.size( )
5 print('가로={0} , 세로={1}'.format(w,h))
```

```
가로=2880 , 세로=1800
```

(2) 현재 위치의 마우스 커서 위치값 가져오기

특정 메뉴나 버튼을 클릭하거나 드래그해서 이동시킬 때 현재 위치로부터 어디까지 이동하라는 명령을 수행하는 경우가 종종 있습니다. 이때 현재 위치값을 찾을 때 다음 그림과 같은 방법을 사용하면 됩니다.

```
1 #2. 마우스 커서의 현재 위치 가져오기
2 x , y = pyautogui.position( )
3 print('x축위치값={0}, y축위치값={1}'.format(x, y))
```

```
x축위치값=2436, y축위치값=760
```

(3) 마우스 커서 이동하기

특정 메뉴를 클릭하거나 포커스를 주기 위해 마우스를 특정 지점으로 이동해야 할 경우가 많은데 아래 그림과 같은 방법을 사용하면 됩니다.

```
1 #3-1. 마우스 커서 이동하기 - 현재 화면의 가운데로 커서 이동
2 w, h = pyautogui.size()
3 pyautogui.moveTo(w/2, h/2)
4
5 #3-2.마우스 커서 이동하기 - 절대좌표지정
6 pyautogui.moveTo(500,1000,3)  #x좌표 500 , y좌표: 1000 지점으로 3초안에 이동
```

(4) 마우스 클릭하기

특정 메뉴를 클릭하거나 더블클릭할 때 또는 오른쪽 버튼을 눌러서 단축 메뉴를 나오게 하는 방법은 아래 코드와 같습니다.

```
1 #4.마우스 클릭하기
2 pyautogui.click()
3
4 #4-1.특정 좌표 클릭하기
5 pyautogui.click(x=100, y=100)
6
7 #4-2.마우스 오른쪽 버튼 클릭하기
8 pyautogui.click(button='right')   # 또는 pyautogui.rightClick()
9
10 #4-3.더블 클릭하기
11 pyautogui.click(clicks=2)   #또는 pyautogui.doubleClick()
```

(5) 마우스 버튼 업/다운과 Drag & Drop 기능

어떤 아이콘이나 파일을 특정 위치로 이동하거나 문서 작업 시 특정 범위의 셀을 선택해야 할 경우 마우스 커서를 끌고 가야할 경우가 있는데 이럴 경우 아래의 방법을 사용하면 됩니다.

```
#5. 마우스 버튼 다운/업 / 드래그 앤 드롭
# 마우스 버튼 다운
pyautogui.mouseDown()

# 마우스 버튼 업
pyautogui.mouseUp()

#특정 위치로 드래그 - 절대 좌표 사용
pyautogui.mouseDown(x=0, y=0)
pyautogui.mouseUp(x=200, y=200)

#특정 위치로 드래그 - 현재 위치 기준 상대 좌표 사용
pyautogui.dragTo(x=400, y=400, duration=2)
```

(6) 마우스 휠 스크롤하기

```
#6.마우스 휠 스크롤 하기
# 위로 스크롤하기
pyautogui.scroll(-100)

#아래로 스크롤 하기
pyautogui.scroll(100)
```

(7) 키보드 제어하기

키보드를 이용하여 특정키를 누르거나 조합키를 사용해야 할 경우 아래 코드와 같이 사용하면 됩니다.

```
#7. 키보드 제어하기
#영문자 입력하기 - 한글 입력 기능 안됨
pyautogui.typewrite('Fun Python!')

#입력되는 시간 간격 지정하기
pyautogui.typewrite('Fun Python!', interval=0.3)

#글자 입력 후 엔터키 입력하기
pyautogui.press('enter')

#여러 키를 동시에 누르기
pyautogui.press(['backspace', 'enter'])

# shift 키 누르고 오른쪽 키 눌러 선택후 Shift 해제
pyautogui.keyDown('shift')
pyautogui.press('right')
pyautogui.keyUp('shift')

#CTRL + C --> CTRL + V (복사+붙여넣기 작업)
pyautogui.hotkey('ctrl', 'c')
pyautogui.hotkey('ctrl', 'v')
```

(8) 화면 스크린 샷 및 특정 이미지 찾아서 클릭하기

공인 인증서를 사용하는 사이트에서 자동으로 로그인할 때나 프로그램의 특정 메뉴나 아이콘을 찾아서 클릭해야 할 경우 아래와 같이 사용하면 됩니다.

```
1  #8. 화면 스크린샷 찍기
2  img_1 = pyautogui.screenshot()
3  img_2 = pyautogui.screenshot('screenshot.png')
4
5  #현재 화면에서 특정 이미지를 찾아서 클릭하기
6  target_img = pyautogui.locateOnScreen('target.jpg')
7  center = pyautogui.center(target_img)
8  pyautogui.click(center)
```

문제 1 앞에서 사용했던 계산기 프로그램을 실행하여 pyautogui 기능을 사용하여 5 X 9를 계산하는 코드를 작성하세요.

Chap 11

Excel/Word작업 자동화 및 email 발송 자동화

회사에서 업무를 하거나 개인적인 용도로 문서 작업을 하실 때
마이크로소프트 사의 엑셀 프로그램 많이 사용하시죠?
아마도 전 세계적으로 표나 그래프 작업을 할 때
스프레드 시트용 프로그램으로 엑셀 프로그램을 많이 사용할 것입니다.
그래서 파이썬에서도 엑셀 프로그램과 관련된 여러가지 기능들이 많이 있는데
이번 챕터에서는 다양한 엑셀 프로그램을 자동화할 수 있는 방법들을 소개하겠습니다.

참고하세요

이 책에서 사용하는 엑셀 프로그램은 office365버전을 기준으로 합니다.
만약 다른 버전의 엑셀 프로그램을 사용하실 경우 일부 명령이 약간 다를 수 있습니다.

그럼 이번 시간에 학습할 주요 내용을 먼저 정리해 볼까요?

학습목표

1. 엑셀을 실행하여 파일 불러오기를 할 수 있다.
2. 여러 셀 선택하여 색상 부여하기를 할 수 있다.
3. 단축 메뉴 선택하여 셀 서식(숫자에, 기호로 구분하기)선택하기를 할 수 있다.
4. 여러 셀 선택 후 해당 데이터로 그래프를 작성할 수 있다.
5. 피벗 테이블을 활용하여 대량의 데이터 분석 작업을 자동화할 수 있다.

이제 위 학습 목표를 하나씩 정복해 보시죠!

01 SECTION 엑셀 프로그램을 실행하여 파일 불러오기 구현

엑셀 파일 자동화를 하려면 엑셀을 실행해서 원하는 파일을 불러올 수 있어야겠죠? 먼저 이 부분을 구현한 전체 소스코드를 살펴보겠습니다.

```
1  # 엑셀파일 실행하여 작업 파일 불러오기
2  import subprocess
3  subprocess.Popen("C:\\Program Files\\Microsoft Office\\root\\Office16\\EXCEL.EXE")
4
5  import uiautomation as auto
6  excel = auto.WindowControl(searchDepth=1 , Name='Excel')
7
8  import time
9  time.sleep(5)
10 excel.ListItemControl(Name="열기").DoubleClick()
11 excel.TabItemControl(Name="이 PC").DoubleClick()
12 time.sleep(1)
13
14 excel.EditControl(Name="파일 이름(N):").Click()
15 file_path='C:\\temp\\급여내역서.xls'
16 excel.EditControl(Name="파일 이름(N):").SendKeys(file_path)
17 excel.SplitButtonControl(Name="열기(O)").Click()
```

위 코드에서 3번 행에 컴퓨터에 설치된 엑셀 프로그램을 실행하는 명령입니다.

엑셀 프로그램의 경로는 엑셀 프로그램의 아이콘을 마우스 오른쪽으로 클릭한 후 속성 메뉴를 선택하고 다음 그림에서 대상 부분의 경로를 전부 복사해서 붙여넣기로 지정하면 됩니다.

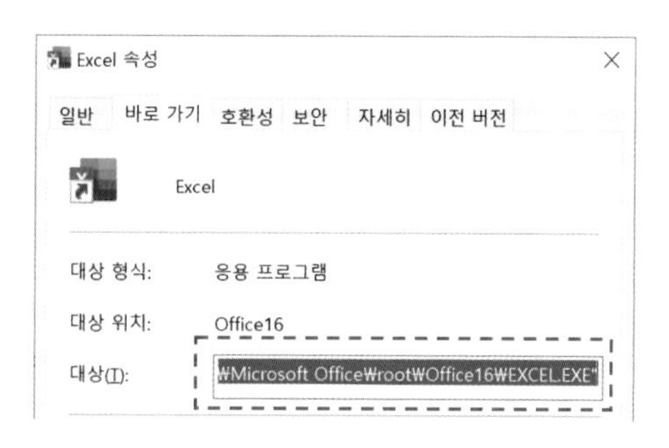

그리고 5번 행에서 uiautomation을 import하고 6번 행에서 excel 프로그램을 지정합니다.

여기까지 작업을 하면 excel 프로그램이 실행됩니다.

이제 우리가 수정하려는 엑셀 파일을 열어야겠죠?

Accessibility insights를 실행해서 엑셀 프로그램의 열기 부분을 확인해보니 아래 그림과 같습니다.

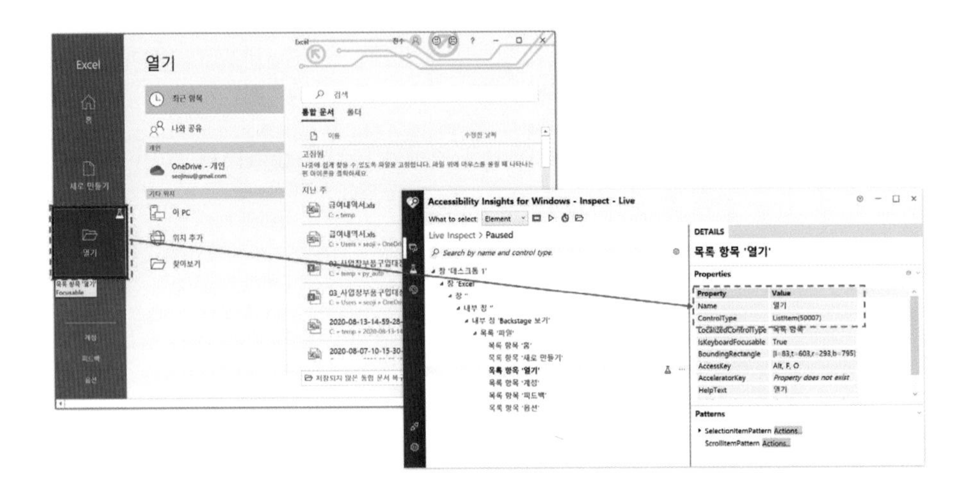

그리고 열기 버튼을 클릭하여 파일 이름을 입력하기 위해 이 PC를 선택하니 아래 그림과 같이 나왔습니다.

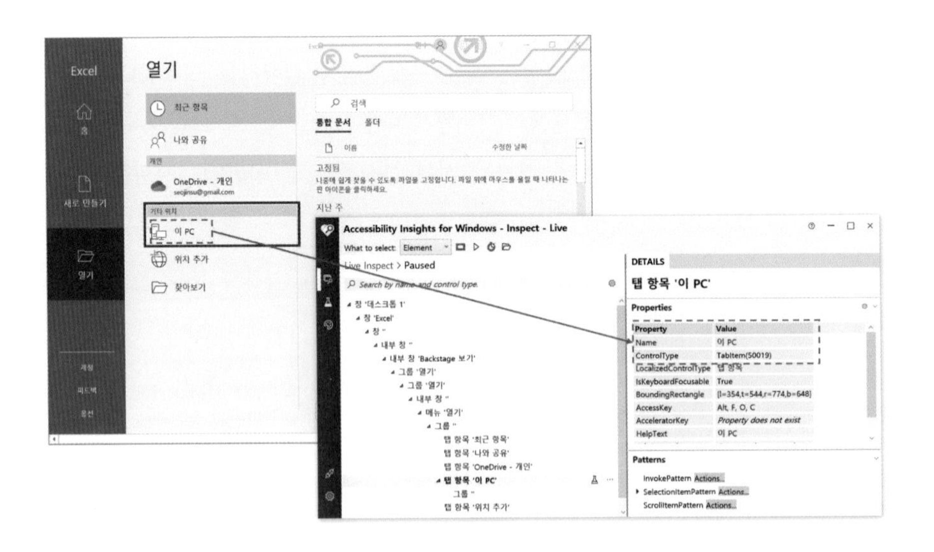

그래서 아래와 같이 코드를 작성했습니다.

```
8  import time
9  time.sleep(5)
10 excel.ListItemControl(Name="열기").DoubleClick()
11 excel.TabItemControl(Name="이 PC").DoubleClick()
12 time.sleep(1)
```

위 코드에서 9번 행은 엑셀 프로그램이 실행될 때까지 5초 정도 기다렸다가 10번과 11번 행에서 메뉴를 눌러서 (DoubleClick)해서 실행을 합니다.

위 작업을 진행하면 아래 그림과 같이 파일을 찾는 화면이 나옵니다.

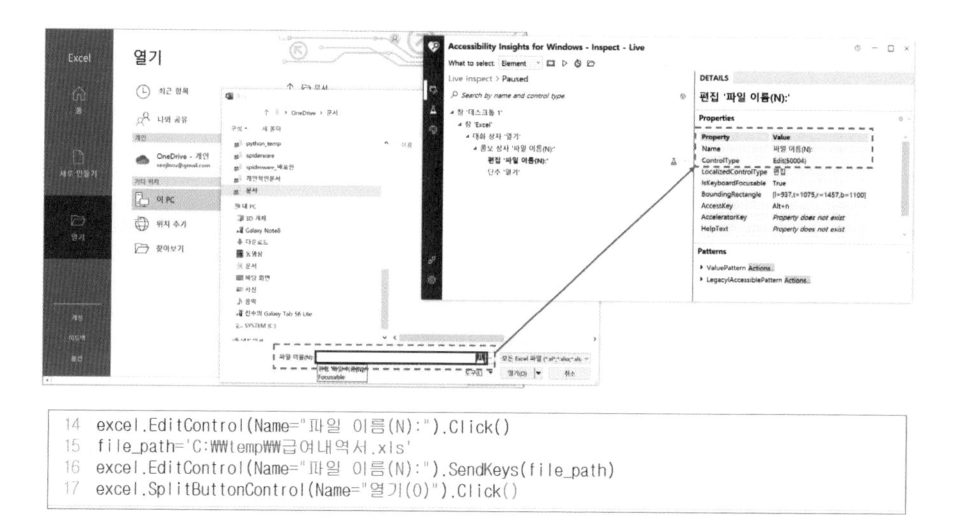


```
14 excel.EditControl(Name="파일 이름(N):").Click()
15 file_path='C:\\temp\\급여내역서.xls'
16 excel.EditControl(Name="파일 이름(N):").SendKeys(file_path)
17 excel.SplitButtonControl(Name="열기(O)").Click()
```

위 작업을 수행하면 연습용 파일인 "급여내역서.xls" 파일이 아래와 같이 자동으로 열립니다.

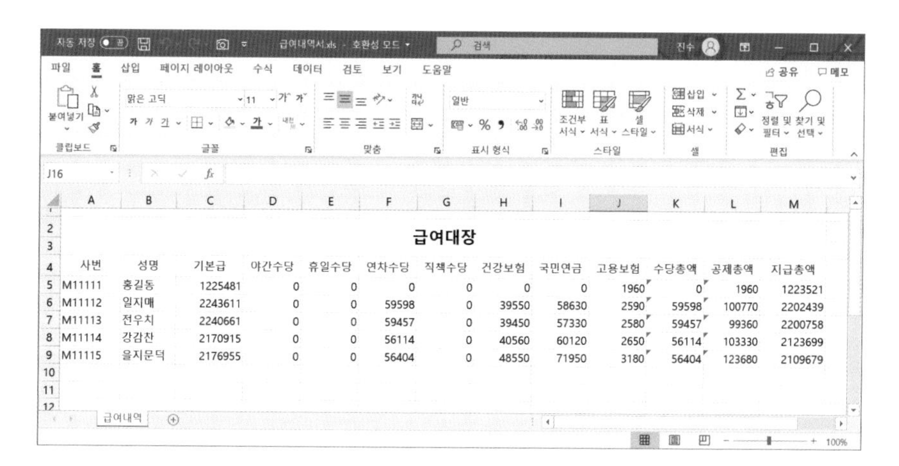

급여대장

사번	성명	기본급	야간수당	휴일수당	연차수당	직책수당	건강보험	국민연금	고용보험	수당총액	공제총액	지급총액
M11111	홍길동	1225481	0	0	0	0	0	0	1960	0	1960	1223521
M11112	일지매	2243611	0	0	59598	0	39550	58630	2590	59598	100770	2202439
M11113	전우치	2240661	0	0	59457	0	39450	57330	2580	59457	99360	2200758
M11114	강감찬	2170915	0	0	56114	0	40560	60120	2650	56114	103330	2123699
M11115	을지문덕	2176955	0	0	56404	0	48550	71950	3180	56404	123680	2109679

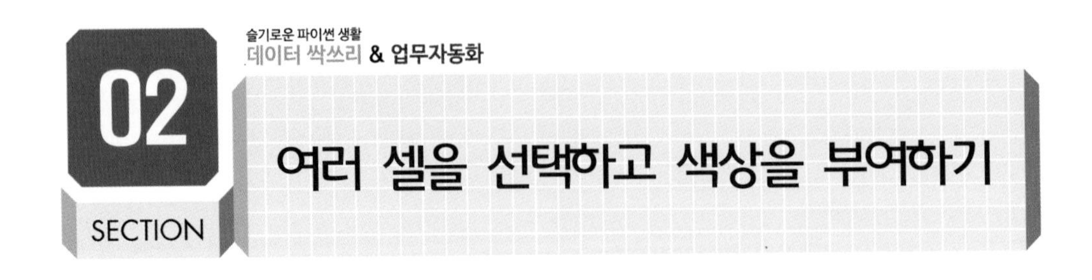

슬기로운 파이썬 생활
데이터 싹쓰리 & 업무자동화
02
SECTION

여러 셀을 선택하고 색상을 부여하기

엑셀로 작업을 할 때 여러 셀을 선택한 후 속성변경이나 연산 작업들을 많이 하죠? 그래서 이번에는 여러 셀을 선택하여 색상을 변경하는 작업을 자동화하겠습니다. 우리가 할 작업은 아래 그림과 같습니다.

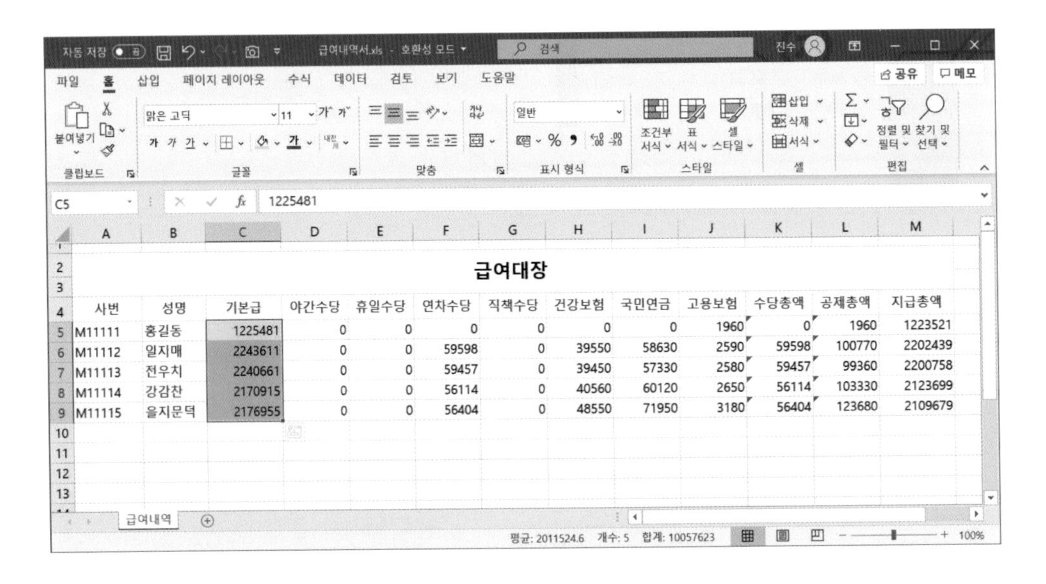

급여대장

사번	성명	기본급	야간수당	휴일수당	연차수당	직책수당	건강보험	국민연금	고용보험	수당총액	공제총액	지급총액
M11111	홍길동	1225481	0	0	0	0	0	0	1960	0	1960	1223521
M11112	일지매	2243611	0	0	59598	0	39550	58630	2590	59598	100770	2202439
M11113	전우치	2240661	0	0	59457	0	39450	57330	2580	59457	99360	2200758
M11114	강감찬	2170915	0	0	56114	0	40560	60120	2650	56114	103330	2123699
M11115	을지문덕	2176955	0	0	56404	0	48550	71950	3180	56404	123680	2109679

위 그림에서 보듯이 "C5" 셀부터 "C9" 셀까지 선택한 후 상단의 색상 버튼을 눌러서 선택된 셀의 색상을 노란색으로 바꾸겠습니다.

먼저 전체 코드를 볼까요?

```
# 여러 셀을 선택하여 색상 지정하기
# D5 : D9 까지 노랑색으로 지정하기
import pyautogui
excel.DataItemControl(Name='"C" 5').Click()
excel.DataItemControl(Name='"C" 5').Click()
time.sleep(0.5)
pyautogui.keyDown('shift')
excel.DataItemControl(Name='"C" 9').Click()
pyautogui.keyUp('shift')

excel.ButtonControl(Name='채우기 색 RGB(255, 255, 0)').Click()
```

위 코드의 4번과 5번 행에서 같은 명령을 2번 쓴 이유는 마우스 커서가 다른 곳에 있을 경우에 해당 셀을 선택하는 것이 1번에 안되어서 2번 동일한 명령을 사용했습니다.

엑셀 파일에서 여러 셀을 한꺼번에 선택하려면 시작하는 셀인 C5 셀을 누른 후 키보드에서 shift 키를 누르고 마지막 셀을 누르면 되죠?

여기서도 동일한 순서로 진행합니다. 4, 5번 행에서 시작 셀을 눌렀고 7번 행에서 shift 키를 눌렀습니다. 그리고 8번 행에서 마지막 셀을 선택하고 9번 행에서 shift 키를 누르고 있던 부분을 해제했습니다. 그 후 색상 선택 버튼을 클릭하여 노란색을 선택했습니다. 색상 선택 버튼의 이름은 아래 그림을 보세요.

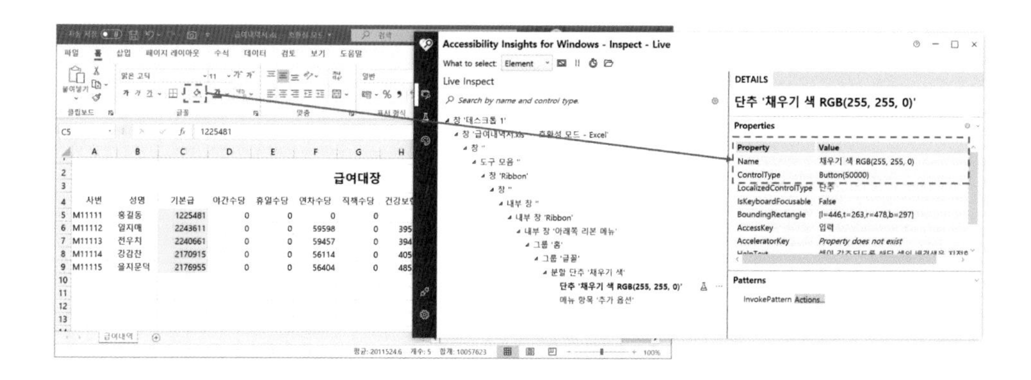

색상 바꾸는 거 쉽죠?

그럼 이제 다음 연습문제를 풀면서 앞에서 배운 내용을 복습해 볼까요?

연습 문제

문제 1 아래 그림과 같이 연차수당 컬럼인 F5 : F9번까지 선택 후 글자 색상을 빨간색으로 지정하세요.

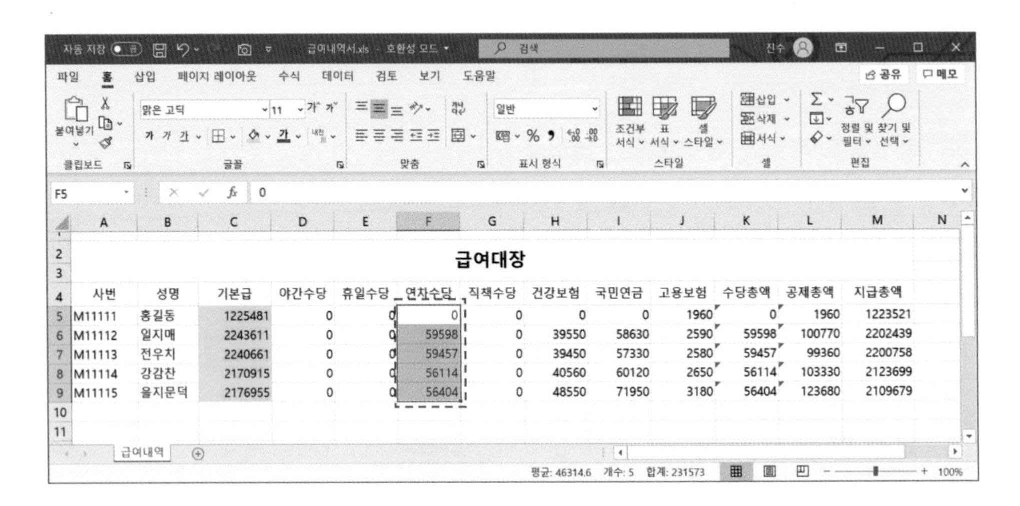

단축 메뉴 선택하여 셀 서식(숫자에, 기호로 구분하기) 선택하기

이번에는 C5:C9 행까지의 데이터를 선택하여 천 단위 구분 기호를 넣는 과정을 보겠습니다.
이번 과정에서 마우스 오른쪽 버튼을 눌러서 나오는 단축메뉴를 사용하는 방법을 잘 보세요.
먼저 전체 코드를 보겠습니다.

```
1  # 여러 셀을 선택하여 셀 설정 지정하기
2  # C5 : C9 까지 숫자 형태로 , 구분기호 넣기
3  import pyautogui
4  excel.DataItemControl(Name='"C" 5').Click()
5  excel.DataItemControl(Name='"C" 5').Click()
6  pyautogui.keyDown('shift')
7  excel.DataItemControl(Name='"C" 9').Click()
8  pyautogui.keyUp('shift')
9  excel.DataItemControl(Name='"C" 9').RightClick()
10 excel.MenuItemControl(Name='셀 서식...').Click()
11 time.sleep(0.5)
12 excel.ListItemControl(Name='숫자').Click()
13 time.sleep(0.1)
14 excel.CheckBoxControl(Name='1000 단위 구분 기호(,) 사용(U)').Click()
15 excel.ButtonControl(Name='확인').Click()
```

위 코드의 3번 행부터 8번 행까지는 앞의 내용에서 본 부분이죠?
우리가 원하는 여러 셀을 선택합니다.
그리고 9번 행에서 마우스 오른쪽 버튼을 클릭합니다.
그리고 10번 행에서 "셀 서식…" 메뉴를 선택합니다.
이 메뉴의 이름은 다음의 그림을 보세요~

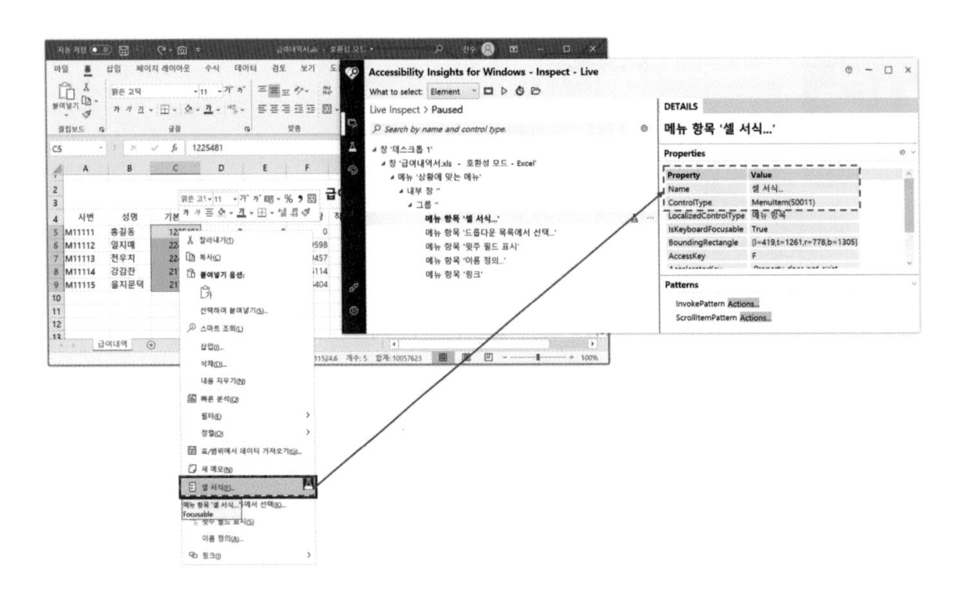

위 그림의 오른쪽 부분의 Name 부분을 보면 Value 부분의 값이 "셀 서식…" 으로 확인되죠? 그리고 12번 행에서 "숫자"를 선택해야겠죠?

아래 그림을 보세요.

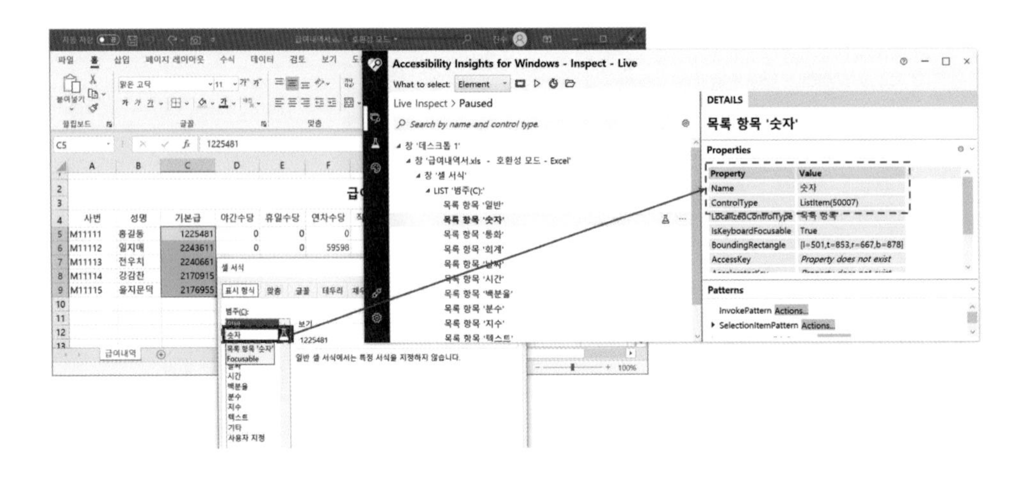

위 그림에서 오른쪽의 Value 부분을 보면 "숫자"를 알 수 있습니다.

그리고 숫자를 선택한 후 천 단위 구분기호에 체크해야 합니다.

소스코드의 14번 행에 있는 것과 같이 CheckBox 메뉴를 선택해야 합니다.

이 메뉴는 다음 그림을 보세요.

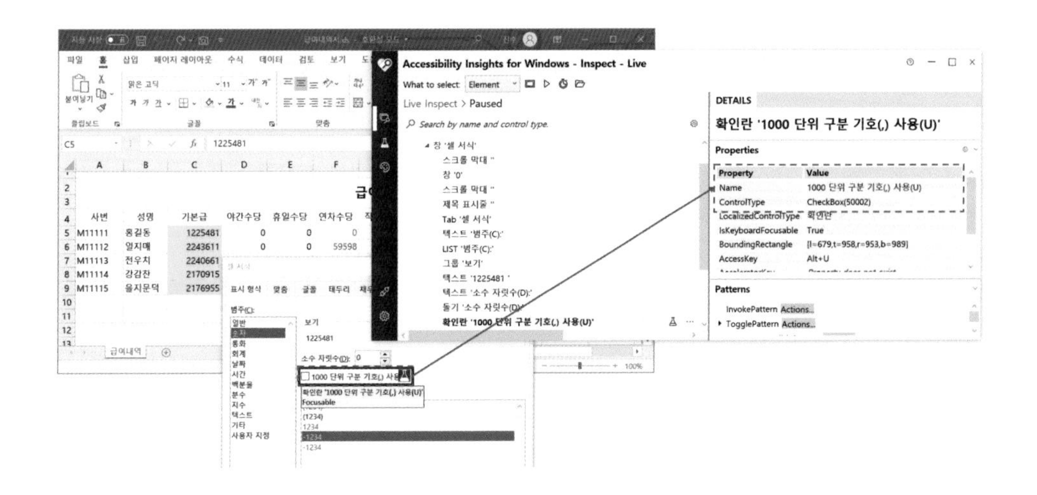

그리고 확인을 누르면 모든 작업이 끝납니다.

다음 연습문제를 풀면서 배운 내용을 복습해 보세요~

연습 문제

문제 1 아래 그림같이 여러셀(H5:M9)을 지정하여 천 단위 구분기호(,)를 추가하고 통화기호 중 한화의 원 표시(₩)를 추가하도록 코드를 작성하세요.

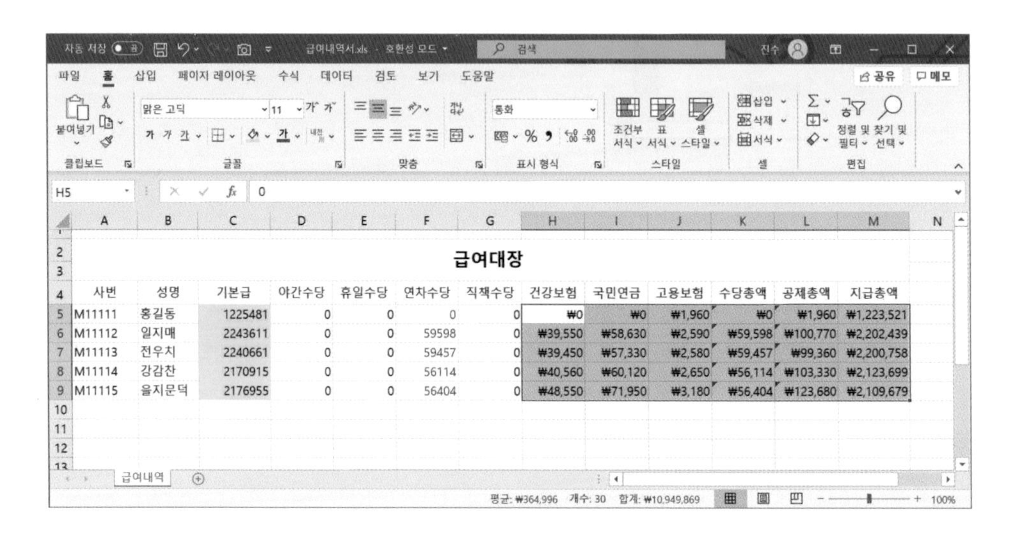

급여대장

사번	성명	기본급	야간수당	휴일수당	연차수당	직책수당	건강보험	국민연금	고용보험	수당총액	공제총액	지급총액
M11111	홍길동	1225481	0	0	0	0	₩0	₩0	₩1,960	₩0	₩1,960	₩1,223,521
M11112	일지매	2243611	0	0	59598	0	₩39,550	₩58,630	₩2,590	₩59,598	₩100,770	₩2,202,439
M11113	전우치	2240661	0	0	59457	0	₩39,450	₩57,330	₩2,580	₩59,457	₩99,360	₩2,200,758
M11114	강감찬	2170915	0	0	56114	0	₩40,560	₩60,120	₩2,650	₩56,114	₩103,330	₩2,123,699
M11115	을지문덕	2176955	0	0	56404	0	₩48,550	₩71,950	₩3,180	₩56,404	₩123,680	₩2,109,679

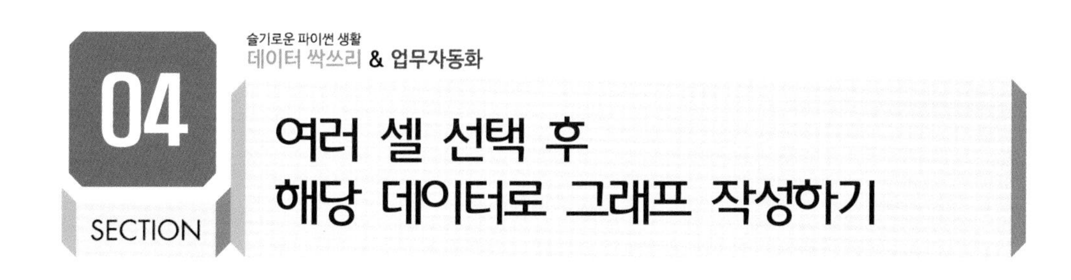

이번에는 숫자 값이 들어있는 여러 셀을 선택한 후 막대그래프를 그려보겠습니다. 먼저 어떤 작업을 할 지 아래 그림을 보세요.

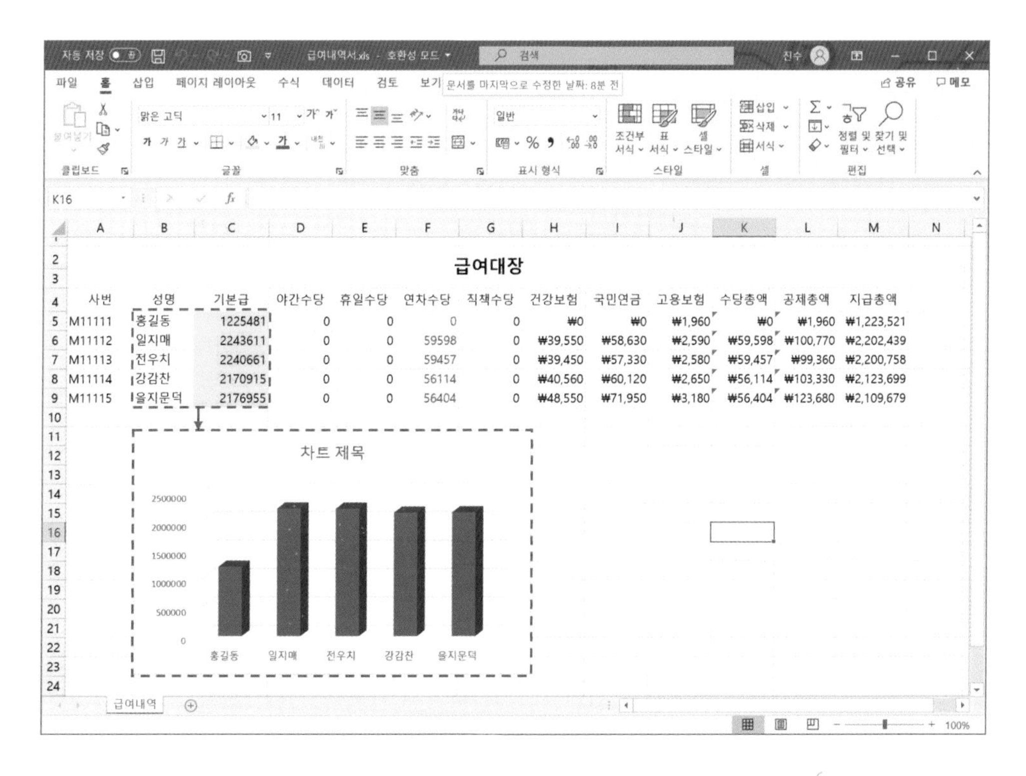

사번	성명	기본급	야간수당	휴일수당	연차수당	직책수당	건강보험	국민연금	고용보험	수당총액	공제총액	지급총액
M11111	홍길동	1225481	0	0	0	0	₩0	₩0	₩1,960	₩0	₩1,960	₩1,223,521
M11112	일지매	2243611	0	0	59598	0	₩39,550	₩58,630	₩2,590	₩59,598	₩100,770	₩2,202,439
M11113	전우치	2240661	0	0	59457	0	₩39,450	₩57,330	₩2,580	₩59,457	₩99,360	₩2,200,758
M11114	강감찬	2170915	0	0	56114	0	₩40,560	₩60,120	₩2,650	₩56,114	₩103,330	₩2,123,699
M11115	을지문덕	2176955	0	0	56404	0	₩48,550	₩71,950	₩3,180	₩56,404	₩123,680	₩2,109,679

위 그림에서 B5 : C9 셀의 내용을 선택하여 아래의 3D 바차트를 그리는 작업입니다. 이 작업을 수행하는 소스코드를 볼까요?

```
1  # 여러 셀을 선택하여 그래프 그리기
2  # B5: 9 까지 선택하여 3차원 막대 그래프 그리기
3  import pyautogui
4  excel.DataItemControl(Name='"B" 5').Click()
5  excel.DataItemControl(Name='"B" 5').Click()
6  pyautogui.keyDown('shift')
7  excel.DataItemControl(Name='"C" 9').Click()
8  pyautogui.keyUp('shift')
9
10 #삽입 메뉴 선택
11 excel.TabItemControl(Name='삽입').Click()
12 excel.MenuItemControl(Name='세로 또는 가로 막대형 차트 삽입').Click()
13 excel.ListItemControl(Name='3차원 묶은 세로 막대형').Click()
```

위 코드의 3행부터 8행까지는 이미 설명한 부분이라 잘 아시죠?

위 코드의 11행에서 "삽입" 메뉴를 클릭하고 차트를 선택하는 데 아래 그림을 볼까요?

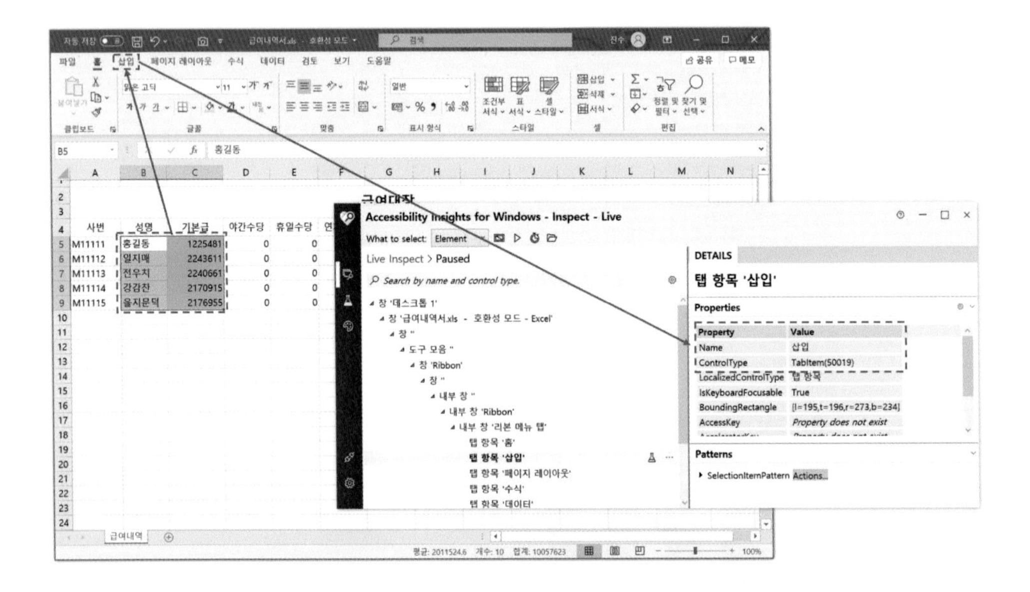

"삽입" 메뉴를 클릭한 후 차트 그림 옆의 작은 아래로 방향 표시를 누르는 부분이 위 코드의 12번 행입니다. 그 후에 차트 종류를 선택하는 데 여기서는 "3차원 묶은 세로 막대형"을 선택하였습니다.

다음 그림을 보세요.

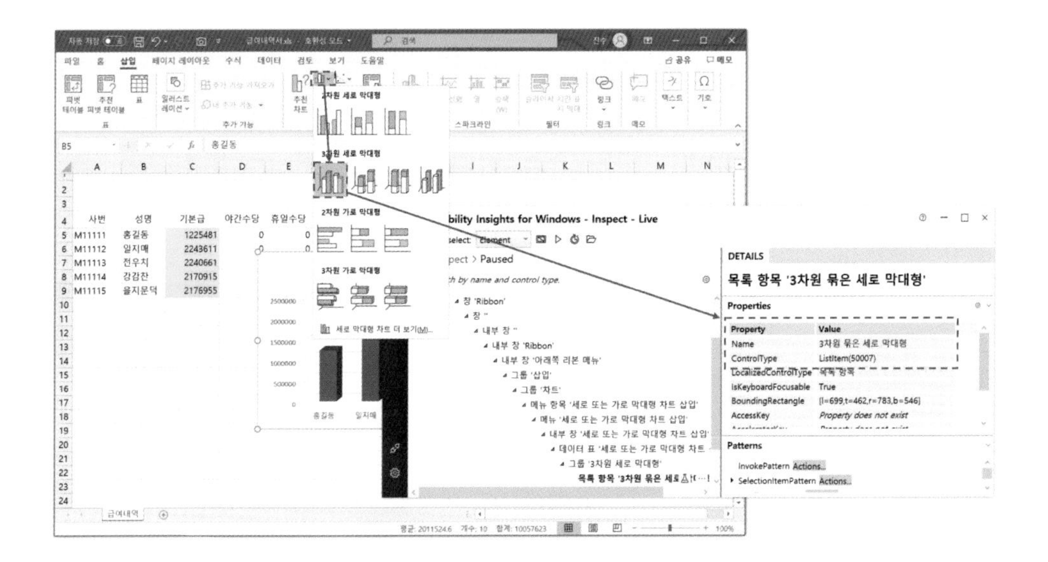

이렇게 여러 행의 셀을 선택하여 그래프를 그리는 부분도 자동화가 가능합니다~
다음의 연습문제를 풀어보면서 복습해 볼까요?

연습 문제

문제 1 아래 그림과 같이 성명과 지급총액 셀을 선택하여 2차원 원형차트를 그린 후 차트디자인 →차트요소추가→ 범례→ 오른쪽을 선택하여 범례가 오른쪽에 표시되도록 만드세요.

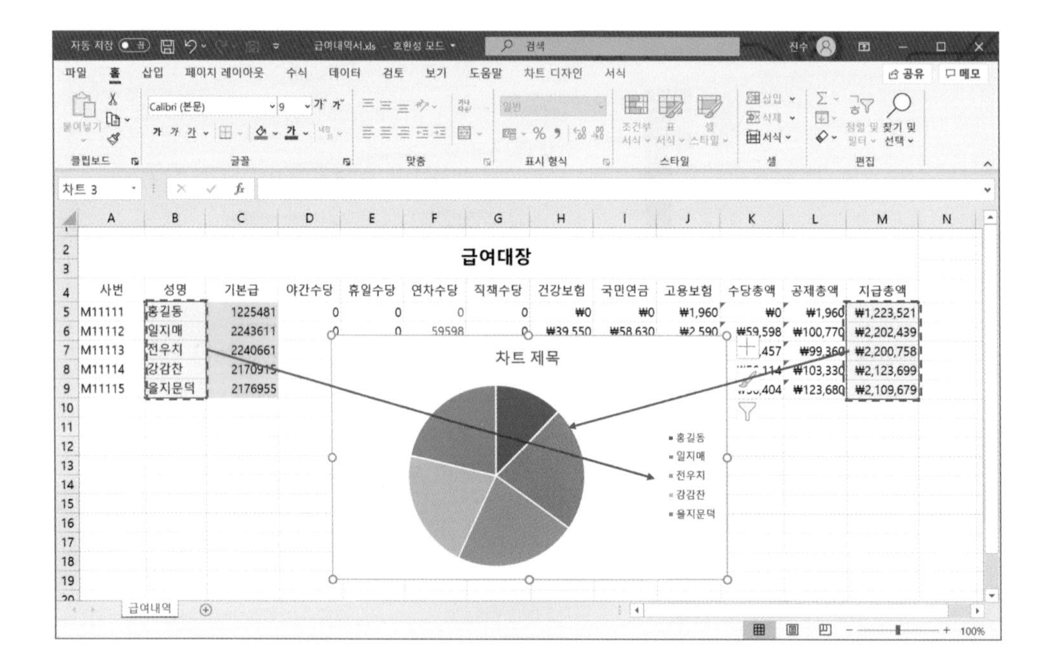

피벗 테이블을 활용하여 대량의 데이터 요약 분석하기

이번에는 엑셀 프로그램에서 대량의 데이터를 요약하고 분석할 때 아주 많이 사용되는 피벗 테이블 기능을 자동화하겠습니다.

실습에 사용할 엑셀 파일은 아래 그림의 왼쪽 그림과 같이 각 부서별 사무용품 신청 현황 목록이고 이 목록을 피벗 테이블을 활용하여 오른쪽 그림과 같이 분기별/월별로 신청금액 합계와 월/분기 비율로 정리하면 됩니다.

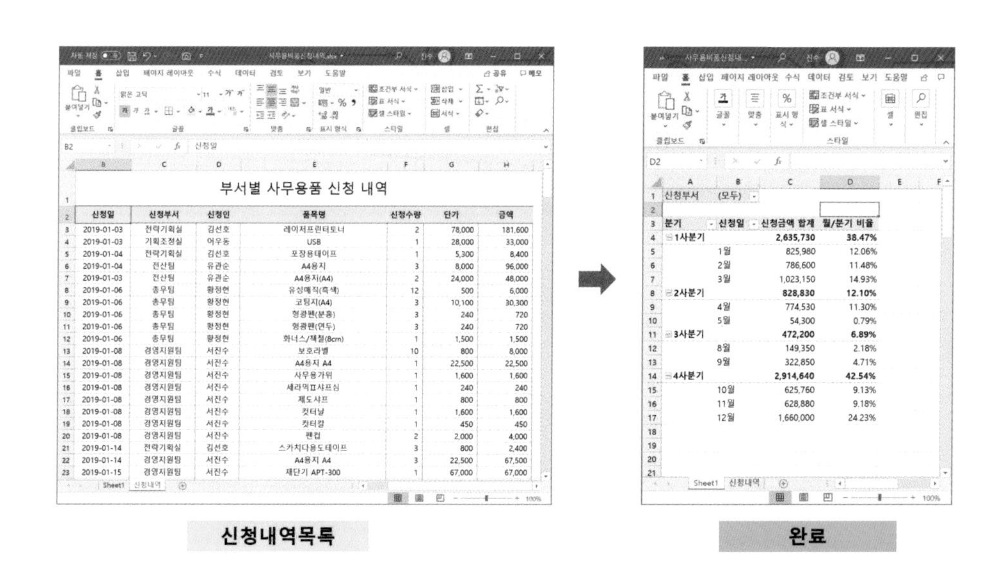

부서별 사무용품 신청 내역

신청일	신청부서	신청인	품목명	신청수량	단가	금액
2019-01-03	전략기획실	김선호	레이저프린터토너	2	78,000	181,600
2019-01-03	기획조정실	어우동	USB	1	28,000	33,000
2019-01-04	전략기획실	김선호	포장용테이프	1	5,300	8,400
2019-01-04	전산팀	유관순	A4용지	3	8,000	96,000
2019-01-03	전산팀	유관순	A4용지(A4)	2	24,000	48,000
2019-01-06	총무팀	황정현	유성매직(흑색)	12	500	6,000
2019-01-06	총무팀	황정현	코팅지(A4)	3	10,100	30,300
2019-01-06	총무팀	황정현	형광펜(분홍)	3	240	720
2019-01-06	총무팀	황정현	형광펜(연두)	3	240	720
2019-01-06	총무팀	황정현	화너스/재철(8cm)	1	1,500	1,500
2019-01-08	경영지원팀	서진수	보호라벨	10	800	8,000
2019-01-08	경영지원팀	서진수	A4용지 A4	1	22,500	22,500
2019-01-08	경영지원팀	서진수	사무용가위	1	1,600	1,600
2019-01-08	경영지원팀	서진수	세라믹피샤프심	1	240	240
2019-01-08	경영지원팀	서진수	제도샤프	1	800	800
2019-01-08	경영지원팀	서진수	컷터날	1	1,600	1,600
2019-01-08	경영지원팀	서진수	컷터칼	1	450	450
2019-01-08	경영지원팀	서진수	펜컵	2	2,000	4,000
2019-01-14	전략기획실	김선호	스카치다용도테이프	3	800	2,400
2019-01-14	경영지원팀	서진수	A4용지 A4	3	22,500	67,500
2019-01-15	경영지원팀	서진수	재단기 APT-300	1	67,000	67,000

신청내역목록

신청부서 (모두)

분기	신청일	신청금액 합계	월/분기 비율
1사분기		**2,635,730**	**38.47%**
	1월	825,980	12.06%
	2월	786,600	11.48%
	3월	1,023,150	14.93%
2사분기		**828,830**	**12.10%**
	4월	774,530	11.30%
	5월	54,300	0.79%
3사분기		**472,200**	**6.89%**
	8월	149,350	2.18%
	9월	322,850	4.71%
4사분기		**2,914,640**	**42.54%**
	10월	625,760	9.13%
	11월	628,880	9.18%
	12월	1,660,000	24.23%

완료

이번 장에서 살펴보는 내용들은 파이썬 자동화 기능이 아니더라도 엑셀로 데이터분석을 할 때 아주 요긴하게 사용될 수 있으므로 꼭 열심히 연습해 주세요~

01 소스코드 설명

소스코드 중에서 앞에서 설명한 부분은 간략하게 설명하고 넘어가겠습니다.

(1) 분석할 파일 불러오기

```
1  #5. 엑셀의 피벗 테이블 활용하기
2  import subprocess
3  subprocess.Popen("C:₩₩Program Files₩₩Microsoft Office₩₩root₩₩Office16₩₩EXCEL.EXE")
4
5  import uiautomation as auto
6  excel = auto.WindowControl(searchDepth=1 , Name='Excel')
7
8  import time
9  time.sleep(3)
10 excel.ListItemControl(Name="열기").DoubleClick()
11 excel.TabItemControl(Name="이 PC").DoubleClick()
12 time.sleep(1)
13
14 excel.EditControl(Name="파일 이름(N):").Click()
15 file_path='C:₩₩temp₩₩사무용비품신청내역.xlsx'
16 excel.EditControl(Name="파일 이름(N):").SendKeys(file_path)
17 excel.SplitButtonControl(Name="열기(O)").Click()
18
```

위 코드의 3번 행에서 엑셀 프로그램을 실행한 후 10번, 11번 행에서 엑셀 프로그램의 열기 메뉴를 누르고 14, 15, 16, 17번 행에서 작업할 파일을 불러옵니다.

위 작업까지 진행하면 다음 그림과 같은 원본 파일이 열립니다.

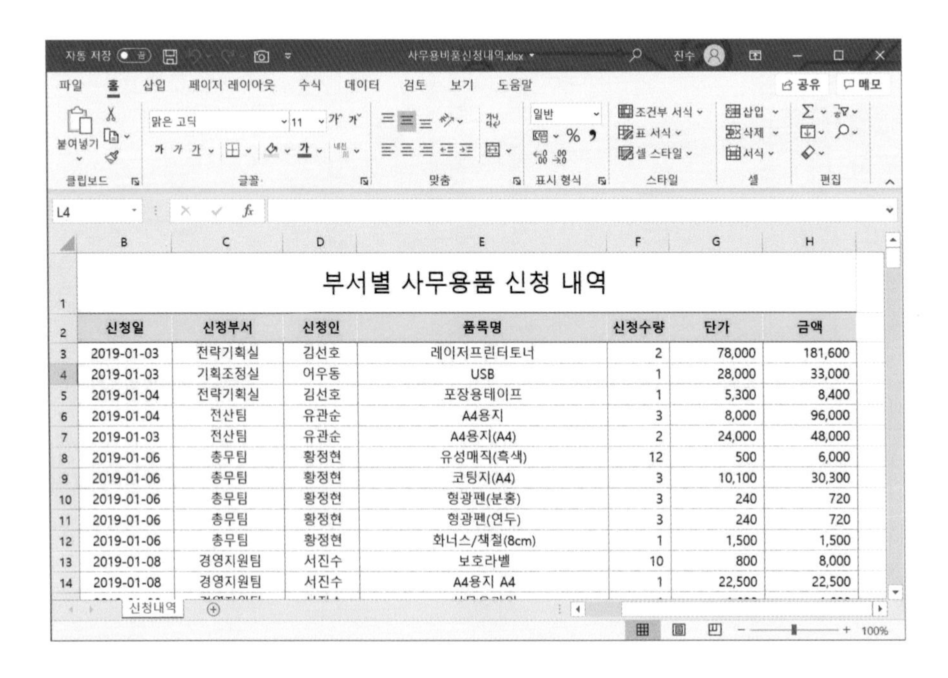

부서별 사무용품 신청 내역

신청일	신청부서	신청인	품목명	신청수량	단가	금액
2019-01-03	전략기획실	김선호	레이저프린터토너	2	78,000	181,600
2019-01-03	기획조정실	어우동	USB	1	28,000	33,000
2019-01-04	전략기획실	김선호	포장용테이프	1	5,300	8,400
2019-01-04	전산팀	유관순	A4용지	3	8,000	96,000
2019-01-03	전산팀	유관순	A4용지(A4)	2	24,000	48,000
2019-01-06	총무팀	황정현	유성매직(흑색)	12	500	6,000
2019-01-06	총무팀	황정현	코팅지(A4)	3	10,100	30,300
2019-01-06	총무팀	황정현	형광펜(분홍)	3	240	720
2019-01-06	총무팀	황정현	형광펜(연두)	3	240	720
2019-01-06	총무팀	황정현	화너스/책철(8cm)	1	1,500	1,500
2019-01-08	경영지원팀	서진수	보호라벨	10	800	8,000
2019-01-08	경영지원팀	서진수	A4용지 A4	1	22,500	22,500

(2) 피벗 테이블 삽입하기

이제 화면을 최대화한 후에 "B2" 셀을 클릭한 후 상단의 "삽입" 탭을 눌러 피벗 테이블을 새로운 시트에 삽입하겠습니다. 아래 그림의 번호 순서대로 작업하면 됩니다.

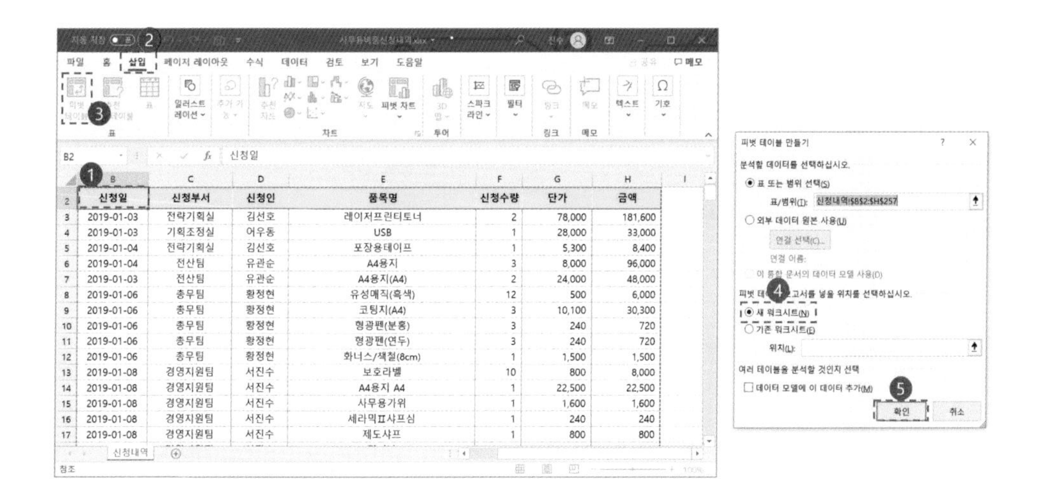

위 순서로 작성된 파이썬 코드를 보겠습니다.

```
19  # 피벗 테이블 삽입하기
20  # 화면을 최대화 시키기
21  time.sleep(1)
22  try :
23      excel.ButtonControl(Name="최대화").Click()
24  except  :
25      print('')
26
27  #B4 셀 클릭하기
28  excel.DataItemControl(Name='"B" 2').Click()
29
30  #삽입 클릭하기
31  excel.TabItemControl(Name='삽입').Click()
32
33  #피벗 테이블 클릭하기
34  excel.ButtonControl(Name='피벗 테이블').Click()
35
36  excel2 = auto.WindowControl(searchDepth=2 , Name='피벗 테이블 만들기')
37  excel2.ButtonControl(Name='확인').Click()
38
```

위 코드의 28번 행에서 B2번 행을 클릭합니다.

그리고 30번 행에서 "삽입" 메뉴를 클릭한 후 34번 행에서 "피벗 테이블" 메뉴를 선택합니다.

해당 메뉴들의 이름을 확인해 볼까요?

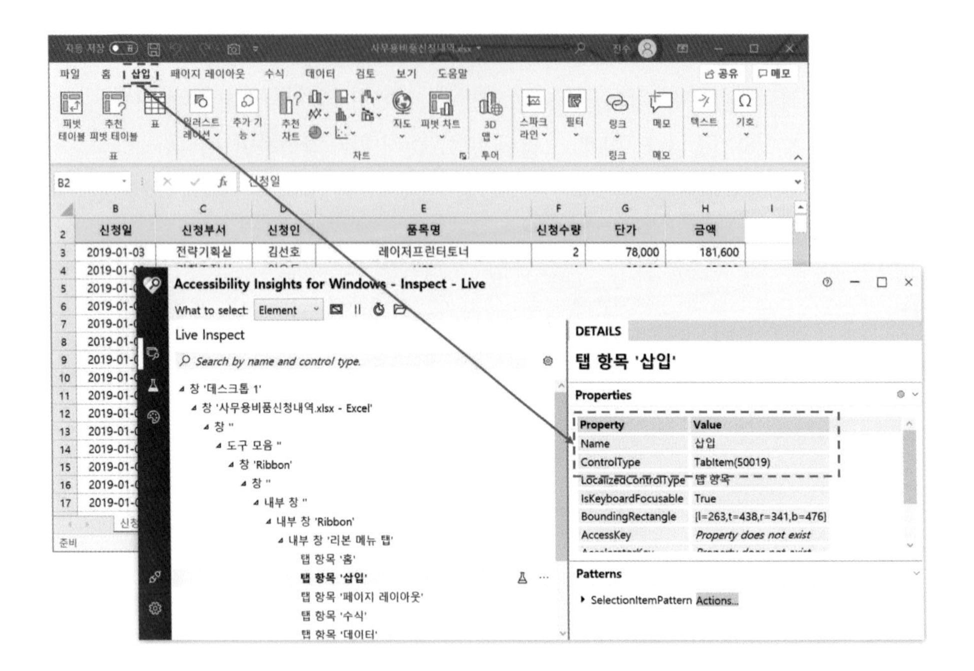

위 그림에서 "삽입" 버튼의 ControlType이 "TabItem"이고 Name이 "삽입"인 것이 확인됩니다. 이번에는 피벗 테이블 메뉴 정보를 볼까요?

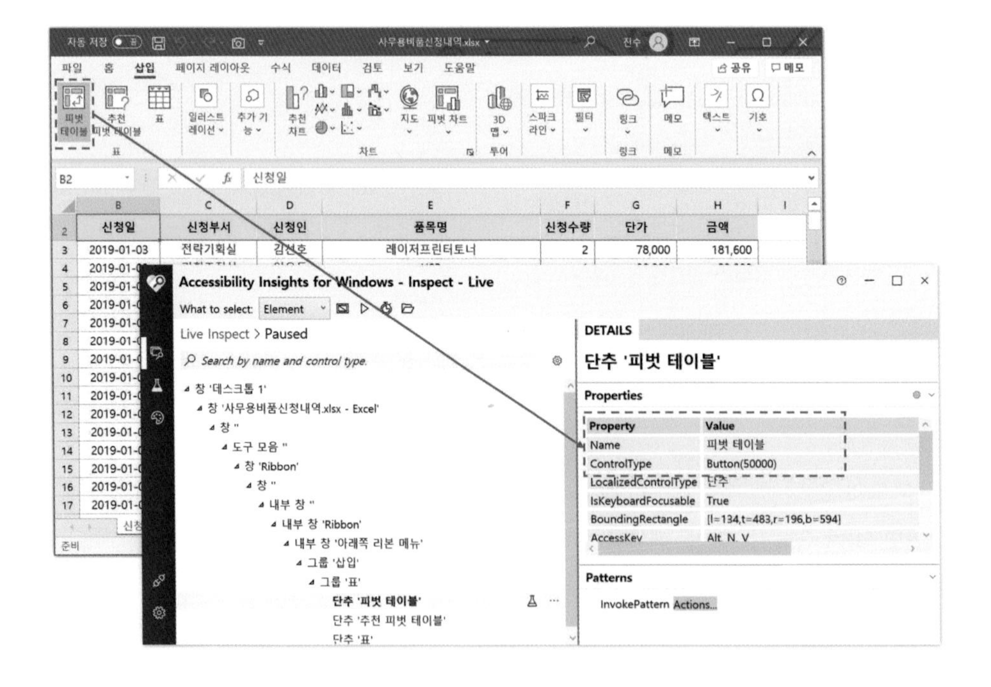

앞 그림의 정보대로 앞 코드에서 34번 행과 같이 코드를 작성했습니다.

그리고 앞의 코드 36번 행에서 SearchDepth=2라는 코드는 특정 메뉴를 눌러서 새로운 메뉴가 열릴 경우에 기존 메뉴와 구분할 때 사용하는 경우가 많습니다.

여기에서도 "피벗 테이블" 메뉴를 눌러서 "피벗 테이블 만들기" 창이 열렸기 때문에 사용했습니다.

나머지 옵션은 기본값으로 사용했고 바로 "확인" 버튼을 누르도록 작성했습니다.

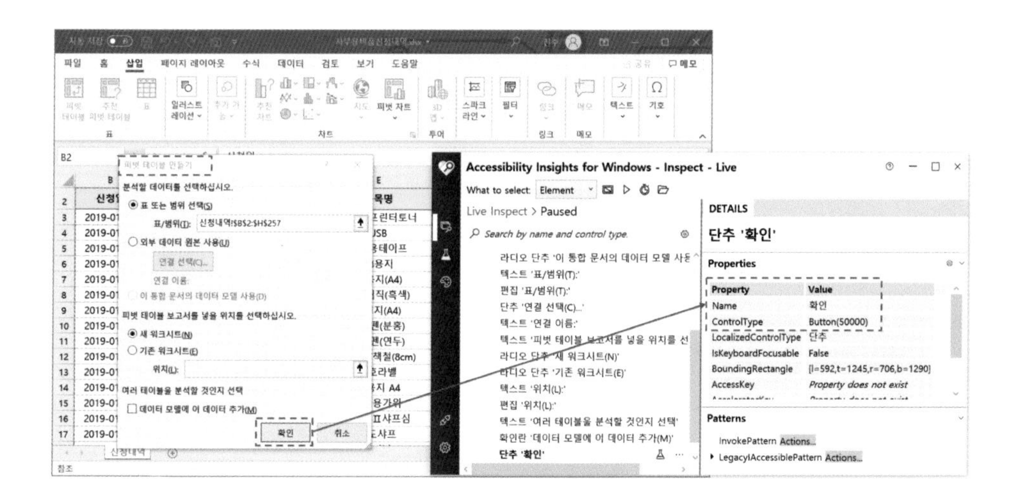

위 작업까지 하면 새로운 시트에 피벗 테이블 만들기가 생성됩니다.

이제 오른쪽상단의 체크 박스 메뉴를 하단의 여러 항목에 드래그를 해야 하는데 이때 드래그할 항목과 드래그할 좌표의 위치를 찾아야 합니다.

이때 pyautogui 모듈을 사용하는데 이 모듈에 대한 내용은 이 책의 pyautogui 모듈 설명 부분을 참고하세요. 다음 그림과 같이 필요한 항목을 아래 부분에 드래그로 이동합니다.

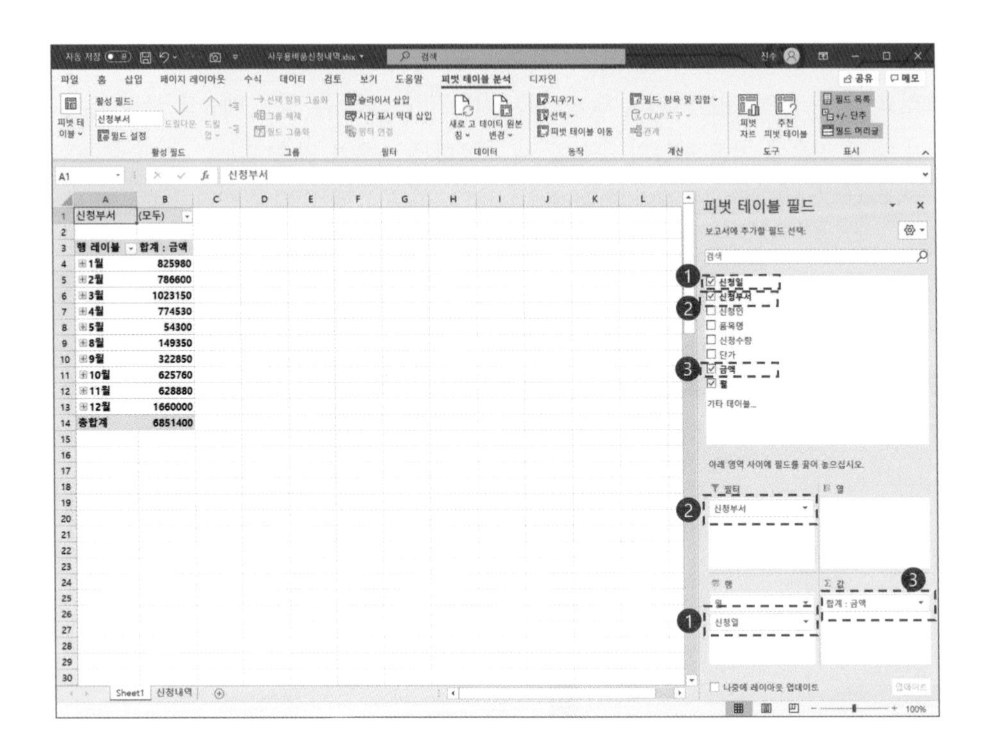

앞의 엑셀 화면에서 보듯이 왼쪽 상단의 체크박스 메뉴 중에서 신청부서는 하단의 필터 부분으로 드래그 하고 신청일 항목은 하단의 행 부분으로 이동시키고 금액 항목은 하단의 Σ값 부분으로 드래그로 이동합니다. 이때 가장 중요한 것은 이 위치 값들의 좌표를 찾는 부분입니다.

이 부분을 반영한 코드를 볼까요?

```
39  # 항목 드래그 하기
40  import pyautogui
41
42  excel.CheckBoxControl(Name='신청부서').Click()
43  pyautogui.dragTo(x=2482, y=1202,duration=0.5)     # 필터 영역으로 드래그
44  time.sleep(0.5)
45
46  excel.CheckBoxControl(Name='신청일').Click()
47  pyautogui.dragTo(x=2473, y=1478,duration=0.5)    # 행 영역으로 드래그
48
49  excel.CheckBoxControl(Name='금액').Click()
50  pyautogui.dragTo(x=2734, y=1451,duration=0.5)    # 합계 영역으로 드래그
51
```

위 코드의 42번 행에서 신청부서 메뉴를 체크한 후 드래그하여 이동합니다.

위 코드의 좌표는 저자 컴퓨터를 기준으로 한 좌표이므로 여러분들의 컴퓨터와 다를 수 있으니까 본인의 컴퓨터에서 좌표를 찾아서 바꾸어 사용하세요.

그리고 46번 행에서 신청일 항목을 이동하고 49번 행에서 금액 항목을 이동합니다. 이 항목들의 정보를 살펴보시죠.

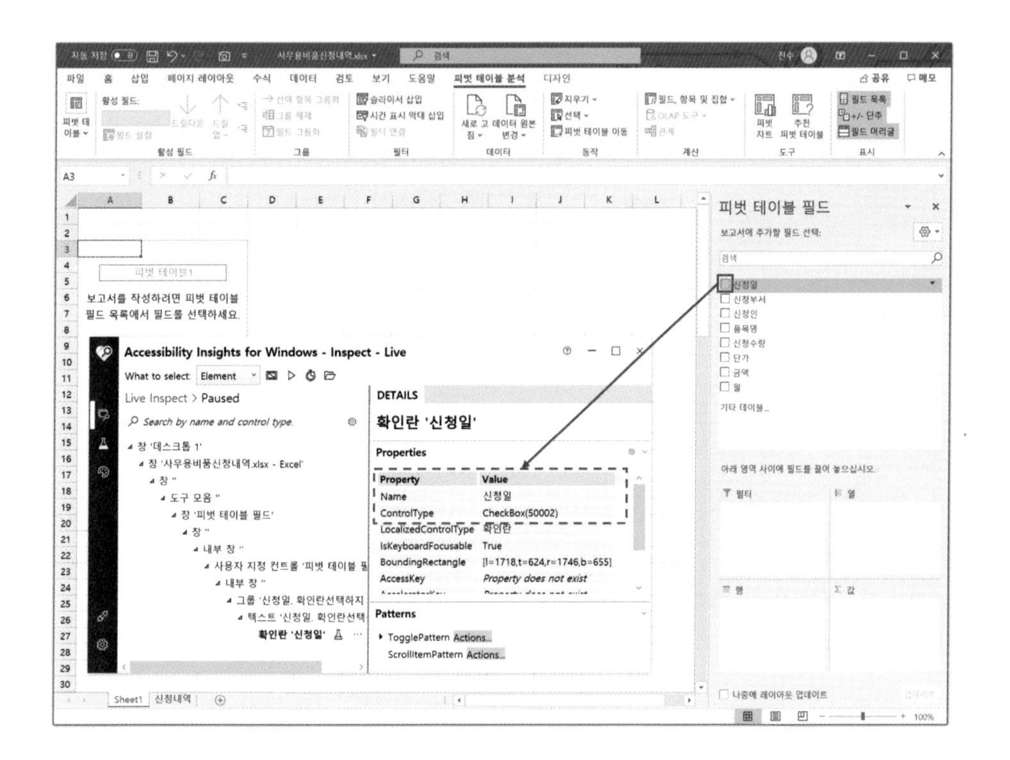

위 그림에서 주의할 점은 엑셀에서 드래그 할 항목을 선택할 때 마우스 커서를 체크박스 부분에 지정해야 정확한 정보가 나옵니다. 위 그림은 신청일이지만 다른 항목들도 같은 방법으로 찾으면 됩니다~

필요한 항목들이 이동되면 아래 그림과 같이 엑셀의 셀 부분에 해당 항목들의 계산값들이 나옵니다. 그런데 우리는 더 세분화하는 작업을 진행해야 합니다.

먼저 신청일 필드와 그룹 부분을 수정하겠습니다.

다음 그림에서 "월"로 설정되어 있는 신청일 필드를 "월"과 "분기"로 수정하겠습니다.

다음 그림을 보세요.

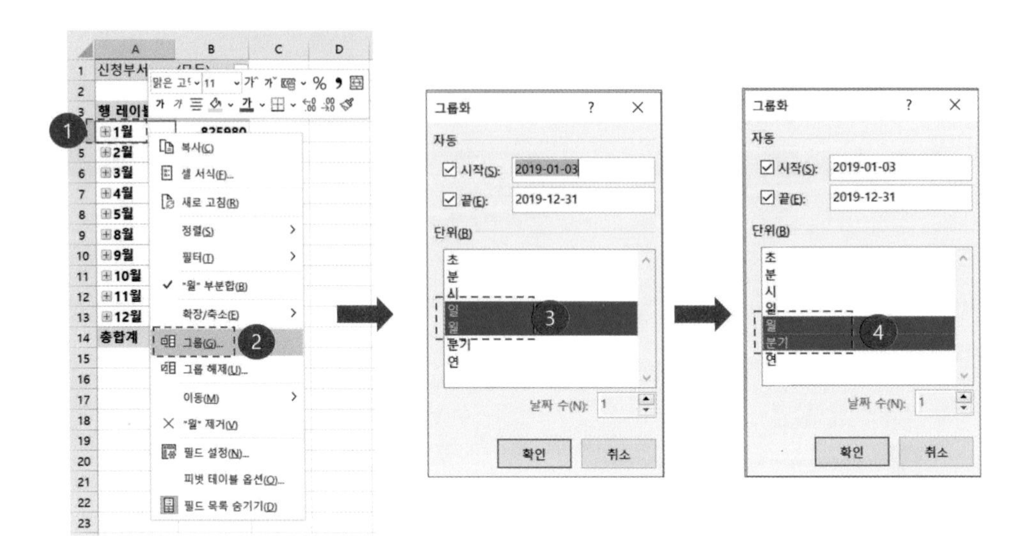

위 그림에서 1번에서 A4 행을 마우스 오른쪽으로 클릭하고(아래 코드의 53, 54번 행) 단축 메뉴에서 2번의 그룹을 선택한 후(아래 코드의 57번 행)3번에서 "일"을 클릭하여 체크 해제하고 4번에서 "분기"를 클릭합니다(아래 코드의 58~60번 행).

위 내용으로 작성된 코드를 보세요.

```
52  # 신청일 필드와 그룹 수정하기
53  excel.HeaderItemControl(Name='"A" 4').Click()
54  excel.HeaderItemControl(Name='"A" 4').RightClick()
55  time.sleep(0.5)
56
57  excel.MenuItemControl(Name='그룹...').Click()
58  excel.ListItemControl(Name='일').Click()
59  excel.ListItemControl(Name='분기').Click()
60  excel.ButtonControl(Name='확인').Click()
61
```

위 코드의 57번 행부터 상세 정보를 볼까요?

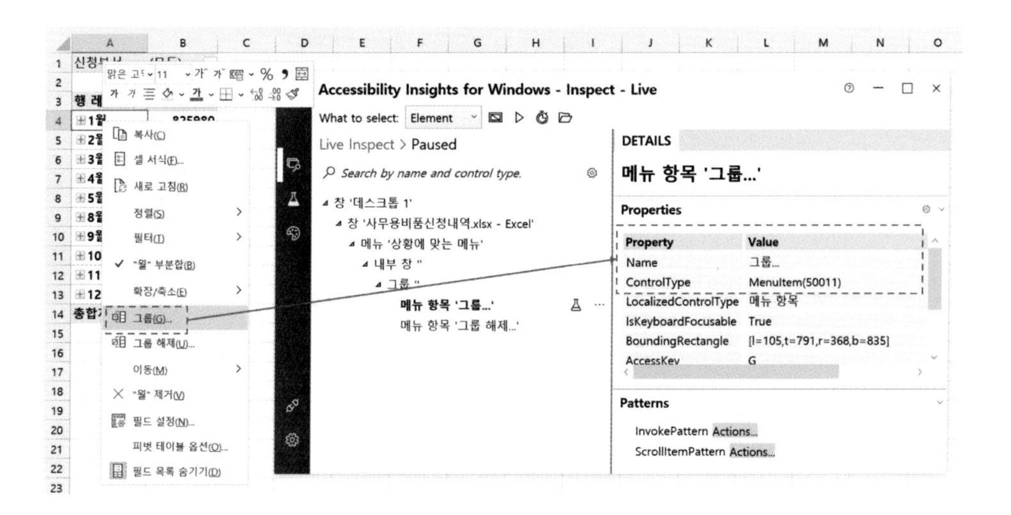

위 그림에서 소스코드의 57번 행의 그룹 메뉴의 속성을 확인할 수 있습니다.
아래 그림에서 그룹화의 일 항목의 속성값도 확인할 수 있습니다.
같은 원리로 분기 항목의 정보도 확인할 수 있겠죠?

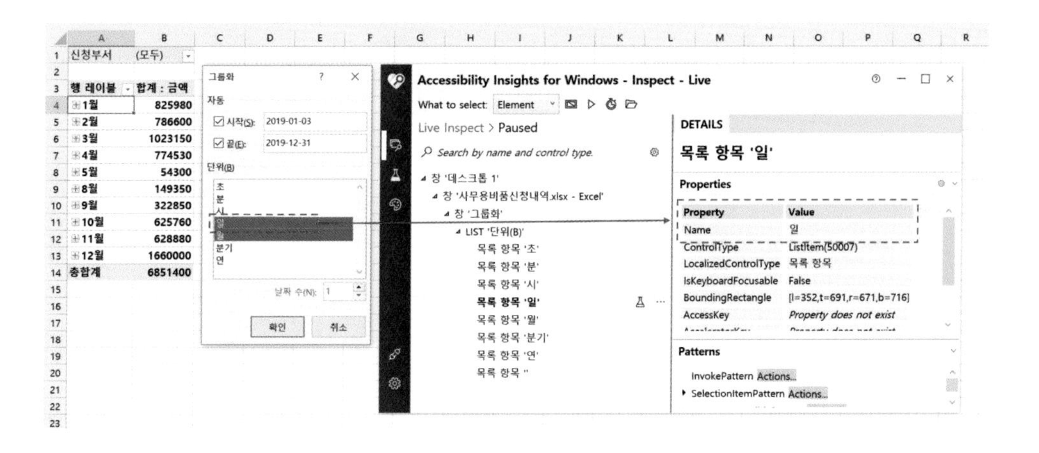

위 코드의 58, 59, 60번 행까지 작업이 끝나면 다음 그림과 같이 월/분기별로 표시됩니다.

	A	B	C
1	신청부서	(모두)	
2			
3	행 레이블	합계 : 금액	
4	⊟1사분기	2635730	
5	1월	825980	
6	2월	[illegible]	
7	3월	1023150	
8	⊟2사분기	828830	
9	4월	774530	
10	[illegible]	54300	
11	⊟3사분기	472200	
12	8월	149350	
13	9월	322850	
14	⊟4사분기	2914640	
15	10월	625760	
16	11월	628880	
17	12월	1660000	
18	총합계	6851400	
19			

이제 위 그림에서 2번 부분의 합계 : 금액 부분의 이름과 표시형식을 수정하겠습니다.

현재 "합계 : 금액"으로 되어있는 필드명을 "신청금액 합계"로 변경하고 숫자 부분에서 천단위 구분기호(,)를 추가하는 작업을 진행하겠습니다.

이 작업을 하기 위해서 아래 그림의 오른쪽 아래 부분의 "합계 : 금액" 부분을 클릭 → 값 필드 설정 클릭 → 값 필드 설정 대화상자의 사용자 지정 이름에 "신청금액 합계" 입력 후 아래의 표시 형식 버튼을 눌러 숫자의 1000단위 구분기호에 체크를 합니다.

아래 그림의 순서를 잘 보세요.

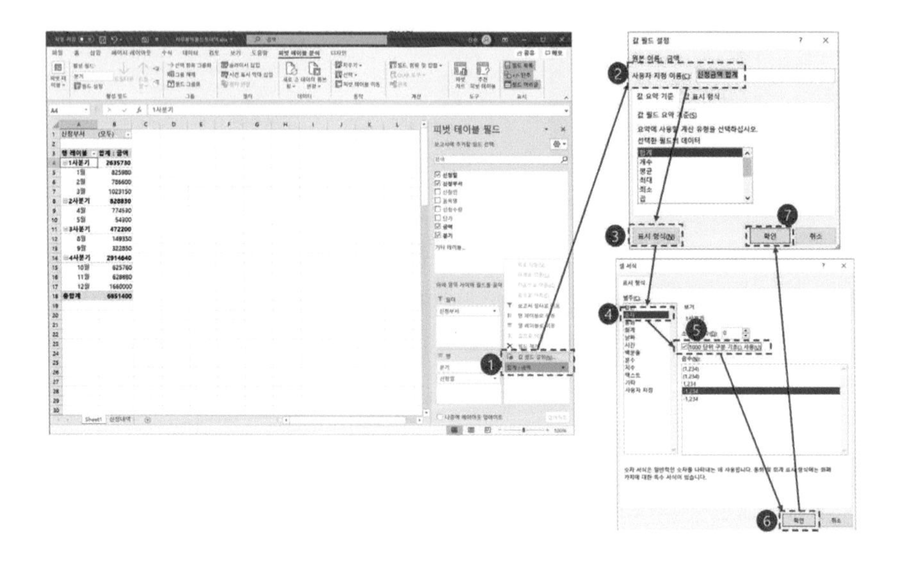

앞 그림의 순서대로 작성된 코드를 살펴볼까요?

```
62  excel.ButtonControl(Name='합계 : 금액').Click()
63  excel.MenuItemControl(Name='값 필드 설정... ').Click()
64
65  col_name1 = '신청금액 합계'
66  excel2 = auto.WindowControl(searchDepth=6 , Name='값 필드 설정')
67  excel2.EditControl(Name="RichEdit Control").SendKeys('{Ctrl}{A}', waitTime = 1)
68  excel2.EditControl(Name="RichEdit Control").SendKeys(col_name1)
69
70  excel2.ButtonControl(Name='표시 형식(N)').Click()
71  excel2.ListItemControl(Name='숫자').Click()
72  time.sleep(1)
73  excel2.CheckBoxControl(Name='1000 단위 구분 기호(,) 사용(U)').Click()
74
75  excel2.ButtonControl(Name='확인').Click()
76  excel2.ButtonControl(Name='확인').Click()
77
```

위 코드의 62, 63번 행에서 위 그림의 1번 작업을 하고 66번 행에서 새로 열린 대화창을 선택합니다. 그리고 67, 68번 행에서 컬럼 이름을 입력합니다.

이 대화창의 정보를 살펴보겠습니다.

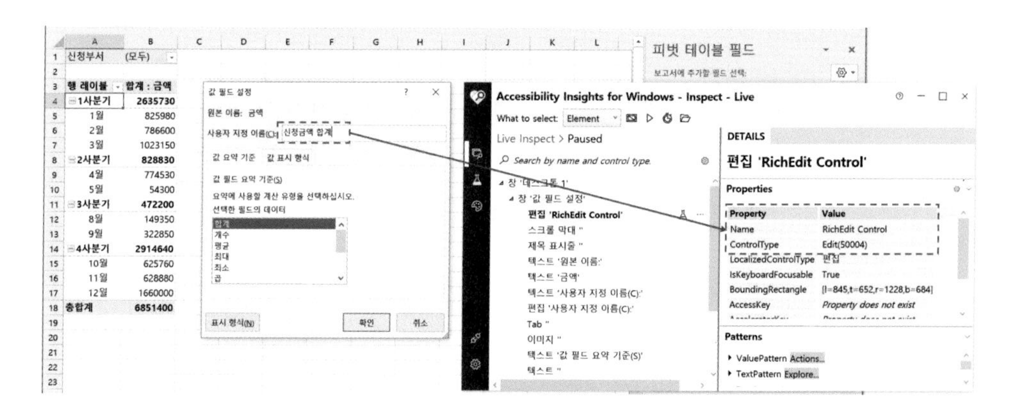

위 코드의 67번 행에서 사용된 컬럼 이름을 지정하는 부분의 속성이 아래 그림에서 RichEdit Control이라는 것을 확인할 수 있습니다. 해당 부분에 있던 기존 이름을 모두 선택하기 위하여 SendKeys('{Ctrl} {A}') 명령을 실행한 후 68번 행에서 행 이름이 저장되어 있는 변수 col_name1을 입력했습니다.

그 후 70번 행에서 3번의 표시형식 버튼을 클릭한 후 71번 행에서 소스코드를 선택하고 오른쪽의 1000단위 구분기호를 체크하도록 코드를 작성하였습니다.

다음 그림으로 작업 순서를 보세요.

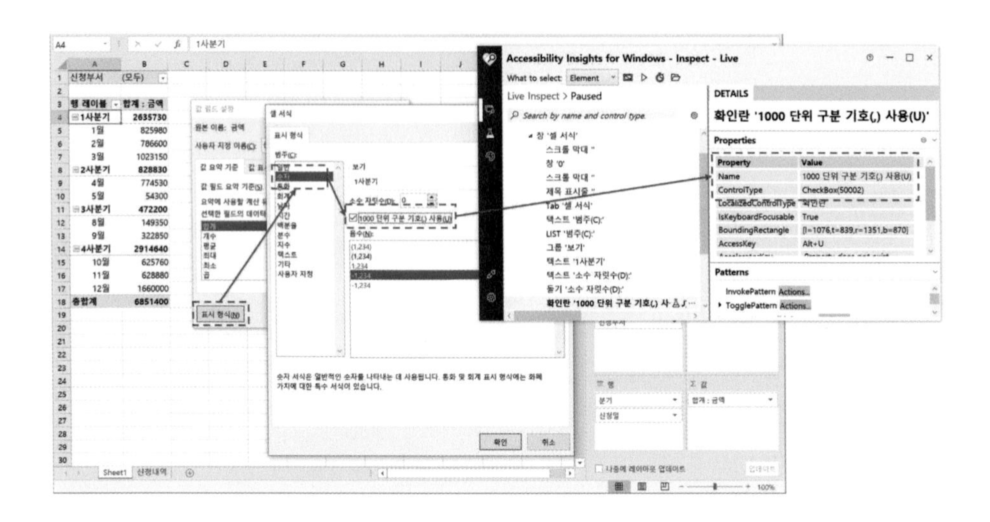

위 과정까지 모두 마치면 아래 그림의 왼쪽처럼 보입니다.

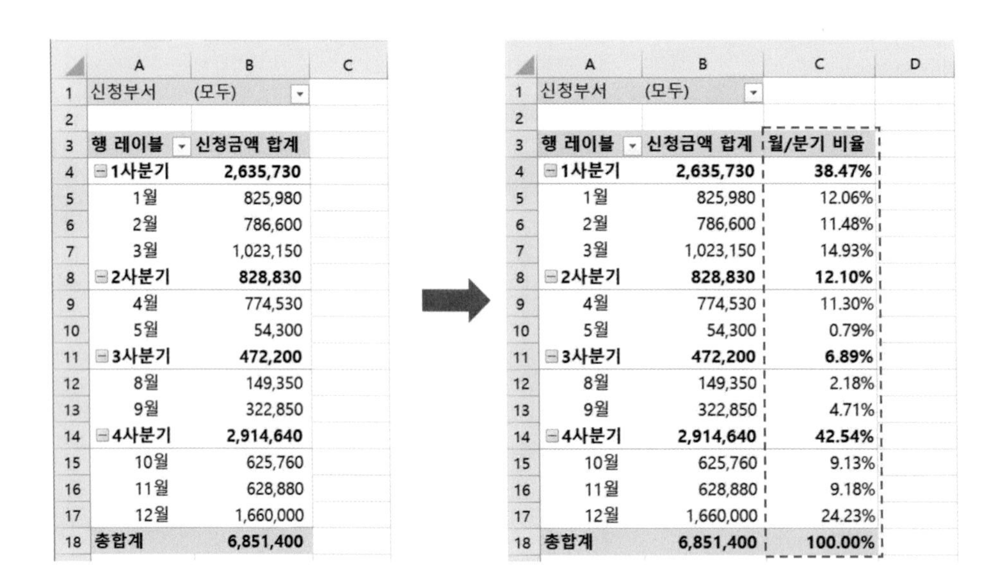

	A	B	C
1	신청부서	(모두)	
2			
3	**행 레이블**	**신청금액 합계**	
4	**⊟1사분기**	**2,635,730**	
5	1월	825,980	
6	2월	786,600	
7	3월	1,023,150	
8	**⊟2사분기**	**828,830**	
9	4월	774,530	
10	5월	54,300	
11	**⊟3사분기**	**472,200**	
12	8월	149,350	
13	9월	322,850	
14	**⊟4사분기**	**2,914,640**	
15	10월	625,760	
16	11월	628,880	
17	12월	1,660,000	
18	**총합계**	**6,851,400**	

	A	B	C	D
1	신청부서	(모두)		
2				
3	**행 레이블**	**신청금액 합계**	**월/분기 비율**	
4	**⊟1사분기**	**2,635,730**	**38.47%**	
5	1월	825,980	12.06%	
6	2월	786,600	11.48%	
7	3월	1,023,150	14.93%	
8	**⊟2사분기**	**828,830**	**12.10%**	
9	4월	774,530	11.30%	
10	5월	54,300	0.79%	
11	**⊟3사분기**	**472,200**	**6.89%**	
12	8월	149,350	2.18%	
13	9월	322,850	4.71%	
14	**⊟4사분기**	**2,914,640**	**42.54%**	
15	10월	625,760	9.13%	
16	11월	628,880	9.18%	
17	12월	1,660,000	24.23%	
18	**총합계**	**6,851,400**	**100.00%**	

위의 왼쪽 그림처럼 잘 나왔죠?

그럼 이번에는 오른쪽 그림처럼 월/분기 비율 컬럼을 추가하는 작업을 해서 사용 비용을 비율로 표시하겠습니다.

위 그림의 오른쪽 "월/분기 비율" 컬럼을 만들기 위해서 피벗 테이블에서 금액을 하나 더 추가한 후 속성값을 변경해 주어야 합니다.

다음 그림을 보세요.

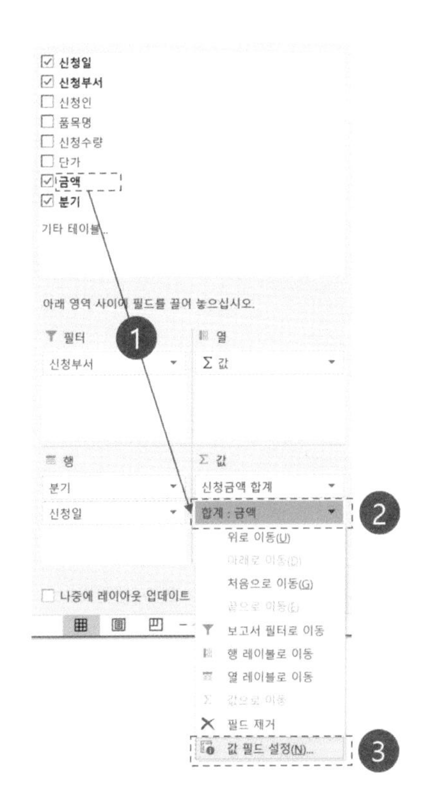

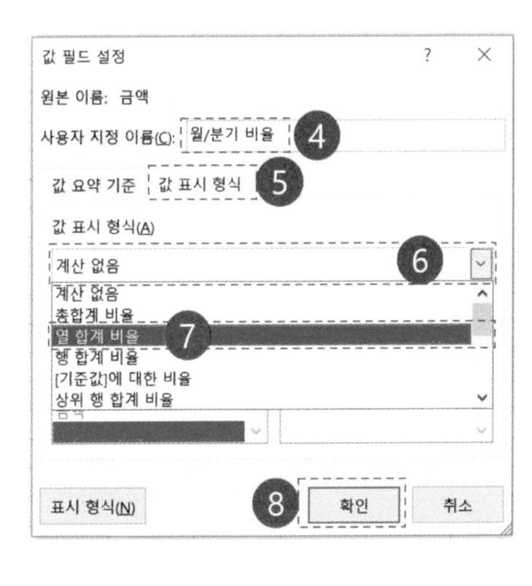

위 그림에서 가장 중요한 부분은 1번인데 금액 항목을 아래로 드래그해서 추가할 때 "금액"의 체크박스가 아닌 글자 부분을 클릭한 상태에서 드래그 해야 한다는 점입니다. 절대로 체크박스를 클릭하면 안됩니다! 아래 코드의 80번 행 부분을 특히 조심해야 합니다.

```
78  #월/분기 비율 컬럼 추가하기
79  time.sleep(5)
80  excel.TextControl(Name='금액. 확인란선택한 상태').Click()
81  pyautogui.dragTo(x=2734, y=1481,duration=0.5)   # 합계 영역으로 드래그
82  col_name2 = '월/분기 비율'
83  excel.ButtonControl(Name='합계 : 금액').Click()
84  excel.MenuItemControl(Name='값 필드 설정... ').Click()
85  excel3 = auto.WindowControl(searchDepth=6 , Name='값 필드 설정')
86  excel3.EditControl(Name="RichEdit Control").SendKeys('{Ctrl}{A}', waitTime = 1)
87  excel3.EditControl(Name="RichEdit Control").SendKeys(col_name2)
88  excel3.TabItemControl(Name='값 표시 형식').Click()
89  excel3.ComboBoxControl(Name='콤보 상자와 값을 표시합니다.').Click()
90  excel3.ListItemControl(Name='열 합계 비율').Click()
91
92  excel3.ButtonControl(Name='확인').Click()
93
```

앞의 단계까지 작업이 다 되면 마지막으로 피벗 테이블의 서식을 지정하겠습니다.

피벗 테이블 도구 → 디자인 탭 → 레이아웃 → 보고서 레이아웃 → 개요 형식으로 표시를 선택하는 순서인데 이 과정을 진행할 코드를 먼저 보겠습니다.

```
94  # 피벗 테이블의 서식 레이아웃 정하기
95  # 피벗 테이블 도구 -> 디자인 -> 보고서 레이아웃 -> 개요형식으로 표시 선택
96  excel.TabItemControl(Name='디자인').Click()
97  excel.MenuItemControl(Name='보고서 레이아웃').Click()
98  excel.MenuItemControl(Name='개요 형식으로 표시').Click()
99
100 excel.MenuItemControl(Name='총합계').Click()
101 excel.MenuItemControl(Name='행 및 열의 총합계 해제').Click()
102
103 excel.DataItemControl(Name='"D" 2').Click()
104
105 # 이전 크기로 복원 버튼 클릭
106 excel.ButtonControl(Name='이전 크기로 복원').Click()
```

위 과정을 진행하면 아래 그림의 오른쪽 그림과 같이 최종 결과가 출력이 됩니다.

	A	B	C	D
1	신청부서	(모두)		
2				
3	행 레이블	신청금액 합계	월/분기 비율	
4	⊟1사분기	2,635,730	38.47%	
5	1월	825,980	12.06%	
6	2월	786,600	11.48%	
7	3월	1,023,150	14.93%	
8	⊟2사분기	828,830	12.10%	
9	4월	774,530	11.30%	
10	5월	54,300	0.79%	
11	⊟3사분기	472,200	6.89%	
12	8월	149,350	2.18%	
13	9월	322,850	4.71%	
14	⊟4사분기	2,914,640	42.54%	
15	10월	625,760	9.13%	
16	11월	628,880	9.18%	
17	12월	1,660,000	24.23%	
18	총합계	6,851,400	100.00%	
19				

➡

	A	B	C	D	E
1	신청부서	(모두)			
2					
3	분기	신청일	신청금액 합계	월/분기 비율	
4	⊟1사분기		2,635,730	38.47%	
5		1월	825,980	12.06%	
6		2월	786,600	11.48%	
7		3월	1,023,150	14.93%	
8	⊟2사분기		828,830	12.10%	
9		4월	774,530	11.30%	
10		5월	54,300	0.79%	
11	⊟3사분기		472,200	6.89%	
12		8월	149,350	2.18%	
13		9월	322,850	4.71%	
14	⊟4사분기		2,914,640	42.54%	
15		10월	625,760	9.13%	
16		11월	628,880	9.18%	
17		12월	1,660,000	24.23%	
18					

지금까지 엑셀에서 아주 많이 사용되는 피벗 테이블을 활용하여 데이터를 정리하는 방법과 이 과정을 파이썬으로 자동화하는 내용을 살펴보았습니다.

실무에서도 아주 많이 사용되는 기능이므로 꼭 열심히 연습해서 여러분들의 실력으로 만드시길 응원합니다.

06 SECTION MS Word 프로그램 자동화하기

독자님~~회사나 학교에서 MS Word 프로그램으로 문서 작업 진짜 많이 하시죠?

특히 일반 회사에 근무하신다면 MS Word 프로그램은 거의 필수일 정도로 많이 사용하실 거예요. 그래서 이번 시간에는 업무용으로 많이 사용되는 Microsoft사의 Word 프로그램을 활용하여 공문 작업을 진행하고 그 결과를 pdf 파일로 변환 후 고객에게 자동으로 email로 발송하는 업무를 자동화하는 방법을 알려드리겠습니다.

아래 그림을 먼저 보세요.

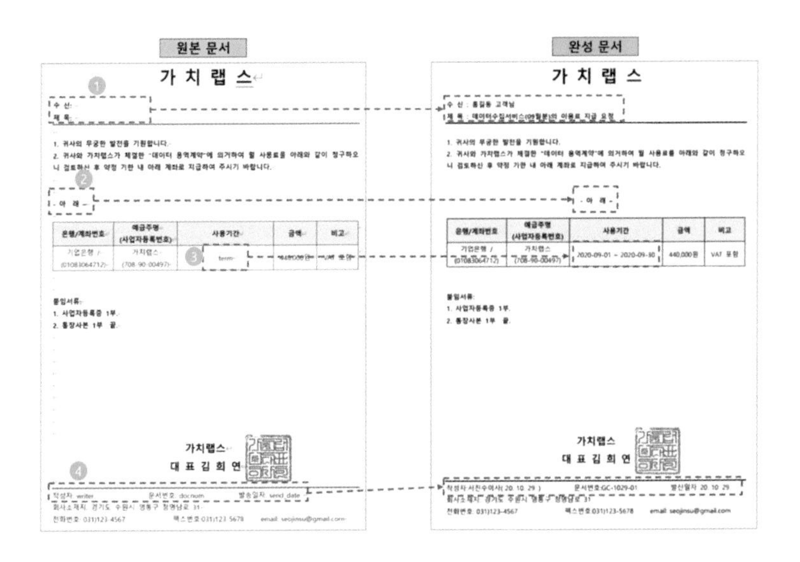

위 그림에서 왼쪽이 원본 공문의 양식인데 이 양식에 1번 항목의 고객 정보와 제목을 자동으로 넣고 3번 항목에서 표에 있는 데이터를 채워 넣고 마지막에 4번 항목에서 필요한 정보를 넣어서 오른쪽 결과 파일로 생성하는 작업을 자동화로 진행합니다.

이런 문서의 양이 적을 경우에는 직접 작업하는 것이 편할 수도 있지만 문서의 양이 많을 경우에는 작업 시간과 오타 등의 이유로 자동화를 하는 것이 훨씬 편리합니다.

이번 시간에 배우는 내용을 열심히 연습하셔서 꼭 여러분들의 실력으로 만드세요~

01 기본 기능 확인하기

파이썬에서 MS Word 프로그램을 제어하기 위해서는 python-docx 모듈을 활용합니다.

먼저 이 모듈이 설치되어 있어야겠죠?

아래 실습을 하기 전에 cmd 창에서 먼저 pip install python-docx명령으로 설치를 해 주세요~

설치 다 하셨죠?

본격적으로 기능을 살펴보기 전에 미리 안내해 드릴 내용이 있습니다.

python-docx 모듈에는 기능이 아주 많이 있습니다. 그래서 이번 챕터에서 그 많은 기능들을 모두 살펴볼 수가 없어서 기본적인 기능만 살펴본 후에 공문을 자동으로 만드는 응용으로 진행합니다. 혹시 python-docx 모듈에 있는 다양한 기능이 궁금하신 분들은 아래의 링크를 클릭해서 이 모듈의 원본 매뉴얼을 보시기 바랍니다.

python-docx 원본 매뉴얼 링크

https://python-docx.readthedocs.io/en/latest/index.html

(1) 제목 넣기 : add_heading( ) 함수 사용

```
1  from docx import Document
2
3  #새로운 문서를 만들어서 제목을 입력함
4  doc = Document()
5
6  #제목을 위한 add_heading( '제목', 번호)함수 사용
7  doc.add_heading('제목: 파이썬으로 워드파일 만들기', 0)
8
9  doc.add_heading('제목1 - 첫번째 소제목', 1)
10 doc.add_heading('제목2 - 두번째 소제목', 2)
11 doc.add_heading('제목3 - 세번째 소제목', 3)
12 doc.add_heading('제목4 - 네번째 소제목', 4)
13 doc.add_heading('제목5 - 다섯번째 소제목', 5)
14
15 doc.save('c:\\temp\\doc_1.docx')
```

앞 코드의 1번 행은 모듈을 불러오는 기능인거 아시죠?

4번 행에서 작업을 할 새로운 빈 문서를 생성합니다.

만약 기존에 존재하는 문서를 불러와서 작업을 할 경우에는 docx.Document('파일명')과 같은 형식으로 파일명을 지정할 수 있습니다.

7번 행은 add_heading( ) 함수를 사용하여 문서에 제목을 설정합니다. 이때 제목 뒤에 있는 번호에 따라서 위치와 글자의 크기가 지정됩니다.

그리고 15번 행은 결과를 저장하는 부분입니다.

아래 그림을 보면서 위치와 크기를 확인해 보겠습니다.

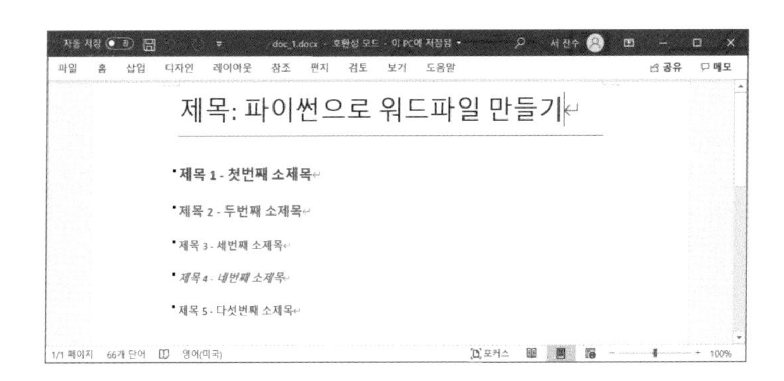

(2) 본문 입력하기 : add_paragraph( ) 함수 사용

```
1  from docx import Document
2
3  #제목을 위한 add_heading( '제목', 번호)함수 사용
4  doc = Document()
5  doc.add_heading('제목: 파이썬으로 워드파일 만들기', 0)
6
7  #스타일 지정 없이 기본값으로 본문(paragraph) 넣기
8  doc.add_paragraph('스타일 없이 본문 - 슬기로운파이썬생활 - 가치랩스')
9
10 #새로운 스타일 지정하면서 본문넣기
11 doc.add_paragraph('슬기로운파이썬생활 - 가치랩스', style='List Bullet')
12 doc.add_paragraph('데이터 싹쓰리 & 업무 자동화', style='List Bullet')
13
14 #한 줄에서 특정 글자만 볼드체로 지정하기
15 paragraph = doc.add_paragraph()
16 paragraph.add_run('슬기로운 ')
17 paragraph.add_run('파이썬').bold = True
18 paragraph.add_run(' 생활이지 말입니다^^')
19
20 doc.save('c:\\temp\\doc_2.docx')
```

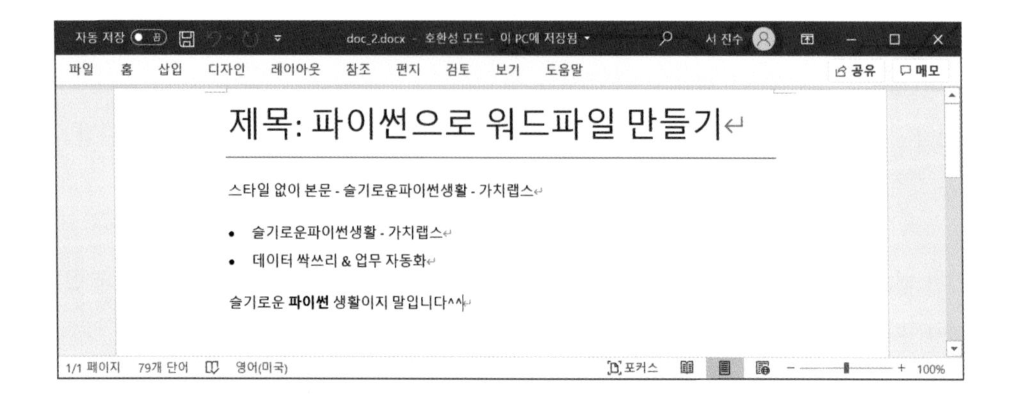

(3) 문서에 표(table) 넣기 : add_table( ) 함수 사용

```
1  from docx import Document
2
3  #제목을 위한 add_heading( '제목', 번호)함수 사용
4  doc = Document()
5  doc.add_heading('제목: 파이썬으로 워드파일 만들기', 0)
6
7  #표의 행과 열 수를 지정하기
8  table = doc.add_table(rows=2, cols=2)
9  cell = table.cell(0, 1)     # 1행 2열에 데이터 입력하기
10 cell.text = '서진수, 손기동'
11
12 #특정 행을 지정한 후 특정 열에 데이터 입력하기
13 row = table.rows[1]                # 2행 지정
14 row.cells[0].text = '서진수'       # 1열 입력
15 row.cells[1].text = '손기동'       # 2열 입력
16
17 #테두리선 표시하기
18 table.style = 'LightShading-Accent1'
19
20 doc.save('c:\\temp\\doc_3.docx')
```

위 코드의 8번 행에서 테이블의 행과 열이 각각 2개씩이라고 지정한 후 9번 행에서 데이터를 입력할 셀의 위치를 지정했습니다. 그리고 10번 행에서 데이터를 입력합니다.

13번 행부터 15번 행까지는 특정 행을 미리 지정해놓고 열 번호만 바꾸어서 데이터를 입력합니다. 이 부분을 조금만 응용한다면 반복문을 활용해서 여러 행이나 열에 데이터를 쉽게 입력할 수 있습니다.

18번 행은 테두리선의 style을 지정하는 부분입니다.

위 코드를 실행하면 다음 그림과 같이 표가 생성되고 지정된 행과 열에 데이터가 입력됩니다.

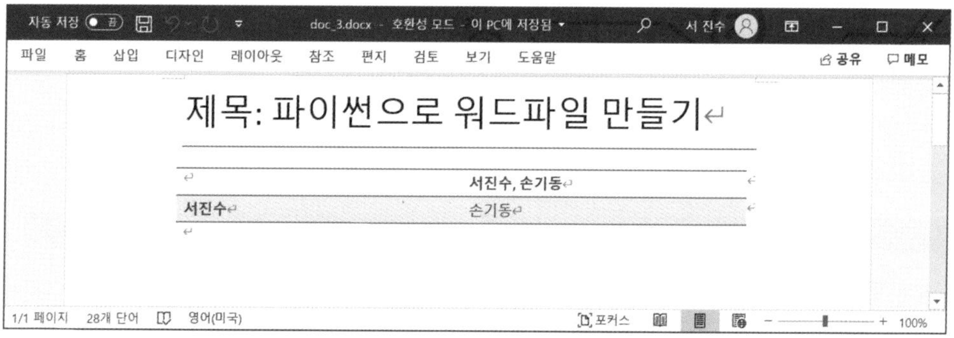

지금 살펴본 주요 기능 외에도 아주 많은 요긴한 기능이 있는 모듈이니까 더 많은 내용이 궁금하신 분들은 매뉴얼 페이지를 참고하시기 바랍니다.

연습 문제

문제 1 아래 그림과 같은 문서를 자동으로 생성하세요.

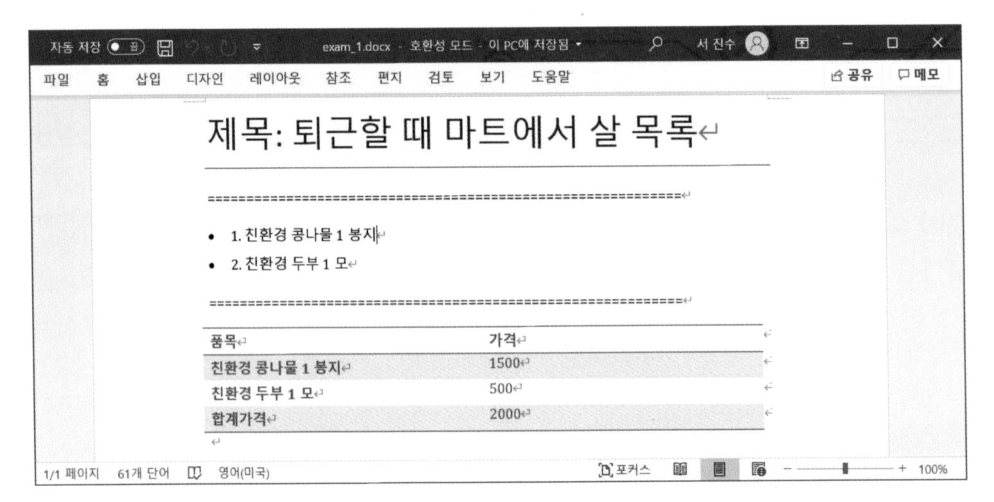

제목: 퇴근할 때 마트에서 살 목록

==

- 1. 친환경 콩나물 1 봉지
- 2. 친환경 두부 1 모

==

품목	가격
친환경 콩나물 1 봉지	1500
친환경 두부 1 모	500
합계가격	2000

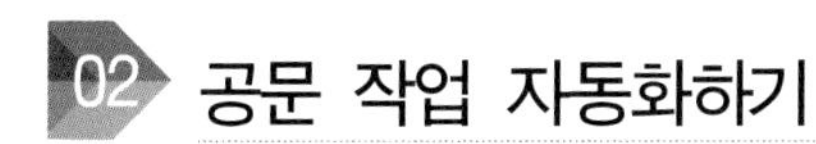

02 공문 작업 자동화하기

앞에서 python-docx 모듈의 주요 기능들을 살펴보았습니다.

이번에는 이런 다양한 기능들을 활용하여 가상의 공문을 만드는 작업을 자동화하는 내용을 살펴보겠습니다.

```
# 파이썬으로 MS Word 업무 자동화하기

# Step 1. 필요한 모듈 로딩하기
import docx
from docx.enum.text import WD_ALIGN_PARAGRAPH
import time
import datetime
from dateutil.relativedelta import relativedelta

```

위 코드에서 5번 행은 문서에서 정렬을 하기 위해 필요한 기능입니다.

실제 사용방법은 뒷부분에서 설명합니다.

그리고 7번 행과 8번 행은 과금 일자를 계산하기 위해 필요한 날짜 관련 기능입니다.

```
# Step 2. 주요 정보 생성하기
# 과금 날짜를 지난달 1일부터 지난달 마지막 날까지로 가정하고
# 해당 날짜를 추출하기 위해 아래 작업을 합니다.
cdate = datetime.datetime.today()
year = cdate.strftime("%y")
month =  cdate.strftime("%m")
day = cdate.strftime("%d")

# 현재 월의 1일 날짜 구하기
first_day = cdate.replace(day=1)

# 지난 달의 마지막 날짜 구하기
last_day = first_day - datetime.timedelta(days=1)

# 지난 달의 1일 구하기
p_first_day = first_day - relativedelta(months=1)

# 현재월의 이전 월 구하기
p_month = last_day.strftime("%m")

```

위 코드는 과금 날짜를 계산하는 부분입니다.

현재 날짜가 2020년 10월 27일이라고 가정하고 실제 사용 요금을 청구하는 과금 기간은 현재 일자 기준으로 전월 1일~전월 말일 이라고 가정하고 날짜 계산을 진행하였습니다.

앞의 코드에서 19번 행은 현재 월의 1일을 구하는 코드입니다. 이 날짜에서 -1일 하면 지난달의 마지막 날짜를 구할 수 있습니다. 22번 행이 바로 지난달의 마지막 일을 구하는 코드입니다.

그리고 지난달의 1일을 구하는 코드가 25번 행이며 현재 일자 기준 전월을 구하는 코드가 28번 행입니다.

이제 공문의 제목과 문서 하단 부분에 들어가는 정보를 생성하겠습니다.

```
30  # 공문제목
31  title = "데이터수집서비스("+ p_month + "월분)의 이용료 지급 요청"
32
33  # 서비스 청구기간
34  term = str(p_first_day.date()) + " ~ " + str(last_day.date())
35
36  # 공문작성일
37  report_date = year +". " + month + ". " + day + "."
38
39  # 공문작성자
40  writer = "서진수이사( " + report_date + " )"
41
42  # 문서번호
43  doc_num = "GC-" + month + day +'-'+ "01"
44
45  # 문서발신일자
46  send_date = "발신일자 " + report_date
47
```

위 코드에서 31번 행은 공문의 제목을 설정하는 부분입니다.

그리고 34번 행은 공문의 가운데 부분에 있는 표에서 사용기간 컬럼에 들어갈 값을 지정하는 부분입니다. 37번 행부터 46번 행까지는 공문 하단에 들어갈 정보들을 생성하는 부분입니다.

이제 실제 공문에 내용을 적용하겠습니다.

```
48  # Step 3. 실제 공문에 적용하기
49  # 공문작성을 위해 원본 양식을 불러옵니다
50  doc = docx.Document('c:\\temp\\gachilabs_form.docx')
51
52  # 공문 수신인 적용
53  para = doc.paragraphs
54  receiver = '홍길동' +' '+ '고객님'
55  para[1].add_run(receiver).bold = True
56
57  # 공문 제목 적용
58  para = doc.paragraphs
59  para[2].add_run(title).bold = True
60
```

위 코드의 50번 행에서 공문의 샘플 양식이 저장된 파일을 불러옵니다.

그리고 53번부터 55번 행까지 공문의 수신자를 적용합니다.

이때 중요한 부분이 55번 행의 para[1] 부분인데 대괄호 안의 숫자를 계산하는 방법은 문서에서 제목을 빼고 엔터키로 바꾼 행수를 세어서 해당 줄 번호를 사용하면 됩니다.

이때 문서에 표가 있을 경우 표는 줄 번호 카운트할 때 제외하고 세면됩니다~

아래 그림에서 왼쪽 부분의 검은색 번호가 줄 번호이니 참고하세요.

아래 그림을 보면 앞의 코드에서 55번 행의 para[1]에서 대괄호 안의 숫자가 1임을 알 수 있습니다. 그리고 59번 행과 같이 당연히 제목은 2가 되겠죠?

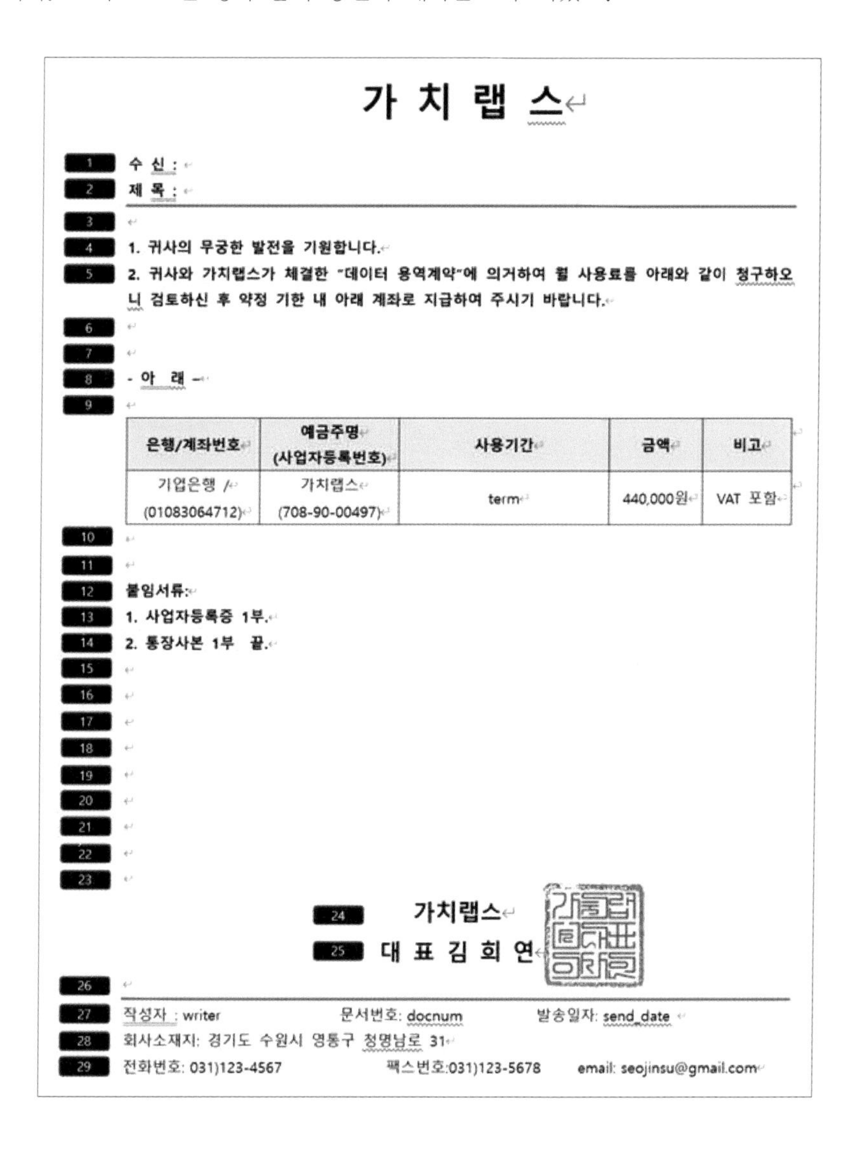

가 치 랩 스

1 수 신 :

2 제 목 :

3

4 1. 귀사의 무궁한 발전을 기원합니다.

5 2. 귀사와 가치랩스가 체결한 "데이터 용역계약"에 의거하여 월 사용료를 아래와 같이 청구하오니 검토하신 후 약정 기한 내 아래 계좌로 지급하여 주시기 바랍니다.

6

7

8 - 아 래 -

9

은행/계좌번호	예금주명 (사업자등록번호)	사용기간	금액	비고
기업은행 / (01083064712)	가치랩스 (708-90-00497)	term	440,000원	VAT 포함

10

11

12 붙임서류:

13 1. 사업자등록증 1부.

14 2. 통장사본 1부 끝.

15

16

17

18

19

20

21

22

23

24 가치랩스

25 대 표 김 희 연

26

27 작성자 : writer 문서번호: docnum 발송일자: send_date

28 회사소재지: 경기도 수원시 영통구 청명남로 31

29 전화번호: 031)123-4567 팩스번호:031)123-5678 email: seojinsu@gmail.com

```
61 # '-아래-' 문구 정렬(가운데 정렬)
62 para[8].alignment = WD_ALIGN_PARAGRAPH.CENTER
63
64 # 표 안의 청구 기간 넣기
65 table = doc.tables[0]
66 for row in table.rows:
67     for cell in row.cells:
68         for para in cell.paragraphs:
69             if(para.text == "term"):
70                 para.text = term
71
72 # 문서 하단에 기안자/문서번호/발신일자 추가하기
73 # 아래의 번호는 행 번호임(표와 줄 제외됨)
74 para = doc.paragraphs
75 para[27].text = '작성자:'+writer+' ' *10 + '문서번호:'+doc_num+' ' *10 + send_date
76
```

위 코드의 62번 행은 공문에서 8번 행에 해당하는 "- 아 래 -" 부분을 가운데 정렬시키는 코드입니다. 그리고 65번 행부터 70번 행까지는 표 안에서 "term" 키워드가 들어가 있는 부분을 찾아서 해당 셀의 내용을 term 변수에 있는 값으로 입력하는 부분입니다.

term 변수는 코드의 34번 행에서 기간으로 지정해 준 부분입니다.

그리고 75번 행은 공문의 아래 부분에 27번 행에 해당되는 부분의 내용입니다.

이렇게 공문에서 필요한 내용을 지정하여 전부 채웠습니다.

이제 저장하면 되겠죠?

```
77 # Step 4. 저장하기
78 # 저장하기
79 doc_name = 'c:\\temp\\gachilabs_final.docx'
80 doc.save(doc_name)
81 print('워드파일저장경로:',doc_name)
82
83 # MS Word 로 저장된 문서를 pdf 파일로 변환하기
84 # pip install docx2pdf 먼저 하고 하세요
85 from docx2pdf import convert
86 pdf_name = 'c:\\temp\\gachilabs_final.pdf'
87 convert(doc_name, pdf_name)
88 print('PDF파일저장경로:',pdf_name)
```

위 코드의 79번 행에서 결과를 저장할 워드 파일이름을 지정한 후 80번 행에서 파일로 저장합니다.

그리고 85번 행에서 87번 행까지는 저장된 워드 파일을 pdf 형식으로 변환하는 부분인데 이 작업을 하기 위해 docx2pdf 모듈을 사용합니다.

당연히 이 코드를 실행하기 전에 cmd 창에서 pip install docx2pdf로 설치가 먼저 되어 있어야겠죠?

지금까지 python-docx 모듈을 활용하여 MS Word 프로그램으로 문서를 작성하는 방법을 살펴보았습니다. 이 책에서 보지 못한 python-docx 모듈에 관련된 기능도 많으므로 더 자세한 내용이 궁금하신 분들은 공식 메뉴얼을 참고하시기 바랍니다.

연습 문제

문제 1 주어진 "고객과금장부.xlsx" 파일의 내용을 불러와서 자동으로 요금 청구 공문을 완성하여 pdf 형식으로 저장하는 코드를 작성하세요. 이때 사용하는 공문 양식은 제공된 gachilabs_form_ex.docx를 사용하시고 pdf로 저장할 때 파일 이름 형식은 "고객사명-사업자번호-과금월-요금청구서.pdf"로 지정하세요.

고객과금장부.xlsx 샘플

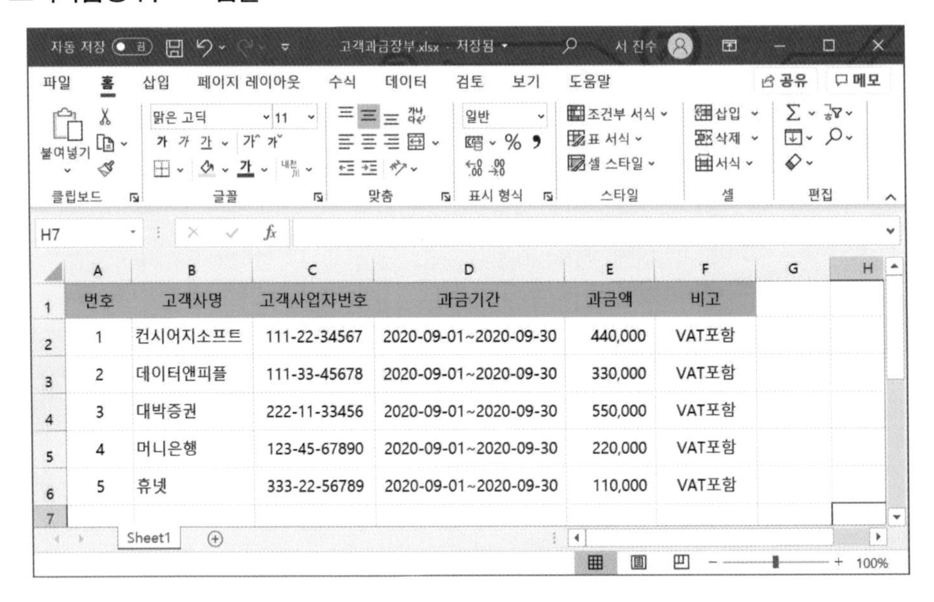

번호	고객사명	고객사업자번호	과금기간	과금액	비고
1	컨시어지소프트	111-22-34567	2020-09-01~2020-09-30	440,000	VAT포함
2	데이터앤피플	111-33-45678	2020-09-01~2020-09-30	330,000	VAT포함
3	대박증권	222-11-33456	2020-09-01~2020-09-30	550,000	VAT포함
4	머니은행	123-45-67890	2020-09-01~2020-09-30	220,000	VAT포함
5	휴넷	333-22-56789	2020-09-01~2020-09-30	110,000	VAT포함

수행 결과 예시

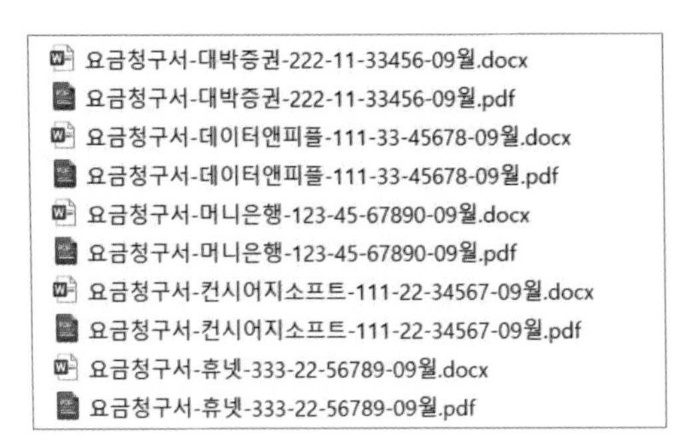

가 치 랩 스

수 신 : 머니은행 고객님

제 목 : 데이터수집서비스(09월분)의 이용료 지급 요청

1. 귀사의 무궁한 발전을 기원합니다.
2. 귀사와 가치랩스가 체결한 "데이터 용역계약"에 의거하여 월 사용료를 아래와 같이 청구하오니 검토하신 후 약정 기한 내 아래 계좌로 지급하여 주시기 바랍니다.

- 아 래 -

은행/계좌번호	예금주명 (사업자등록번호)	사용기간	금액	비고
기업은행 / (01083064712)	가치랩스 (708-90-00497)	2020-09-01~2020-09-30	220000	VAT 포함

붙임서류:
1. 사업자등록증 1부.
2. 통장사본 1부 끝.

가치랩스

대 표 김 희 연

작성자:서진수이사(20. 10. 29.) 문서번호:GC-1029-4 발신일자 20. 10. 29.

회사소재지: 경기도 수원시 영통구 청명남로 31

전화번호: 031)123-4567 팩스번호:031)123-5678 email: seojinsu@gmail.com

가 치 랩 스

수 신 : 대박증권 고객님

제 목 : 데이터수집서비스(09월분)의 이용료 지급 요청

1. 귀사의 무궁한 발전을 기원합니다.
2. 귀사와 가치랩스가 체결한 "데이터 용역계약"에 의거하여 월 사용료를 아래와 같이 청구하오니 검토하신 후 약정 기한 내 아래 계좌로 지급하여 주시기 바랍니다.

- 아 래 -

은행/계좌번호	예금주명 (사업자등록번호)	사용기간	금액	비고
기업은행 / (01083064712)	가치랩스 (708-90-00497)	2020-09-01~2020-09-30	550000	VAT 포함

붙임서류:
1. 사업자등록증 1부.
2. 통장사본 1부 끝.

가치랩스

대 표 김 희 연

작성자:서진수이사(20. 10. 29.) 문서번호:GC-1029-3 발신일자 20. 10. 29.

회사소재지: 경기도 수원시 영통구 청명남로 31

전화번호: 031)123-4567 팩스번호:031)123-5678 email: seojinsu@gmail.com

가 치 랩 스

수 신 : 컨시어지소프트 고객님

제 목 : 데이터수집서비스(09월분)의 이용료 지급 요청

1. 귀사의 무궁한 발전을 기원합니다.
2. 귀사와 가치랩스가 체결한 "데이터 용역계약"에 의거하여 월 사용료를 아래와 같이 청구하오니 검토하신 후 약정 기한 내 아래 계좌로 지급하여 주시기 바랍니다.

- 아 래 -

은행/계좌번호	예금주명 (사업자등록번호)	사용기간	금액	비고
기업은행 / (01083064712)	가치랩스 (708-90-00497)	2020-09-01~2020-09-30	440000	VAT 포함

붙임서류:
1. 사업자등록증 1부.
2. 통장사본 1부 끝.

가치랩스

대 표 김 희 연

작성자:서진수이사(20. 10. 29.) 문서번호:GC-1029-1 발신일자 20. 10. 29.

회사소재지: 경기도 수원시 영통구 청명남로 31

전화번호: 031)123-4567 팩스번호:031)123-5678 email: seojinsu@gmail.com

가 치 랩 스

수 신 : 휴넷 고객님

제 목 : 데이터수집서비스(09월분)의 이용료 지급 요청

1. 귀사의 무궁한 발전을 기원합니다.
2. 귀사와 가치랩스가 체결한 "데이터 용역계약"에 의거하여 월 사용료를 아래와 같이 청구하오니 검토하신 후 약정 기한 내 아래 계좌로 지급하여 주시기 바랍니다.

- 아 래 -

은행/계좌번호	예금주명 (사업자등록번호)	사용기간	금액	비고
기업은행 / (01083064712)	가치랩스 (708-90-00497)	2020-09-01~2020-09-30	110000	VAT 포함

붙임서류:
1. 사업자등록증 1부.
2. 통장사본 1부 끝.

가치랩스

대 표 김 희 연

작성자:서진수이사(20. 10. 29.) 문서번호:GC-1029-5 발신일자 20. 10. 29.

회사소재지: 경기도 수원시 영통구 청명남로 31

전화번호: 031)123-4567 팩스번호:031)123-5678 email: seojinsu@gmail.com

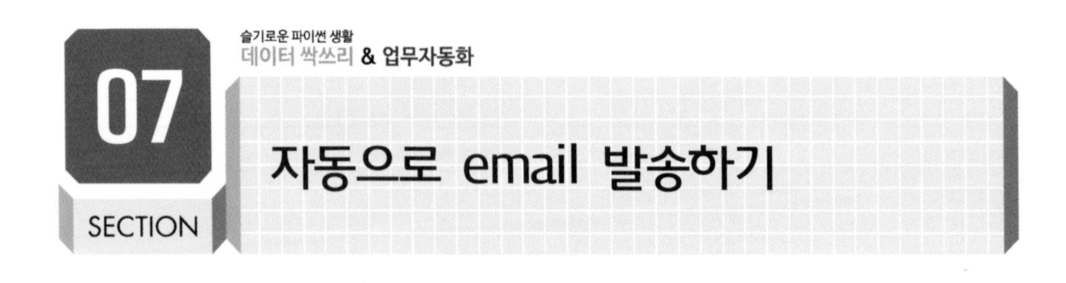

자동으로 email 발송하기

회사에서 업무를 할 때 특정 문서(예를 들어 공문 등)를 email로 발송할 경우가 아주 많습니다. 그래서 이번 시간에는 이전 시간에 만든 공문을 자동으로 email로 발송하는 방법을 알려드리겠습니다. email을 발송하려면 우리가 작성한 메일을 발송해 주는 메일 서버가 필요한데 여러분들이 직접 만들어서 사용하기는 어렵기 때문에 이 책에서는 구글사의 Gmail 서버를 활용하겠습니다. 혹시 gmail계정이 없는 분들은 계정을 먼저 만드신 후 아래 과정을 진행하시면 됩니다.

(1) Google App 등록하고 비밀번호 생성하기

구글의 gmail계정을 만드실 때 당연히 암호를 설정하셨죠?
그런데 메일 발송할 때는 이 암호를 사용할 수 없고 별도의 암호가 필요합니다.
아래의 그림으로 원리를 설명해 드리겠습니다.

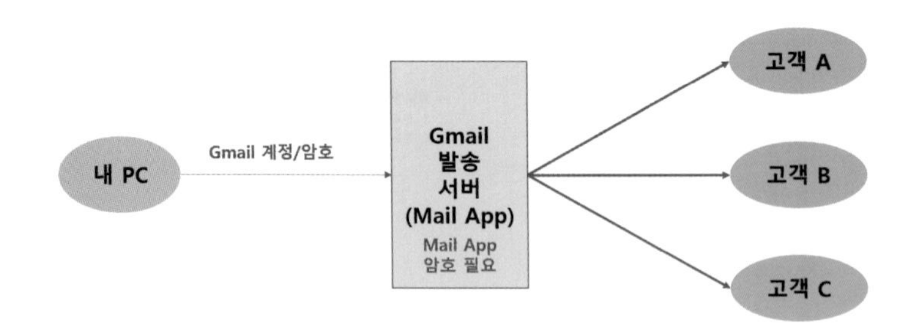

위 그림에서 보듯이 메일을 자동으로 발송하기 위해서는 Gmail 발송 서버가 필요합니다. 먼저 gmail계정과 암호를 활용해서 gmail사이트에 로그인을 합니다.

그 후 메일 발송 서비스(Mail App)를 신규로 생성한 후 이 서비스를 이용할 때 사용할 암호를 새로 생성한 후 소스코드에 Mail App의 암호를 알려주고 발송 요청을 해야 합니다.

다음 순서대로 Mail App을 새로 등록하고 암호를 생성하세요.

Step 1 google.co.kr 사이트에 로그인을 하세요.

Google

jinsu seo

seojinsu@gmail.com

계속하려면 먼저 본인임을 인증하세요.

비밀번호 입력

비밀번호를 잊으셨나요?

다음

Step 2 상단 메뉴 중에 보안 메뉴를 클릭하세요.

Step 3 아래와 같이 Google에 로그인 부분 아래에 앱 비밀번호를 클릭합니다.

Google에 로그인

비밀번호 최종 변경일: 2018. 6. 19. >

2단계 인증 사용 >

앱 비밀번호 없음 >

Step 4 한 번 더 암호를 확인하므로 암호를 입력해 주세요.

Google
jinsu seo
seojinsu@gmail.com
계속하려면 먼저 본인임을 인증하세요.
비밀번호 입력
비밀번호를 잊으셨나요?
다음

Step 5 아래와 같이 앱 선택/기기선택을 하고 생성 버튼을 클릭합니다.

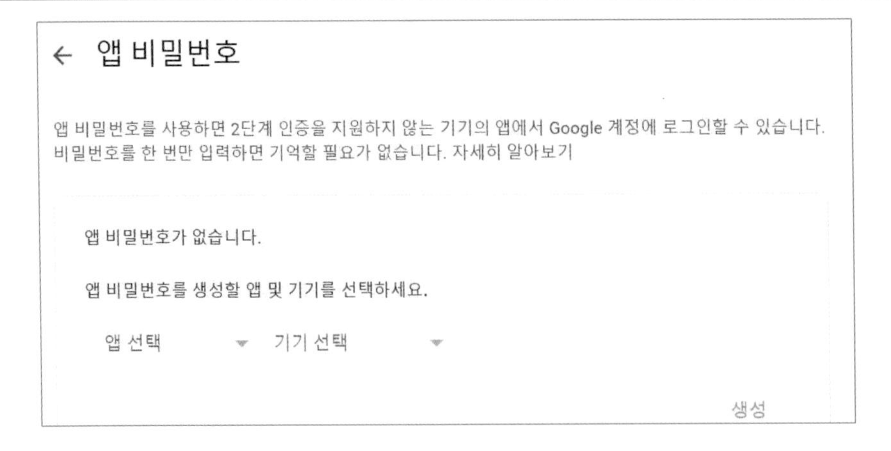
앱 비밀번호
앱 비밀번호를 사용하면 2단계 인증을 지원하지 않는 기기의 앱에서 Google 계정에 로그인할 수 있습니다. 비밀번호를 한 번만 입력하면 기억할 필요가 없습니다. 자세히 알아보기
앱 비밀번호가 없습니다.
앱 비밀번호를 생성할 앱 및 기기를 선택하세요.
앱 선택
기기 선택
생성

앞의 그림에서 앱 선택 → 메일로 해주시고 기기 선택은 Windows 컴퓨터로 선택한 후 아래쪽의 생성 버튼을 클릭하세요.

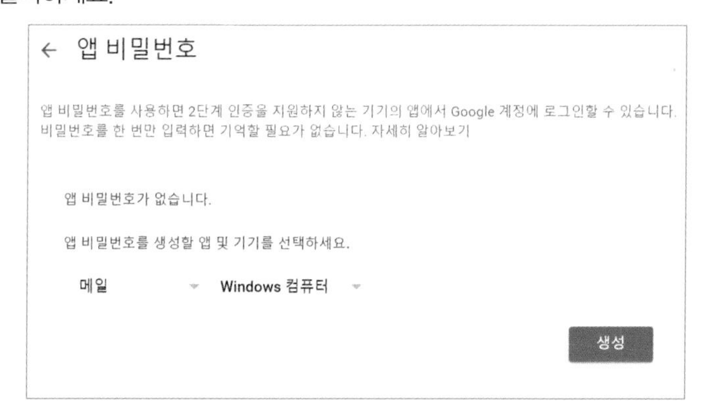

Step 6 아래 그림과 같이 생성된 비밀번호를 복사해서 파이썬 코드에서 사용하면 됩니다.

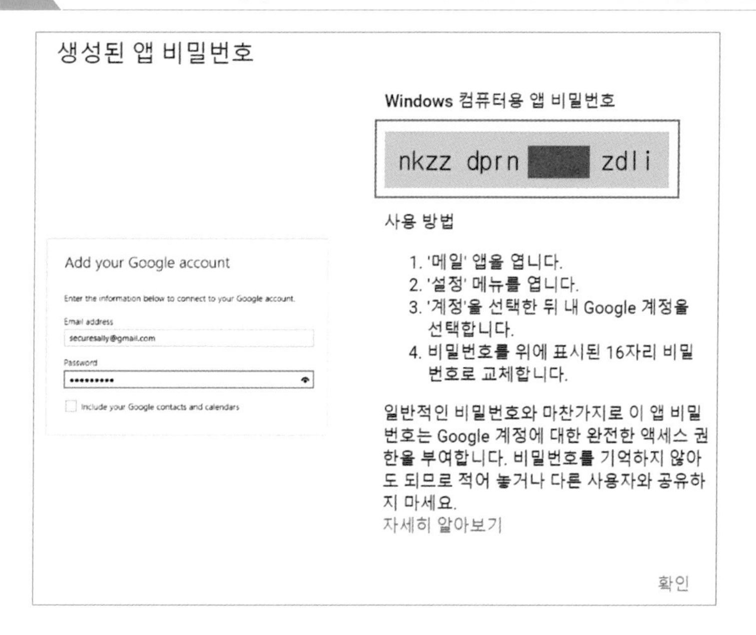

(2) 메일 자동 발송 작업하기

이제 본격적으로 파이썬 코드를 작성해서 자동으로 메일 발송하는 작업을 진행하겠습니다. 이 책에서는 메일에 첨부파일까지 함께 발송하는 부분이 있으니 주의 깊게 살펴보세요. (참고 : 다음 코드는 파이썬 3.5와 3.7에서 테스트 완료되었습니다.)

```python
# gmail 서버를 활용하여 자동으로 email 발송하기

# Step 1. 필요한 모듈을 import 합니다
import email,smtplib,os
import openpyxl , sys
from io import StringIO
import time
import random

# 이메일의 제목과 본문과 첨부파일을 위한 모듈
from email.header import Header
from email.mime.multipart import MIMEMultipart
from email.mime.text import MIMEText
from email.mime.image import MIMEImage
from email import encoders
from email.mime.base import MIMEBase
import email.mime.application

# Step 2. 필요한 gmail 정보를 입력합니다.
gid = input("G-Mail 로그인 계정을 입력하세요: ")
gpw = '이곳에 gmail의 Mail App 암호를 쓰세요'

s_time = time.time( )

```

위 코드에서 4번 행부터 17번 행까지는 메일 발송을 위해 필요한 모듈들을 import했습니다.

그리고 20번 행에서 gmail계정 정보를 입력받고 21번 행에서는 앞의 과정에서 생성한 Google의 Mail App의 암호를 각자 입력하면 됩니다.

```python
# Step 3. 첨부 파일 정보를 지정합니다
#file_name = input("메일에 첨부할 파일명: ")
txt_files = "c:\\temp\\mail_test\\stop_words.txt"
img_files = "c:\\temp\\mail_test\\wordcloud.png"

# Step 4. 엑셀 파일에서 목록 불러와서 자동으로 메일을 발송합니다
wb = openpyxl.load_workbook("c:\\temp\\email_list.xlsx")
sheet = wb["Sheet1"]

member = { }

for i in range(2, sheet.max_row + 1) :
    name = sheet.cell(row=i,column=1).value
    email = sheet.cell(row=i,column=2).value
    member[name]=email

smtp_1 = smtplib.SMTP_SSL('smtp.gmail.com',465)
smtp_1.ehlo( )
smtp_1.login(gid,gpw)

count = 0
complete_list= [ ]
fail_list = [ ]

```

위 코드의 27번과 28번 행에서는 첨부할 파일정보를 지정했습니다. 여기서는 이미지 파일과 일반 txt 형식의 파일을 첨부하는 경우를 모두 사용했습니다.

그리고 31번 행에서 email을 발송할 명단이 정리되어 있는 엑셀 형식의 파일을 불러왔습니다.

이 파일에는 아래와 같은 정보가 들어있는데 실제 실습할 때는 여러분들께서 이 파일을 직접 수정해서 사용하시기 바랍니다.

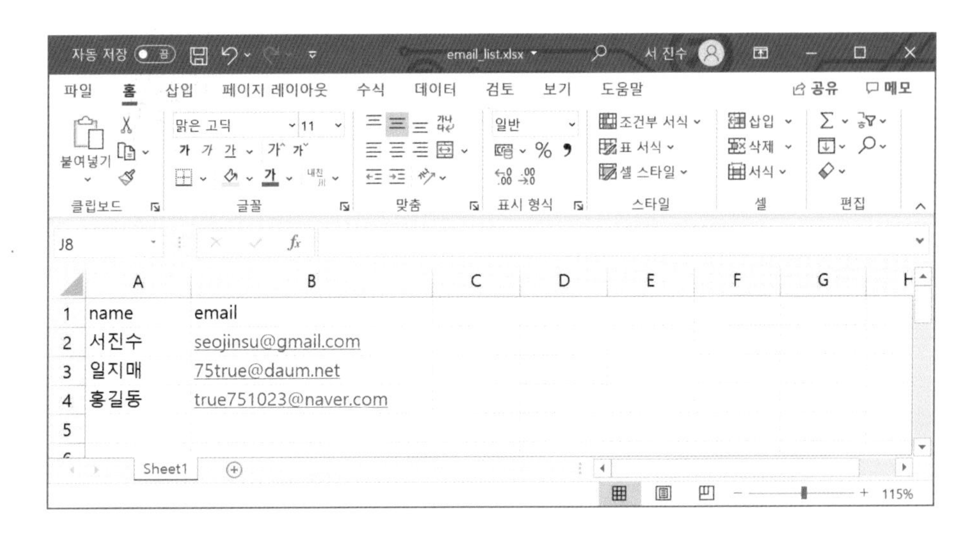

엑셀파일을 불러와서 내용을 가져오는 방법으로 많이 사용하는 것이 pandas에 있는 read_excel( ) 함수를 사용하는 것과 openpyxl 모듈을 이용하는 방법인데 이번 예제에서는 openpyxl 모듈을 활용하는 방법을 보여드렸습니다. 그러나 독자께서 pandas 모듈을 이용해서 작업하셔도 동일하니까 편리한 방법을 선택해서 발송 목록이 저장된 엑셀파일을 불러와 사용하세요.

물론 꼭 엑셀형태의 파일이 아니라도 상관없겠죠?

위 코드에서 41, 42, 43번 행에 파이썬 코드가 gmail 서버에 계정과 암호를 주고 로그인하는 부분입니다. 위 코드를 그대로 사용하시면 됩니다.

gmail서버에 로그인이 잘되었으니 이제 메일을 보내야겠죠?

메일을 보낼 때 보통 메일의 제목과 본문, 첨부파일이 필요합니다.

그래서 메일 보내는 소스코드에 이 부분을 구분해서 정리했습니다.

다음 코드를 볼까요?

```
49 for name, email in member.items( ):
50
51     #보낼 메일 내용을 직접 입력하실 경우 아래 줄의 주석을 삭제하고 사용하세요
52     #msg=MIMEText("%s님께 ￦n지난달 사용요금을 청구합니다" %name)
53
54     #만약 보낼 내용을 특정 파일에서 읽어와서 사용할 경우는 아래와 같이 코딩하세요.
55     #기본값은 파일에서 메일 내용을 읽어와서 보내도록 되어 있습니다.
56
57     with open("c:￦￦temp￦￦mail_test￦￦ment.txt") as ment:
58         msgtxt = MIMEText(ment.read() %name)
59
60     #txt첨부파일 등록
61     filename=txt_files
62     part = MIMEBase('application', "octet-stream")
63     part.set_payload(open(filename, "rb").read())
64     encoders.encode_base64(part)
65     part.add_header('Content-Disposition', "attachment; filename= %s" % os.path.basename(filename))
66     msg = MIMEMultipart()
67     msg.attach(part)
68
69     #image 첨부파일 등록
70     filename2=img_files
71     part2 = MIMEBase('application', "octet-stream")
72     part2.set_payload(open(filename2, "rb").read())
73     encoders.encode_base64(part2)
74     part2.add_header('Content-Disposition', "attachment; filename= %s" % os.path.basename(filename2))
75
76     #메일 보낼 내용 설정 -텍스트 첨부파일과 이미지 첨부파일과 메시지 본문 설정과 헤드 설정
77     msg = MIMEMultipart()
78     msg.attach(part)
79     msg.attach(part2)
80     msg.attach(msgtxt)
81     msg["Subject"] = Header(s="가치랩스에서 %s 님께 알려 드립니다."%name , charset="utf-8")
82     sendmailStatus=smtp_1.sendmail('seojinsu@gmail.com',email,msg.as_string())
83     time.sleep(random.randrange(2,6))
```

위 코드에서 51번 행부터 58번 행은 메일에 포함될 본문의 내용을 지정하는 부분입니다.

메일을 보낼 때 소스코드에 직접 메일의 본문을 입력하려면 52번 행처럼 작업하면 되는데 실제 메일의 본문 내용이 많을 경우 소스코드에 직접 입력하기가 어렵기 때문에 57, 58번 행과 같이 본문 내용을 파일에 저장한 후 불러오기로 작성하시는 것이 좋습니다.

그리고 61번 행부터 74번 행까지는 첨부 파일을 지정하는 부분입니다.

앞의 27, 28번 행에서 첨부파일을 지정했고 그 변수 값을 가져와서 첨부파일로 등록하는 과정입니다.

이렇게 메일의 본문과 첨부파일을 모두 지정한 후 이제 실제 메일 형식으로 합친 후 발송을 해야 합니다.이 부분이 위 코드의 77번 행에서 82번 행까지의 내용입니다.

그리고 여러 건의 메일을 너무 빨리 발송할 경우 스팸이나 기타 제약에 걸릴 수가 있어서 83번 행에서 1건 발송 후 잠시 기다렸다가 다음 건을 발송하도록 작성했습니다.

이제 메일 발송은 모두 끝이 났습니다.

그런데 메일이 정상적으로 발송이 되었는지 아니면 오류가 났는지를 알아야겠죠?

그래서 아래와 같이 추가로 코드를 작성했습니다.

```
85      n = time.localtime()
86      s = '%04d-%02d-%02d-%02d-%02d-%02d' % (n.tm_year, n.tm_mon, n.tm_mday, n.tm_hour, n.tm_min, n.tm_sec)
87
88      print("=" *60)
89      print("%s 주소로 메일 발송 시간은 %s 입니다" %(email,s))
90      print("%s 주소로 메일 발송완료------"%email)
91
92      complete_list.append(email)
93
94      count += 1
95
96      if sendmailStatus != {}:
97          print("%s 주소 발송 오류: %s" %(email,sendemailStatus))
98
99  e_time = time.time( )
100 t_time = e_time - s_time
101
102 #발송 완료 명단을 파일에 저장합니다.
103 com_list = "c:\\temp\\email_com_list.txt"
104
105 f = open(com_list, 'a',encoding='UTF-8')
106 f.write(str(complete_list))
107 f.close( )
108
109 print("=" *60)
110 print("총 소요시간:  %s 초 입니다~" %t_time)
111 print("총 %s 건 발송 완료했습니다~!" %count)
112 print("발송 완료 명단은 %s 에 저장되어 있습니다" %com_list)
113
114 smtp_1.quit( )
```

위 코드에서는 메일을 발송한 내역을 화면에 출력하고 파일에 저장해서 혹시라도 발송 에러가 난 경우 체크를 쉽게 할 수 있도록 구성했습니다.

위 코드를 실행하면 아래와 같이 실행되어 결과를 볼 수 있게 됩니다.

```
G-Mail 로그인 계정을 입력하세요: seojinsu@gmail.com
============================================================
seojinsu@gmail.com 주소로 메일 발송 시간은 2020-11-02-09-21-56 입니다
seojinsu@gmail.com 주소로 메일 발송완료------
============================================================
75true@daum.net 주소로 메일 발송 시간은 2020-11-02-09-22-03 입니다
75true@daum.net 주소로 메일 발송완료------
============================================================
true751023@naver.com 주소로 메일 발송 시간은 2020-11-02-09-22-07 입니다
true751023@naver.com 주소로 메일 발송완료------
============================================================
총 소요시간:  20.219017505645752 초 입니다~
총 3 건 발송 완료했습니다~!
발송 완료 명단은 c:\temp\email_com_list.txt 에 저장되어 있습니다
```

지금까지 Google Mail을 사용하여 메일을 자동으로 발송하는 내용을 살펴보았습니다.

이 부분은 구글사의 정책이 변하면 동작을 안 할 수도 있기 때문에 여러분들께서 열심히 공부해서 혹시라도 변경사항이 생기면 위 코드를 수정해서 사용할 수 있도록 해야 합니다~

03
PART

웹 크롤링과 문서 자동화를 위한
파이썬 필수 문법

Chap 12

파이썬 프로그램 설치 및 주피터 노트북 사용하기

파이썬 프로그램 설치하기

(Youtube 동영상 강의 링크 : https://youtu.be/54SiTD_sTsQ)

파이썬의 세상에 들어오신 것을 환영합니다~! ^^

파이썬 프로그램으로 웹 크롤러를 만들려면 먼저 파이썬 프로그램을 설치해야겠죠?

이번 시간에는 파이썬 프로그램을 설치하고 주피터 노트북을 사용하는 방법을 안내하겠습니다~

어렵지는 않지만 중간 중간에 중요한 부분이 있으니까 주의해서 설치해 주세요.

참고로 현재(2020년 3월) 기준으로 파이썬의 최신 버전은 3.8.2버전입니다.

그런데 최신버전이라서 아직 해결되지 못한 버그들이 다수 존재합니다.

그래서 이 책은 대부분의 버그들이 해결된 3.7버전을 기준으로 설명하고 있습니다.

그리고 운영체제는 가장 보편적으로 많이 사용하는 윈도 10을 기준으로 설명하고 있습니다.

만약 독자님께서 다른 버전을 사용하실 경우 이 책에서 제공되는 소스코드들이 동작하지 않을 수도 있다는 점을 미리 말씀드립니다.

파이썬을 공부하실 때 정말 주의해야 하는 것 중 한 가지가 버전 문제인데 파이썬 2.X버전(예를 들어 2.7)과 3.X버전(예를 들어 3.7)은 문법이 다소 다른 부분들이 있습니다.

몇 가지 중요한 차이점을 간단하게 예를 들어 보여드릴께요.

1. print 함수의 차이점 : 괄호를 사용하는 부분의 차이
   - 2.x버전 : print 'Hello, Python!'/print('Hello, Python!') → 둘 다 가능
   - 3.x버전 : print('Hello, Python!') → 반드시 괄호를 써야 함

2. 자동 형변환
   - 2.x버전 : print('3/4=', 3/4) → 결과 : 3/4 = 0
   - 3.x버전 : print('3/4=', 3/4) → 결과 : 3/4 = 0.75

3. 기본 인코딩 설정의 변화
   - 3.x버전부터는 기본 인코딩이 UTF-8이라서 소스코드 첫 줄에 # -*- coding: utf-8 -*-필요없음

4. input 함수의 변화
   - 2.x버전 : answer = raw_input("파이썬 재미있죠?:")
   - 3.x버전 : answer = input("파이썬 재미있죠?")

2.x버전과 3.x버전의 몇 가지 중요한 변화를 소개해 드렸습니다.

물론 이 외에도 여러가지 차이점이 있는데 더 자세한 내용이 궁금하시면 아래의 링크에 있는 정보를 참고하세요~

파이썬 2,3버전별 차이점 : http://sebastianraschka.com/Articles/2014_python_2_3_key_diff.html

이제 아래 그림을 보면서 설치를 시작해 볼까요?

Step 1 www.python.org사이트에서 3.7.5버전을 검색 후 다운로드 합니다.

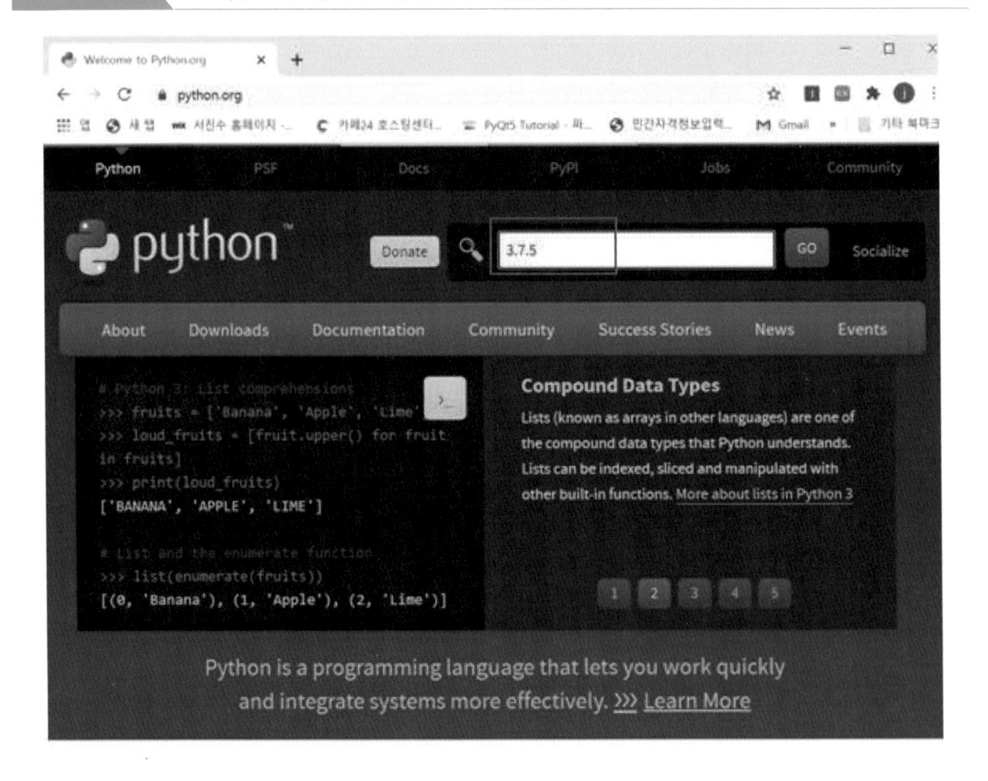

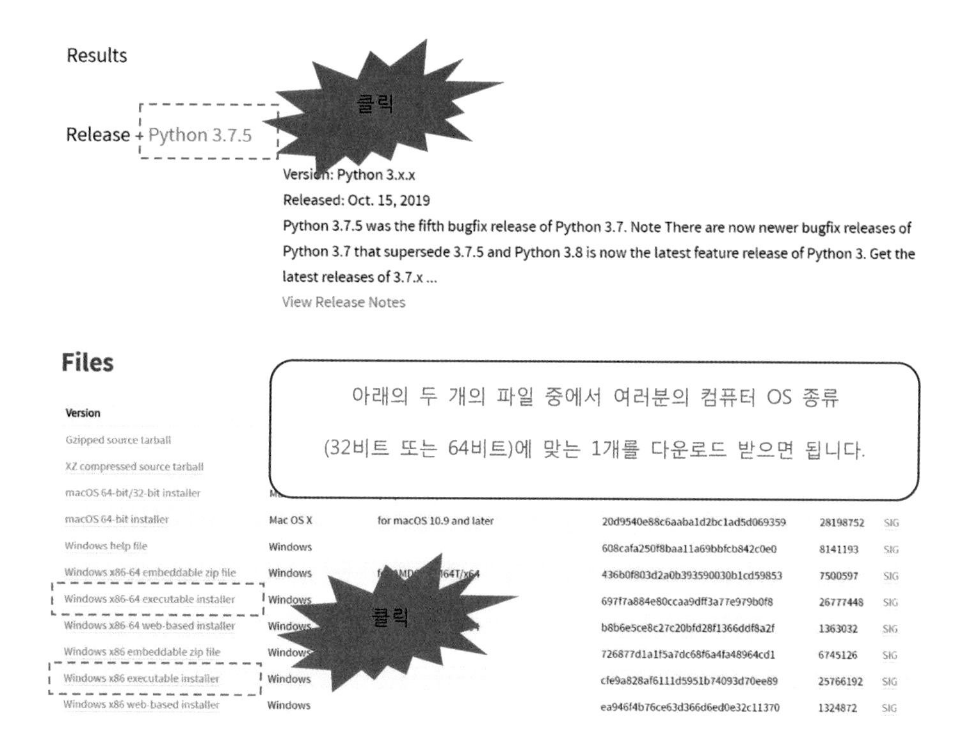

위 그림에서 Windows x86-64 executable installer 파일이 64비트 윈도용 파일이고 Windows x86 executable installer가 32비트 윈도용 설치파일이니 여러분의 컴퓨터에 맞는 것으로 다운로드 받으세요.

Step 2 다운로드받은 파일을 설치합니다.

이때 반드시 관리자 권한으로 설치를 진행해야 에러가 발생하지 않습니다.

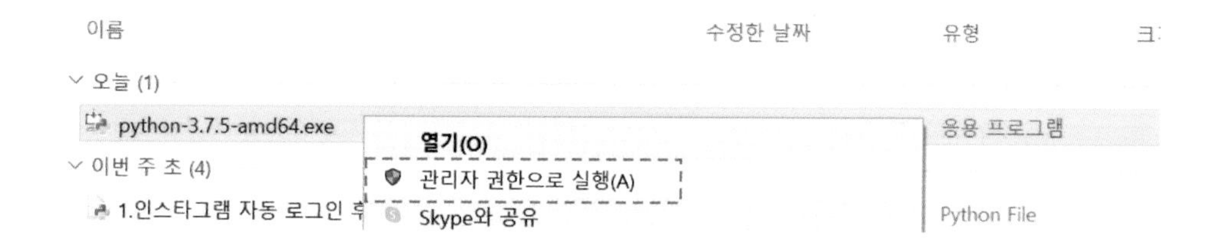

위 그림과 같이 설치 파일을 실행하면 다음 그림처럼 설치화면이 나오는데 주의사항 2가지를 꼭 조심해야 합니다.

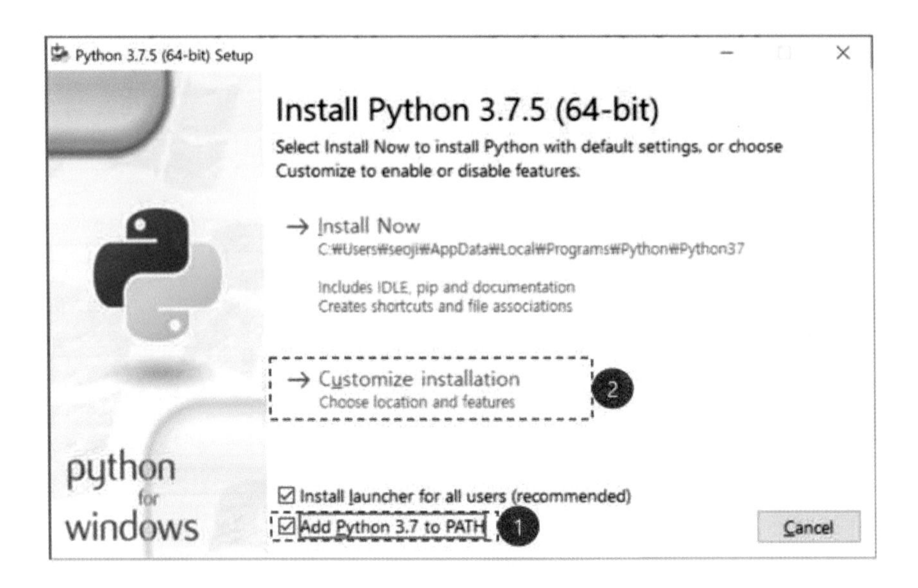

위 그림에서 주의해야 할 내용 2가지를 번호 순서대로 꼭 실행하세요.

(1) 화면 아래의 Add Python 3.7 to PATH 항목에 꼭 체크를 해주세요.

이 부분은 파이썬을 설치하고 나서 파이썬 관련 파일을 윈도의 환경변수에 등록해서 파이썬을 실행할 때 아주 편리하게 해 주는 역할을 합니다. 이 부분을 체크하지 않을 경우에는 파이썬을 설치 후 실행할 때 반드시 파이썬이 설치된 경로로 찾아가서 실행해야 하는 경우가 생겨 많이 불편합니다.

(2) Customize installation을 선택해서 설치를 진행하세요.

이 부분은 파이썬을 설치할 때 몇 가지 옵션을 우리가 원하는 대로 설정할 수 있는 옵션입니다. 다양한 옵션이 있지만 우리는 파이썬이 설치되는 경로만 기본경로가 아닌 우리가 원하는 경로로 바꾸어서 설치를 진행하겠습니다.

위 두 가지 주의사항을 지키지 않으면 설치 후에 아주 힘들게 되니까 꼭 지켜주세요!!

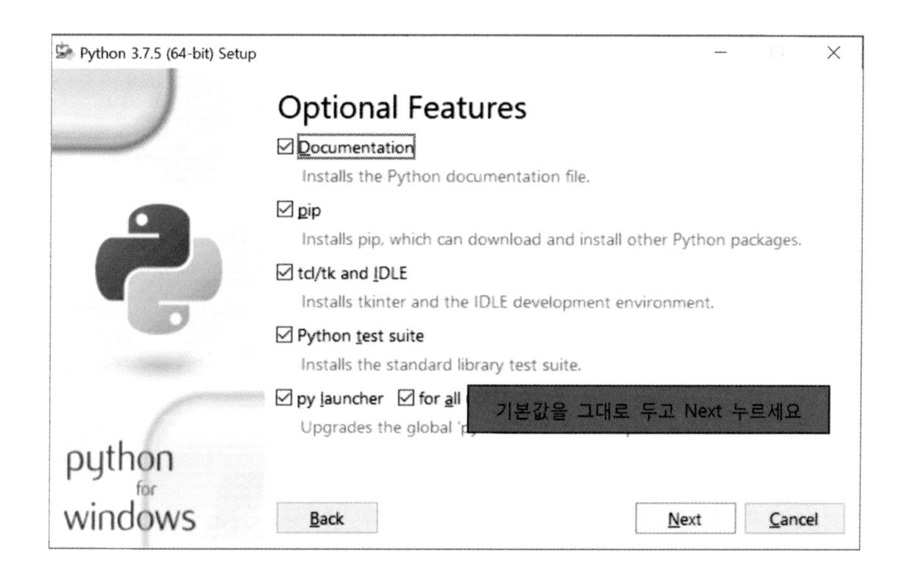

아래 그림처럼 Advanced Options에서는 맨 위의 Install for all users 부분을 체크하고 설치를 진행하겠습니다.

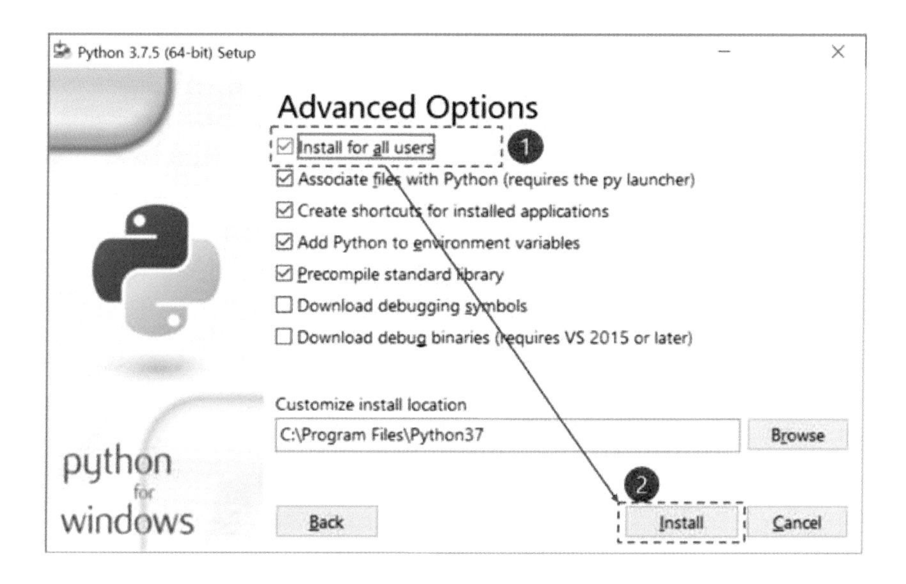

파이썬이 설치될 폴더 이름은 여러분 마음대로 하시면 되지만 이 책에서는 기본값으로 지정했습니다. 위 그림과 같이 지정한 폴더 이름을 확인하고 install 버튼을 누르면 설치가 진행됩니다.

설치가 모두 끝나면 위와 같이 설치가 성공적으로 완료되었다는 메시지가 나옵니다.

위 그림에서 Disable Path length limit 부분은 클릭하지 말고 그냥 close 버튼 눌러서 설치를 완료하면 됩니다.

주피터 노트북 설치하고 사용하기

(Youtube 동영상 강의 링크 : https://youtu.be/9DoQ5ZhEC8A)

파이썬 프로그램 설치가 되었으면 우리가 파이썬 프로그램에게 어떤 작업을 하라고 명령을 내려야 합니다. 이때 우리가 시킨 명령어를 파이썬 프로그램에게 전달해 주는 창을 콘솔이라고도 하는데 파이썬 프로그램을 설치하면 기본적으로 제공되는 프로그램이 IDLE입니다.

아래 그림의 왼쪽에서 IDLE이 보이죠? 실행하면 오른쪽 그림처럼 나옵니다.

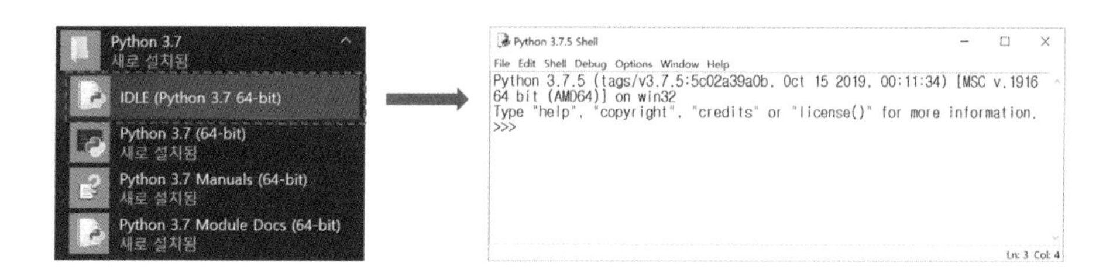

그런데 이 프로그램이 쉽고 간단하지만 여러가지 불편한 부분이 많아서 파이썬으로 프로그램을 개발하는 사람들은 IDLE보다 기능도 많고 편리한 다른 프로그램들을 많이 사용합니다.

파이썬으로 개발을 할 때 많이 사용하는 도구는 PyCharm, Jupyter notebook, Visual Studio Code, Notepad++ 등이 있는데 이 책에서는 쉽고 편리한 Jupyter Notebook 프로그램을 사용하겠습니다.

나중에 여러분들이 파이썬 프로그램에 더 익숙해지면 PyCharm이나 VScode 프로그램을 사용하시는 것도 좋은 방법이 될 것입니다.

(1) Jupyter notebook 프로그램 설치하기

Jupyter notebook 프로그램은 파이썬에 기본적으로 설치가 되어 있지 않습니다.

그래서 다음 그림과 같이 pip 명령을 이용해서 직접 설치해야 합니다.

이때 주의사항은 pip 명령은 파이썬에서 실행하는 것이 아니고 윈도의 cmd (명령프롬프트) 창에서 실행해야 한다는 것입니다. 이때 cmd 창을 반드시 "관리자권한"으로 실행하세요~

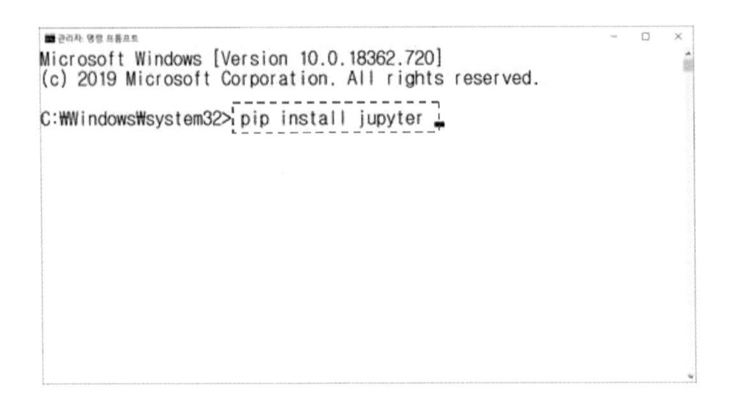

위 그림처럼 cmd 창에서 pip install Jupyter 명령을 실행하면 쉽게 설치가 됩니다. pip 명령은 이 책의 모듈 파트에서 자세히 설명됩니다~^^

• 참고하세요 •

위 그림과 같이 윈도의 cmd (명령 프롬프트)창에서 pip install Jupyter 명령을 실행했는데 실행할 수 없는 명령이라고 하면서 에러 메시지가 나온다면 파이썬 설치에 문제가 있는 것입니다.
해결하는 방법은 파이썬 설치 프로그램을 다시 실행하고 나오는 옵션 중에 Repair를 선택하여 다시 설치하신 후 cmd 창에서 다시 pip install Jupyter을 실행하면 됩니다.

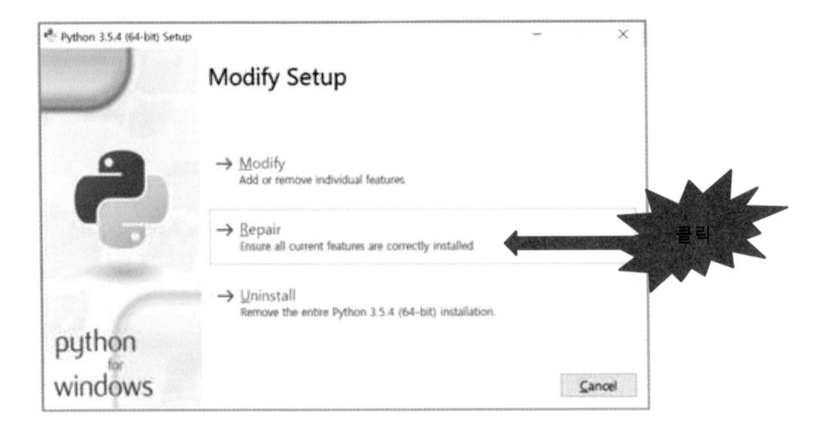

pip로 설치하는 명령어들은 대부분 이 방법으로 고칠 수 있어요~^^

(2) Jupyter notebook 실행하기

설치가 잘되었으니 실행해야겠죠?

그런데 Jupyter notebook 프로그램은 실행할 때 다른 프로그램과는 방식이 다릅니다.

먼저 윈도 탐색기로 Jupyter notebook으로 만든 파일들이 저장될 폴더를 하나 만들겠습니다.

앞으로 우리가 만드는 대부분의 소스코드 내용들이 이 파일에 저장될 예정인데 폴더 이름은 c:\py_temp\로 지정하겠습니다(물론 이 폴더는 여러분 마음대로 지정해도 됩니다).

그리고 윈도 탐색기로 이 폴더로 이동한 후 빈 곳에서 키보드의 Shift 키를 누른 상태에서 마우스 오른쪽 버튼을 누르면 단축 메뉴가 나오는데 그 중에서 "여기에 명령창 열기" 또는 "여기에 PowerShell 창 열기" 메뉴를 선택합니다.

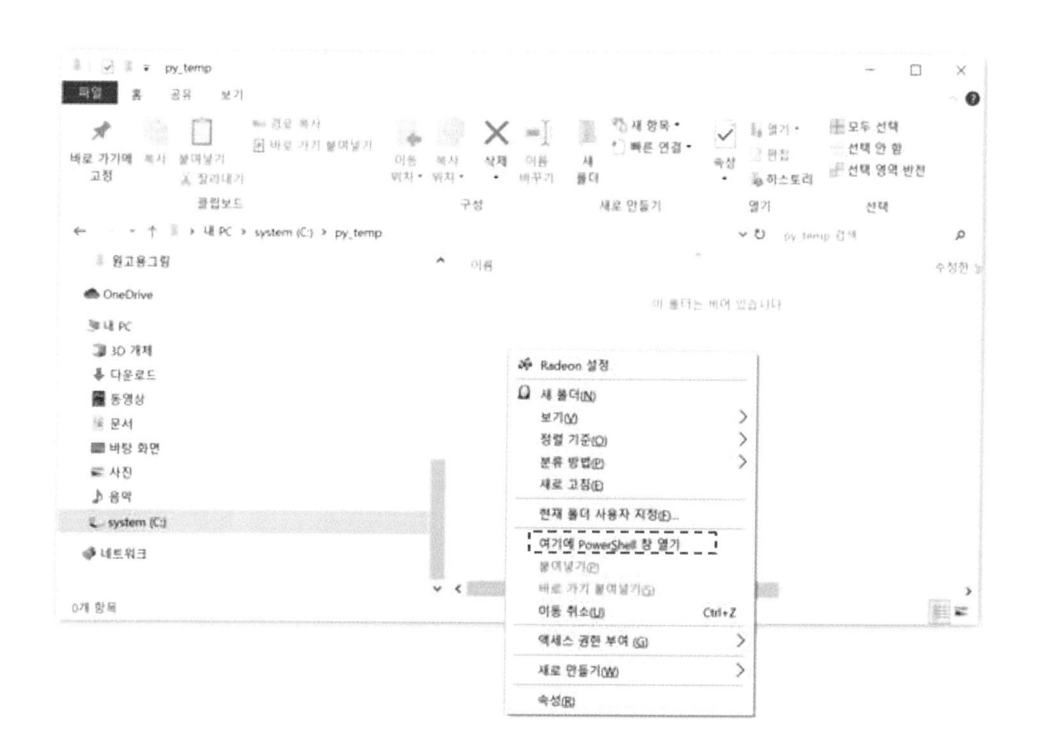

위 메뉴를 선택하면 cmd 창이나 또는 power Shell 창이 다음과 같이 열리는 데 이때 Jupyter notebook 명령을 입력 후 실행하면 됩니다.

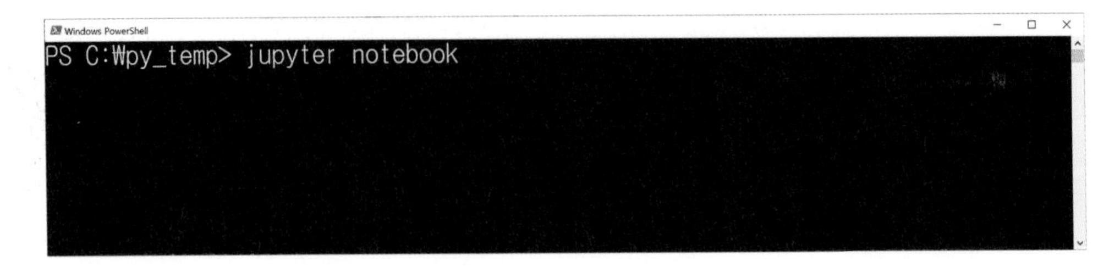

위와 같이 실행 후 잠시 기다리면 웹 브라우저(크롬이나 엣지)가 실행되면서 창이 열립니다.

주의사항

주피터 노트북 사용이 끝나기 전까지는 위의 창을 절대로 닫으면 안됩니다!!!
위 창을 닫으면 주피터 노트북이 사용 불가능 상태가 되어 작성한 코드가 저장 안되고 손실될 수도 있으니 꼭 기억해주세요~

위 창이 열리면 Jupyter notebook이 정상적으로 실행된 것입니다.
그리고 만약 지금 폴더 안에 어떤 내용이 있다면 다음 화면처럼 그 목록이 보입니다.

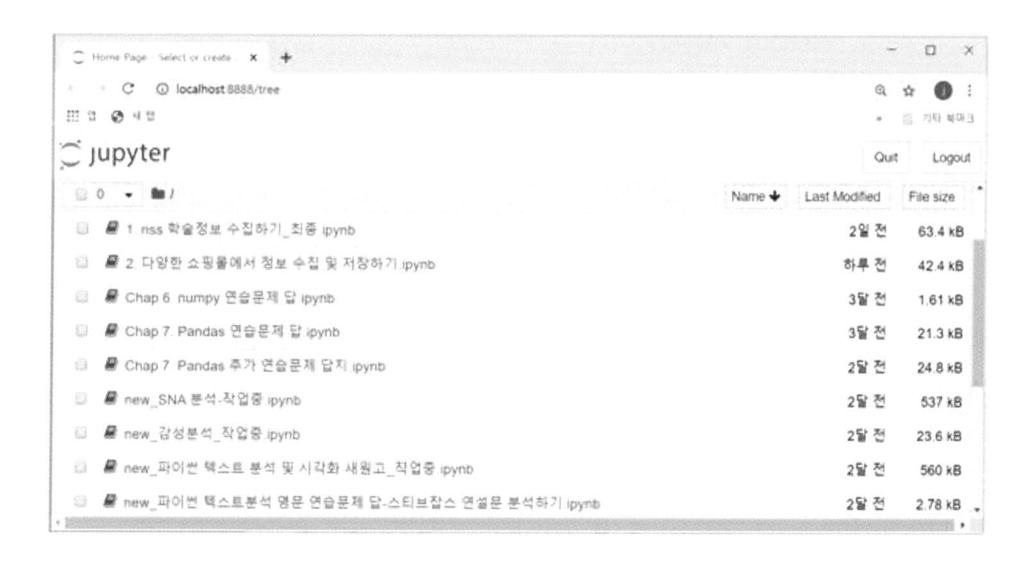

앞의 그림에서 보이는 목록에서 수정을 원하는 제목을 클릭하면 새로운 탭이 열리면서 해당 내용의 소스코드를 수정할 수 있게 됩니다.

앞으로도 계속 이 방법으로 Jupyter notebook을 실행해야 하니까 열심히 연습해 주세요~^^

• 참고하세요 •

만약 위 그림과 같이 Jupyter notebook 명령을 실행했는데 웹 브라우저로 창이 자동으로 열리지 않는다면 윈도나 웹 브라우저 설정에 문제가 있기 때문입니다.
이때는 아래 그림에서 네모 점선 안에 있는 URL 주소를 복사한 후 웹 브라우저를 수동으로 실행한 후 주소창에 방금 복사한 URL 주소를 붙여넣기 해서 실행하면 동일하게 사용할 수 있습니다.

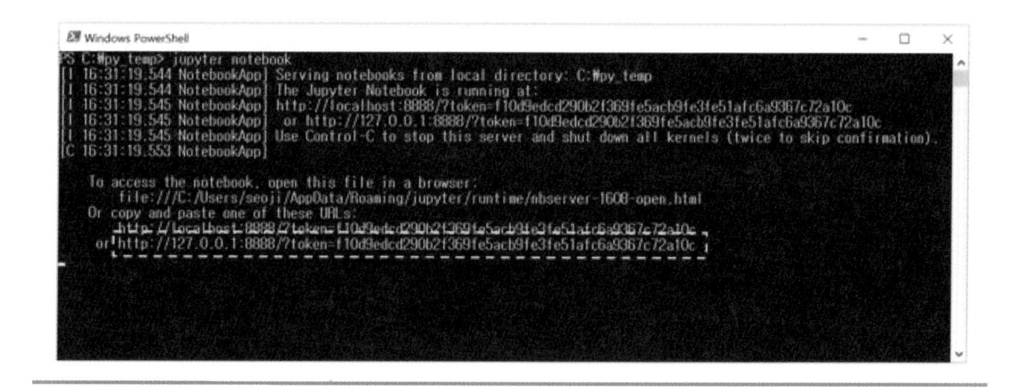

(3) Jupyter notebook 사용하기

지금 설치한 Jupyter notebook 프로그램에는 기능이 아주 많이 있습니다.

이 기능들만 가지고도 책 한권이 나올 정도이죠. 하지만 우리가 그 모든 기능을 지금 다 알 필요는 없기에 우리에게 필요한 기능만 집중적으로 살펴보겠습니다.

반대로 이야기하면 지금부터 알려드릴 기능들은 필수적으로 다 알아야 한다는 뜻입니다~^^

01 새로운 Cell 생성하기

이제 Jupyter notebook을 사용하여 코딩을 해야겠죠?

그런데 첫 화면에는 코딩을 하는 곳이 보이지 않습니다. 새로운 코드를 작성하려면 이 화면에서 코딩을 할 수 있는 창을 새로 만들어야 하는데 다음 그림과 같이 하면 됩니다.

(New 버튼 옆의 Upload 버튼은 다른 폴더에 있는 소스코드를 현재 폴더로 복사해 와서 사용할 수 있게 해 주는 기능입니다.)

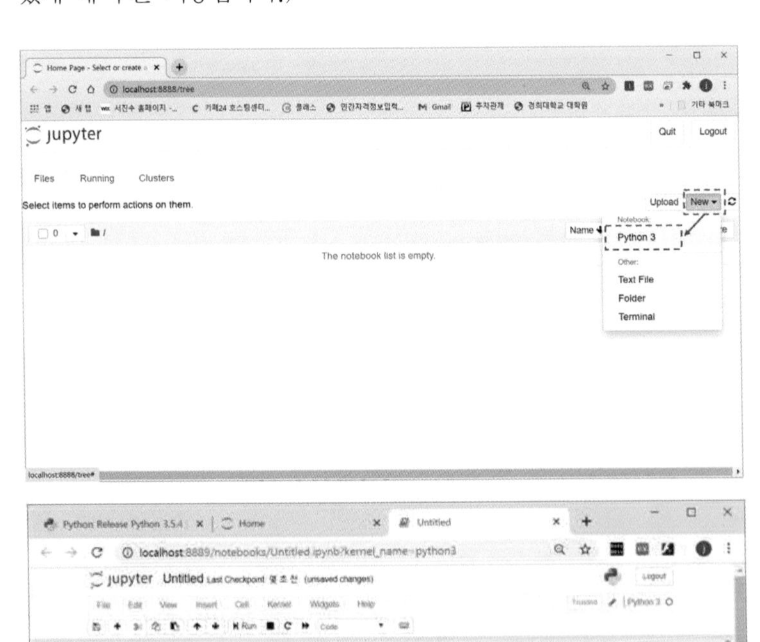

앞의 그림에서 코드를 입력하는 창을 Cell(셀)이라고 합니다.

이곳에 코드를 입력하고 실행하면 되는데 코드 입력 후 실행하는 명령은 CTRL 키를 누른 상태에서 Enter 키를 누르는 방법과 SHIFT 키를 누른 상태에서 Enter 키를 누르는 두 가지 방법이 있습니다.

이 두 가지 명령의 차이는 CTRL+Enter 키를 사용하면 해당 Cell에 있는 명령을 실행 후 끝나고 SHIFT+Enter 키를 누르면 현재 Cell에 있는 명령 실행 후 아래에 새로운 Cell을 생성해 줍니다.

일반적으로는 SHIFT+Enter 명령을 더 많이 사용합니다.

다음 그림을 참고하세요.

명령 입력 후 CTRL+Enter 키를 실행한 화면

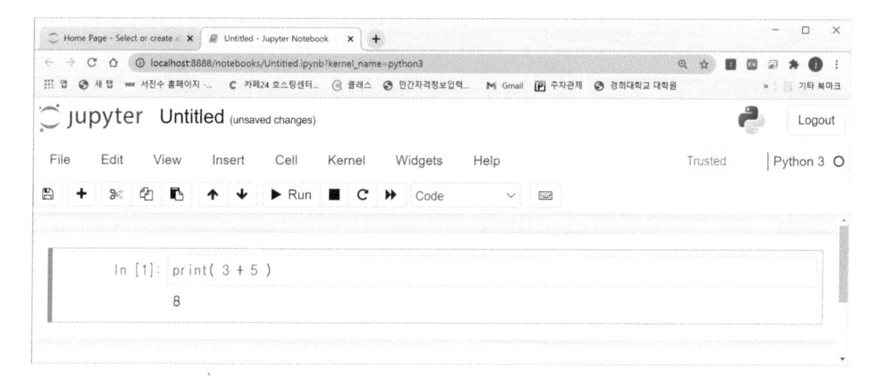

명령 입력 후 SHIFT+Enter 키를 실행한 화면

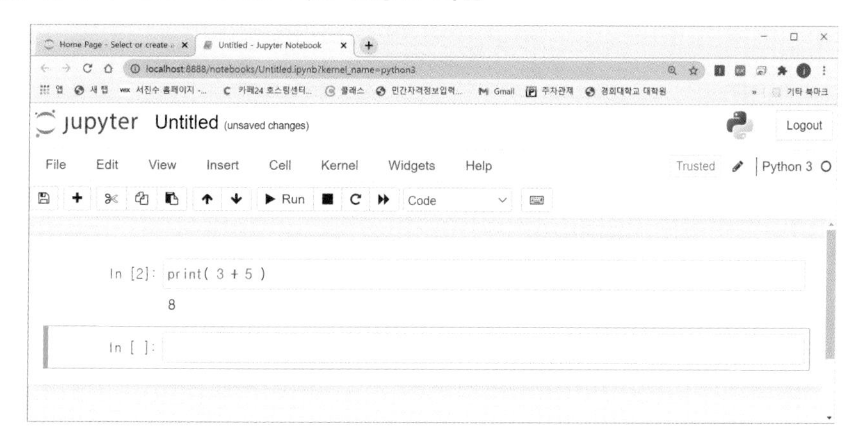

Cell 분리하고 합치기

실제 코딩을 할 때 코드가 길어서 중간에 분리해서 테스트를 하거나 개발을 진행할 경우가 아주 많습니다. Jupyter notebook은 하나의 Cell에 들어있는 코드를 여러 개의 Cell로 분리하고 또 분리된 Cell을 합치는 기능이 아주 쉽게 가능합니다. 이런 메뉴들이 모두 Edit 메뉴에 들어있는데 다음 그림으로 확인해 보겠습니다.

먼저 아래 그림처럼 하나의 Cell에 여러 줄의 코드를 입력합니다.

그 후 다른 Cell로 분리하고 싶은 줄 앞에 커서를 놓고 Edit → Split Cell 메뉴를 선택합니다.

여기서는 print(2-1) 행부터 다른 Cell로 분리하기 위해서 2번 행 앞에 커서를 두고 Edit → Split Cell 메뉴를 눌렀습니다.

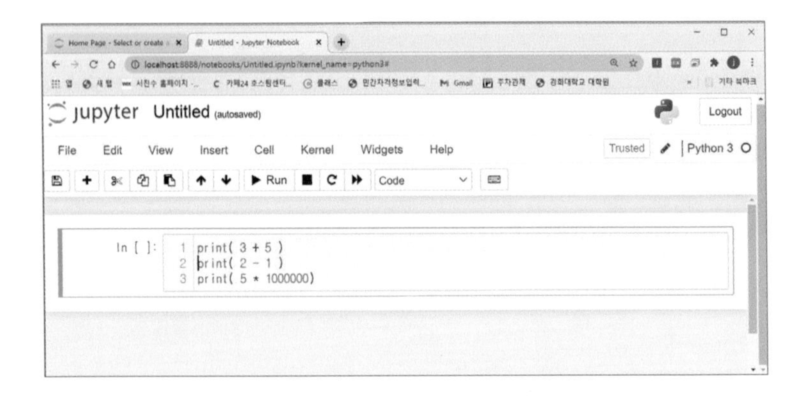

아래 그림과 같이 Cell이 분리가 됩니다.

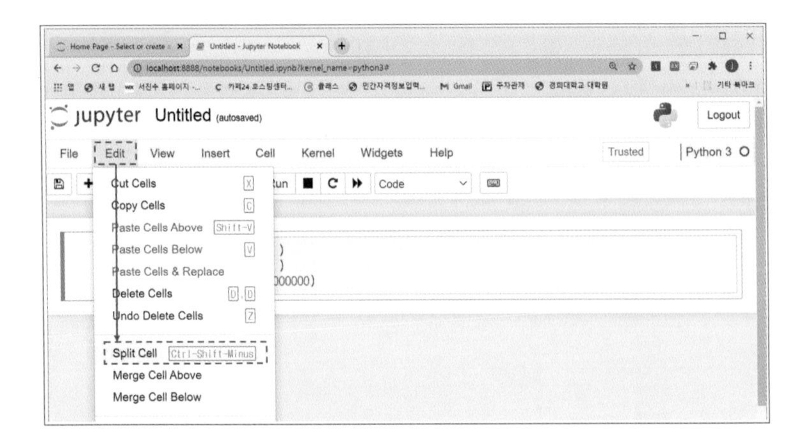

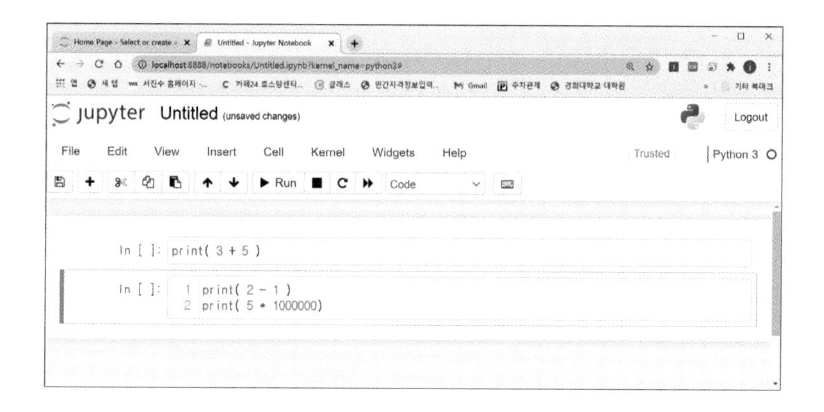

앞의 그림과 같이 분리된 Cell은 각 Cell별로 별도로 실행되기 때문에 프로그램의 특정 코드 부분만 테스트할 경우 아주 유용한 명령입니다.

만약 분리되어 있는 Cell을 합치고 싶을 경우는 어떻게 하면 될까요?

Split Cell 메뉴의 아래에 있는 Merge Cell Above 명령은 현재 Cell과 바로 위에 있는 Cell과 합치는 메뉴이고 Merge Cell Below 명령은 현재 Cell과 바로 아래에 있는 Cell을 합치는 명령입니다.

03 진행 중인 작업을 중단하거나 재시작하기

코딩을 하다 보면 무한 루프가 실행될 때나 여러가지 이유로 현재 진행 중인 작업을 강제로 중단해야 할 경우가 종종 있습니다. 그리고 진행 중인 작업들을 중단 후 재시작 해야 할 경우도 가끔 있습니다. 이때는 아래 그림의 메뉴를 사용하면 됩니다.

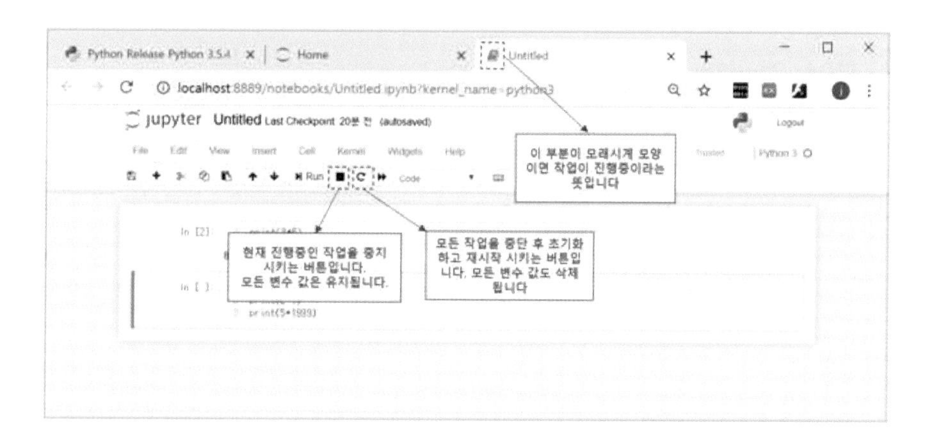

04 여러 줄을 한꺼번에 들여쓰기와 내어쓰기

파이썬으로 코딩을 할 때 아주 중요한 것 중 한 가지가 바로 들여쓰기입니다.

들여쓰기가 잘못되면 에러가 나는 경우가 아주 많아서 들여쓰기에 특히 신경을 많이 써야 합니다. 그런데 만약 20줄을 모두 오른쪽으로 들여쓰기를 해야 할 경우 한 줄 씩 일일이 20번 하기는 많이 귀찮고 힘들잖아요. 이때 Jupyter notebook에 있는 기능으로 아주 쉽게 할 수 있어요. 아래 그림을 보세요.

```
1  for a in (1,2,3,4,5) :
2      print(a)
3  print(a + 1)
4  print(a + 2)
5  print(a + 3)
```

Tab 키 또는 CTRL+]

CTRL+ [

```
1  for a in (1,2,3,4,5) :
2      print(a)
3      print(a + 1)
4      print(a + 2)
5      print(a + 3)
```

위 그림에서 왼쪽 그림의 3, 4, 5번 행을 오른쪽 그림처럼 오른쪽으로 들여쓰기를 하고 싶을 경우에는 3, 4, 5번 행을 마우스로 드래그한 후 Tab 키나 CTRL 키를 누른 상태에서 닫는 대괄호 기호]를 치면 됩니다. 반대로 오른쪽 그림의 행을 왼쪽 그림처럼 내어쓰기를 하고 싶을 경우에는 원하는 행을 마우스로 드래그하여 선택한 후 CTRL 키를 누른 상태에서 여는 대괄호 기호 [를 입력하면 왼쪽으로 내어쓰기를 할 수 있습니다.

아주 많이 사용하는 기능이므로 꼭 기억하세요~

05 작업 결과를 저장하기

열심히 코딩한 결과를 저장해야겠죠?

저장할 때는 자동 저장이 있고 수동 저장이 있는데 우선 파일이름을 다음 그림과 같이 바꿀 수 있습니다. 화면 상단의 Jupyter 옆에 Untitled 부분을 마우스로 누르면 아래와 같이 이름을 변경할 수 있는 화면이 나오는 데 적절한 이름을 주고 아래의 파란색 Rename 버튼을 누르면 저장됩니다.

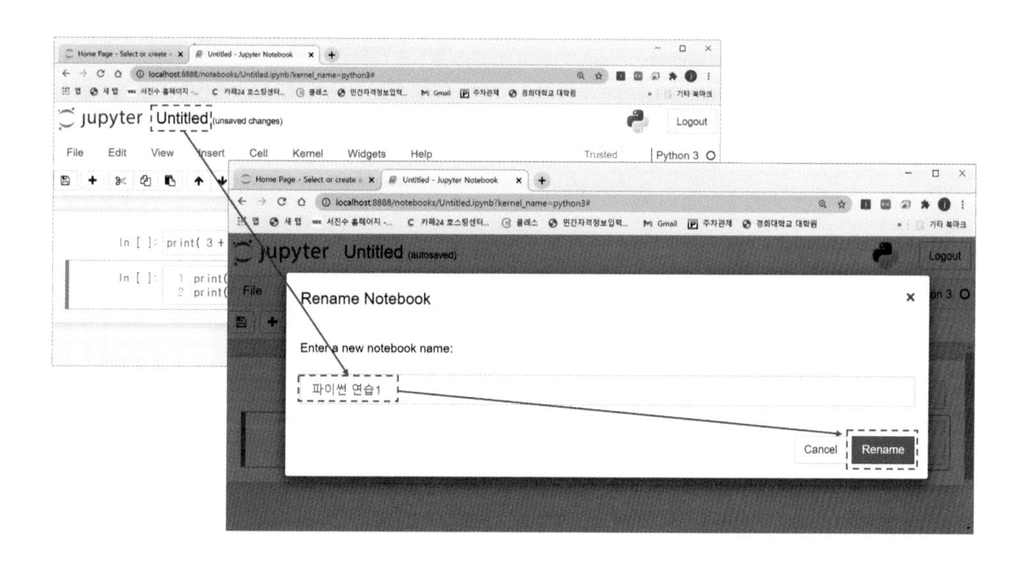

저장되는 경로는 아래 그림처럼 Jupyter notebook을 처음 실행했던 그 폴더입니다.

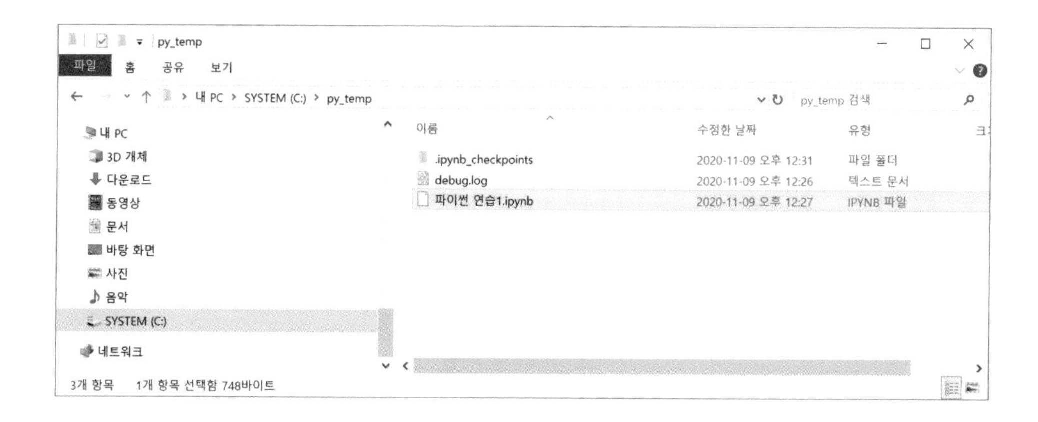

그리고 수동으로 저장하는 명령은 다음 그림처럼 File → Save and Checkpoint 메뉴입니다.

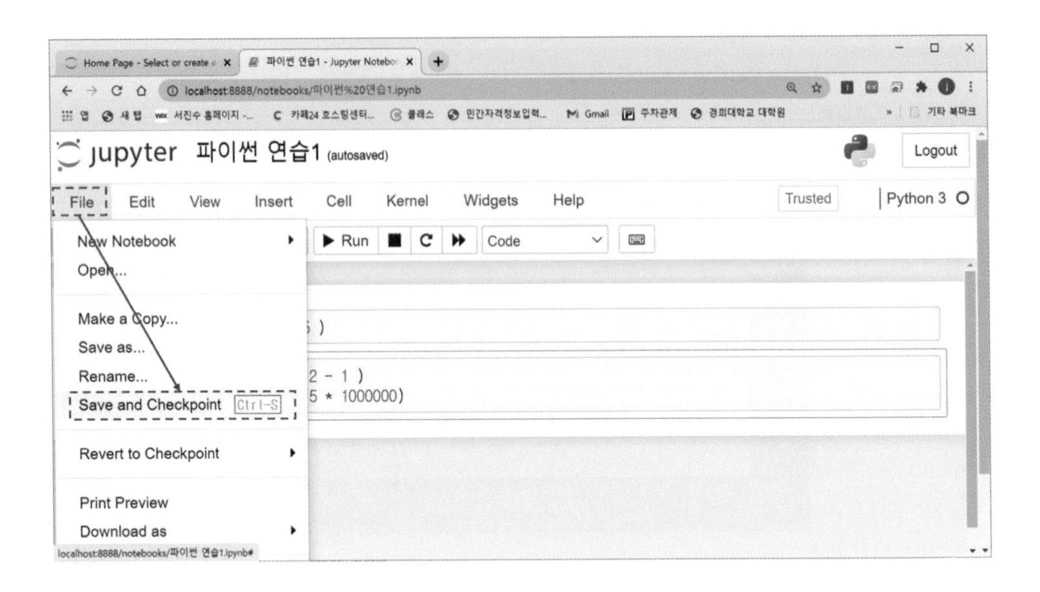

지금까지 파이썬 설치와 Jupyter Notebook 설치 및 사용 방법을 살펴보았습니다.
열심히 연습해 주세요~~^^

데이터쟁이 서진수가 독자님을 응원합니다~!

행복의 문이 하나 닫히면 다른 문이 열린다.
그러나 우리는 종종 닫힌 문을 멍하니 바라보다가
우리를 향해 열린 문을 보지 못하게 된다.

– 헬렌켈러 –

Chap 13

변수 활용과 입출력 함수 사용하기

(Youtube 동영상 강의 링크 : https://youtu.be/uR0t3PMNGtc)

대부분의 컴퓨터는 데이터를 하드 디스크에 저장을 해 놓고 필요한 데이터가 있을 경우 메모리에 불러와서 작업을 합니다. 그리고 작업이 끝나면 하드 디스크에 다시 저장을 하죠.
왜 이런 방식으로 동작을 하냐면 하드 디스크는 용량이 아주 크고 전원이 꺼져도 내용이 저장되어 있지만 메모리에 비해 속도가 늦습니다. 반면 메모리(우리가 흔히 RAM이라고 부릅니다)는 속도는 아주 빠른데 전원을 끄면 데이터가 모두 사라지는 특징이 있기 때문입니다.
그래서 대부분의 컴퓨터는 평소 작업을 할 때는 속도가 아주 빠른 메모리에서 작업하고 저장을 할 때는 데이터가 사라지지 않는 하드디스크를 사용하는 것입니다.
우리도 컴퓨터에게 어떤 작업을 시킬 경우에 메모리에 데이터를 넣어 주고 이 데이터를 사용해서 이런 저런 작업을 해라~~라고 시켜야 합니다.

여기서 반드시 알아야 하는 아주 중요한 내용이 있습니다.
우리가 작업할 데이터를 메모리에 넣어 놓고 그 데이터를 활용해서 작업을 하라고 시킨다고 했는데 컴퓨터는 나혼자 쓰는 것이 아니기 때문에 메모리에 공간이 아주 많이 있습니다.
메모리 구조를 쉽게 이해하기 위해서 아래 그림을 볼까요?
메모리 공간은 아래 그림처럼 사물함과 비슷한 구조로 되어 있습니다.

컴퓨터에서 어떤 작업을 하기 원하는 사람들은 반드시 메모리 어딘가에 데이터를 넣어 놓고 프로그램한데 데이터가 들어가 있는 공간을 알려줘야 합니다.
위 그림에서 우리가 신발장을 사용할 때 신발장 번호나 사용자 이름을 붙여서 구분하는 것처럼 메모리의 특정 공간에 특별한 이름을 붙여서 사용하는데 그 이름을 변수라고 합니다.

이번 시간에는 이런 변수를 어떻게 만들고 관리하는지 자세하게 살펴보겠습니다.

변수란 무엇일까요?

앞에서 잠시 언급한 것처럼 컴퓨터 프로그래밍이란 컴퓨터에게 어떤 작업을 시키는 건데 그렇게 하기 위해서 자료를 주어야 합니다. 우리가 자료를 주면 컴퓨터는 그 자료를 메모리 어디엔가 저장해 두고 필요할 때 사용하는데 그 자료를 두는 장소가 너무 많아서 이름을 붙여서 관리를 하게 되지요. 자료를 관리하기 위해 이름을 붙여 두는 것을 변수라고 했습니다.

그런데 이런 개념이 너무 어려워서 쉽게 설명하기 위해서 프로그래밍에서 사용할 데이터들을 담아두는 일종의 그릇이라고 설명을 하겠습니다. 옆의 그림처럼 변수라는 그릇에 데이터를 담아두었다가 필요할 때 마다 꺼내서 사용하는 거죠.

어떤 데이터가 담길지 몰라서 그냥 변수라고 하는 것입니다. 만약 들어오기 전부터 어떤 데이터가 온다~라고 미리 정해져 있으면 변수 대신 상수라고 부릅니다. 변수의 의미는 어렵지 않죠?

SECTION 02

변수는 어떻게 만들고 사용할까요?

이런 변수들을 어떻게 만들고 사용하는지 살펴볼까요?

파이썬 외에도 모든 프로그래밍 언어들은 변수를 사용합니다. 그런데 프로그래밍 언어마다 변수를 만들고 사용하는 방법들이 다른 경우가 많아요. 즉 각각의 프로그래밍 언어마다 독특한 방법을 사용하는 경우가 많습니다.

다행히 파이썬에서 변수를 만드는 방법은 정말 쉽습니다.

```
변수이름 = 변수에 담을 값/ 예:var = 100 / 의미: var 변수에 숫자 100을 넣어라
```

위 문법 정말 쉽죠??

다만 변수를 생성할 때 지켜야 하는 간단한 몇 가지 규칙이 있는데 그것만 조심하면 됩니다.

그 몇 가지 규칙이 무엇인지 먼저 살펴보고 직접 변수를 만들어 보겠습니다.

변수를 만드는 규칙

- 변수이름(그릇이름)은 반드시 영문자나 언더 바 기호(_)로 시작해야 하고 숫자나 특수문자로 시작하면 안됩니다. 단 숫자나 특수문자를 변수이름으로 사용하는 것은 가능해요.
- 대문자와 소문자는 다른 글자로 생각합니다.
- 파이썬에서 이미 사용되고 있는 단어들(예약어라고 합니다)은 변수 이름으로 사용할 수 없습니다.

위 규칙들만 잘 지키면 변수 만드는 방법은 아주 쉬워요~~

그럼 직접 변수를 만들어 볼까요?

다음 그림은 변수를 생성하는 예제 화면입니다

변수 만드는 방법은 아주 쉽죠?

```
1  # 변수 사용법과 입출력 배우기
2
3  # 예 1) var1 이름으로 변수를 만들고 숫자 10을 할당하세요
4  var1 = 10
5  print('var1:' , var1)
6
7  # 예 2) var2 이름으로 변수를 만들고 숫자 20을 할당하세요
8  var2 = 20
9  print('var2:' , var2)
10
11 # 예 3) 여러 변수에 한꺼번에  값 할당하기
12 var3=var4=30
13 print('var3:' , var3)
14 print('var4:' , var4)
```

```
var1: 10
var2: 20
var3: 30
var4: 30
```

정말 전~~혀 어렵지 않죠? 앞으로 많이 사용될 기능이니까 꼭 기억해 주세요~

다양한 변수 만들어서 활용하기

앞에서 변수를 만드는 방법을 살펴봤으니까 이제 변수를 사용하는 방법을 알아야겠죠? 변수를 만들고 그 안에 데이터를 담은 후 다양한 연산(계산)을 할 수 있습니다.

01 다양한 연산자 살펴보기

먼저 이미 다 알고 계시겠지만 산술 연산자부터 살펴보겠습니다~
아래의 표에 있는 연산자들은 아마도 대부분 아는 연산자일거예요~

기호	설명	사용 예
+	두 수를 더한 값	a + b
-	두 수를 뺄셈한 값	a - b
*	두 수를 곱한 값	a * b
/	두 수를 나눈 값.	a / b
%	두 수를 나눈 나머지 값	a % b

대부분의 연산자는 아는 거죠?
어떻게 사용하는지 볼까요?

```
1 # 다양한 산술 연산자 사용하기
2 print( 1 + 2 )
3 print( var1 + var2 )
4 print( var1 * var2 )
5 print( var1 / var2 )
```

```
3
30
200
0.5
```

다만 앞의 표에서 프로그래밍을 처음 접해본 분들은 '%' 연산자가 생소할 수도 있겠네요. '%' 연산자의 역할은 변수끼리 나눈 몫의 나머지를 구해주는 거예요.

```
1  # % 연산자 (나머지 값 구하기) 사용하기
2  var5 = 3
3  var6 = 14
4  print('var5 / var6 나머지값:' , var6 % var5)
```

```
var5 / var6 나머지값: 2
```

위 그림에서 결과가 2가 나오는데 이것은 14/3하면 나머지가 2가 나온다는 뜻입니다. 특히 이 % 연산자는 나중에 웹 크롤러 만들 때 페이지 번호 계산할 때 아주 중요하게 사용되니까 잘 기억해 주세요~~

아주 쉽고 기본적인 내용이지만 반드시 알아야 하는 내용입니다~

02 변수값을 화면에 출력하기

이번에는 변수에 있는 데이터를 화면에 출력하는 방법을 살펴보겠습니다. 사실 이미 앞에서 먼저 사용한 기능인데 이런 일을 담당해 주는 함수가 있어서 그 함수들의 사용방법도 함께 살펴보죠.

그리고 1장의 파이썬버전별 차이를 간략하게 설명할 때 2.x버전과 3.x버전의 print( ) 함수의 문법이 다르다라고 알려드렸는데 아래의 내용은 3.x버전 기준입니다.

아래 표를 잘 보세요~~~

함수 이름	설명	사용 예
print( )	변수나 데이터를 화면에 출력합니다.	print("출력할 문장") print(출력할 변수나 숫자값)

위 print( ) 함수를 이용하는 방법을 예제들로 살펴볼까요~?

```
1  # print( ) 함수 사용하기
2
3  # 출력할 문장을 직접 쓰기
4  print('오늘도 굿모닝이지 말입니다~!')
5
6  # 출력할 문장을 변수에 넣고 변수를 활용하여 출력하기
7  str = '늘 굿모닝이지 말입니다~!'
8  print('str')   # 이렇게 쓰면 안되지 말입니다 ^^;;
9  print( str )
```

```
오늘도 굿모닝이지 말입니다~!
str
늘 굿모닝이지 말입니다~!
```

위의 예에서 중요한 것은 문자를 바로 출력하고 싶으면 반드시 " "(쌍따옴표)나 홑따옴표(' ') 기호로 출력할 문자를 감싸야 하고 변수 이름을 사용할 때는 쌍따옴표 기호없이 바로 쓴다는 거예요.

아주 중요한 부분이니까 꼭 기억하세요~~

이번에는 특정 문장이 나오고 그 뒤에 변수에 있는 값을 출력하는 방법을 볼까요?

아래 그림을 보세요.

```
1  # print( ) 함수 사용하기 - 변수에 데이터를 넣고 다른 문자열과 함께 출력
2
3  var1 = 100
4  print('var1 변수에 있는 값은 바로 ' , var1 , ' 입니다')
```

```
var1 변수에 있는 값은 바로  100  입니다
```

그럼 이번엔 출력 문장 중간에 변수의 값을 넣고 싶을 때 어떻게 하는지 보겠습니다.

(이 방법을 문자열 포매팅 기능이라고 합니다)

아래 그림을 잘 보세요~

```
1  # print( ) 함수 사용하기 - 문자열 포매팅 활용하기
2  bab = 5
3  print(' 어휴...배가 너무 고파서 밥을 %s 그릇도 먹을듯....ㅠㅠ'  %bab)
```

```
 어휴...배가 너무 고파서 밥을 5 그릇도 먹을듯....ㅠㅠ
```

만약 출력 문장의 중간에 특정 값을 변수를 사용하여 출력하고 싶을 경우 변수의 값을 표현하고 싶은 위치에 %s를 적어주고 문장 뒤에 %를 적어준 다음 변수의 이름을 적어주면 됩니다.

여기서 아주 실수를 많이 하는 곳이 바로 % 기호 앞에, (콤마)를 넣는 것입니다.
절대 ,(콤마)를 넣으면 안됩니다!!
아주 아주 많이 사용하는 기능이니까 꼭 이해해야 합니다!
참고로 %s 자리에 올 수 있는 기호는 여러가지가 있는 데 아래 표에 정리했습니다.

포맷	의미
%d	정수(1,2,3,4,5 등)
%f	실수(1.234 등)
%s	문자열('this is string')-숫자포함
%c	문자('a','c' 등 문자 하나)

그리고 위의 예에서는 하나의 변수만 사용했지만 두 개 이상도 당연히 가능합니다.
아래의 예를 보세요~~

```
1  # print( ) 함수 - 문자열 포매팅 활용하기-2
2  eng = 20
3  math = 10
4
5  print('이번 시험에서 영어점수는 %s 점 , 수학점수는 %s 점 올랐음!' %(eng,math))
```

```
이번 시험에서 영어점수는 20 점 , 수학점수는 10 점 올랐음!
```

```
1  # print( ) 함수 - 문자열 포매팅 활용하기-3
2  price = 20
3  sal = 10
4
5  print('물가가 %s%% 오른다는데 내월급도 %s%%라도 올랐으면..ㅠㅠ' %(price,sal))
```

```
물가가 20% 오른다는데 내월급도 10%라도 올랐으면..ㅠㅠ
```

위 그림에서 % 기호를 출력할 때는 %%로 써야 한다는 것도 꼭 기억해 주세요~~
지금까지 화면에 내용을 출력하는 print( ) 함수를 살펴보았습니다.

사용자에게 값을 입력받아 변수에 저장하기

그럼 이제 사용자에게 값을 입력 받을 수 있게 해주는 input( ) 함수에 대해서 알아볼까요?

함수 이름	설명	사용 예
input( )	사용자에게 값을 입력 받습니다	input( )

아래 그림을 보세요~

```
In [*]:  1  # input 함수로 정보 입력받기
         2  menu = input( )

        짜장면 |
```

위 그림과 같이 input( ) 함수만 사용하면 밋밋하게 입력 창만 나와서 정보를 입력받습니다.
이번에는 안내 멘트를 출력한 후 정보를 입력받아 볼까요?

```
In [*]:  1  # input( ) 함수로 안내 멘트 보이기
         2  menu_2 = input('오늘 점심 뭐 먹을까요?')

        오늘 점심 뭐 먹을까요? 짬뽕
```

만약 화면에 보여줄 정보가 특정한 형태를 가지고 있다면 아래 그림과 같이 홑따옴표나 쌍따옴표 3개를 연속으로 사용한 후 출력할 내용을 적어주면 됩니다.

```
1  # 출력되는 양식을 지정하여 정보를 입력받기
2
3  area_no = input( '''
4  1.서울     2.대전     3.광주     4.부산     5.경남
5  6.경북     7.충청     8.전남     9.전북     10.제주
6
7  위 지역 중 검색을 원하는 지역의 번호를 입력하세요: ''')

1.서울     2.대전     3.광주     4.부산     5.경남
6.경북     7.충청     8.전남     9.전북     10.제주

위 지역 중 검색을 원하는 지역의 번호를 입력하세요:
|
```

위의 그림으로 input( ) 함수 사용법 이해되죠?
이번 장에서 배운 내용은 아주 기본이면서도 많이 사용되는 문법이므로 꼭 기억해야 합니다!

연습 문제

문제 1 아래 그림을 참고하여 사용자에게 이름과 취미를 입력 받은 후 출력하도록 코드를 작성하세요 (변수 이름은 편한 것으로 사용하세요).

실행 결과

```
1. 이름을 입력하세요: 서진수
2. 취미를 입력하세요: 낚시


서진수님의 취미는 낚시입니다
```

문제 2 아래 그림과 같이 여행 지역명을 보여주고 지역 번호와 인원수를 입력 받은 후 지역명과 인원수를 보여주도록 코드를 작성하세요(변수 이름은 편한 것으로 사용하세요).

실행 결과

```
1.서울    2.부산    3.제주    4.여수    5.남해

1.위 지역중 여행하고 싶은 지역번호를 입력하세요 2
2.여행하실 총 인원수를 입력하세요: 5


여행하실 지역의 번호는 2 이고 총 인원수는 5 명입니다
```

"어리석은 자는 멀리서 행복을 찾고,
현명한 자는 자신의 발치에서 행복을 키워간다"

- 제임스 오펜하임 -

Chap 14

다양한 데이터 유형과 주요 함수들 활용방법

지난 챕터에서 우리는 파이썬에게 어떤 일을 시킬 때
변수라는 그릇을 사용하여 파이썬에게 데이터를 주고
우리가 원하는 작업을 시킨다는 것을 배웠습니다.
이때 파이썬에게 줄 수 있는 데이터의 형태가
아주 다양한 종류가 있고 그 종류를 잘 알아야 그에 맞는
함수와 작업을 시킬 수가 있기 때문에
이번 시간에는 파이썬에서 많이 사용하는
주요 데이터의 유형과 해당 데이터를 활용하는
함수와 방법들을 살펴보겠습니다.

숫자형 데이터

(Youtube 동영상 강의 링크 : https://youtu.be/HeUJtkAKOgw)

숫자형이란 말 그대로 숫자로 이루어진 데이터 유형입니다. 우리가 흔히 알고 있는 소수점이 없는 형태인 정수형 타입과 소수점이 있는 실수형 타입 그리고 8진수와 16진수, 또 복소수 등 수학시간에 배웠던 수많은 형태가 있어요. 파이썬을 이용해서 아주 정교한 과학 계산 같은 것을 할 경우는 아주 정밀도가 높은 숫자를 사용하겠지만 그럴 경우는 드물고 아마도 대부분 정수형 타입과 실수형 타입 정도를 아주 많이 사용할 것입니다.

그래서 이번 장에서는 숫자 유형 중에서 정수형 타입과 실수형 타입을 살펴보겠습니다. 혹시 다른 숫자 유형이 필요하신 분들은 다른 문헌이나 파이썬 책을 참고하시기 바랍니다.

01 정수형 타입과 주요 연산자 사용 방법

정수형 타입의 숫자는 소수점이 없는 숫자형을 의미합니다. 우리가 흔히 많이 보는 숫자들이죠. 이런 숫자들을 파이썬에서는 아래와 같이 연산을 할 수 있습니다.

숫자를 사용해서 연산하는 것을 산술 연산이라고 하며 많이 사용되는 산술 연산자는 아래와 같습니다.

연산자	의미	예
+	더하기	1 + 2
–	빼기	2 - 1
*	곱하기	2 * 1
/	나누기	2 / 1
%	나머지 구하기	3 % 2
**	승수 구하기	3 ** 4 (3의 4승구하기)

파이썬에서 산술 연산자를 사용하는 예

```
1  ##### 파이썬에서 산술 연산자를 사용하는 예
2
3  #더하기
4  print("1.더하기 예 : 2 + 4 = " , 2 + 4)
5
6  #빼기
7  print("2.빼기 예 : 4 - 2 = " , 4 - 2 )
8
9  #곱하기
10 print("3.곱하기 예 : 4 X 2 = " , 4 * 2)
11
12 #나누기
13 print("4.나누기 예 : 4 / 2 = " , 4 / 2)
14
15 #나누기에서 몫 만 출력하기
16 print("5.나누기에서 몫만 출력하기 예 : 4 // 2 = " , 4 // 2)
17
18 #나누기에서 나머지값만 출력하기
19 print("6.나누기에서 나머지값만 출력하기 예 : 4 % 2 = ", 4 % 2)
20
21 # 주어진 숫자의 승수값 출력하기
22 print("7.주어진 숫자의 승수값 출력하기 예 : 4 ** 2 = " , 4**2)
```

```
1.더하기 예 : 2 + 4 =  6
2.빼기 예 : 4 - 2 =  2
3.곱하기 예 : 4 X 2 =  8
4.나누기 예 : 4 / 2 =  2.0
5.나누기에서 몫만 출력하기 예 : 4 // 2 =  2
6.나누기에서 나머지값만 출력하기 예 : 4 % 2 =  0
7.주어진 숫자의 승수값 출력하기 예 : 4 ** 2 =  16
```

그리고 아래와 같은 형식으로 표현하는 경우도 많아서 소개합니다.

```
1  # 연산자 사용 방법
2  # Case 1
3  i = 0
4  i = i + 1
5  print('변수 i 에 저장된 값은 %s 입니다' %i)
6
7  # Case 2
8  i = 0
9  i += 1   # i = i + 1 과 같은 의미입니다.
10 print('변수 i 에 다시 저장된 값은 %s 입니다'  %i)
```

```
변수 i 에 저장된 값은 1 입니다
변수 i 에 다시 저장된 값은 1 입니다
```

위 그림에서 Case 1은 일반적인 표현 방법인데 Case 2를 보면 j += 3이라는 특이한 부분이 보이죠? 이것은 j = j + 3과 같은 뜻입니다. 위 두가지 방법 중에서 어떤 것을 쓸 것인지는 코딩하는 사람의 마음이지만 Case 1 보다 Case 2를 즐겨 쓰는 분들도 많이 있으니까 꼭 기억하세요.

당연히 +만 되는 것은 아니고 j -= 3 (j = j- 3), j *= 3 (j = j* 3), j /= 3 (j = j /3)과 같은 형식도 모두 동일한 뜻입니다~

02 정수형으로 변환하기

프로그램을 만들다 보면 특이한 경우(조심해야 하는 경우)가 가끔 생기는데 그 중에서 숫자형을 처리하면서 생기는 특이한 경우를 살펴봅니다.

아래 그림은 사용자로부터 2개의 숫자를 입력 받은 후 더해서 결과값을 출력하려는 화면입니다.

어려운 것이 없지만 결과값이 이상합니다. 아래 그림을 잘 보세요~~

```
1  # 정수형으로 변환하기 - 변환하기 전
2
3  no1 = input("첫번째 숫자 입력: ")
4  no2 = input("두번째 숫자 입력: ")
5
6  print('''첫번째 숫자는 %s 이고 두번째 숫자는 %s 이며
7  두 숫자의 합은 %s 입니다''' %( no1, no2 , no1+no2 ) )
```

```
첫번째 숫자 입력: 3
두번째 숫자 입력: 2
첫번째 숫자는 3 이고 두번째 숫자는 2 이며
두 숫자의 합은 32 입니다
```

위 그림을 잘 보면 첫 번째 숫자인 3을 입력받아서 no1 변수에 넣고 두 번째 숫자인 2를 입력받아서 no2 변수에 넣은 후 no1 + no2의 값을 출력했습니다. 당연히 결과는 5가 나와야 하는데 결과를 보면 32가 나왔죠? 왜 이런 결과가 나왔을까요?

그 원인은 바로 input( ) 함수입니다. 일반적으로 input( ) 함수로 입력을 받는 값은 모두 문자로 생각을 하고 저장을 하게 됩니다.

즉 우리는 숫자로 3과 2를 입력했지만 파이썬은 문자로 3과 2를 저장한 것입니다.

그래서 입력받은 데이터가 숫자라는 것을 지정하고 싶을 때는 입력받은 값을 int( ) 함수로 한 번 더 감싸줘야 합니다. int는 integer라는 의미예요. 다음 그림을 보세요.

```
1  # 정수형으로 변환하기 - 변환 후
2
3  no1 = int( input("첫번째 숫자 입력: ") )
4  no2 = int( input("두번째 숫자 입력: ") )
5
6  print('''첫번째 숫자는 %s 이고 두번째 숫자는 %s 이며
7  두 숫자의 합은 %s 입니다''' %( no1, no2 , no1+no2 ) )
```

```
첫번째 숫자 입력: 3
두번째 숫자 입력: 2
첫번째 숫자는 3 이고 두번째 숫자는 2 이며
두 숫자의 합은 5 입니다
```

위 그림을 보니까 우리가 원하는 결과가 나오죠?

위 그림에서 3번 줄과 4번 줄에서 int( ) 함수 안에 input( ) 함수가 들어가 있는 형태가 보이죠? 보통 이런 경우를 중첩함수라고 부르는데 이렇게 여러 개의 함수가 중복으로 사용될 경우에는 가장 안쪽에 있는 함수가 먼저 실행이 되고 그 결과를 바깥쪽 함수에게 전달해 주는 원리로 실행이 됩니다.

 실수형 숫자 타입

실수형 숫자는 소수점이 있는 형태를 말합니다.

그리고 정수형 숫자를 사용할 때는 int( ) 함수를 사용했던 거 기억하죠?

실수형은 float( ) 함수를 사용합니다. 아래 그림을 보세요.

```
1  # 실수형 주의 - float( ) 함수 사용전
2  fvar1 = input('첫 번째 실수를 입력하세요:')
3  fvar2 = input('두 번째 실수를 입력하세요:')
4
5  print('''첫번째 수는 %s 이고 두 번째 수는 %s 이며
6  두 수를 합친 수는 %s 입니다''' %(fvar1 , fvar2 , fvar1 + fvar2))
```

```
첫 번째 실수를 입력하세요:3.5
두 번째 실수를 입력하세요:1.5
첫번째 수는 3.5 이고 두 번째 수는 1.5 이며
두 수를 합친 수는 3.51.5 입니다
```

```
1  # 실수형 주의 - float( ) 함수 사용 후
2  fvar1 = float( input('첫 번째 실수를 입력하세요:') )
3  fvar2 = float( input('두 번째 실수를 입력하세요:') )
4
5  print('''첫번째 수는 %s 이고 두 번째 수는 %s 이며
6  두 수를 합친 수는 %s 입니다''' %(fvar1 , fvar2 , fvar1 + fvar2))
```

```
첫 번째 실수를 입력하세요:3.5
두 번째 실수를 입력하세요:1.5
첫번째 수는 3.5 이고 두 번째 수는 1.5 이며
두 수를 합친 수는 5.0 입니다
```

앞의 그림에서 정수형과 실수형이 명확하게 구분되죠?

 숫자 타입에서 많이 사용되는 주요 함수들

이번에는 숫자형 데이터에서 자주 사용하는 함수들을 소개하겠습니다.

아주 많이 사용되는 함수들이므로 꼭 사용방법을 기억해야 합니다.

(1) round( ) : 반올림 함수

산수 계산을 할 때 반올림을 하는 경우가 종종 있습니다. 그래서 파이썬에서도 반올림을 하는 함수를 제공합니다. 아래 그림을 보세요.

```
1  # 숫자 타입에서 많이 사용되는 주요 함수
2  #a) round( ) - 반올림 함수
3
4  no1 = 3.45678
5  no2 = 3.56789
6  print("원래값: %s , 반올림후 값: %s" %(no1 , round(no1) ) )
7  print("원래값: %s , 반올림후 값: %s" %(no2 , round(no2) ) )
```

```
원래값: 3.45678 , 반올림후 값: 3
원래값: 3.56789 , 반올림후 값: 4
```

위 그림을 보니까 round( ) 함수를 어떻게 사용하는지 알 수 있죠?

위 그림처럼 round( ) 함수는 기본적으로 정수자리까지 출력을 하는데 소수점 이하 자리수를 지정할 수 있습니다. 아래 그림을 보세요.

```
1  # 숫자 타입에서 많이 사용되는 주요 함수
2  #a) round( ) - 반올림 함수의 소수점 이하 자리수 지정
3
4  no1 = 3
5  no2 = 5
6  print("반올림하기 전 원래값:", no2 / no1)
7  print("소수 첫째자리까지 반올림하기:", round(no2 / no1,1) )
8  print("소수 둘째자리까지 반올림하기:", round(no2 / no1,2) )
```

```
반올림하기 전 원래값: 1.6666666666666667
소수 첫째자리까지 반올림하기: 1.7
소수 둘째자리까지 반올림하기: 1.67
```

이 기능은 나중에 웹 크롤러나 파이썬으로 데이터 분석을 할 때 총소요시간을 계산할 때 아주 많이 사용하는 기능입니다.

(2) trunc( ) : 버림 함수

round( ) 함수는 반올림을 하는 함수인데 지금 살펴볼 trunc( ) 함수는 주어진 자리수 이하의 값은 무조건 버리고 0으로 만드는 함수입니다. 이 함수는 파이썬 기본 모듈에는 없고 수학 관련 기능을 모아둔 모듈인 math 모듈이나 과학 관련 기능을 모아둔 numpy 모듈에 있는 기능입니다.

여기에서는 수학 관련 기능을 모아둔 math 모듈에 있는 기능을 사용하겠습니다.

(모듈에 관해 생소하신 분들은 이 책의 모듈 부분 설명을 참고하세요.)

```
1  # 숫자 타입에서 많이 사용되는 주요 함수
2  #b) trunc() - 버림 함수
3  import math
4
5  no1 = 3
6  no2 = 5
7  print("버림하기 전 원래값:", no2 / no1)
8  print("소수 첫째자리까지 버림하기:", math.trunc(no2 / no1) )
```

```
버림하기 전 원래값: 1.6666666666666667
소수 첫째자리까지 버림하기: 1
```

위 그림을 보면 3번 행에 math 모듈을 불러오기를 합니다.

그 후에 8번 행에 math.trunc( )라는 형태로 해당 함수를 사용하고 있습니다. 이 줄의 의미는 math 모듈에 있는 trunc( ) 함수를 실행하라는 의미입니다.

(3) ceil( ) : 큰 정수 찾기 함수

ceil( ) 함수는 주어진 숫자보다 큰 가장 가까운 정수를 찾아주는 함수입니다.

예를 들어 사용자가 3.1을 입력하면 4를 찾고 3.9를 입력해도 4를 찾아내는 함수입니다.

이 함수를 활용하여 웹 크롤러를 만들 때 검색할 페이지 수를 찾아냅니다.

이 함수 역시 math 모듈에 있어서 다음 그림과 같이 사용하면 됩니다.

```
1  # 숫자 타입에서 많이 사용되는 주요 함수
2  #c) ceil() - 큰 정수 찾기 함수
3
4  cnt = int( input("총 몇 건의 데이터를 수집할까요? :") )
5  # 한 페이지에 15건의 게시물이 있다고 가정하고 계산합니다.
6  page_cnt = math.ceil( cnt / 15 )
7  print("총 %s 페이지까지 데이터를 수집해야 합니다" %page_cnt)
```

```
총 몇 건의 데이터를 수집할까요? :16
총 2 페이지까지 데이터를 수집해야 합니다
```

위 그림에서 6번 줄을 꼭 이해해야 합니다.

(4) floor( ) : 작은 정수 찾기 함수

ceil( ) 함수는 주어진 숫자보다 큰 정수를 찾았다면 floor( ) 함수는 주어진 숫자보다 작고 가장 가까운 정수를 찾아주는 함수입니다. 즉 4.3을 입력하면 4를 찾고 4.9를 입력해도 4를 출력합니다. 아래 그림을 보세요.

```
1  # 숫자 타입에서 많이 사용되는 주요 함수
2  #d) floor() - 작은 정수 찾기 함수
3  import math
4
5  no1 = 4.9
6  no2 = 4.1
7
8  print("%s 보다 작으면서 가장 가까운 정수는 %s 입니다" %(no1 , math.floor(no1)))
9  print("%s 보다 작으면서 가장 가까운 정수는 %s 입니다" %(no2 , math.floor(no2)))
```

```
4.9 보다 작으면서 가장 가까운 정수는 4 입니다
4.1 보다 작으면서 가장 가까운 정수는 4 입니다
```

이 함수 역시 아주 많이 사용되는 함수이므로 다른 함수들과 함께 꼭 기억해 주세요.

문자열 유형

01 문자열이란?

문자열은 말 그대로 홑 따옴표나 겹 따옴표로 감싸진 문장을 의미합니다.

그럼 이제부터 그 문자열을 조금 더 상세하게 공부해 보겠습니다.

먼저 문자열에서 저장된 문장의 한글자 한글자를 요소라고 부르는데 아래 표를 잘 보세요~

파	이	썬	완	전	쉽	죠	?
0번 요소	1번 요소	2번 요소	3번 요소	4번 요소	5번 요소	6번 요소	7번요소
변수명[0]	변수명[1]	변수명[2]	변수명[3]	변수명[4]	변수명[5]	변수명[6]	변수명[7]

위 표를 보면 마치 방 하나에 글자 하나가 들어간 것처럼 보이죠?

마치 기숙사 방에 호실 번호가 있는 것처럼 문자열에도 번호가 붙어있습니다

그런데 이때 주의할 사항은 파이썬에서는 모든 숫자의 시작이 0부터 시작하도록 되어있어요~

위 그림에서 첫 번째 요소의 번호가 0번 요소인 것이 이해가 되죠?

02 인덱싱과 슬라이싱

만약 특정위치의 글자를 보고 싶으면 어떻게 할까요? 이럴 때 출력 방법은 변수이름을 쓴 후 대괄호 안에 요소의 번호를 넣어주면 됩니다. 다음 그림을 보세요.

```
1  #2. 문자열 유형
2  # 2) 인덱싱과 슬라이싱
3
4  str1 = '파이썬완전쉽죠?'
5  print(str1)
6  print(str1[0])
7  print(str1[1])
```

```
파이썬완전쉽죠?
파
이
```

위와 같이 특정 위치값을 지정해서 거기 있는 데이터만 출력하는 것을 인덱싱이라고 합니다.

대괄호를 사용해서특정 글자만 콕콕 골라내는 인덱싱 기능 잘 이해했죠?

그럼 이번에는 한 번에 연속적인 여러 글자를 골라낼 수 있는 슬라이싱 기법을 보겠습니다.

아래 그림을 잘 보세요~

문자열 슬라이싱 예

```
1  # 슬라이싱 예제
2
3  str1 = '파이썬완전쉽죠?'
4  print(str1)
5
6  print(str1[0:4])
7
```

```
파이썬완전쉽죠?
파이썬완
```

위에서 보이는 것처럼 0~4번의 연속적으로 저장된 요소를 찾고 싶으면 위 그림처럼 대괄호 기호 안에 : (콜론)기호를 써서 범위를 지정하는 슬라이싱 기법을 사용하면 됩니다.

위 그림에서 특이한 것은 str1[0:4]하면 5글자가 나와야 할 거 같은데 4글자가 나왔죠?

파이썬에서 데이터를 저장하고 관리하는 특징 때문에 슬라이싱에서는 마지막 자리 - 1의 자리까지만 출력된다는 점도 기억해 주세요~

다음 그림과 같이 시작위치만 주고 마지막 위치를 안주면 끝까지 모두 출력하고 시작 위치를 안주고 마지막 위치만 주면 시작 위치는 첫 글자로 자동 설정됩니다.

```
1  # 슬라이싱 예제 2
2
3  str1 = '파이썬 완전 쉽죠?'
4
5  print(str1[3:])
6  print(str1[:3])
```

```
 완전 쉽죠?
파이썬
```

인덱싱과 슬라이싱은 나중에 크롤러 만들 때 웹 사이트의 주소나 파일명 등을 뽑아낼 때 아주 많이 사용됩니다.

03 [lower( ) 함수 / upper( ) 함수] : 입력된 문자를 소문자/대문자로 바꾸기

```
1  # [ lower( ) 함수 / upper( ) 함수 ]
2
3  str2 = "PyThoN"  # 대소문자가 섞여 있습니다
4  print(str2.lower())
5  print(str2.upper( ))
```

```
python
PYTHON
```

04 [lstrip( ) / rstrip( ) / strip( )] : 문자열에서 좌/우 공백 제거하기

```
1  # [ lstrip( ) / rstrip( ) / strip( ) ]
2
3  str3 = "     <- 이쪽 끝에 공백 있었어요"
4  str4 = "오른쪽 끝에 공백 있었어요->     "
5  str5 = "   <- 양쪽 끝에 공백 있었어요 ->    "
6
7  print( str3.lstrip( ) )
8  print( str4.rstrip( ) )
9  print( str5.strip( ) )
```

```
<- 이쪽 끝에 공백 있었어요
오른쪽 끝에 공백 있었어요->
<- 양쪽 끝에 공백 있었어요 ->
```

앞의 그림을 보면 문자열에서 왼쪽의 공백을 제거하는 함수는 lstrip( )이고 오른쪽에 있는 공백을 제거하는 함수는 rstrip( )이고 양쪽 공백을 한꺼번에 제거해주는 함수는 strip ( )이란 거 알겠죠? 문자열 처리할 때 많이 사용되니까 꼭 기억해 주세요~

[replace( )] : 문자열에서 내용 바꾸기

```
#[ replace( ) ]
str6 = '새우깡도 해산물 인가요?'
print(str6.replace("새우깡" , "새우"))
```

```
새우도 해산물 인가요?
```

이 함수는 웹 크롤러 만들 때 특정 기호나 문자를 제거할 때 아주 많이 사용됩니다~

06 [split( )] : 문자열 나누기

```
#[ split( ) ]

tel = '02-1234-5678'
print(tel.split('-'))
print(tel.split('-',1))
```

```
['02', '1234', '5678']
['02', '1234-5678']
```

이 함수는 웹 크롤러 만들 때 URL 주소를 찾을 때 아주 많이 사용됩니다~

07 [len( )] : 단어나 문자열의 길이 확인하기

```
#[ len() ]

str1 = '파이썬 완전 좋아요'
str2 = ['파이썬','웹크롤러','가치랩스']

print(len(str1))
print(len(str2))
```

```
10
3
```

위 그림에서 str2 리스트에 있는 항목의 개수(행의 수)도 len( ) 함수로 확인하는거 보이죠?

문자열로 연산하기

```
1  # 문자열로 연산하기
2
3  print("=" *80)
4  print("문자열로 연산하기 실습")
5  print("+" *80)
```

```
================================================================================
문자열로 연산하기 실습
++++++++++++++++++++++++++++++++++++++++++++++++++++++++++++++++++++++++++++++++
```

이 방법은 주석이나 특정 표시를 할 때 아주 많이 사용되는 방법입니다.

리스트(list) : 여러 건의 데이터를 한꺼번에 저장하기

01 리스트 유형이란?

우리가 일상생활에서 어떤 목록을 작성할 때 흔히 "리스트를 작성한다"라고 하죠?
여기서 이야기하는 리스트도 비슷한 개념입니다.
여러 건의 데이터를 하나의 목록에 저장하는 것을 리스트라고 합니다.
이때 여러 건의 데이터는 대부분의 유형을 다 사용할 수 있습니다.
즉 숫자나 글자, 날짜 등이 한꺼번에 하나의 리스트에 저장될 수 있다는 뜻입니다.
그리고 리스트를 만들 때 주의사항은 대괄호 기호를 사용한다는 것입니다.

문 법

```
리스트이름 = [ 0번요소, 1번요소, 2번요소 … ]
```

```
1  # 리스트 유형 예제
2
3  list1 = ['1982-07-15','홍길동',30]
4  print(list1)
```

```
['1982-07-15', '홍길동', 30]
```

'1982-07-15'	'홍길동'	30
0번 요소	1번 요소	2번 요소
문자형	문자형	숫자형

리스트 만드는 방법은 아주 쉽죠?
대괄호 기호를 사용한다는 것과 요소 번호가 0번부터 시작한다는 것을 꼭 기억해 주세요.

리스트로 데이터 관리하는 방법들

리스트를 사용하는 이유는 여러 건의 데이터를 쉽게 관리할 수 있기 때문입니다.
그래서 리스트와 관련된 몇 가지 중요한 함수들을 살펴보겠습니다.

(1) [append( ) 함수/ insert( ) 함수] : 리스트에 새로운 데이터 추가하기

```
1  #[ append( ) 함수/ insert( ) 함수 ]
2
3  list2 = ['첫째','둘째','셋째']
4  list2.append('append로 추가한 것')
5  list2.insert(2,'insert로 추가한 것')
6  print(list2)
```

```
['첫째', '둘째', 'insert로 추가한 것', '셋째', 'append로 추가한 것']
```

위 그림처럼 append( ) 함수를 사용하면 리스트의 가장 마지막에 추가가 되고 insert( ) 함수를 사용하면 추가하고 싶은 위치에 추가할 수 있습니다.

위 그림에서 insert( ) 함수에 첫 번째 2가 추가하고 싶은 위치인데 0부터 시작하니까 세 번째 위치에 추가가 되었다는 것을 잘 알고 계시죠?

(2) [del( ) 함수 / remove( ) 함수] : 데이터 삭제하기

```
1  # [ del( ) 함수 / remove( ) 함수 ]
2
3  print('삭제전목록:',list2)
4  del list2[2]
5  print('del 로 삭제후 목록:' , list2)
6
7  list2.remove("append로 추가한 것")
8  print('remove 로 삭제후 목록:', list2)
```

```
삭제전목록: ['첫째', '둘째', 'insert로 추가한 것', '셋째', 'append로 추가한 것']
del 로 삭제후 목록: ['첫째', '둘째', '셋째', 'append로 추가한 것']
remove 로 삭제후 목록: ['첫째', '둘째', '셋째']
```

위 그림처럼 del( ) 함수는 리스트의 특정 요소 번호를 지정해서 삭제할 수 있습니다.
그리고 만약 특정 값을 삭제할 경우에는 remove( ) 함수를 사용하면 됩니다.

(3) [sort( ) 함수와 reverse( ) 함수] : 데이터 정렬하기

리스트에는 대부분 여러 건의 데이터가 저장되어 있습니다.

그래서 정렬 관련 작업들이 아주 빈번하게 필요하기 때문에 이 명령들을 잘 알아두어야 합니다.

```
1  #[ sort( ) 함수와 reverse( ) 함수 ]
2
3  list3 = [ 3,1,5,8,2]
4  list3.sort()
5  print('오름차순(기본)정렬후', list3)
6
7  list3.reverse()
8  print('내림차순 정렬후:', list3)
9
10 list4 = ['banana','apple','cherry','Apple']
11 list4.sort()
12 print('영어 정렬:', list4)
13
14 list5 = ['홍길동','전우치','김유신','이순신']
15 list5.sort()
16 print('한글 정렬:' , list5)
```

```
오름차순(기본)정렬후 [1, 2, 3, 5, 8]
내림차순 정렬후: [8, 5, 3, 2, 1]
영어 정렬: ['Apple', 'apple', 'banana', 'cherry']
한글 정렬: ['김유신', '이순신', '전우치', '홍길동']
```

위 그림처럼 숫자, 영어, 한글 모두 정렬이 잘됩니다.

지금까지 여러 건의 데이터를 저장할 때 아주 많이 사용하는 list 유형을 살펴보았습니다.

이 것 외에도 여러 건의 데이터를 관리할 때 튜플(tuple)이나 딕셔너리 (dictionary) 유형도 사용되는데 웹 크롤러를 만들 때는 거의 대부분 리스트를 많이 사용하기에 여기서는 리스트에 대한 설명만 하겠습니다.

혹시 튜플이나 딕셔너리에 대해 궁금하신 분은 다른 책이나 자료를 참고하시기 바랍니다.

연습 문제

문제 1 아래 그림을 참고하여 먼저 현재 수강신청 인원의 명단(리스트)을 보여준 후 목록에 추가할 첫 번째 학생의 이름을 입력받아서 명단에 추가하고 두 번째 학생의 이름을 입력받아 목록에 추가한 후 변경된 최종 수강 신청자의 명단을 보여주도록 코드를 작성하세요.
최초의 리스트에는 '홍길동', '일지매'가 있다고 가정하고 진행하시고 변수 이름은 편한 것으로 사용하세요.

결과 화면 예시

```
현재 이 과목의 수강 신청자는 ['홍길동', '일지매']입니다


목록에 추가할 첫번째 학생의 이름을 입력하세요:전우치
전우치 학생의 신청이 완료되었습니다.


목록에 추가할 두번째 학생의 이름을 입력하세요:유관순
유관순 학생의 신청이 완료되었습니다.


현재 이 과목의 최종 수강 신청자는 ['홍길동', '일지매', '전우치', '유관순']입니다
```

문제 2 문제 1번에서 생성한 리스트에서 아래 예시화면과 같이 수강신청 철회하는 학생의 이름을 입력받아서 해당 학생의 이름을 삭제한 후 최종 명단을 다시 보여주도록 코드를 작성하세요.
이때 최종 명단 출력 시 학생 이름을 오름차순으로 정렬하여 출력하세요.

결과 화면 예시

```
현재 수강 신청자는 ['홍길동', '일지매', '전우치', '유관순']입니다


수강 철회하는 학생의 이름을 쓰세요:전우치


전우치 학생의 수강 신청 철회가 완료되었습니다


현재 이 과목의 최종 수강 신청자는 ['유관순', '일지매', '홍길동']입니다
```

문제 3 문제 1번에서 생성한 리스트에서 아래 예시화면과 같이 이름을 변경하는 학생의 이름을 입력받아서 해당 학생의 이름을 변경 후 학생의 이름으로 변경한 뒤 결과를 예시화면 처럼 보여주도록 코드를 작성하세요.

결과 화면 예시

```
현재 이 과목의 최종 수강 신청자는 ['홍길동', '일지매', '유관순 '] 입니다


변경 전 이름을 입력하세요: 홍길동
변경 후 이름을 입력하세요: 전우치


요청하신대로 홍길동 을  전우치(으)로 변경하였습니다.
```

Chap 15

조건문과 반복문 활용하기

이번 시간에는 조건문과 반복문의 개념과
활용하는 방법을 자세하게 살펴보겠습니다.
웹 크롤링을 하거나 데이터 분석을 할 때
특정 조건에 따라 실행하는 작업이 다른 경우도 많고
반복하는 작업을 수행할 경우가 아주 많이 있기 때문에
이번 시간에 배우는 내용을 반드시 이해하고 터득해야 합니다~~

if 조건문 배우기

(Youtube 동영상 강의 링크 : https://youtu.be/E63_v21ML2Q)

먼저 if 조건문부터 살펴보겠습니다~

조건문이란 어떤 조건일 때는 어떤 작업을 해라라는 식으로 명령을 주는 것을 말합니다.

다른 용어로 "분기문"으로 부르기도 하는데 같은 의미입니다.

파이썬에서 주로 사용하는 중요한 조건문은 바로 if 조건문이예요!!!

if 조건문으로 어떤 조건을 확인할 때 아래 표와 같은 연산자를 사용합니다.

기호	의미
==	같다.
!=	같지 않다.
〉	크다.
〉=	크거나 같다.
〈	작다.
〈=	작거나 같다.

위 표의 기호 중에서 같다라는 조건을 체크할 때 사용하는 == 기호를 특히 주의해야 합니다.

if 조건문 중에서도 조건의 결과에 따라 어떤 작업을 진행할 것인지에 따라 유형이 여러가지로 나뉘는데 하나씩 자세하게 살펴보겠습니다.

조건이 참일 경우에만 수행할 작업을 지정하기

문 법

```
if 조건 :
        실행문장 1
        실행문장 2
        실행문장 3
```

위 문법의 흐름을 보면

만약조건이 True(참)이면 if 문이 실행되고 거짓이면 아무것도 실행이 안된다라는 것입니다~~

그런데 위 문법에서 주의할 점이 2가지가 있습니다.

첫 번째 주의사항은 if 조건 문장 뒤에 콜론(:)을 쓰는 부분입니다~

실제 코딩할 때 이 부분 많이 빼먹으니까 특히 조심하세요~

두 번째 주의사항은 들여쓰기입니다.

들여쓰기는 if 문뿐만 아니라 파이썬 코드의 모든 곳에서 실행할 범위를 구분할 때 사용하는데 들여쓰기를 한 개만 잘못해도 에러가 발생해요~

아래 예를 보세요~

정상적인 화면

```
1  # Part 2_4. 조건문과 반복문 활용하기
2
3  # 예제 1
4  name = input('조회할 사람의 이름을 입력하세요: ')
5
6  if name=='홍길동' :
7      print("홍길동 입니다")
8      print("남자입니다")
9      print("활빈당 총수입니다")
```

```
조회할 사람의 이름을 입력하세요: 홍길동
홍길동 입니다
남자입니다
활빈당 총수입니다
```

들여쓰기 잘못해서 에러 나는 화면

```
1  # 예제 2
2  name = input('조회할 사람의 이름을 입력하세요: ')
3
4  if name=='홍길동' :
5      print("홍길동 입니다")
6      print("남자입니다")
7          print("활빈당 총수입니다")
```

```
  File "<ipython-input-2-658f87aae336>", line 7
    print("활빈당 총수입니다")
    ^
IndentationError: unexpected indent
```

대부분의 프로그래밍 언어에서는 블록 지정을 할 때 중괄호를 많이 사용하는데 파이썬에서는 특이하게 들여쓰기를 사용합니다. 그래서 들여쓰기를 잘못하게 되면 위와 같이 7번 행에서 에러가 발생하고 프로그램이 실행이 되지 않아요. 들여쓰기가 엄청 중요하다는 거 알겠죠?

특히 긴 코드를 작성할 때 들여쓰기 부분에서 오류가 발생하는 경우가 아주 많기 때문에 조심하세요~!

02 조건이 참일 경우와 거짓일 경우 모두 수행할 작업을 지정하기

앞의 예에서 살펴본 if 문은 조건이 참일 경우에만 지정된 작업을 수행합니다.

조건이 거짓일 경우에는 아무런 일로 하지 않아요.

그런데 실제 작업을 할 때는 조건이 맞을 경우에는 A 작업을 진행하고 조건이 틀릴 경우에는 B 작업을 진행해야 할 경우가 아주 많습니다.

그래서 두 번째로 살펴볼 if 문은 조건이 참일 경우와 거짓일 경우 모두 어떤 작업을 할 지 지정하는 문장입니다.

문 법

```
if 조건 :
    실행문장 1
else :
    실행문장 2
```

앞 그림처럼 만약 if의 조건에 해당하지 않을 때는 else를 사용해서 다른 실행 문장을 적으면 됩니다.

```
1  # 예제 3
2  name = input('조회할 사람의 이름을 입력하세요: ')
3
4  if name=='홍길동' :
5      print("홍길동 입니다")
6      print("남자입니다")
7      print("활빈당 총수입니다")
8  else :
9      print("홍길동이 아니고 %s 입니다" %name)
10     print("남자인가요?")
11     print("여자인가요?")
```

```
조회할 사람의 이름을 입력하세요: 일지매
홍길동이 아니고 일지매 입니다
남자인가요?
여자인가요?
```

위 예제에서 역시 조심해야 할 내용은 if와 else 뒤에 콜론(:) 기호를 써야 한다는 것과 들여쓰기를 맞추어야 한다는 것입니다.

03 여러 개의 조건에 따라 다른 작업을 해야 하는 경우

앞에서 살펴본 예는 조건이 딱 두개였지만 조건이 두 개 이상이 필요할 때도 많아요.

예를 들어서 학교에서 학점을 매길 때 100점에서 91점은 A, 90점에서 81점은 B, 80점에서 71점은 C, 70점 미만일 때는 D로 계산하는 경우가 대표적 예입니다.

이렇게 여러 조건에 따라 수행할 작업이 다양할 경우 elif 문을 사용해야 합니다~

아래 예를 보세요~

문 법

```
if  조건1 :
 실행문장 1….
elif 조건2 :
 실행문장 2 ….
elif 조건3 :
 실행문장 3 ….
else :
 실행문장 4 ….
```

앞에서 보이는 것처럼 조건이 여러 개일 때는 elif 문을 사용하면 됩니다.

그리고 만약 두개 이상의 조건을 동시에 지정하고 싶을 경우두 개의 조건 사이에 and와 or를 사용할 수 있어요. and는 and 왼쪽에 있는 조건과 오른쪽에 있는 조건 두 가지 모두를 만족할 때(참)만 if 문을 실행시켜라~라는 뜻입니다. 반면 or는 두 조건 중 한 가지만 만족해도 실행시켜라~라는 뜻이지요.

아래의 표를 보세요~

연산자	의미
A and B	A와 B 두 조건 모두 만족할 경우 실행하기
A or B	A나 B 둘 중 하나만 만족해도 실행하기
not A(또는 !=)	A가 아닐 때 실행하기

and 연산자 사용 예

```
1  #예제 4
2
3  jumsu = int(input("점수를 입력하세요: "))
4
5  if jumsu >= 91 and jumsu <= 100 :
6      print(" A 등급입니다!")
7  elif jumsu >= 81 and jumsu <= 90 :
8      print(" B 등급입니다!")
9  elif jumsu >= 71 and jumsu <= 80 :
10     print(" C 등급입니다!")
11 else :
12     print(" D 등급입니다!")
```

```
점수를 입력하세요: 99
 A 등급입니다!
```

or 연산자 사용 예

or 연산자는 양쪽에 있는 조건 어느 한 개라도 만족할 경우에 True가 되어 출력이 됩니다. 아래 그림들을 봐 주세요~

```
1  # 예제 6
2  answer = input("Y 또는 y 를 입력하세요: ")
3  if answer == 'Y' or answer == 'y' :
4      print("입력하신 문자는 %s 입니다" %answer)
5  else :
6      print("Y 또는 y 를 입력하세요")
```

```
Y 또는 y 를 입력하세요: y
입력하신 문자는 y 입니다
```

```
1  # 예제 6
2  answer = input("Y 또는 y 를 입력하세요: ")
3  if answer == 'Y' or answer == 'y' :
4      print("입력하신 문자는 %s 입니다" %answer)
5  else :
6      print("Y 또는 y 를 입력하세요")
```

```
Y 또는 y 를 입력하세요: Y
입력하신 문자는 Y 입니다
```

```
1  # 예제 6
2  answer = input("Y 또는 y 를 입력하세요: ")
3  if answer == 'Y' or answer == 'y' :
4      print("입력하신 문자는 %s 입니다" %answer)
5  else :
6      print("Y 또는 y 를 입력하세요")
```

```
Y 또는 y 를 입력하세요: N
Y 또는 y 를 입력하세요
```

!= 연산자 사용 예

```
1  # 예제 7
2  answer = input("Y 또는 y 를 입력하세요: ")
3  if answer != 'Y' and answer != 'y' :
4      print("입력하신 문자는 %s 입니다" %answer)
5  else :
6      print("Y 또는 y 를 입력하셨군요~")
```

```
Y 또는 y 를 입력하세요: N
입력하신 문자는 N 입니다
```

```
1  # 예제 8
2  answer = input("Y 또는 y 를 입력하세요: ")
3  if answer != 'Y' and answer != 'y' :
4      print("입력하신 문자는 %s 입니다" %answer)
5  else :
6      print("Y 또는 y 를 입력하셨군요~")
```

```
Y 또는 y 를 입력하세요: y
Y 또는 y 를 입력하셨군요~
```

if문의 3가지 유형에 대해 자세히 살펴보았습니다.

내용이 많이 어렵지는 않죠?

하지만 눈으로만 보지 말고 반드시 직접 코드를 작성하면서 이해해야 합니다.

연습 문제

문제 1 사용자에게 숫자를 입력받아서 no1 변수에 저장한 후 입력된 숫자가 3의 배수이면 제곱을 해서 출력하고 아닐 경우 0을 출력하세요.

문제 2 사용자에게 "사과, 감, 귤 중에 어떤 과일 좋아하세요?:"라고 보여준 후에 과일 이름을 입력받아 fruits 변수에 저장하고 사용자가 "사과"를 입력하면 "Good~"을 출력하고 사용자가 "감"을 입력하면 "Very Good~"을 출력하고 사용자가 "귤"을 입력하면 "So So…"를 출력하고 다른 값이 들어오면 "사과나 감, 귤 중에서 하나를 입력하세요~~"라고 메시지를 출력하세요.

문제 3 사용자에게 "사과, 감, 귤, 복숭아 중에 어떤 과일 좋아하세요?:"라고 보여준 후에 과일 이름을 입력받아 fruits 변수에 저장하고 사용자가 "사과" 또는 "감"을 입력하면 "Very Good~"을 출력하고 사용자가 "귤"이나 "복숭아" 입력하면 "Good"를 출력하고 다른 값이 들어오면 "사과나 감, 귤, 복숭아 중에서 입력하세요~~"라고 메시지를 출력하세요.

문제 4 아래 그림처럼 여러가지 메뉴를 보여준 후 주문할 메뉴의 번호와 주문 수량을 입력받은 후 주문 내역을 보여주도록 코드를 작성하세요.

```
1.짜장면 - 5,000원          2.짬뽕 - 6,000원
3.군만두 - 8,000원          4.탕수육 - 10,000원

1. 위 메뉴 중 주문할 메뉴의 번호를 쓰세요:  3
2. 위 메뉴의 주문 수량을 쓰세요: 2


주문하신 메뉴는 군만두이고 주문 수량은 2 그릇이며 주문금액은 16000 입니다
```

for 반복문

(Youtube 동영상 강의 링크 : https://youtu.be/4ghaR-tc3VA)

이번에 배울 내용은 반복 작업을 수행할 반복문입니다.

반복문은 이름대로 반복을 하는 명령인데 모든 프로그래밍 언어에서 반복문은 다 사용하고 종류가 다양합니다. 파이썬에서 많이 사용되는 반복문에는 for 문과 while 문이 있습니다.

두 명령의 차이를 간단하게 정리하면 for 문은 반복횟수를 지정할 수 있는 경우에 주로 사용하고 while 문은 횟수를 지정하기 보다는 주어진 조건이 참 일 동안은 계속 반복되어야 할 경우에 주로 사용됩니다. 예를 들어서 100번만 반복하고 싶다면 for 문을 쓰는 것이 편하고 사용자가 y를 입력한 동안은 계속 반복하고 싶을 경우는 while 문을 사용하는 것이 좋다는 뜻입니다.

반복문은 파이썬뿐만 아니라 모든 언어에서 아주 많이 사용되는 명령이니까 잘 배워야 해요~

특히 각 언어마다 사용 문법은 조금씩 다릅니다.

먼저 for 반복문부터 살펴볼게요~

문 법

```
for  변수  in  반복횟수 :
       실행할 문장 1
       실행할 문장 2
       실행할 문장 3 ....
```

위 문법에서 반복횟수 부분에 들어갈 수 있는 것은 리스트나 튜플 또는 문자열의 세 가지 형태가 들어갈 수 있습니다.

이해하기가 쉽도록 다음 그림을 잘 보세요~~

```
1  # 예제 9
2
3  for i in (1, 2, 3) :
4      print( i )
5
```

```
1
2
3
```

위 그림처럼 i 변수에 1 → 2 → 3이 순서대로 들어가서 print(i) 문장이 실행되었다는 것을 알 수 있습니다.

그럼 위 그림처럼 반복 횟수 부분에 숫자만 들어가야 할까요?

당연히 아닙니다~~아래 그림을 보세요~

```
1  # 예제 10
2
3  data = ["하나","둘","셋"]
4  for i in data :
5      print( i )
6
```

```
하나
둘
셋
```

위 그림을 보면 반복 횟수 부분에 리스트이름이 사용된 것이 보이죠?

이처럼 리스트나 튜플 형식도 반복횟수에 들어갈 수 있습니다.

아래 그림도 보세요~~

```
1  # 예제 11
2
3  data = ["김구","유관순","이순신"]
4  for i in data :
5      print("%s 님은 대한민국의 위대한 위인이고 자랑이십니다~!"  % i)
```

```
김구 님은 대한민국의 위대한 위인이고 자랑이십니다~!
유관순 님은 대한민국의 위대한 위인이고 자랑이십니다~!
이순신 님은 대한민국의 위대한 위인이고 자랑이십니다~!
```

이제 for 문의 원리 알겠죠?

그런데 만약 반복할 범위가 아주 넓은 경우에는 어떻게 하는 것이 좋을까요?

예를 들어서 100만 번 반복해야 할 경우에는 반복횟수에 1, 2, 3, 4……1000000으로 전부 적어야 할까요? 이렇게 반복할 횟수가 큰 경우를 대비해서 range( ) 함수가 존재합니다~

아래 그림을 잘 보세요~

```
1  # 예제 12
2
3  for i in range(1,5) :
4      print("밥 %s 그릇 주세요~" %i)
```

```
밥 1 그릇 주세요~
밥 2 그릇 주세요~
밥 3 그릇 주세요~
밥 4 그릇 주세요~
```

위 그림처럼 range( ) 함수를 쓰면 지정한 범위의 숫자 리스트를 아주 쉽게 만들 수 있어요~

위 그림에서 주의할 점은 range(시작숫자, 종료숫자) 형태로 쓸 때 실제 사용되는 마지막 횟수에는 (종료숫자- 1)이라는 점입니다. 이렇게 하면 엄청 편하겠죠?

그래서 대부분의 for 문은 이런 식으로 사용되니까 잘 이해해야 합니다~

for 반복문 연습문제

문제 **1** 숫자 1개를 입력받아서 해당 숫자의 단에 해당되는 구구단을 출력하세요.

예시 화면

```
출력을 원하시는 단을 입력하세요: 5
5  X  1 = 5
5  X  2 = 10
5  X  3 = 15
5  X  4 = 20
5  X  5 = 25
5  X  6 = 30
5  X  7 = 35
5  X  8 = 40
5  X  9 = 45
```

문제 **2** 숫자 1개를 입력받아서 1부터 해당 숫자사이의 짝수/홀수만 출력하도록 코드를 작성하세요(짝수 출력 코드와 홀수 출력 코드를 따로 작성해도 됩니다).

【짝수 출력 예시화면】

```
숫자를 입력하세요:10
2
4
6
8
10
```

【홀수 출력 예시화면】

```
숫자를 입력하세요:10
1
3
5
7
9
```

문제 3 아래 예시와 같이 stu2 변수에 '홍길동, 일지매, 유관순'의 문자열을 리스트로 할당하여 현재 수강신청 명단으로 보여 준 후 아래의 결과 화면 예시와 같이 학생의 이름을 입력 받아서 이름을 수정하여 출력하도록 코드를 작성하세요.

```
stu2 = ['홍길동', '일지매', '유관순' ]
```

결과 화면 예시

```
현재 이 과목의 최종 수강 신청자는 ['홍길동', '일지매', '유관순 '] 입니다


변경 전 이름을 입력하세요: 홍길동
변경 후 이름을 입력하세요: 전우치


요청하신대로 홍길동 을  전우치(으)로 변경하였습니다.
['전우치', '일지매', '유관순 ']
```

문제 4 아래 그림의 3, 4번 행과 같은 리스트가 있습니다. 이 리스트를 for 반복문을 활용하여 아래의 결과와 같이 출력되도록 아래 코드에서 빈칸을 완성하세요.

```
1  # for 반복문 연습문제
2
3  page_no = [1,2,3]
4  text_no = [1,2,3,4,5]
5
6
7
8          이곳에 들어갈 코드를 완성하세요.
9
```

```
1 페이지의 1 번글입니다^^
1 페이지의 2 번글입니다^^
1 페이지의 3 번글입니다^^
1 페이지의 4 번글입니다^^
1 페이지의 5 번글입니다^^


2 페이지의 1 번글입니다^^
2 페이지의 2 번글입니다^^
2 페이지의 3 번글입니다^^
2 페이지의 4 번글입니다^^
2 페이지의 5 번글입니다^^


3 페이지의 1 번글입니다^^
3 페이지의 2 번글입니다^^
3 페이지의 3 번글입니다^^
3 페이지의 4 번글입니다^^
3 페이지의 5 번글입니다^^
```

문제 5 아래 코드의 3, 4, 5, 6번 행처럼 리스트가 존재합니다. 조건문과 for 반복문을 활용하여 아래의 결과처럼 나오도록 아래 빈칸의 코드를 완성하세요.

```
1  # for 반복문 연습문제
2
3  class_name = ['1반','2반','3반']
4  name1 = ['홍길동','일지매','전우치']
5  name2 = ['유관순','신사임당','어우동']
6  name3 = ['강감찬','광개토대왕','김구']
7
8
9
10
11
12
13
14        이곳에 들어갈 코드를 완성하세요.
15
16
17
18
19
20
```

```
1반 : 홍길동
1반 : 일지매
1반 : 전우치
===============
2반 : 유관순
2반 : 신사임당
2반 : 어우동
===============
3반 : 강감찬
3반 : 광개토대왕
3반 : 김구
```

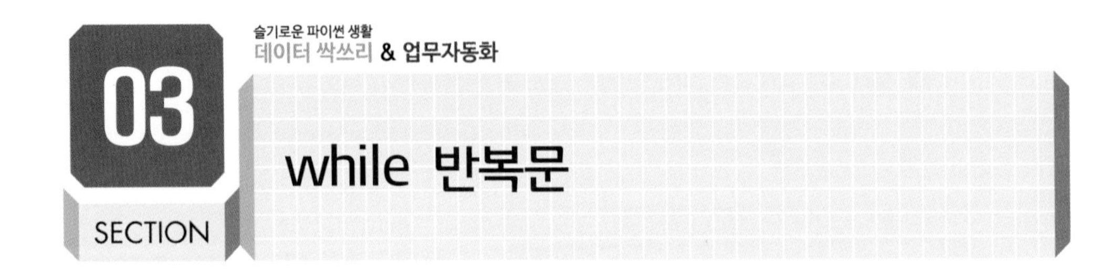

while 반복문

이번에 배울 while 문은 앞에서 잠시 설명한 것처럼 주어진 조건이 참 일 동안 반복을 계속 수행하는 반복문입니다.

조건은 if 문을 사용할 때처럼 조건을 주면 됩니다.

문 법

```
while 조건 :
        실행할 문장 1
        실행할 문장 2
        반복 조건을 증감하는 문장
        ....
```

위 문법에서 가장 먼저 조건을 체크한 후 조건이 참이면 실행할 문장들을 순서대로 실행한 후 조건을 증감시키는 문장을 실행합니다. 물론 반복 조건을 증감하는 문장은 마지막에 써야 하는 것은 아니며 작업의 성격에 따라 처음이나 중간에 사용해도 상관없습니다.

다음 그림을 보면서 잘 정리해 보세요~

```
1  # 예제 13
2
3  no1 = 1
4  while no1 < 9 :
5      print(no1)
6      no1 += 2
```

```
1
3
5
7
```

```
1  # 예제 14
2
3  no1 = 0
4  while no1 < 9 :
5      no1 += 2
6      print(no1)
7
```

```
2
4
6
8
10
```

위 예가 어떻게 실행되고 있는지 잘 이해되죠?

while 반복문 연습 문제

문제 1 아래 그림과 같이 출력을 원하는 단 수를 입력받은 후 해당 단의 구구단을 출력하는 코드를 while 반복문으로 작성하세요.

```
출력을 원하는 단 수를 입력하세요: 3
3 X 1 = 3
3 X 2 = 6
3 X 3 = 9
3 X 4 = 12
3 X 5 = 15
3 X 6 = 18
3 X 7 = 21
3 X 8 = 24
3 X 9 = 27
```

중간에 멈추기와 건너뛰기: break 문과 continue 문장

for( ) 문이나 while( ) 문을 사용하여 반복되는 작업을 진행하다가 어떤 상황이나 조건이 나올 경우 수행하던 반복 작업을 멈추거나 해당 조건을 건너뛰고 작업을 계속할 수 있습니다.

예를 들어 반복을 하다가 3이 나오면 진행하던 작업을 멈춰라~~하거나 3을 건너뛰고 계속 작업을 진행해라~는 식으로 코드를 작성할 수 있다는 의미입니다.

아래 예제를 잘 보세요~~

break 예제 "고구마깡" 문자열이 나오면 반복문을 멈춰라!

```
1  # 예제 15
2
3  snack = ["새우깡","감자깡","고구마깡","맛동산","짱구"]
4  for i in snack :
5      if i == "고구마깡" :
6          break
7      print(i," 완전 맛있어요~!")
```

```
새우깡  완전 맛있어요~!
감자깡  완전 맛있어요~!
```

continue 예제 "고구마깡"을 건너뛰고 계속 작업을 진행해라!

```
1  # 예제 16
2
3  snack = ["새우깡","감자깡","고구마깡","맛동산","짱구"]
4  for i in snack :
5      if i == "고구마깡" :
6          continue
7      print(i," 완전 맛있어요~!")
```

```
새우깡  완전 맛있어요~!
감자깡  완전 맛있어요~!
맛동산  완전 맛있어요~!
짱구  완전 맛있어요~!
```

반복문 종합 연습 문제

문제 1 아래 그림과 같이 메뉴이름과 가격을 보여 준 후 주문할 메뉴의 번호를 입력받고 주문 수량을 입력받아서 주문 내역을 요약해서 출력하고 추가 주문을 받겠습니까?를 물어본 후 사용자가 "Y"나 "y"를 입력하면 주문화면을 다시 보여주고 그 외 다른 글자를 입력하면 주문을 종료하도록 코드를 작성하세요.

```
1.짜장면 - 5,000원          2.짬뽕 - 6,000원
3.군만두 - 8,000원          4.탕수육 - 10,000원

1. 위 메뉴 중 주문할 메뉴의 번호를 쓰세요:  2
2. 위 메뉴의 주문 수량을 쓰세요: 3


주문하신 메뉴는 짬뽕이고 주문 수량은 3 그릇이며 주문금액은 18000 입니다


3.추가 주문을 하시겠습니까? (Y / N) : y


1.짜장면 - 5,000원          2.짬뽕 - 6,000원
3.군만두 - 8,000원          4.탕수육 - 10,000원

1. 위 메뉴 중 주문할 메뉴의 번호를 쓰세요:
```

문제 2 위의 반복문 연습문제 2에서 추가 주문을 받는 횟수가 3회가 넘을 경우 아래와 같이 안내 메시지를 보이면서 종료되도록 코드를 수정하세요(처음주문 1회 후 추가 주문가능 횟수가 3회입니다. 즉 추가주문을 3회 받고 4회째 추가 주문이 안되도록 하면 됩니다).

```
3.추가 주문을 하시겠습니까? (Y / N) : y
3 번째 추가 주문입니다

1.짜장면 - 5,000원          2.짬뽕 - 6,000원
3.군만두 - 8,000원          4.탕수육 - 10,000원

1. 위 메뉴 중 주문할 메뉴의 번호를 쓰세요:  3
2. 위 메뉴의 주문 수량을 쓰세요: 2


주문하신 메뉴는 군만두이고 주문 수량은 2 그릇이며 주문금액은 16000 원 입니다


추가주문은 총 3회 까지만 가능합니다 ㅠㅠ
```

"평생 살 것처럼 꿈을 꾸어라.
그리고 내일 죽을 것처럼 오늘을 살아라."

- 제임스 딘 -

Chap 16

사용자 정의 함수와 모듈을 배웁니다

우리는 지난 시간까지 기본적인 문법을 배우면서
우리도 모르는 동안 다양한 함수들을 사용했습니다.
예를 들어서 input( ) 함수는 사용자에게 데이터를 입력 받는 일을 하고
print( ) 함수는 데이터를 출력해주는 일을 했습니다.
이처럼 함수란 만든 사람이 정해 둔 일을 수행하는 역할을 합니다.
파이썬에는 수많은 좋은 함수들이 아주 많이 있습니다.
그 중에는 우리가 이미 본 것들도 있고 앞으로 볼 다양한 함수도 많습니다.
파이썬에서 정말 다양하고 좋은 함수를 많이 제공해 주지만
프로그램을 만들다 보면 내가 원하는 기능을
직접 만들어서 사용해야 하는 경우도 아주 많습니다.
파이썬에서 만들어서 제공해 주는 함수들은 해당 함수가 나올 때
사용방법을 살펴보기로 하고 우선 함수를 직접 만드는 것부터 도전해 보겠습니다~

SECTION 01 직접 사용자 정의 함수 만들기 도전

(Youtube 동영상 강의 링크 : https://youtu.be/_YI_12Cf5Z8)

```
def  함수이름(인수) :
     함수가 실행되면 실행할 문장 1
     함수가 실행되면 실행할 문장 2
     .....................
     return 출력할 결과값
```

위 문법에서 가장 눈 여겨봐야할 부분은 첫 번째 줄의 함수 뒤에 나오는 인수와 마지막 줄의 return이 하는 역할입니다~~

아래 예제를 보세요~

```
1  # 예제 1
2
3  def p(x,y) :
4      result = print('%s 과 %s 의 더한 값은 %s 입니다' %(x,y,x+y) )
5      return result
6
7  p(3,4)
```

```
3 과 4 의 더한 값은 7 입니다
```

위 그림을 보면 인수와 return이 어떤 역할을 하는지 알겠죠?

인수란 사용자가 입력한 값을 저장해 주는 변수이고 return은 함수가 실행되고 최종 결과값을 반환해 주는 역할을 합니다.

약간 어려운 말로 모든 함수는 자기를 호출한 함수에게 값을 리턴을 해야 합니다.

더 쉽게 말하면 회사에서 상사나 나에게 일을 시켰을 경우에 일을 다 한 후에 그 결과를 나에게 일을 시킨 상사에게 보고 하죠? 리턴이란 뜻이 그런 의미입니다.

앞 함수에서 사용자한테서 값을 입력받아서 저장하는 변수를 인수라고 했습니다.

앞의 예에서 사용자가 값을 2개 입력했기에 인수도 2개였습니다.

그렇다면 사용자가 몇 개의 값을 입력할지 모를 경우에는 어떻게 될까요?

파이썬에서는 이럴 경우를 대비해서 좋은 방법을 준비해 두었습니다.

아래 예제를 보세요~~~

```
1  # 예제 2
2
3  def p(*x) :
4      hap = 0
5      for i in x :
6          hap += i
7      return('입력하신 숫자의 합은 %s 입니다' %hap)
8
9  print( p(1,3,5) )
10 print( p(2,4,6,8) )
```

```
입력하신 숫자의 합은 9 입니다
입력하신 숫자의 합은 20 입니다
```

위 그림처럼 인수의 이름 앞에 '*'을 붙여주면 사용자가 값을 몇 개를 입력할지 고민할 필요가 없습니다~

사용자 정의 함수와 관련하여 더 많은 내용들이 있지만 웹 크롤러를 만들 때 반드시 알아야 하는 내용 위주로 살펴보았습니다.

사용자 정의 함수 연습 문제

문제 1 두 숫자를 입력받아서 큰 수에서 작은 수 뺀 결과 값 출력하는 함수를 만들어 보세요.

문제 2 여러 개의 숫자를 입력받아서 가장 큰 값 출력하는 함수를 만들어 보세요.

문제 3 임의의 갯수의 숫자를 입력받아서 총합을 출력하는 함수를 만들어 보세요.

문제 4 임의의 갯수의 숫자를 입력받아서 가장 큰 값에서 가장 작은 값을 뺀 결과 출력하는 함수를 만들어 보세요.

모듈 (module)

앞에서 사용자 정의 함수 만드는 방법을 살펴보았습니다.

사용자 정의 함수 공부하느라 조금 어려웠죠?

그리고 우리는 배우지 않았지만 클래스라는 기법도 있어요.

클래스는 많이 사용하는 함수나 변수를 샘플로 만들어 놓고 해당 작업을 할 사람들은 샘플을 복사해서 내용만 바꾸어서 사용하는 방법을 말합니다. 회사에서 어떤 보고서를 쓸 때 미리 만들어 둔 표준 양식을 다운로드받아서 내가 필요한 내용으로 바꾸어서 사용하는 경우가 많은 데 이때 미리 만들어둔 표준 양식을 바로 프로그래밍에서는 클래스라고 부릅니다.

반복되는 작업이나 큰 프로그래밍에서는 클래스가 아주 요긴하게 사용되지만 웹 크롤러를 만들 때는 거의 쓸 일이 없어서 우리는 클래스에 대한 내용은 건너뛰었습니다(만약 클래스에 대해 더 자세히 공부하고 싶을 경우 다른 책이나 문서를 참고하세요).

이번 시간에 배울 모듈이란 클래스나 변수 또는 함수를 모아서 파일로 저장해 둔 것을 의미합니다. 왜 저장할까요? 바로 나중에 재사용하기 위해서입니다.

모듈은 우리가 필요할 때 직접 만들어서 사용해도 되고 다른 사람들이 만들어 둔 모듈을 설치하여 불러와서 사용할 수도 있습니다.

두 가지 방법 모두 설명해 드리겠습니다.

 필요한 모듈을 직접 만들어서 사용하기

모듈은 파이썬이 설치되어 있는 기본 경로에 .py라는 확장자를 가진 파일로 저장하면 됩니다.

파이썬을 설치하면 기본으로 설치되는 IDLE 프로그램을 이용하여 모듈을 만들어 보겠습니다~

Step 1 File → New File 선택합니다.

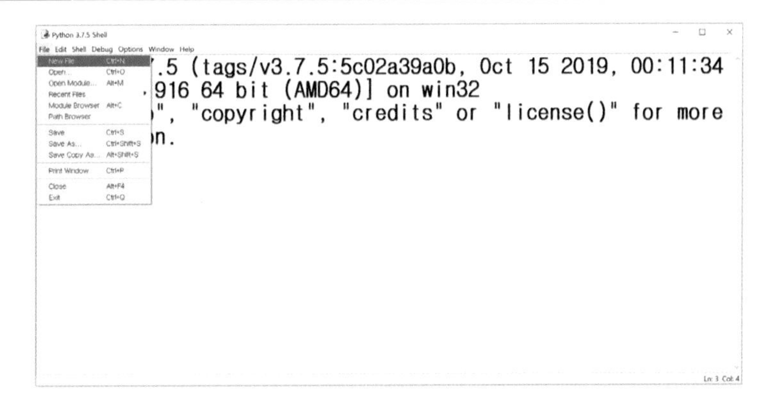

Step 2 예제로 사용할 func_1( ) 함수를 아래와 같이 생성하세요.

Step 3 File → Save를 눌러 파이썬이 설치된 디렉토리에 파일명을 ex_1.py로 저장합니다.

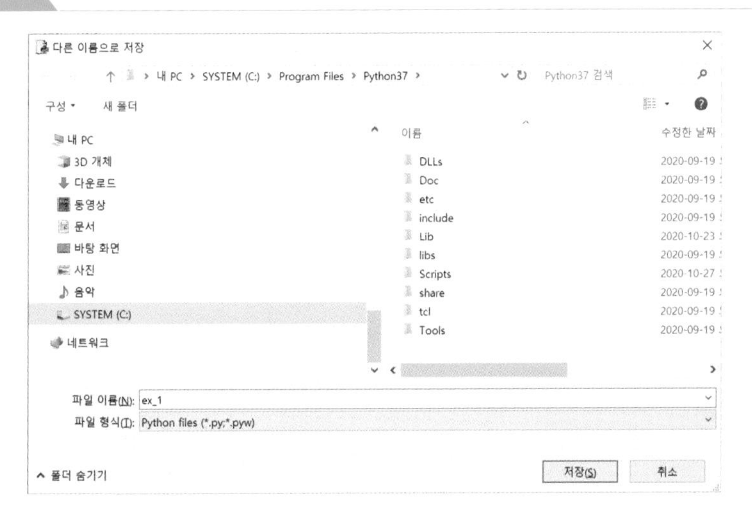

앞의 그림과 같이 하면 ex_1( ) 함수가 모듈로 저장된 거예요. 모듈 만드는 거 아주 쉽죠?

Step 4 import 명령으로 모듈 불러와서 사용하기

```
1 import ex_1
2 ex_1.func_1( )
```

'모듈에 있는 첫번째 함수입니다'

위와 같이 저장된 모듈을 불러올 때는 import 명령을 사용합니다.

모듈을 만들어서 저장하고 불러오는 것도 쉽게 할 수 있죠?

02 모듈이 저장된 경로 변경하기

모듈을 저장할 때 위와 같이 항상 파이썬이 설치된 기본 경로에만 저장해야 할까요?

만약 큰 프로젝트에 들어갔는데 개발자가 자신만의 폴더를 만든 후 그 안에 모듈을 만들어서 저장해야 할 경우에는 어떻게 하면 될까요? 이런 경우도 얼마든지 가능합니다.

즉 기본 경로 외의 다른 경로에도 얼마든지 모듈을 저장할 수 있다는 뜻이고 실제 그렇게 많이 사용합니다. 원리는 아주 간단합니다.

기본 경로가 아닌 다른 경로에 모듈이 저장되어 있을 경우 파이썬에게 모듈이 어디에 저장되어 있다~~라고 알려주면 됩니다. 아래 실습을 따라해 보세요~~

Step 1 원하는 경로에 폴더 생성하세요(저는 c:\py_module 폴더를 사용하겠습니다).

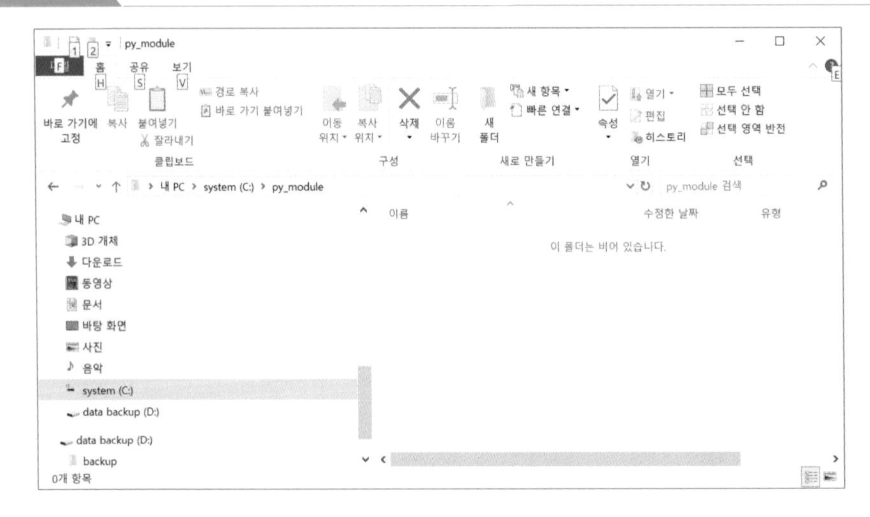

Step 2 ex_2 모듈을 생성해서 위 경로에 ex_2.py로 저장합니다.

```
ex_2.py - C:/py_module/ex_2.py (3.7.5)
File Edit Format Run Options Window Help
def func_1 ( ) :
    return('모듈의 첫번째 함수입니다')

def func_2 ( ) :
    return('모듈의 두번째 함수입니다')

def func_3 ( ) :
    return('모듈의 세번째 함수입니다')
                                                  Ln: 10 Col: 0
```

Step 3 모듈이 저장되어 있는 경로를 설정합니다.

먼저 앞에서 사용했던 import 명령으로 ex_2 모듈을 불러볼까요?

```
import ex_2

---------------------------------------------------------------------------
ModuleNotFoundError                       Traceback (most recent call last)
<ipython-input-4-4681ef60e825> in <module>
----> 1 import ex_2

ModuleNotFoundError: No module named 'ex_2'
```

위 그림처럼 importError가 발생하죠?
예상하시는 대로 기본 경로에 ex_2.py 파일이 없기 때문입니다.
이제 c:\py_module 폴더를 경로에 추가한 후 다시 불러 보겠습니다.
경로를 추가하는 작업을 할 때는 sys 모듈을 사용하면 됩니다.

```
1 import sys
2 print(sys.path)

['C:\\py_temp', 'c:\\program files\\python37\\python37.zip', 'c:\\program files\\python37\\DLLs', 'c:\\program files\\python37\\lib', 'c:\\program files\\python37', '', 'C:\\Users\\seoji\\AppData\\Roaming\\Python\\Python37\\site-packages', 'C:\\Users\\seoji\\AppData\\Roaming\\Python\\Python37\\site-packages\\win32', 'C:\\Users\\seoji\\AppData\\Roaming\\Python\\Python37\\site-packages\\win32\\lib', 'C:\\Users\\seoji\\AppData\\Roaming\\Python\\Python37\\site-packages\\Pythonwin', 'c:\\program files\\python37\\lib\\site-packages', 'c:\\program files\\python37\\lib\\site-packages\\win32', 'c:\\program files\\python37\\lib\\site-packages\\win32\\lib', 'c:\\program files\\python37\\lib\\site-packages\\Pythonwin', 'c:\\program files\\python37\\lib\\site-packages\\IPython\\extensions', 'C:\\Users\\seoji\\.ipython']

1 sys.path.append('c:\\py_module')
2 import ex_2
3 print(ex_2.func_2() )

모듈의 두번째 함수입니다
```

모듈 안의 특정 함수만 불러오기

대부분의 경우 하나의 모듈 안에 함수들이 아주 많이 있습니다.

그런데 특정 모듈 안의 모든 함수들을 한꺼번에 전부 사용하는 경우는 아주 드뭅니다.

그래서 특정 모듈을 불러올 때 사용하는 함수만 지정해서 불러오는 방법을 아주 많이 사용합니다. 아래 그림을 보세요.

이번 실습은 앞의 예제로 만들었던 ex_2 모듈에 func_4( ) 함수를 추가하여 사용하겠습니다.

```
ex_2.py - C:/py_module/ex_2.py (3.7.5)
File Edit Format Run Options Window Help
def func_1 ( ) :
    return('모듈의 첫번째 함수입니다')

def func_2 ( ) :
    return('모듈의 두번째 함수입니다')

def func_3 ( ) :
    return('모듈의 세번째 함수입니다')

def func_4 ( ) :
    return('모듈의 네번째 함수입니다')
                                                    Ln: 13 Col: 0
```

위 함수 중에서 func_1( ) 함수와 func_2( ) 함수만 불러오겠습니다.

아래 그림을 잘 보세요.

```
1 from ex_2 import func_1 , func_2
2 print(ex_2.func_1( ))
3 print(ex_2.func_2( ))
4 print(ex_2.func_4( ))

모듈의 첫번째 함수입니다
모듈의 두번째 함수입니다

---------------------------------------------------------------------------
AttributeError                            Traceback (most recent call last)
<ipython-input-7-2e571fc82a5d> in <module>
      2 print(ex_2.func_1( ))
      3 print(ex_2.func_2( ))
----> 4 print(ex_2.func_4( ))

AttributeError: module 'ex_2' has no attribute 'func_4'
```

위 그림에서 from 키워드를 이용하여 모듈 이름을 지정하고 import 명령을 이용하여 원하는 함수 이름만 지정하는 것이 보이죠?

앞 코드의 6번 줄에 보면 import로 불러오지 않았던 func_4( ) 함수를 실행하니까 에러가 발생합니다. 이 방법도 아주 많이 사용하는 방법이므로 꼭 기억해 주세요.

 다른 사람이 만들어둔 모듈 설치해서 사용하기

앞에서는 우리가 직접 모듈을 만들어서 저장하고 활용하는 방법을 살펴보았습니다.

그런데 실제 코딩을 하다 보면 다른 사람이 만들어 둔 모듈을 추가로 설치해서 사용하는 경우도 아주 많습니다. 그래서 이번 시간에는 모듈을 설치하고 삭제하고 사용하는 방법을 간략하게 살펴보겠습니다.

다른 사람이 만들어 놓은 모듈을 설치하는 명령어는 pip입니다.

이 명령은 윈도나 리눅스, Mac의 명령 창에서 실행해야 합니다.

아래 그림을 보세요.

아래 그림은 데이터 분석 작업할 때 많이 사용하는 numpy 모듈을 설치하는 화면입니다.

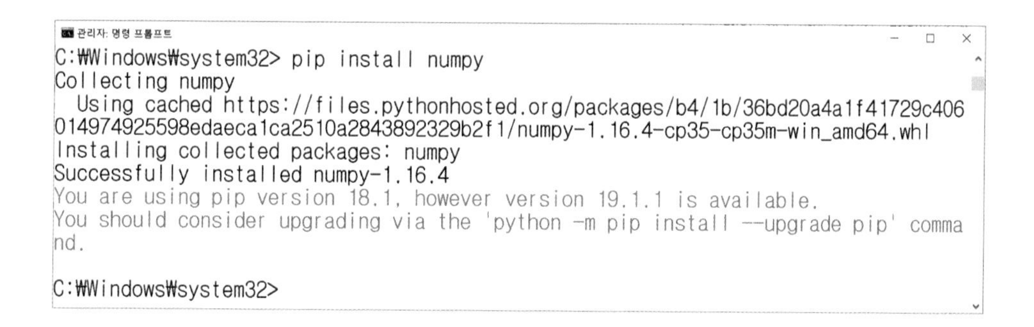

만약 설치된 모듈을 삭제하려면 아래 화면과 같이 pip uninstall 명령을 사용하면 됩니다.

```
관리자: 명령 프롬프트
C:₩Windows₩system32> pip uninstall numpy
Uninstalling numpy-1.16.4:
  Would remove:
    c:₩python 3.5₩lib₩site-packages₩numpy-1.16.4.dist-info₩*
    c:₩python 3.5₩lib₩site-packages₩numpy₩*
    c:₩python 3.5₩scripts₩f2py.exe
Proceed (y/n)? y
  Successfully uninstalled numpy-1.16.4

C:₩Windows₩system32>
```

그리고 모듈의 특정 버전을 설치하고 싶다면 아래와 같이 버전명을 적어서 설치하면 됩니다.

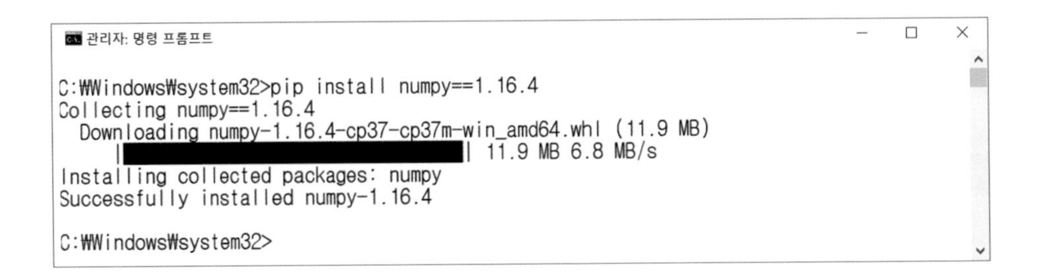

여기서 언급한 것 외에도 정말 많은 모듈들이 있으므로 필요하신 분들은 다른 책이나 문서를 참고해 주세요~~~

"마음만을 가지고 있어서는 안된다.
반드시 실천하여야 한다."

– 이소룡 –

Chap 17

디렉토리와 파일 관리하기

OS 모듈을 통한 디렉토리 관리

(Youtube 동영상 강의 링크 : https://youtu.be/DgDg3Fgzqgw)

이번에는 파이썬 모듈을 이용해서 운영체제의 기본적인 기능을 사용하는 방법을 배울 거예요.

운영체제의 기본적인 기능이란건 대부분 우리가 운영체제를 사용하는 명령을 의미합니다~

예를 들어 파일을 복사하거나 폴더를 새로 만들거나 파일을 지우는 것 같은 작업들이죠.

파이썬에서는 아주 막강한 OS 관련 라이브러리들을 제공합니다.

그리고 이 책에서는 윈도 OS를 기준으로 설명드리겠습니다.

파이썬에서 OS 관련 모듈 이름은 os(소문자)입니다 ^^

os모듈에도 많은 기능들을 해 주는 함수가 있으므로 어떤 함수가 있는지 한 개씩 살펴보면서 공부해 보도록 하죠~

우선 os 모듈을 import 해야겠죠?

(1) getcwd( ) 함수/ chdir( ) 함수

```
1  #getcwd( ) 와 chdir()
2
3  import os
4
5  print('현재 디렉토리:' , os.getcwd() )
6  os.chdir("c:₩₩temp")
7  print('이동 후 디렉토리:' , os.getcwd() )
```

```
현재 디렉토리: c:₩py_temp
이동 후 디렉토리: c:₩temp
```

위 그림에서 보듯이 getcwd( ) 함수는 현재 디렉토리의 위치를 보여주고 chdir( ) 함수는 디렉토리를 이동시키는 함수입니다.

(2) listdir( ) 함수 : 입력한 경로의 파일과 폴더 목록을 리스트로 반환하는 함수

```
1  # listdir( ) 함수 - 지정된 폴더내의 파일과 폴더의 목록을 출력하는 함수
2
3  os.listdir("c:\\py_module")
```

```
['ex_2.py', 'ex_3.py', '__pycache__']
```

위와 같이 지정된 디렉토리에 있는 내용들이 많을 경우 한꺼번에 모두 출력되어 보기가 불편합니다. 그래서 아래와 같이 for 문을 사용해서 보기 좋게 변경할 수 있습니다.

```
1  # listdir( ) 함수 - 지정된 폴더내의 파일과 폴더의 목록을 출력하는 함수
2
3  for i in os.listdir("c:\\py_module") :
4      print(i)
```

```
ex_2.py
ex_3.py
__pycache__
```

(3) os.path.exists( ) 함수 : 특정 폴더가 있는지 확인하는 함수

```
1  #os.path.exists( ) 함수 - 특정 폴더의 존재 여부 확인
2
3  print( os.path.exists("c:\\py_temp") )
4
5  print( os.path.exists("c:\temp100") )
```

```
True
False
```

위 그림과 같이 폴더가 존재하면 True의 값을 반환하고 없을 경우 False 값을 반환합니다.

위 함수와 비슷한 함수로 os.path.isdir( ) 함수도 있는데 괄호안의 디렉토리가 있으면 True 값을 반환하고 없으면 False 값을 반환합니다.

(4) mkdir( ) 함수와 makedirs( ) 함수 : 폴더를 만들어 주는 함수(하위폴더포함)

mkdir( ) 함수와 makedirs( ) 함수는 모두 폴더를 만드는 함수입니다. 두 함수의 차이점은 mkdir 함수는 경로의 제일 마지막에 적힌 하나의 폴더만 생성하지만 makedirs 함수는 시작부터 끝까지 모든 폴더를 만들어줍니다. 다음 그림을 보세요.

```
1  #mkdir( ) 함수와 makedirs( ) 함수
2
3  os.mkdir("c:\\temp1\\temp2")

---------------------------------------------------------------------------
FileNotFoundError                         Traceback (most recent call last)
<ipython-input-3-d70ddc73a966> in <module>
      1 #mkdir( ) 함수와 makedirs( ) 함수
      2
----> 3 os.mkdir("c:\\temp1\\temp2")

FileNotFoundError: [WinError 3] 지정된 경로를 찾을 수 없습니다: 'c:\\temp1\\temp2'

1  os.makedirs("c:\\temp1\\temp2")
```

참고로 두 명령 모두 생성하려는 폴더가 이미 존재할 경우 아래와 같이 에러를 발생합니다.

```
1  os.makedirs("c:\\temp1\\temp2")

---------------------------------------------------------------------------
FileExistsError                           Traceback (most recent call last)
<ipython-input-5-432d97031410> in <module>
----> 1 os.makedirs("c:\\temp1\\temp2")

c:\python 3.5\lib\os.py in makedirs(name, mode, exist_ok)
    239             return
    240     try:
--> 241         mkdir(name, mode)
    242     except OSError:
    243         # Cannot rely on checking for EEXIST, since the operating system

FileExistsError: [WinError 183] 파일이 이미 있으므로 만들 수 없습니다: 'c:\\temp1
\\temp2'
```

(5) rmdir( )와 removedirs( ) 함수 : 폴더(디렉토리)를 삭제하는 함수

위 함수들은 모두 폴더를 삭제하는 명령입니다. 두 명령어 모두 삭제할 폴더는 반드시 비어 있어야 삭제가 됩니다. 아래를 보세요~

```
1  # rmdir( ) 함수와 removedirs( ) 함수
2
3  os.rmdir("c:\\temp1\\temp2\\")
4  os.rmdir("c:\\temp1\\")
5
6  os.makedirs("c:\\temp1\\temp2\\")
7  os.removedirs("c:\\temp1\\temp2\\")
```

위 그림에서 c:\temp1\temp2 폴더를 삭제하고 싶을 경우를 가정해서 설명하겠습니다.

3번 행은 rmdir( ) 함수를 사용해서 폴더를 지우는데 c:\temp1\ 폴더 아래에 있는 temp2

폴더를 삭제합니다. 이때 temp2 폴더의 상위 폴더인 temp1 폴더는 삭제가 안됩니다. 그래서 4번 행에서 c:\temp1 폴더를 한 번 더 삭제를 해 주어야 합니다.

그러나 7번 행의 removedirs( ) 함수를 이용할 경우 모든 경로의 폴더를 한 번에 전부 삭제를 할 수 있어서 훨씬 더 빠르고 편리합니다.

지금까지 파이썬에서 디렉토리 관련해서 많이 사용하는 os모듈의 사용방법을 살펴보았습니다.

연습 문제

문제 1 사용자에게 폴더명을 하나 입력받아서 해당 폴더가 존재하지 않을 경우에는 해당 폴더를 만들고 해당 폴더가 존재할 경우 "폴더명_2"의 이름으로 폴더를 만들도록 코드를 작성하세요.

다양한 형식의 파일 생성 및 수정하기

(Youtube 동영상 강의 링크 : https://youtu.be/x5tmp_1YPs8)

이번 시간에 배울 내용은 파이썬으로 여러가지 형식의 파일을 생성하고 수정하는 방법에 대해서 살펴보겠습니다. 나중에 크롤러 만들 때 텍스트나 이미지 등을 모아서 파일로 저장 해야겠죠?

01 텍스트 형식(txt) 파일 관리하기

파일을 생성하거나 열 때 모드라는 것을 정해줄 수 있는데, 예를 들어 파일에 들어갈 데이터들이 텍스트라면 텍스트모드, 그림(바이너리)이라면 바이너리모드를 설정할 수 있어요~

아래 표를 보면서 모드들을 정리해 보세요~

기호	모드
t	텍스트(기본)
b	바이너리
r	읽기(기본)
w	쓰기
a	이어쓰기
+	읽기, 쓰기

위 표의 모드에 (기본)이라고 적혀있는 것은 아무것도 설정하지 않았을 때 기본 모드입니다.

(1) txt 파일에 내용 쓰기

```
1  os.makedirs("c:\\py_temp2")
2  os.chdir("c:\\py_temp2")
3  print( os.getcwd( ) )
4
5  file = open("test1.txt","w")
6  file.write(" 텍스트 파일에 처음 쓴 글입니다")
7  file.close( )
```

```
c:\py_temp2
```

파일에 내용을 저장하는 순서는 open → write → close의 순서라는 것을 기억하세요~

위에서 c:\py_temp2\ 폴더에 저장한 test1.txt 파일의 내용을 메모장으로 열어서 확인해 볼까요?

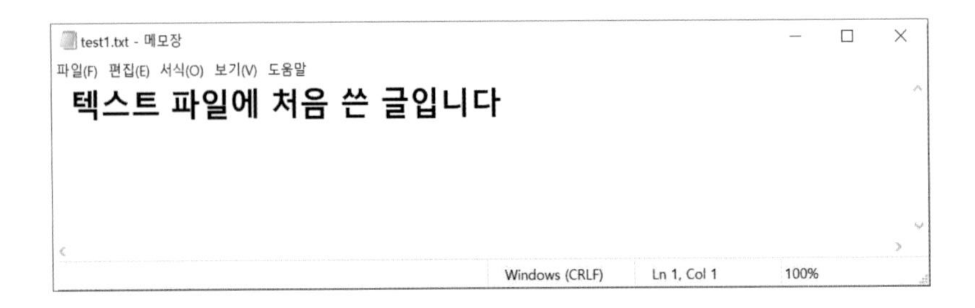

위 파일을 보면 실습에서 지정한 내용이 저장되어 있습니다.

그런데 w 모드는 무조건 덮어쓰는 모드라서 여러 건의 내용을 저장해야 할 경우에는 아주 위험합니다. 아래의 예를 보세요.

```
1  file2 = open("test1.txt","w")
2  file2.write("텍스트 파일에 두번째 쓴 글입니다")
3  file2.close( )
```

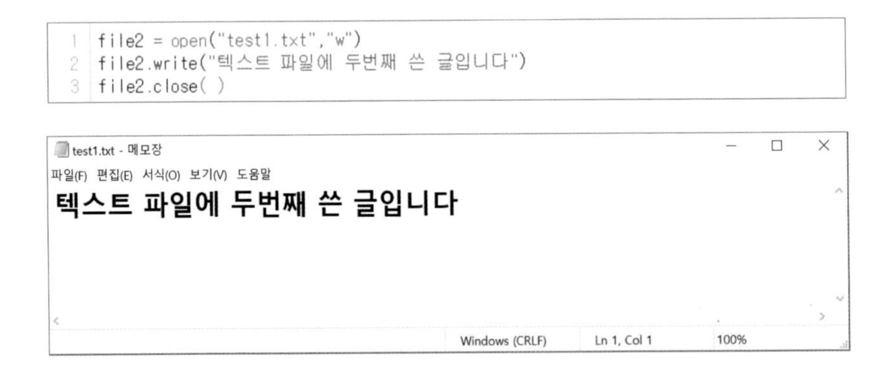

위 그림을 보면 두 번째 명령으로 저장한 글이 기존의 첫 번째 내용을 덮어썼다는 것을 알 수 있습니다.

웹 크롤러를 만들 때는 내용을 덮어쓰지 않고 먼저 크롤링한 내용 아래에 새로운 내용을 추가해야 하는데 이럴 때는 아래처럼 "a"(이어쓰기) 모드를 사용하면 됩니다.

```
1  file3 = open("test1.txt","a")
2  file3.write("텍스트 파일에 세번째 쓴 글입니다")
3  file3.close( )
```

test1.txt - 메모장
파일(F) 편집(E) 서식(O) 보기(V) 도움말
텍스트 파일에 두번째 쓴 글입니다텍스트 파일에 세번째 쓴 글입니다
Windows (CRLF) Ln 1, Col 1 100%

그런데 위의 그림을 보니까 줄 바꿈이 안되고 계속 이어서 추가가 되죠?

이럴 때는 줄바꿈 되는 엔터키를 함께 쓰도록 지정하면 됩니다.

아래 그림을 보세요.

```
1  file4 = open("test1.txt","a")
2  file4.write("₩n" + "텍스트 파일에 네번째 쓴 글입니다")
3  file4.close( )
```

위 그림에서 2번 행에 "\n" 기호가 엔터키를 의미하는 데 + 기호를 사용하여 텍스트 내용과 함께 사용을 했습니다. 저장된 결과를 볼까요?

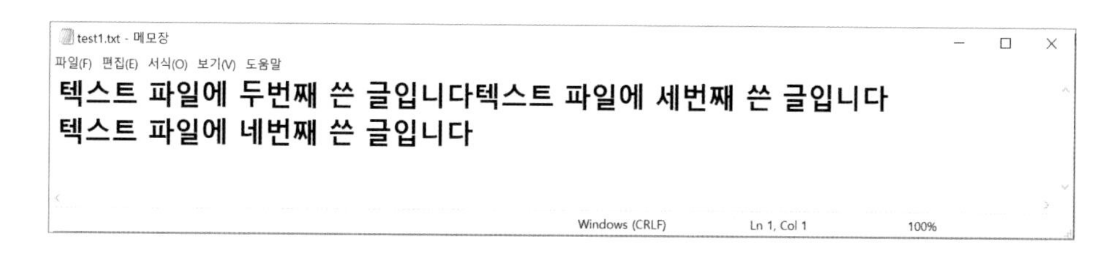

이제 txt 형식의 파일에 저장하는 방법을 잘 아시겠죠?

(2) txt 파일의 내용 읽기

테스트를 위해 다음 그림과 같은 파일을 c:\py_temp2\readme.txt이름으로 만들어 주세요.

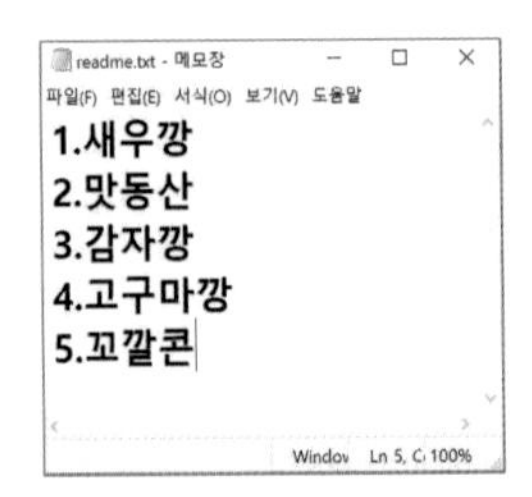

아래 그림처럼 여러 함수를 사용하여 읽기모드로 파일을 읽은 후 출력하겠습니다.

```
1  # txt 형식 파일 내용 읽기
2
3  f = open("c:\\py_temp2\\readme.txt","r")
4  f.readlines()
```

```
['1.새우깡\n', '2.맛동산\n', '3.감자깡\n', '4.고구마깡\n', '5.꼬깔콘']
```

혹시 위 코드를 실행했을 때 Unicode 관련 에러가 발생할 경우 encoding='utf-8' 옵션을 추가하면 됩니다. 또는 아래 그림처럼 인덱싱 기법으로 특정 행의 데이터만 조회할 수 있고 for 반복문을 이용해서 여러 건을 한꺼번에 출력할 수도 있습니다.

```
1  f = open("c:\\py_temp2\\readme.txt","r")
2  snack = f.readlines( )
3  print(snack)
4  print("\n")
5
6  #index 방법으로 특정 행을 조회하기
7  print(snack[0])
8  print(snack[1])
9  print("\n")
10
11 #for 반복문으로 한꺼번에 출력하기
12 for i in snack :
13     print(i)
14
15
```

```
['1.새우깡\n', '2.맛동산\n', '3.감자깡\n', '4.고구마깡\n', '5.꼬깔콘']


1.새우깡

2.맛동산



1.새우깡

2.맛동산

3.감자깡

4.고구마깡

5.꼬깔콘
```

지금 배운 방법은 웹 크롤러를 만들 때 검색어 키워드나 검색 주소를 파일에 저장한 후 불러와서 자동으로 실행할 때 아주 많이 사용되는 방법이므로 꼭 이해하고 기억해 주세요~

 xls 형식과 csv 형식의 파일관리하기

(1) xls 형식과 csv 형식으로 저장하기

엑셀 형식과 csv 형식으로 저장하기 위해 표 형태로 데이터를 만들어야 합니다.
먼저 윈도에 있는 cmd 창에서 아래와 같이 numpy, pandas를 설치해 주세요.

```
관리자: 명령 프롬프트
C:\Windows\system32>
C:\Windows\system32>pip install numpy==1.16.4
Collecting numpy==1.16.4
  Using cached numpy-1.16.4-cp37-cp37m-win_amd64.whl (11.9 MB)
Installing collected packages: numpy
Successfully installed numpy-1.16.4

C:\Windows\system32>pip install pandas
Collecting pandas
  Downloading pandas-1.1.4-cp37-cp37m-win_amd64.whl (8.7 MB)
     |████████████████████████████████| 8.7 MB 6.8 MB/s
Requirement already satisfied: numpy>=1.15.4 in c:\program files\python37\lib\site-packages
 (from pandas) (1.16.4)
Requirement already satisfied: pytz>=2017.2 in c:\program files\python37\lib\site-packages
(from pandas) (2020.1)
Requirement already satisfied: python-dateutil>=2.7.3 in c:\program files\python37\lib\site
-packages (from pandas) (2.8.1)
Requirement already satisfied: six>=1.5 in c:\program files\python37\lib\site-packages (fro
m python-dateutil>=2.7.3->pandas) (1.15.0)
Installing collected packages: pandas
Successfully installed pandas-1.1.4
```

위 그림과 같이 설치가 완료되었다면 다음의 작업을 진행하면 됩니다.

```
import pandas as pd

# 표 ( 데이터 프레임 ) 만들기
no = [ ]
subject_name = [ ]

no.append(1)
no.append(2)
no.append(3)

subject_name.append('수학')
subject_name.append('과학')
subject_name.append('빅데이터')

subject = pd.DataFrame( )
subject['과목번호'] = no
subject['과목명'] = subject_name
print(subject)

```

```
   과목번호   과목명
0     1     수학
1     2     과학
2     3  빅데이터
```

위 표의 내용을 아래와 같이 csv, xls 형식으로 저장하면 됩니다.

```
# csv 형식으로 저장하기
subject.to_csv("c:\\py_temp2\\subject.csv", encoding="utf-8-sig",index=False)

# xls 형식으로 저장하기
subject.to_excel("c:\\py_temp2\\subject.xls" , index=False)

```

(참고로 위의 5번 행을 실행하려면 컴퓨터에 xlwt 모듈이 설치되어 있어야 합니다.)

위와 같이 저장하면 폴더에 아래 그림과 같이 파일이 생성됩니다.

이 파일을 열어보면 앞에서 만든 데이터가 저장되어 있는 것을 확인할 수 있습니다.

(2) xlsx 형식과 xls 형식과 csv 형식의 파일 내용 읽어오기

❶ xlsx 형식의 파일 내용 불러오기

파이썬에서 xlsx 파일의 내용을 불러오는 다양한 방법이 있는데 가장 널리 사용되는 패키지가 openpyxl 패키지입니다. 이 패키지는 기본으로 설치되어 있지 않기 때문에 다음과 같이 사용자가 추가로 설치한 후 import해야 사용할 수 있습니다.

```
관리자: 명령 프롬프트
C:\Windows\system32>
C:\Windows\system32>pip install openpyxl
Collecting openpyxl
  Downloading https://files.pythonhosted.org/packages/ba/06/b899c8867518df19e242d8cbc8
2d4ba210f5ffbeebb7704c695e687ab59c/openpyxl-2.6.2.tar.gz (173kB)
    100% |################################| 174kB 1.6MB/s
Requirement already satisfied: jdcal in c:\python 3.5\lib\site-packages (from openpyxl
) (1.4)
Requirement already satisfied: et_xmlfile in c:\python 3.5\lib\site-packages (from ope
npyxl) (1.0.1)
Installing collected packages: openpyxl
  Running setup.py install for openpyxl ... done
Successfully installed openpyxl-2.6.2
You are using pip version 18.1, however version 19.1.1 is available.
You should consider upgrading via the 'python -m pip install --upgrade pip' command.

C:\Windows\system32>
```

위와 같이 openpyxl 패키지를 설치한 후 아래와 같이 엑셀 파일의 내용을 불어오면 됩니다.

```
1  # xlsx 형식의 파일 내용 불러오기-openpyxl
2
3  import openpyxl
4  wb = openpyxl.load_workbook("c://temp/email.xlsx")
5  sheet = wb['Sheet1']
6
7  contents ={ }
8  for i in range(2,sheet.max_row + 1) :
9      name = sheet.cell(row=i , column = 1).value
10     email = sheet.cell(row=i , column = 2).value
11
12     contents[name] = email
13
14 print(contents)
```

```
{'일지매': 'bbb@daum.net', '홍길동': 'ccc@naver.com', '전우치': 'aaa@gmail.com'}
```

위 방법 말고 pandas의 read_excel( ) 함수를 이용하여 xlsx 형식의 파일 내용을 불러올 수도 있습니다. 아래 그림을 보세요.

```
1  # xlsx 형식의 파일 내용 불러오기-pandas
2  import pandas as pd
3  data = pd.read_excel("c:\\temp\\email.xls",
4                       sheet_name = 'Sheet1')
5  data
```

	name	email
0	전우치	aaa@gmail.com
1	일지매	bbb@daum.net
2	홍길동	ccc@naver.com

그리고 참고로 만약 xlsx 파일이나 xls 파일을 불러올 때 인코딩 에러가 발생할 경우 옵션으로 encoding='utf-8'을 사용하면 가볍게 해결됩니다.

❷ csv 형식 파일 불러오기

파이썬에서는 csv 모듈이 제공이 되기 때문에 import csv해서 바로 csv 파일의 내용을 불러올 수 있습니다.

```
1  # csv 형식의 파일 내용 불러오기
2
3  import csv
4
5  f = open('c:\\temp\\email.csv')
6  f_csv = csv.reader(f)
7  for i in f_csv :
8      print(i)
```

```
['name', 'email']
['전우치', 'aaa@gmail.com']
['일지매', 'bbb@daum.net']
['홍길동', 'ccc@naver.com']
```

그런데 만약 csv 파일의 인코딩 형식이 utf-8일 경우 아래와 같이 추가옵션을 사용해야 합니다.

```
1  # utf-8로 인코딩된 csv 형식의 파일 내용 불러오기
2
3  import csv
4
5  f = open('c:\\temp\\email_utf8.csv')
6  f_csv = csv.reader(f)
7  for i in f_csv :
8      print(i)
```

```
---------------------------------------------------------------------------
UnicodeDecodeError                        Traceback (most recent call last)
<ipython-input-26-4ac032c1d970> in <module>
      5 f = open('c:\\temp\\email_utf8.csv')
      6 f_csv = csv.reader(f)
----> 7 for i in f_csv :
      8     print(i)

UnicodeDecodeError: 'cp949' codec can't decode byte 0xec in position 15: illegal mult
ibyte sequence
```

```
1  f2 = open('c:\\temp\\email_utf8.csv ' , encoding="utf-8")
2  f2_csv = csv.reader(f2)
3  for i in f2_csv :
4      print(i)
```

```
['\ufeffname', 'email']
['전우치', 'aaa@gmail.com']
['일지매', 'bbb@daum.net']
['홍길동', 'ccc@naver.com']
```

이 방법 외에도 pandas 모듈 안에 csv 파일을 불러오는 기능도 많이 활용되는데 이 부분은 이 책의 Part 3에 pandas 관련 문법편을 참고해 주세요~

연습 문제

문제 1 주어진 "url.txt" 파일을 불러와서 url주소가 *.naver.com일 경우를 모두 모아서 "naver.com 주소는 몇 개입니다"를 출력하고 url주소가 *.blog.me일 경우를 모두 모아서 "blog.me 주소는 몇 개입니다"를 출력하고 url주소가 *.tistory.com일 경우를 모두 모아서 "tistory.com 주소는 몇 개입니다"를 출력하도록 코드를 작성하세요.

url.txt 파일 내용

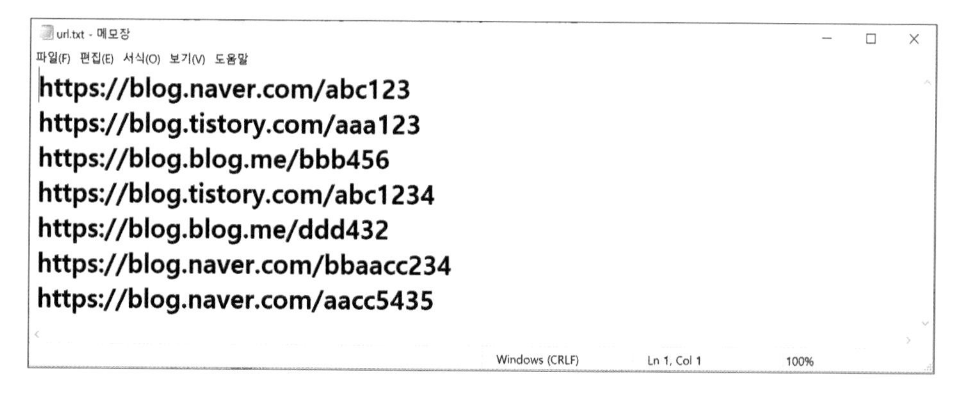

```
https://blog.naver.com/abc123
https://blog.tistory.com/aaa123
https://blog.blog.me/bbb456
https://blog.tistory.com/abc1234
https://blog.blog.me/ddd432
https://blog.naver.com/bbaacc234
https://blog.naver.com/aacc5435
```

출력 결과 내용

```
blog.naver.com 의 갯수는 모두 3 개입니다
blog.tistory.com 의 갯수는 모두 2 개입니다
blog.blog.me 의 갯수는 모두 2 개입니다
```

문제 2 아래 그림의 내용과 같이 주어진 '댓글내용.xlsx' 파일을 불러와서 댓글 내용만 아래의 예시화면 처럼 출력하세요.

원본 xlsx 파일 내용

	A	B	C
1	번호	댓글내용	
2	1	첫번째 댓글입니다	
3	2	두번째 댓글입니다	
4	3	세번째 댓글입니다	
5	4	네번째 댓글입니다	
6	5	다섯번째 댓글입니다	

출력 결과 예시화면

```
첫번째 댓글입니다
두번째 댓글입니다
세번째 댓글입니다
네번째 댓글입니다
다섯번째 댓글입니다
```

"물러나서 조용하게 구하면 배울 수 있는 스승은 많다.
사람은 가는 곳마다 보는 것마다 모두 스승으로서
배울 것이 많은 법이다."

– 맹자 –

Chap 18

예외처리를 배웁니다.

예외처리를 배웁니다.

(Youtube 동영상 강의 링크 : https://youtu.be/3ymE15wJzRA)

프로그래밍을 할 때 오타 등으로 발생하는 에러를 컴파일 에러라고 하는데 이런 에러는 오타를 수정하면 해결됩니다. 그런데 오타가 아닌 논리적인 에러가 발생할 경우도 많아요.

예를 들어 사용자에게 1~4까지 숫자를 입력하라고 메시지를 보여줬는데 사용자가 5를 입력한다든지 'y'나 'n'을 입력하라고 했는데 "yes"를 입력하는 경우 등이 논리적인 에러라고 합니다.

이런 논리적인 에러를 어떻게 대응을 할 것인지 지정해 주는 것을 예외 처리라고 합니다.

즉 예외 처리란 "특정 에러가 발생했을 경우 어떻게 해라"라고 지정을 해 주는 것을 의미합니다. 예외 처리를 사용하지 않을 경우 코드를 실행하다가 오류가 나면 작업이 취소되는 경우가 아주 많기 때문에 반드시 이번 시간에 배우는 예외처리를 잘 활용해야 합니다.

문 법

```
try:
     예외가 발생할 문장
except 예외 종류:
     예외가 발생하면 실행할 문장
else :
     예외가 발생하지 않을 때 실행할 문장
```

다음 그림은 두 가지 경우를 보여줍니다.

```
1  # 예외처리 예제 1
2
3  #정상적인 경우
4  print('정상적인 경우')
5  no1 = int(input('숫자 1개를 입력하세요: '))
6  print(no1)
7
8  print("₩n")
9  #예외가 발생하는 경우
10 print('예외가 발생하는 경우')
11 no2 = int(input('숫자 1개를 입력하세요:'))
12
```

```
정상적인 경우
숫자 1개를 입력하세요: 10
10


예외가 발생하는 경우
숫자 1개를 입력하세요:A

---------------------------------------------------------------------------
ValueError                                Traceback (most recent call last)
<ipython-input-1-5576ee1244a0> in <module>
      9 #예외가 발생하는 경우
     10 print('예외가 발생하는 경우')
---> 11 no2 = int(input('숫자 1개를 입력하세요:'))

ValueError: invalid literal for int() with base 10: 'A'
```

위 그림에서 숫자를 입력해야 하는데 문자를 입력하니까 당황스러운 에러 메시지들이 쭉 나오죠? 저 부분을 예외처리를 사용해서 깔끔하게 만들어 볼까요?

예외처리 후

```
1  # 예외처리 예제 2
2  #예외 처리를 적용한 경우
3  print('예외가 발생하는 경우')
4  try :
5      no2 = int(input('숫자 1개를 입력하세요:'))
6  except ValueError :
7      print('숫자를 입력하세요')
8
```

```
예외가 발생하는 경우
숫자 1개를 입력하세요:A
숫자를 입력하세요
```

위 그림처럼 예외처리를 사용할 경우 에러 메시지 대신 지정한 메시지가 출력됩니다.

예외 처리는 에러 유형에 따라 쓰는 문장이 달라집니다.

바로 앞의 문장에서 except 뒤에 쓰는 내용이 달라진다는 의미입니다.

아래 예를 잘 보세요.

이번에는 나누는 값이 0일 때 발생하는 에러일 경우 예외처리를 살펴보겠습니다.

```
1  # 예외처리 예제 3
2
3  no1 = 10
4  no2 = 0
5  print(no1 / no2)
```

```
---------------------------------------------------------------------------
ZeroDivisionError                         Traceback (most recent call last)
<ipython-input-3-d304a69ecb48> in <module>
      3 no1 = 10
      4 no2 = 0
----> 5 print(no1 / no2)

ZeroDivisionError: division by zero
```

```
1  try :
2      print( no1 / no2)
3  except ZeroDivisionError :
4      print(" 0으로 나눌수 없습니다")
```

```
0으로 나눌수 없습니다
```

위 그림에서 ZeroDivisionError이라는 부분 보이죠?

이 예외는 0으로 나눌 경우 발생하는 예외입니다.

그런데 위에서 살펴본 예외들은 전부 1개씩 발생하는 경우였어요.

하지만 실전에서는 여러 가지 예외가 발생할 수도 있기 때문에 모든 예외를 예외처리를 할 때마다 이렇게 try~except를 다 사용하기에는 사실 불편하고 귀찮기도 합니다.

그래서 착한 파이썬에서는 except 뒤에 적는 예외를 여러 개 동시에 적을 수도 있어요.

아래 그림을 보세요.

```
1  #예외처리 예제 4
2  try :
3      print( no1 / no2)
4  except ( ValueError , ZeroDivisionError) :
5      print( " 예외 상황이 발생했습니다 ")
```

```
예외 상황이 발생했습니다
```

앞과 같이 except 구문 안에 여러 개의 예외 값을 적어 줄 수 있어요.

위 그림은 ZeroDivisionError와 ValueError가 발생할 경우 화면에 "에러가 발생했어요~~!"라는 메시지를 출력하라는 의미입니다.

그리고 아래와 같이 except절을 여러 개 별도로 사용할 수도 있어요.

```
1  # 예외처리 예제 5
2
3  no1 = 10
4  no2 = 0
5
6  try :
7      print( no1 / no2 )
8  except ZeroDivisionError :
9      print("0으로 나눌수 없습니다")
10 except ValueError :
11     print("잘못된 값입니다")
12
```

```
0으로 나눌수 없습니다
```

위 그림처럼 except를 여러 개 사용했을 때는 마치 elif 문을 사용한 것처럼 해당 에러가 발생한 except만 실행합니다. 아주 많이 사용하는 방법이지요.

그리고 아래 그림처럼 except 뒤에 예외 이름을 지정하지 않을 경우 모든 예외 발생 시에 공통적으로 적용됩니다.

```
1  # 예외처리 예제 6
2
3  no1 = 10
4  no2 = 0
5
6  try :
7      print(no1 / no2)
8  except :
9      print("예외가 발생했습니다")
10
```

```
예외가 발생했습니다
```

만약 예외가 발생하지 않았을 경우에는 어떻게 하라고 지정하고 싶을 경우는 예외처리 안에서 else 문장을 사용할 수도 있어요. 다음 그림을 보세요.

```
# 예외처리 예제 7

try :
    no = int(input("숫자만 입력하세요: "))
except :
    print("꼭 숫자만 입력하세요!")
else :
    print(" 입력하신 숫자는 %s 입니다" %no)
```

```
숫자만 입력하세요: 3
 입력하신 숫자는 3 입니다
```

```
# 예외처리 예제 7

try :
    no = int(input("숫자만 입력하세요: "))
except :
    print("꼭 숫자만 입력하세요!")
else :
    print(" 입력하신 숫자는 %s 입니다" %no)
```

```
숫자만 입력하세요: A
꼭 숫자만 입력하세요!
```

위의 그림을 잘 보면 else 문을 사용하여 에러가 발생하지 않았을 때는 입력받은 숫자를 그대로 출력하고 예외가 발생할 경우 예외 메시지를 출력하는 거 잘 보이죠?

아주 많이 사용되는 기능이니까 꼭 기억해 주세요~~~^^

지금까지 다양한 예외처리 방법들을 살펴보았습니다.

앞에서 언급한 대로 예외처리는 프로그램을 사용자들이 더 편리하고 쉽게 사용하도록 도와주는 기능이므로 꼭 열심히 연습해 주세요~~^^

예외처리 연습 문제

문제 1 다음 그림과 같이 총 5건의 이름이 저장되어 있는 "예외처리연습.txt" 파일이 있습니다. 이 파일을 불러온 후 사용자에게 출력할 건수를 입력받아서 해당 건수만큼 출력을 하되 파일의 건수보다 많은 건수를 출력할 경우 다음 그림과 같이 IndexError가 발생합니다. 파일의 행수보다 많은 행수가 입력될 경우 "모든 행이 출력 완료되었습니다"라는 메시지를 출력하도록 예외처리를 활용하여 코드를 작성하세요.

예외처리연습.txt 파일 예시

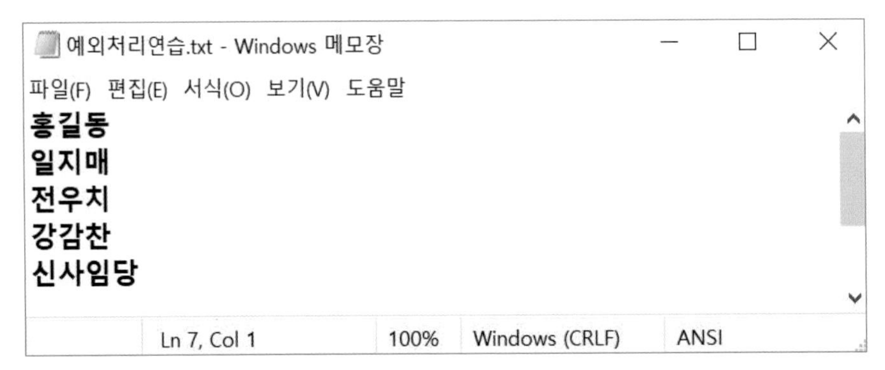

결과 화면

[예외처리 하기 전 화면]

```
몇 건을 출력할까요?: 10

홍길동

일지매

전우치

강감찬

신사임당

---------------------------------------------------------------------------
IndexError                                Traceback (most recent call last)
<ipython-input-12-ac88a0f14ab2> in <module>
      3
      4 for i in range(0,no) :
----> 5     print(txt[i])

IndexError: list index out of range
```

[예외 처리 적용 후]

```
 몇 건을 출력할까요?: 10

홍길동

일지매

전우치

강감찬

신사임당



모든 행이 출력 완료되었습니다
```

문제 **2** 아래 그림과 같은 내용의 "score.xlsx" 파일이 있습니다.

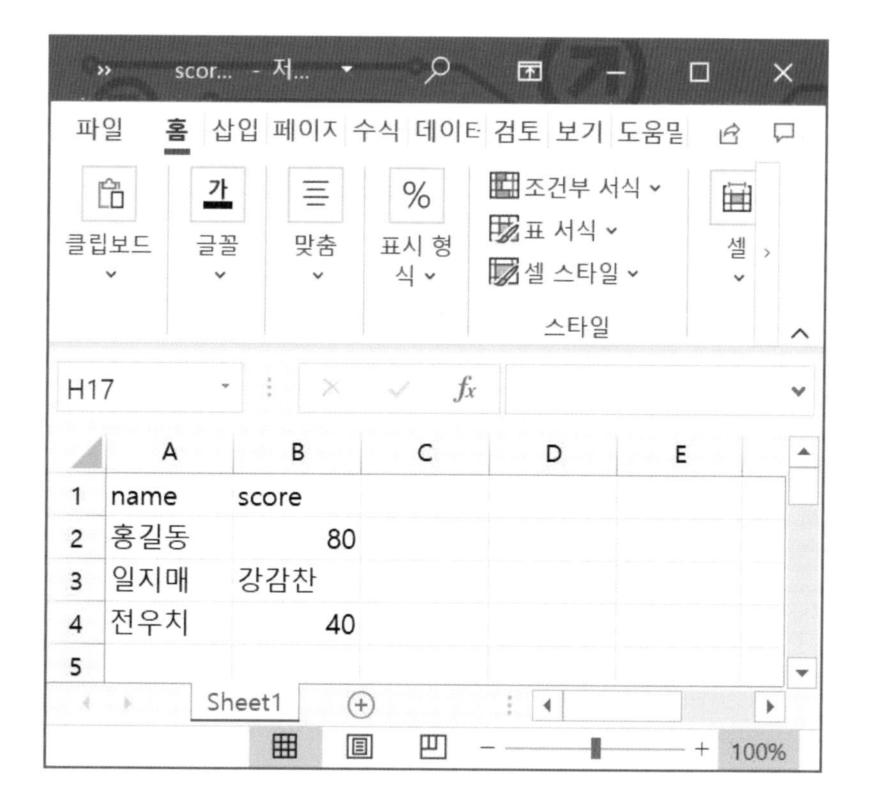

이 파일을 불러와서 score 컬럼의 값을 모두 더하는 반복문을 작성하려고 합니다.
그래서 다음과 같이 코드를 작성했습니다.

```
1  # 예외처리 연습문제
2
3  import pandas as pd
4
5  data1 = pd.read_excel("c:\\temp\\score.xlsx",sheet_name='Sheet1' )
6  data2 = data1['score']
7  data2
```

```
0      80
1     강감찬
2      40
Name: score, dtype: object
```

위 그림과 같이 데이터가 잘 불러진 것을 확인한 후 합계를 구하기 위해 다음과 같이 코드를 작성했습니다. 그런데 다음 그림과 같이 에러가 발생했습니다.

```
1  data3 = 0
2  for i in data2 :
3      data3 += i
4  data3
```

```
---------------------------------------------------------------------------
TypeError                                 Traceback (most recent call last)
<ipython-input-17-62912c9a846b> in <module>
      1 data3 = 0
      2 for i in data2 :
----> 3     data3 += i
      4 data3

TypeError: unsupported operand type(s) for +=: 'int' and 'str'
```

위의 에러가 발생한 코드를 예외처리를 사용하여 정상적으로 수행된 후 결과가 120이 나오도록 아래 그림의 빈칸에 알맞은 코드를 작성하세요.

```
1  data3=0
2  for i in data2 :
3  ┌─────────────────────────┐
4  │                         │
5  │     이 부분에 들어갈       │
6  │  적절한 코드를 완성하세요    │
7  └─────────────────────────┘
8  data3
```

```
120
```

"당신이 할 수 있다고 믿든 할 수 없다고 믿든
믿는 대로 될 것이다."

– 헨리 포드 –

Chap 19

Numpy와 Pandas 모듈을 활용한 정형 데이터 관리

Numpy 모듈을 활용한 데이터 관리하기

Numpy는 C언어로 구현된 파이썬 라이브러리로써, 고차원으로 구성되어 있는 행렬의 수치 계산을 위해 개발되었습니다. Numpy란 Numerical Python의 줄임말인데 Numerical 이름에서 보듯이 다양한 수치 연산을 위한 여러가지 기능들을 가지고 있고 특히 통계 관련 기능들을 많이 포함하고 있습니다. 그리고 벡터 및 행렬 연산에 있어서 매우 편리한 기능을 제공합니다.

또한 파이썬으로 데이터분석을 할 때 거의 필수적으로 사용되는 라이브러리인 pandas와 matplotlib의 기반이기도 합니다. Numpy 모듈은 내부 모듈이 아니어서 사용하려면 아래와 같이 설치 후 import를 해야 합니다.

cmd창에서 설치하기

```
pip install numpy==1.16.4
```

Numpy 모듈 사용하기

01 Array 생성하기와 조회하기

Numpy를 사용하기 위해서는 데이터가 array 형태로 되어있어야 합니다.
아래 예제와 같이 생성하면 됩니다.

```
1 import numpy as np
2
3 #numpy를 사용하기 위해 array 형태로 만들기
4 data1 = [1,2,3,4,5]
5 array1 = np.array(data1)
6 print(array1)
7
8 # array 의 크기와 형태 확인
9 array1.shape
```

```
[1 2 3 4 5]

(5,)
```

위 명령에서 9번 행에 있는 shape 명령은 해당 array에 몇 건의 데이터가 있고 몇 차원인지 정보를 보여줍니다. 위의 array는 총 5건의 데이터가 있고 1차원이라는 것을 알 수 있습니다. 차원을 의미하는 것은(행의 개수, 열의 개수)로 알려줍니다.

그런데 array를 생성할 때 주의할 부분이 있습니다.
Array 안에는 모두 동일한 유형의 데이터가 들어가야 한다는 것입니다.
다음의 예를 보세요.

```
1  #numpy를 사용하기 위해 array 형태로 만들기
2  data2 = [1 , 2 , 3 , 4 , 5.5]
3  array2 = np.array(data2)
4  print(array2)
5
6  # array 의 크기와 형태 확인
7  array2.shape
```

```
[1.  2.  3.  4.  5.5]

(5,)
```

위 그림을 보면 data2에 정수와 실수(5.5)가 함께 들어가 있는데 이것을 array2로 변환을 했더니 모두 실수로 바뀐 것이 확인되죠?

아래 그림은 숫자와 글자를 같은 리스트에 넣고 array로 변환한 코드입니다.

```
#numpy를 사용하기 위해 array 형태로 만들기
data3 = [1 , 2 , 3 , 4 , '새우깡']
array3 = np.array(data3)
print(array3)

# array 의 크기와 형태 확인
array3.shape
```

```
['1' '2' '3' '4' '새우깡']

(5,)
```

위 그림의 출력결과를 보니 모든 데이터가 글자형태로 전부 바뀐 것으로 확인됩니다.

데이터의 형태를 보려면 아래와 같이 dtype 함수를 사용하면 됩니다.

```
print('array1:',array1.dtype)
print('array2:',array2.dtype)
print('array3:',array3.dtype)
```

```
array1: int32
array2: float64
array3: <U11
```

참고로 데이터의 형태는 아래와 같이 다양합니다.

- 부호가 있는 정수 : i nt(8, 16, 32, 64)
- 실수 : float(16, 32, 64, 128)
- 불리언 : bool
- 파이썬 오프젝트 : object
- 부호가 없는 정수 : uint(8, 16, 32, 54)
- 복소수 : complex(64, 128, 256)
- 문자열 : string_
- 유니코드 : unicode_

Array를 생성할 때 앞의 방법처럼 리스트를 만든 후 array로 변환하는 방법 말고 array 함수 안에 바로 리스트를 지정해도 됩니다. 아래 그림을 보세요.

```
1  array4 = np.array( [1,2,3,4,5])
2  print(array4)

[1 2 3 4 5]
```

이번에는 2차원의 array를 만들어 볼까요?
아래 코드를 보세요.

```
1  # 2차원의 array 생성하기
2  array5 = np.array( [ [1,2,3],[3,4,5],[5,6,7] ])
3  print(array5)
4
5  array5.shape

[[1 2 3]
 [3 4 5]
 [5 6 7]]

(3, 3)
```

위 코드를 보면 "가로 × 세로"가 "3행 × 3열"의 array를 만드는 것을 알 수 있습니다. 이때 주의해야 할 것은 리스트를 만드는 대괄호 기호입니다. 여기까지 다양한 방법으로 array를 생성하고 데이터 유형을 확인하는 방법을 살펴보았습니다.

02 Array 상태에서의 연산하기

```
1  # array 산술연산하기
2  # 예제 데이터 생성하기
3
4  array1 = np.array( [ [1,2,3] , [4,5,6] ])
5  print(array1)
6
7  print("₩n")
8
9  array2 = np.array( [ [10,20,30] , [40,50,60] ])
10 print(array2)

[[1 2 3]
 [4 5 6]]


[[10 20 30]
 [40 50 60]]
```

앞의 코드와 같이 예제로 사용할 array를 생성했습니다.

(1) 덧셈

```
1  # array 산술연산
2  # 1. 덧셈
3
4  array1 + array2
```

```
array([[11, 22, 33],
       [44, 55, 66]])
```

(2) 뺄셈

```
# array 산술연산
# 2. 뺄셈

array2 - array1
```

```
array([[ 9, 18, 27],
       [36, 45, 54]])
```

(3) 곱셈

```
1  # array 산술연산
2  # 3. 곱셈
3
4  array1 * array2
```

```
array([[ 10,  40,  90],
       [160, 250, 360]])
```

(4) 나눗셈

```
1  # array 산술연산
2  # 4. 나눗셈
3
4  array2 / array1
```

```
array([[10., 10., 10.],
       [10., 10., 10.]])
```

03 Array 상태에서의 데이터 조회하기 : 인덱싱과 슬라이싱 활용

이번에는 array 안에 있는 데이터를 조회하는 방법을 살펴보겠습니다.

```
1  # array 데이터 조회하기
2  # 1차원 array 조회하기
3  array1 = np.array([1,2,3,4,5])
4  print('전체값:' , array1)
5  print('1번째값:' , array1[0])
6  print('3번째값:' , array1[2])
7  print('2-4번째값:',array1[1:4])
```

```
전체값: [1 2 3 4 5]
1번째값: 1
3번째값: 3
2-4번째값: [2 3 4]
```

```
1  # array 데이터 조회하기
2  # 2차원 array 조회하기
3  array2 = np.array([ [1,2,3],[4,5,6],[7,8,9] ])
4  print(array2)
5  print('\n')
6  print(array2[2,2])
7
```

```
[[1 2 3]
 [4 5 6]
 [7 8 9]]


9
```

04 numpy 모듈의 주요 분석 함수들

```
# 예제 데이터 만들기
array1 = np.random.randn(3,3)
array1
```

```
array([[ 1.7544724 , -0.93238836, -0.40120009],
       [-0.30967648,  0.43033704, -0.40007399],
       [ 0.38095857, -0.68097422, -0.44908935]])
```

• 참고하세요 •

위에서 사용된 np.random.randn() 함수는 기대값이 0이고, 표준편차가 1인 가우시안 정규분포를 따르는 난수를 발생시키는 함수입니다.
이외에도 0~1의 난수를 발생시키는 np.random.rand() 함수도 있습니다.

```
# abs( ) 함수 - 절대값 계산하기
np.abs(array1)
```

```
array([[1.7544724 , 0.93238836, 0.40120009],
       [0.30967648, 0.43033704, 0.40007399],
       [0.38095857, 0.68097422, 0.44908935]])
```

```
# square( ) 함수 - 제곱값 계산하기
np.square(array1)
```

```
array([[3.07817338, 0.86934805, 0.16096151],
       [0.09589952, 0.18518997, 0.1600592 ],
       [0.14512943, 0.46372589, 0.20168125]])
```

```
# ceil( ) 함수 - 주어진 값보다 큰 가장 가까운 정수 찾기
np.ceil(array1)
```

```
array([[ 2., -0., -0.],
       [-0.,  1., -0.],
       [ 1., -0., -0.]])
```

```
# floor( ) 함수 - 주어진 값보다 작은 가장 가까운 정수 찾기
np.floor(array1)
```

```
array([[ 1., -1., -1.],
       [-1.,  0., -1.],
       [ 0., -1., -1.]])
```

```
# isnan( ) 함수 - 주어진 값의 NaN 여부를 찾는 함수
np.isnan(array1)
```

```
array([[False, False, False],
       [False, False, False],
       [False, False, False]])
```

```
#isinf( ) 함수 - 주어진 값의 무한대 여부를 찾는 함수
np.isinf(array1)
```

```
array([[False, False, False],
       [False, False, False],
       [False, False, False]])
```

```
# sort( ) 함수 - 오름차순 정렬 하기
np.sort(array1)
```

```
array([[-0.93238836, -0.40120009,  1.7544724 ],
       [-0.40007399, -0.30967648,  0.43033704],
       [-0.68097422, -0.44908935,  0.38095857]])
```

```
# 내림차순으로 정렬하기
np.sort(array1)[::1]
```

```
array([[-0.93238836, -0.40120009,  1.7544724 ],
       [-0.40007399, -0.30967648,  0.43033704],
       [-0.68097422, -0.44908935,  0.38095857]])
```

```
np.sort(array1)[::]
```

```
array([[-0.93238836, -0.40120009,  1.7544724 ],
       [-0.40007399, -0.30967648,  0.43033704],
       [-0.68097422, -0.44908935,  0.38095857]])
```

지금까지 numpy 모듈의 주요 함수들 중에서 많이 사용되는 함수들을 살펴보았습니다~~

이외에도 다양한 과학 분야 함수들과 통계함수들도 많이 있는데 혹시 다른 함수들이 필요하신분들은 관련서적을 참고하시기 바랍니다.

numpy 연습 문제

문제 1 아래 화면과 같은 내용의 array를 생성하세요.

```
[[ 10  20  30]
 [ 40  50  60]
 [ 70  80  90]
 [100 110 120]]
```

문제 2 위 문제 1에서 만든 array에서 아래 그림과 같은 부분만 출력되도록 조회하세요.

```
[20 60]
```

문제 3 위 문제 1에서 만든 array에서 아래 그림과 같은 부분만 출력되도록 조회하세요.

```
[[20 30]
 [50 60]]
```

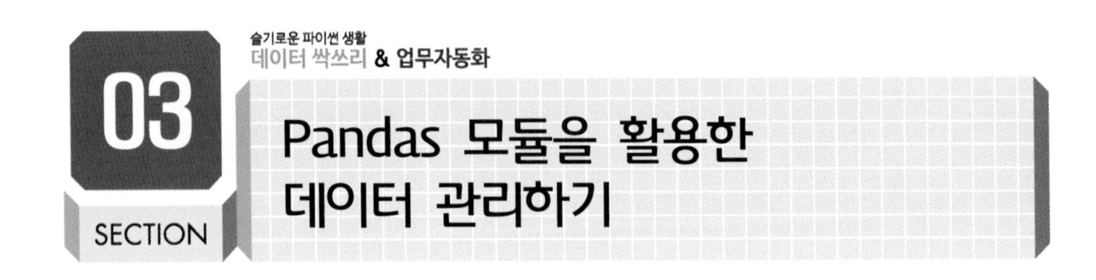

SECTION 03 Pandas 모듈을 활용한 데이터 관리하기

이번 장에서는 파이썬에서 정형 데이터를 관리할 때 많이 사용되는 Pandas 모듈에 대해서 의미와 사용 방법을 학습하겠습니다.

01 일반적인 데이터 유형

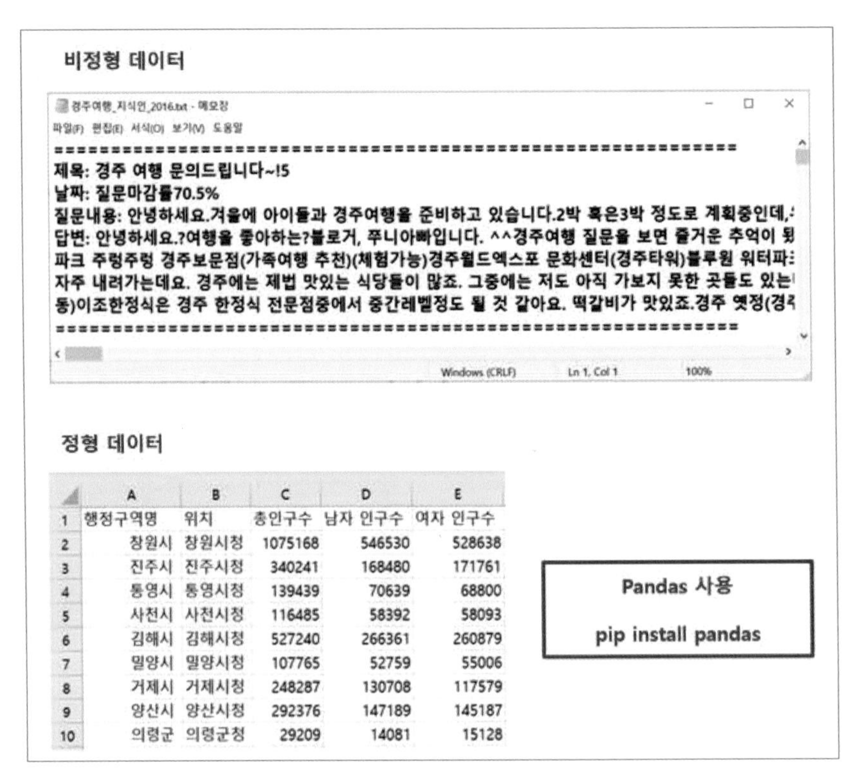

비정형 데이터

정형 데이터

	A	B	C	D	E
1	행정구역명	위치	총인구수	남자 인구수	여자 인구수
2	창원시	창원시청	1075168	546530	528638
3	진주시	진주시청	340241	168480	171761
4	통영시	통영시청	139439	70639	68800
5	사천시	사천시청	116485	58392	58093
6	김해시	김해시청	527240	266361	260879
7	밀양시	밀양시청	107765	52759	55006
8	거제시	거제시청	248287	130708	117579
9	양산시	양산시청	292376	147189	145187
10	의령군	의령군청	29209	14081	15128

02 Pandas에서 사용되는 주요 데이터 유형

Series 유형

1	행정구역명
2	창원시
3	진주시
4	통영시
5	사천시
6	김해시
7	밀양시
8	거제시
9	양산시
10	의령군
11	함안군
12	창녕군
13	고성군
14	남해군
15	하동군

Data Frame 유형

	A	B	C	D	E
1	행정구역명	위치	총인구수	남자 인구수	여자 인구수
2	창원시	창원시청	1075168	546530	528638
3	진주시	진주시청	340241	168480	171761
4	통영시	통영시청	139439	70639	68800
5	사천시	사천시청	116485	58392	58093
6	김해시	김해시청	527240	266361	260879
7	밀양시	밀양시청	107765	52759	55006
8	거제시	거제시청	248287	130708	117579
9	양산시	양산시청	292376	147189	145187
10	의령군	의령군청	29209	14081	15128

03 Series 유형 : 생성하기

```
#pandas ex_1
import pandas as pd

#1.기본문법
member = pd.Series(['홍길동','전우치','강감찬','스티브잡스'])
member
```

```
0     홍길동
1     전우치
2     강감찬
3   스티브잡스
dtype: object
```

```
1  #pandas ex_2
2
3  memer = pd.Series(['홍길동','전우치','강감찬','스티브잡스'] ,
4                    index = ['1번','2번','3번','4번'])
5  member
6
```

```
0     홍길동
1     전우치
2     강감찬
3   스티브잡스
dtype: object
```

인덱스를 바꿀 수 있음

```
1  #pandas ex_3
2  #딕셔너리 형으로 생성하기
3
4  sal_1 = {'홍길동':100 , '일지매' : 130 , '전우치' : 120 }
5  sal_2 = pd.Series(sal_1)
6  sal_2
```

```
일지매    130
전우치    120
홍길동    100
dtype: int64
```

04 Series 유형 : 조회하기

```
1  #Pandas ex_4
2  import pandas as pd
3
4  member=pd.Series(['홍길동','전우치','강감찬','스티브잡스'],
5                   index = ['1번','2번','3번','4번'])
6  member
```

```
1번       홍길동
2번       전우치
3번       강감찬
4번     스티브잡스
dtype: object
```

```
1  member['1번']
```

```
'홍길동'
```

```
1  member[ ['1번','3번'] ]
```

```
1번    홍길동
3번    강감찬
dtype: object
```

05 Series 유형 : 데이터 연산하기

```
#pandas ex_5
sal_1 = {'일지매' : 130 , '전우치' : 120, '홍길동':100}
sal_2 = pd.Series(sal_1)
sal_2

일지매    130
전우치    120
홍길동    100
dtype: int64

sal_3 = {'홍길동' : 10 , '전우치' : 12, '강감찬':20}
sal_4 = pd.Series(sal_3)
sal_4

홍길동    10
전우치    12
강감찬    20
dtype: int64

print(sal_2 + sal_4)

강감찬      NaN
일지매      NaN
전우치    132.0
홍길동    110.0
dtype: float64
```

6-1 Data Frame 유형 : 생성하기

```
#Pandas ex_6
# 딕셔너리와 리스트를 활용하여 Data Frame 생성하기

member3 = {'번호' : ['1번','2번','3번'] ,
           '이름' : ['홍길동','전우치','강감찬'],
           '생년' : [1975 , 1980 , 1992] }
member4 = pd.DataFrame(member3)
member4
```

	번호	이름	생년
0	1번	홍길동	1975
1	2번	전우치	1980
2	3번	강감찬	1992

```
#Pandas ex_7
# 딕셔너리와 리스트를 활용하여 Data Frame 생성하기-컬럼이름순서 지정하기

member3 = {'번호' : ['1번','2번','3번'] ,
           '이름' : ['홍길동','전우치','강감찬'],
           '생년' : [1975 , 1980 , 1992] }
member5 = pd.DataFrame(member3 , columns=['번호','생년','이름'])
member5
```

	번호	생년	이름
0	1번	1975	홍길동
1	2번	1980	전우치
2	3번	1992	강감찬

```
#pandas ex_7_2
no = ['1번','2번','3번']
name = ['홍길동','전우치','강감찬']
birth = [1975,1982,1980]

member6 = pd.DataFrame()
member6['번호'] = no
member6['이름'] = name
member6['생년'] = birth
member6
```

	번호	이름	생년
0	1번	홍길동	1975
1	2번	전우치	1982
2	3번	강감찬	1980

6-2 정렬하기

```
member6.sort_values(['생년'] , ascending=[False])
```

	번호	이름	생년
1	2번	전우치	1982
2	3번	강감찬	1980
0	1번	홍길동	1975

pandas에서 xls 형식과 csv 형식 불러오기 : pip install xlrd 후 작업하세요.

```
import pandas as pd

data1 = pd.read_excel('c:\\temp\\부품구입대장2.xls')
data1
```

	신청날짜	사업장	품목	수량	단가	금액
0	2019-08-23	석수	ANGLE	21	32000	672000
1	2019-09-09	석수	백관	44	56000	2464000
2	2019-06-18	석수	절연판	40	45000	1800000
3	2019-03-13	석수	P/Z O-RING	11	38000	418000
4	2019-05-11	석수	알코올	38	8000	304000
5	2019-06-28	석수	실리콘	30	150000	4500000
6	2019-02-16	석수	소모품	4	2200	8800
7	2019-10-22	석수	MOTOR	14	30000	420000
8	2019-03-18	석수	PAPER BRSH	13	40000	520000
9	2019-07-17	석수	불화카리	23	83000	1909000
10	2019-07-23	석수	마크펜	33	3000	99000
11	2019-03-20	석수	NUT	20	15000	300000
12	2019-01-27	석수	윤활유	30	2000000	60000000
13	2019-07-11	석수	소모품	50	2200	110000
14	2019-05-16	석수	BITE	14	86000	1204000

```
# csv 파일 불러오기 - 인코딩 지정하기
import pandas as pd

data1 = pd.read_csv('c:\\temp\\사원별판매현황_홍길동.csv' ,
                    names = ['이름','요일','실적'] , encoding='cp949')
data1
```

	이름	요일	실적
0	이름	요일	실적
1	홍길동	월요일	100
2	홍길동	화요일	70
3	홍길동	수요일	80
4	홍길동	목요일	85
5	홍길동	금요일	65
6	홍길동	토요일	95
7	홍길동	일요일	120

7-1 Data Frame 유형 : 특정 컬럼 조회하기

```
#data frame 에서 원하는 데이터 조회하기
member5
```

	번호	생년	이름
0	1번	1975	홍길동
1	2번	1980	전우치
2	3번	1992	강감찬

```
member5['생년'] # 2개이상의 컬럼일 경우 member5[ ['이름','생년'] ]
```

```
0    1975
1    1980
2    1992
Name: 생년, dtype: int64
```

7-2 Data Frame 유형 : 원하는 조건으로 행 조회하기

```
member5.loc[0]

번호      1번
생년    1975
이름     홍길동
Name: 0, dtype: object
```

```
member5.loc[ member5['번호'] >= '2']
```

	번호	생년	이름
1	2번	1980	전우치
2	3번	1992	강감찬

```
member6 = {'번호' : [1,2,3,4,5] ,
           '이름' : ['홍길동','전우치','강감찬','일지매','을지문덕'],
           '매출' : [100,200,300,250,150]}
member7 = pd.DataFrame(member6 , columns=['번호','이름','매출'])
member7
```

	번호	이름	매출
0	1	홍길동	100
1	2	전우치	200
2	3	강감찬	300
3	4	일지매	250
4	5	을지문덕	150

```
# 매출이 100 이상 ~ 200 이하인 행만 출력하기
member7.loc[ (member7['매출'] >= 100) & (member7['매출'] <= 200)]
```

	번호	이름	매출
0	1	홍길동	100
1	2	전우치	200
4	5	을지문덕	150

```
# 매출이 100 이상 ~ 200 이하인 행의 이름컬럼과 매출 컬럼만 출력하기
member7.loc[ (member7['매출'] >= 100) & (member7['매출'] <= 200),['이름','매출'] ]
```

	이름	매출
0	홍길동	100
1	전우치	200
4	을지문덕	150

```
# 매출이 150 이하 이거나 또는 300 이상인 행의 이름컬럼과 매출 컬럼만 출력하기
member7.loc[ (member7['매출'] <= 150) | (member7['매출'] >= 300),['이름','매출'] ]
```

	이름	매출
0	홍길동	100
2	강감찬	300
4	을지문덕	150

08 Data Frame 유형 : 새로운 행과 열 추가하기

```
# 새로운 열 추가하기
member8 = pd.DataFrame( member5 ,columns=['번호','이름','생년','지역'])
member8
```

	번호	이름	생년	지역
0	1번	홍길동	1975	NaN
1	2번	전우치	1980	NaN
2	3번	강감찬	1992	NaN

```
member8['지역'] = ['서울','대전','강원']
member8
```

	번호	이름	생년	지역
0	1번	홍길동	1975	서울
1	2번	전우치	1980	대전
2	3번	강감찬	1992	강원

```
# 새로운 행 추가하기
member8.loc[3] = ['4번','서진수',1975,'경기']
member8
```

	번호	이름	생년	지역
0	1번	홍길동	1975	서울
1	2번	전우치	1980	대전
2	3번	강감찬	1992	강원
3	4번	서진수	1975	경기

09 Data Frame 유형 : 행과 열 삭제하기

```
member8.drop( [0] )
```

	번호	이름	생년	지역
1	2번	전우치	1980	대전
2	3번	강감찬	1992	강원
3	4번	서진수	1975	경기

```
# 특정 조건의 행 삭제하기
member8.drop( member8[ member8.생년 >= 1980].index )
```

	번호	이름	생년	지역
0	1번	홍길동	1975	서울
3	4번	서진수	1975	경기

```
# 2개 이상의 특정 조건을 지정하여 특정 행 삭제하기
member8.drop( member8[ (member8.생년 >= 1980) | (member8.지역=='서울')].index )
```

	번호	이름	생년	지역
3	4번	서진수	1975	경기

Data Frame 합치기 : merge( ) & concat( )

실무를 하다 보면 여러 개의 데이터 프레임을 하나로 합쳐야 하는 경우가 종종 생깁니다. SQL에서 Join 기능과 유사한 방식인데 아래의 예제로 살펴보겠습니다.

```
# merge 실습용 데이터 생성 1
df_1 = {'학번' : ['1001','1002','1003'] ,
        '이름' : ['홍길동','일지매','전우치'],
        '키' : [180 , 175 , 168] }
stu_1 = pd.DataFrame(df_1)
stu_1
```

	학번	이름	키
0	1001	홍길동	180
1	1002	일지매	175
2	1003	전우치	168

```
# merge 실습용 데이터 생성 1
df_2 = {'학번' : ['1001','1002','1004'] ,
        '이름' : ['홍길동','일지매','강감찬'],
        '몸무게' : [80 , 75 , 68] }
stu_2 = pd.DataFrame(df_2)
stu_2
```

	학번	이름	몸무게
0	1001	홍길동	80
1	1002	일지매	75
2	1004	강감찬	68

아래 예제는 두 데이터 프레임에 공통적으로 있는 데이터만 출력합니다.

```
# 기본값으로 merge - inner join 방식
pd.merge(stu_1 , stu_2 , left_on='이름',right_on='이름')
```

	학번_x	이름	키	학번_y	몸무게
0	1001	홍길동	180	1001	80
1	1002	일지매	175	1002	75

```
# Merge 예제 - merge 할 기준을 지정하기
pd.merge(stu_1 , stu_2 , how='left',left_on='이름',right_on='이름')
```

	학번_x	이름	키	학번_y	몸무게
0	1001	홍길동	180	1001	80.0
1	1002	일지매	175	1002	75.0
2	1003	전우치	168	NaN	NaN

```
pd.merge(stu_1 , stu_2 , how='right',left_on='이름',right_on='이름')
```

	학번_x	이름	키	학번_y	몸무게
0	1001	홍길동	180.0	1001	80
1	1002	일지매	175.0	1002	75
2	NaN	강감찬	NaN	1004	68

아래 예제는 두 데이터 프레임 중에 한쪽에만 있을 경우에도 모두 출력시킵니다.

```
pd.merge(stu_1 , stu_2 , how='outer',left_on='이름',right_on='이름')
```

	학번_x	이름	키	학번_y	몸무게
0	1001	홍길동	180.0	1001	80.0
1	1002	일지매	175.0	1002	75.0
2	1003	전우치	168.0	NaN	NaN
3	NaN	강감찬	NaN	1004	68.0

아래와 같이 concat( ) 함수를 활용하여 데이터프레임 자체를 좌/우 또는 상/하로 합치는 방법도 많이 사용합니다.

```
pd.concat([stu_1, stu_2], axis=0)
```

	학번	이름	키	몸무게
0	1001	홍길동	180.0	NaN
1	1002	일지매	175.0	NaN
2	1003	전우치	168.0	NaN
0	1001	홍길동	NaN	80.0
1	1002	일지매	NaN	75.0
2	1004	강감찬	NaN	68.0

```
pd.concat([stu_1, stu_2], axis=1)
```

	학번	이름	키	학번	이름	몸무게
0	1001	홍길동	180	1001	홍길동	80
1	1002	일지매	175	1002	일지매	75
2	1003	전우치	168	1004	강감찬	68

연습 문제

문제 1 아래 그림과 같은 유형으로 표를 생성하세요.

	번호	이름	생일
0	1번	홍길동	1975
1	2번	전우치	
2	3번	강감찬	1982

문제 2 주어진 '부품구입대장.xlsx' 파일을 불러와서 변수에 할당한 후 아래 그림과 같이 날짜, 품목, 수량, 금액 컬럼으로 이루어진 데이터 프레임을 생성하세요.

	날짜	품목	수량	금액
0	2019-08-23	ANGLE	21	672000
1	2019-09-09	백관	44	2464000
2	2019-06-18	절연판	40	1800000
3	2019-03-13	P/Z O-RING	11	418000
4	2019-05-11	알코올	38	304000
5	2019-06-28	실리콘	30	4500000
6	2019-02-16	소모품	4	8800
7	2019-10-22	MOTOR	14	420000
8	2019-03-18	PAPER BRSH	13	520000
9	2019-07-17	불화카리	23	1909000
10	2019-07-23	마크펜	33	99000
11	2019-03-20	NUT	20	300000
12	2019-01-27	윤활유	30	60000000
13	2019-07-11	소모품	50	110000
14	2019-05-16	BITE	14	1204000

문제 3 문제 2에서 생성한 데이터프레임에서 금액이 1000000원이 넘는 항목만 조회하여 다음과 같이 날짜, 품목, 수량, 금액 컬럼을 출력하되 금액이 많은 것부터 먼저 출력되게 하세요.

	날짜	품목	수량	금액
12	2019-01-27	윤활유	30	60000000
5	2019-06-28	실리콘	30	4500000
1	2019-09-09	백관	44	2464000
9	2019-07-17	불화카리	23	1909000
2	2019-06-18	절연판	40	1800000
14	2019-05-16	BITE	14	1204000

문제 **4** 문제 3에서 동일한 조건으로 조회하여 아래 그림과 같이 품목과 금액 컬럼만 출력하세요.

	품목	금액
12	윤활유	60000000
5	실리콘	4500000
1	백관	2464000
9	불화카리	1909000
2	절연판	1800000
14	BITE	1204000

문제 **5** 문제 2에서 품명이 '백관'일 경우 코드 컬럼에 'A1', '절연판'일 경우 'B1', '실리콘'일 경우 'C1'값을 입력하여 아래 그림과 같이 출력되도록 코드를 작성하세요.

	날짜	품목	수량	금액	코드
0	2019-08-23	ANGLE	21	672000	
1	2019-09-09	백관	44	2464000	A1
2	2019-06-18	절연판	40	1800000	B1
3	2019-03-13	P/Z O-RING	11	418000	
4	2019-05-11	알코올	38	304000	
5	2019-06-28	실리콘	30	4500000	C1
6	2019-02-16	소모품	4	8800	
7	2019-10-22	MOTOR	14	420000	
8	2019-03-18	PAPER BRSH	13	520000	
9	2019-07-17	불화카리	23	1909000	
10	2019-07-23	마크펜	33	99000	
11	2019-03-20	NUT	20	300000	
12	2019-01-27	윤활유	30	60000000	
13	2019-07-11	소모품	50	110000	
14	2019-05-16	BITE	14	1204000	

문제 **6** 주어진 "학생_만족도_조사_실습.xlsx" 파일을 불러와서 data1 변수에 저장하세요.
(아래 화면 참조)

	연번	학년	소속	분반	1. 튜터링 활동을 위한 자료준비 및 선행학습은 적절하였다.	2. 튜티의 학습 수준 및 특성을 파악하였다.	3. 설명 등 튜티와의 상호작용을 유도하였다.	4. 튜티의 학습 수준 및 특성을 고려하여 활동하였다.	5. 튜터링 활동 시간은 적절하였다.	6. 튜터링 활동 장소는 적절하였다.	...	11. 책임감이 증진되었다.	12. 협동심이 증진되었다.	13. 의사소통능력이 증진되었다.	14. 리더십이 증진되었다.	15. 학교생활 적응능력이 증진되었다.	16. 튜터링 프로그램에 대해 만족한다.	팀활동좋았던점	팀활동 개선점	운영상 좋았던점	운영상 개선점
0	1.0	4.0	7	NaN	5	5	5	5	5	5.0	...	5.000000	5.000000	5.000000	5.0	5.0	만족	의사소통 능력, 리더쉽 능력이 승진되었다.	NaN	보고서를 통해 피드백을 받을 수 있어 좋았다	NaN
1	2.0	4.0	1	NaN	3	4	4	4	4	4.0	...	4.000000	4.000000	4.000000	4.0	4.0	만족	다른과에서 복수전공을 하고오신 튜티를 만나 좋았다	[illegible]	주간 보고서를 제출해야해서 주당 1회 활동이 의무적으로 이루어 진 것 같다	[illegible]
2	3.0	4.0	5	NaN	3	4	4	5	4	4.0	...	4.000000	3.000000	4.000000	5.0	4.0	만족	무난하게 잘 완료	[illegible]	전공 과목을 대상으로 한다는 점에서 도움됨	[illegible]
3	4.0	3.0	1	NaN	5	5	5	5	5	5.0	...	5.000000	5.000000	5.000000	5.0	5.0	만족	질의응답이 활발	시간배분을 잘해야 했다	설명을 잘해주셔서 좋았다	NaN
4	5.0	3.0	12	NaN	4	4	5	4	3	4.0	...	4.000000	3.000000	4.000000	5.0	5.0	만족	NaN	[illegible]	자율적인 튜터링 활동이어서 좋았다	NaN
...	...	...	...	...	...	...	...	...	...	...	...	...	...	...	...	...	...	...	...	...	...
73	NaN	NaN	11	NaN	0	0	3	21	34	NaN	...	0.051724	0.362069	0.586207	NaN	NaN	NaN	NaN	NaN	NaN	NaN
74	NaN	NaN	12	NaN	0	0	9	24	25	NaN	...	0.155172	0.413793	0.431034	NaN	NaN	NaN	NaN	NaN	NaN	NaN
75	NaN	NaN	13	NaN	0	0	3	21	34	NaN	...	0.051724	0.362069	0.586207	NaN	NaN	NaN	NaN	NaN	NaN	NaN
76	NaN	NaN	14	NaN	0	0	5	25	30	NaN	...	0.051724	0.431034	0.517241	NaN	NaN	NaN	NaN	NaN	NaN	NaN
77	NaN	NaN	15	NaN	0	3	7	24	24	NaN	...	0.120690	0.413793	0.413793	NaN	NaN	NaN	NaN	NaN	NaN	NaN

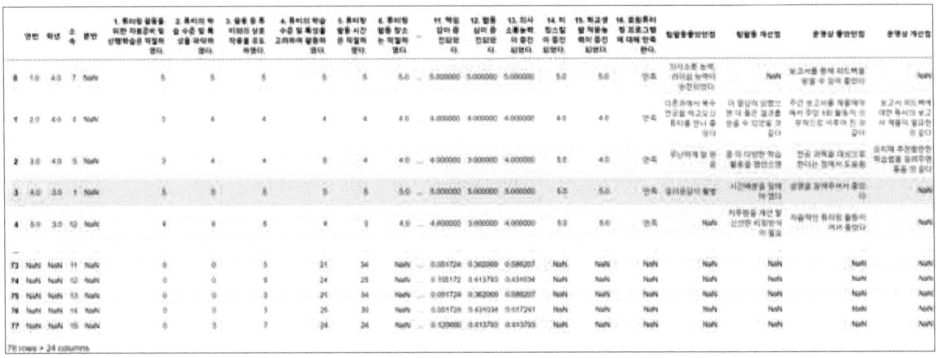

78 rows × 24 columns

문제 **7** 문제 6번의 data1에서 아래와 같이 특정 컬럼(팀활동 좋았던 점, 운영상 좋았던 점)만 조회하여 data2 변수에 저장하세요(아래 화면 참조).

	팀활동좋았던점	운영상 좋았던점
0	의사소통 능력, 리더쉽 능력이 승진되었다.	보고서를 통해 피드백을 받을 수 있어 좋았다
1	다른과에서 복수전공을 하고오신 튜티를 만나 좋았다	주간 보고서를 제풀해야해서 주당 1회 활동이 의무적으로 이루어 진 것 같다
2	무난하게 잘 완료	전공 과목을 대상으로 한다는 점에서 도움됨
3	질의응답이 활발	설명을 잘해주셔서 좋았다
4	NaN	자율적인 튜터링 활동이어서 좋았다
5	동기와 협동심이 증진되었으며 책임감이 향상	바로바로 피드백이 가능하여 효율적이였다
6	서로에게 도움이 되었던것 같다	프로그램이 있었기 때문에 꾸준히 할 수 있었던것 같다
7	NaN	꾸준한 피드백
8	피드백 적극적 반영	보고서피드백
9	NaN	NaN

“세상은 고통으로 가득하지만
그것을 극복하는 사람들로도 가득하다”

– 헬렌켈러 –

Chap 20

다양한 파이썬 시각화 기법을 소개합니다.

파이썬에서 시각화를 하는 방법은 여러가지가 있는데
대표적인 방법들은 아래와 같습니다.

- matplotlib
- seaborn
- plotnine
- folium
- plot.ly
- pyecharts

이 방법들 중에서 많이 사용하는 방법들을 살펴보겠습니다.

슬기로운 파이썬 생활
데이터 싹쓰리 & 업무자동화
01
SECTION

matplotlib

R프로그램에서 시각화를 담당하는 패키지가 ggplot2( )가 있다면 파이썬 언어에서 시각화를 담당하는 대표적인 패키지가 바로 matplotlib( )입니다.

이 모듈은 자동으로 설치가 안되기 때문에 먼저 윈도의 cmd (명령프롬프트) 창에서 pip install matplotlib를 실행해서 설치한 후 파이썬에서 사용하면 됩니다.

그래프를 그리기 전에 그래프와 관련된 주요 용어부터 먼저 정리해 볼까요?

01 Figure

Figure는 그림이 그려지는 도화지라고 생각하면 됩니다.

먼저 큰 도화지인 Figure를 그린 후, plt.subplots로 도화지를 분할해 각 부분에 그래프를 그리는 방식으로 진행합니다.

plt.figure를 명시적으로 표현해주는 것이 좋으나, plot 함수에서 자동으로 figure를 생성하기 때문에 사용하지 않아도 문제없습니다.

그러나 현재 figure에 접근해야 할 필요성이 있다면, plt.gcf()로 접근할 수 있습니다

만약 size를 조절하고 싶은 경우엔 fig.set_size_inches(18.5, 10.5) 명령이나 또는 plt.figure (figsize=(10,5)) 또는 plt.rcParams['figure.figsize'] = (10,7) 방식을 사용하면 됩니다.

Axes

Axes는 plot이 그려지는 공간입니다.

Axis

plot의 축입니다.

이제 본격적으로 matplotlib 모듈에 있는 시각화 기능을 살펴보겠습니다.

이 모듈 안에 그래프와 관련된 다양한 함수가 있는데 그 중에서 가장 기본이면서 많이 사용되는 pyplot( ) 함수부터 여러가지 다양한 함수를 살펴보겠습니다.

(1) pyplot( ) 함수

아래와 같이 먼저 실행해 보세요.

```
1 import matplotlib.pyplot as plt
2 plt.style.use('default')
3 plt.plot([2, 4, 5, 9])
4 plt.show()
```

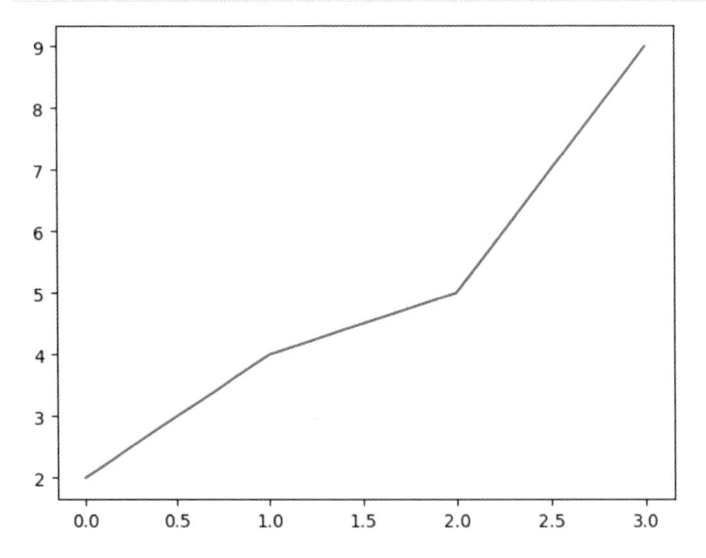

위 코드에서 plot( ) 함수는 주어진 숫자값을 연결하여 선(line)으로 만드는 함수입니다.

이때 X축 좌표와 Y축 좌표를 지정하지 않을 경우 기본값은 X축은 0부터 1씩 증가하며 사용자가 지정한 값은 Y값으로 인식됩니다.

만약 X, Y값을 모두 지정하고 싶을 경우 아래와 같이 작업하면 됩니다.

```
1 x = [2,4,6,8]
2 y = [1,3,5,7]
3 plt.plot(x,y)
```

```
[<matplotlib.lines.Line2D at 0x2ae74b5f208>]
```

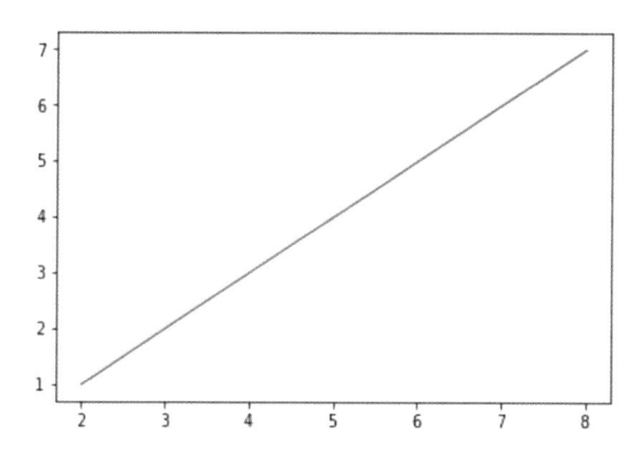

이번에는 옵션을 사용하는 방법을 살펴볼까요?

```
1 x = range(0,10)
2 y = range(5,15)
3 plt.plot(x,y , 'ro')
```

```
[<matplotlib.lines.Line2D at 0x2ae74be3080>]
```

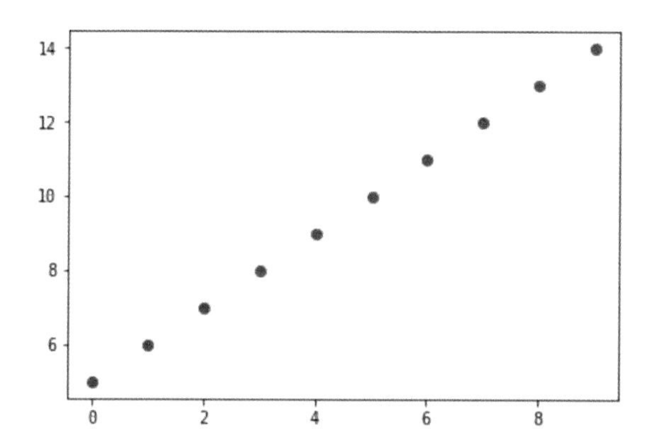

앞 코드에서 3번 행의 'ro'의 의미는 r은 색깔("red")이고 o는 그래프 유형입니다.
아래 코드를 실행해 보세요.

```
1 x = range(0,50)
2 y = range(0,50)
3 plt.plot(x,y , 'bs')
```

[<matplotlib.lines.Line2D at 0x224ca135748>]

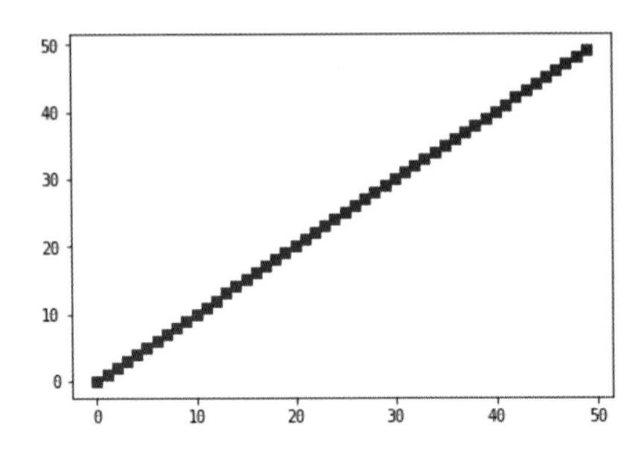

위 코드의 3번 행에서 b는 blue이고 s는 square(네모)의 의미입니다.
이 옵션들에 대한 보다 자세한 내용은 다음의 표를 참고하세요.

문자	색상
b	blue(파란색)
g	green(녹색)
r	red(빨간색)
c	cyan(청록색)
m	magenta(마젠타색)
y	yellow(노란색)
k	black(검은색)
w	white(흰색)

[색상표]

마커	의미
o	circle(원)
v	triangle_down(역 삼각형)
^	triangle_up(삼각형)
s	square(네모)
+	plus(플러스)
.	point(점)

[마커표]

SECTION 02

한 화면에 여러 그래프 그리기

그래프를 작성할 때 한 화면에 여러 개의 그래프를 한꺼번에 그려야 할 경우가 종종 있습니다. 이번 시간에는 이런 작업들을 어떻게 하는지 살펴보겠습니다.

먼저 아래의 코드를 실행해 보세요.

```
1  fig = plt.figure()
2  ax1 = fig.add_subplot(2, 1, 1)
3  ax2 = fig.add_subplot(2, 1, 2)
4  plt.show()
```

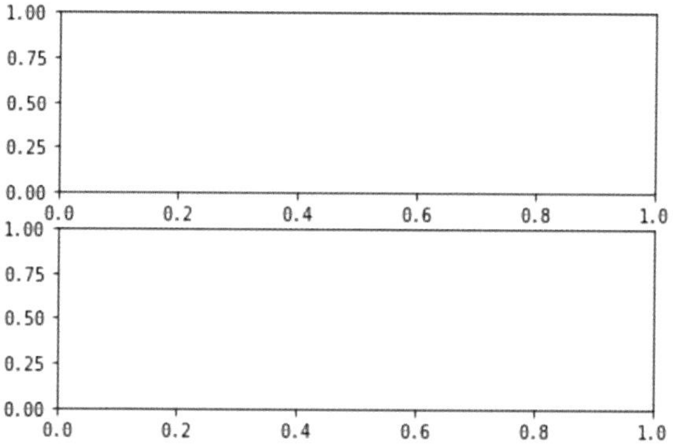

위 소스코드 중 1번은 그림을 그리기 위해 큰 도화지를 하나 준비하는 과정이고 2번 행의 subplot( ) 함수는 큰 도화지 안에 작은 구역으로 나누는 역할을 합니다.

위 코드에서 2번 행을 다시 볼까요?

```
ax1 = fig.add_subplot(2, 1, 1)
```

앞의 코드에서 괄호안의 숫자의 의미는(행의 갯수, 열의 갯수, 위치값)인데 앞 코드의 숫자는 그래프가 행으로 2개, 열은 1개이고 그 중에서 1번째 위치에 그래프를 작성하라는 의미입니다.

숫자를 바꾸어서 실행해 볼까요?

아래 코드를 실행해 보세요.

```
fig = plt.figure()
ax1 = fig.add_subplot(1, 2, 1)
ax2 = fig.add_subplot(1, 2, 2)
plt.show()
```

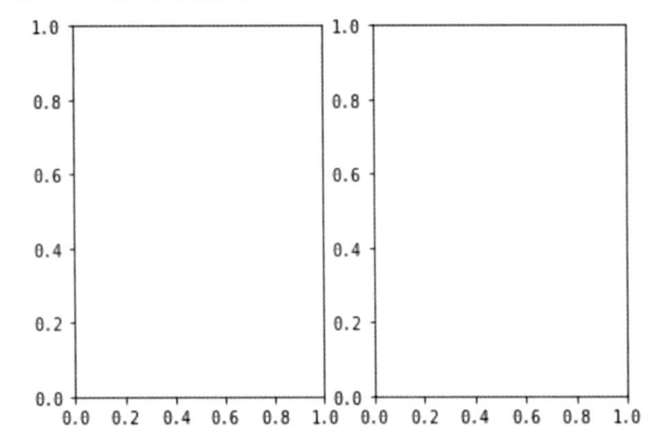

```
fig = plt.figure()
ax1 = fig.add_subplot(1, 2, 1)
ax2 = fig.add_subplot(2, 2, 2)
plt.show()
```

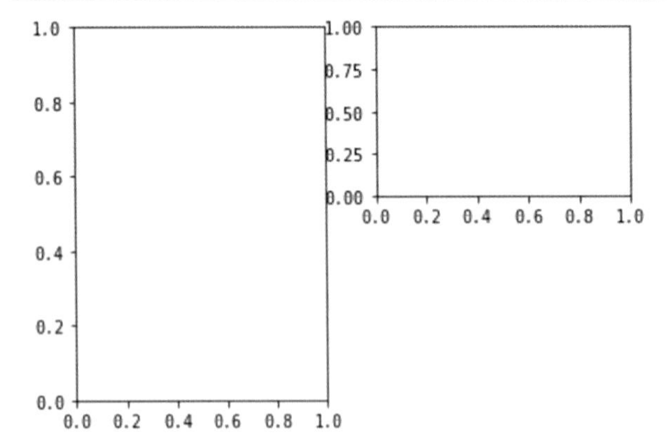

이제 그래프의 화면 배치를 어떻게 하는 지 이해하셨죠?

화면 배치가 끝났으니 이제 그래프를 실제 그려보겠습니다.

```
1  fig = plt.figure()
2  ax1 = fig.add_subplot(1, 2, 1)
3  ax2 = fig.add_subplot(1, 2, 2)
4
5  x = range(0,10)
6  y = range(5,15)
7  ax1.plot(x,y , 'ro')
8
9  x = range(0,50)
10 y = range(0,50)
11 ax2.plot(x,y , 'bs')
12 plt.show()
```

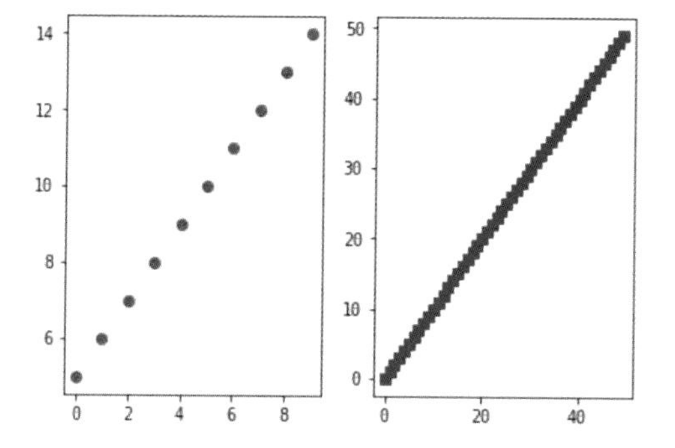

위 그림에서 보듯이 2행과 3행으로 먼저 그래프의 위치를 지정한 뒤 7행과 11행에서 준비된 그래프를 어느 위치에 그려라~~라고 시키면 원하는 위치에 그래프를 그릴 수 있습니다.

03 SECTION 그래프의 추가정보(라벨과 범례) 표시하기

그래프를 배치하고 그리는 작업을 배웠습니다.

이번에는 그래프에 추가정보(x축 이름, y축 이름, 범례 등)를 출력하는 방법을 살펴보겠습니다.

먼저 아래 코드를 실행해 보세요.

```
1  fig = plt.figure()
2  ax1 = fig.add_subplot(1, 3, 1)
3  ax2 = fig.add_subplot(1, 3, 3)
4
5  x = range(0,10)
6  y = range(5,15)
7  ax1.plot(x,y , 'ro')
8
9  x = range(0,50)
10 y = range(0,50)
11 ax2.plot(x,y , 'bs')
12
13 ax1.set_xlabel('time')
14 ax1.set_ylabel('qty')
15
16 ax2.set_xlabel('time')
17 ax2.set_ylabel('qty')
18 plt.show()
```

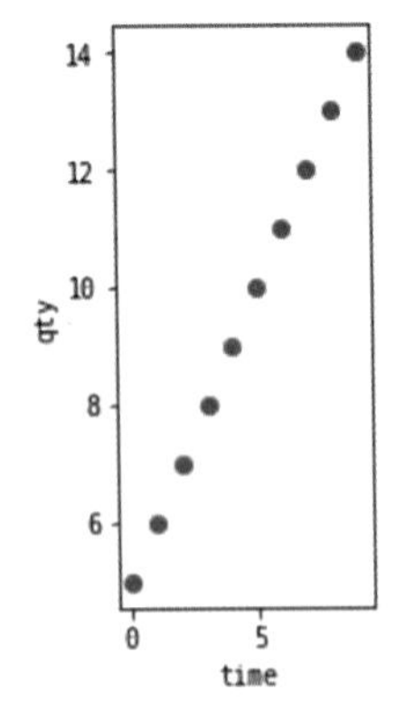

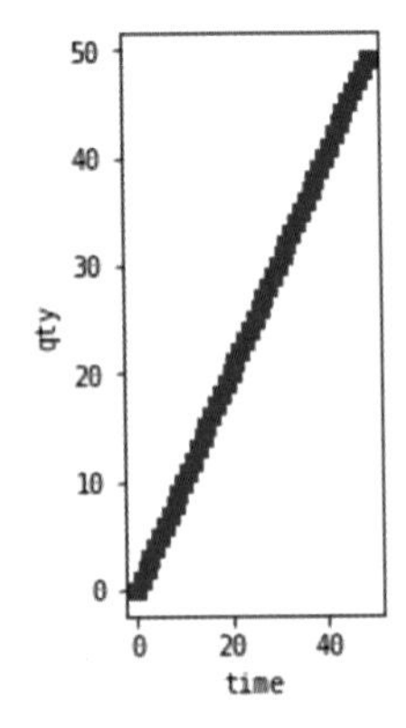

앞의 그림과 같이 x축 제목과 y축 제목이 모두 잘 출력이 되는 것이 확인됩니다.

그런데 축 제목이나 범례가 영어일 경우는 문제가 없는 데 한글일 경우 글씨가 출력되지 않는 문제가 발생하는 경우가 많습니다.

앞의 그래프에서 축 제목을 한글로 바꾸어서 출력해 볼까요?

```
fig = plt.figure()
ax1 = fig.add_subplot(1, 3, 1)
ax2 = fig.add_subplot(1, 3, 3)

x = range(0,10)
y = range(5,15)
ax1.plot(x,y , 'ro')

x = range(0,50)
y = range(0,50)
ax2.plot(x,y , 'bs')

ax1.set_xlabel('판매시간')
ax1.set_ylabel('판매수량')

ax2.set_xlabel('누적판매시간')
ax2.set_ylabel('누적판매수량')
plt.show()
```

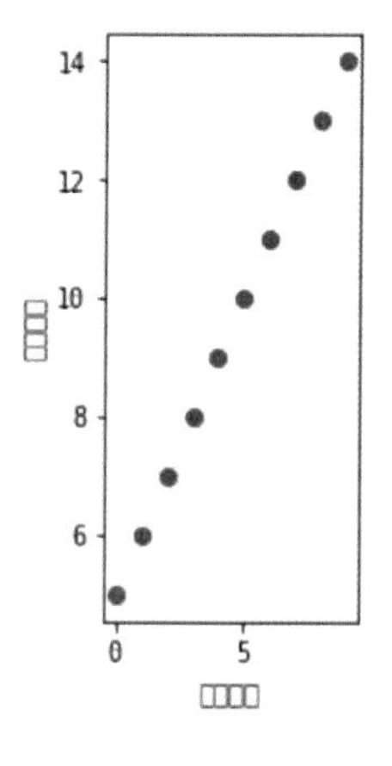

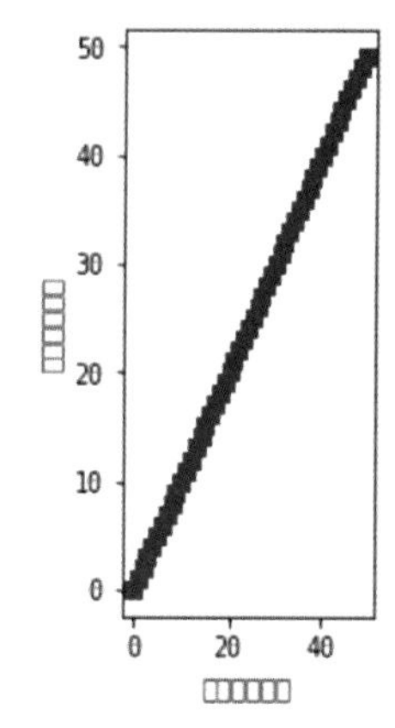

위 그림과 같이 한글 부분이 문제가 되죠?

이럴 때는 font manager로 한글 폰트를 명시적으로 지정해 주면 해결됩니다.

다음의 코드를 실행해 보세요.

```
from matplotlib import pyplot as plt
import matplotlib.font_manager as fm
import matplotlib

font_location = "c:\windows\Fonts\HYCYSM.TTF"
font_name = fm.FontProperties(fname = font_location).get_name()
matplotlib.rc('font' , family=font_name)

fig = plt.figure()
ax1 = fig.add_subplot(1, 3, 1)
ax2 = fig.add_subplot(1, 3, 3)

x = range(0,10)
y = range(5,15)
ax1.plot(x,y , 'ro')

x = range(0,50)
y = range(0,50)
ax2.plot(x,y , 'bs')

ax1.set_xlabel('판매시간')
ax1.set_ylabel('판매수량')

ax2.set_xlabel('누적판매시간')
ax2.set_ylabel('누적판매수량')
plt.show()
```

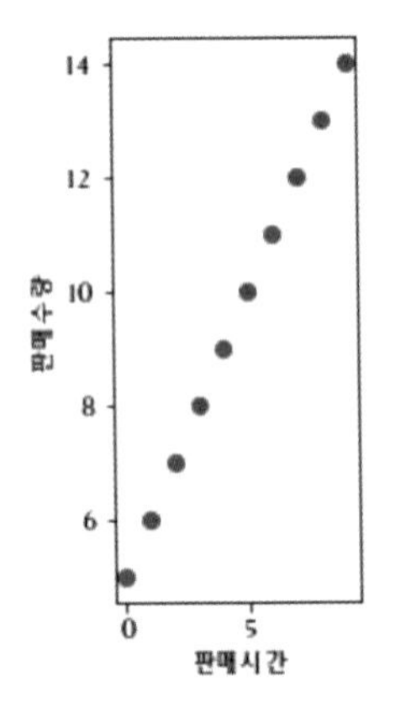

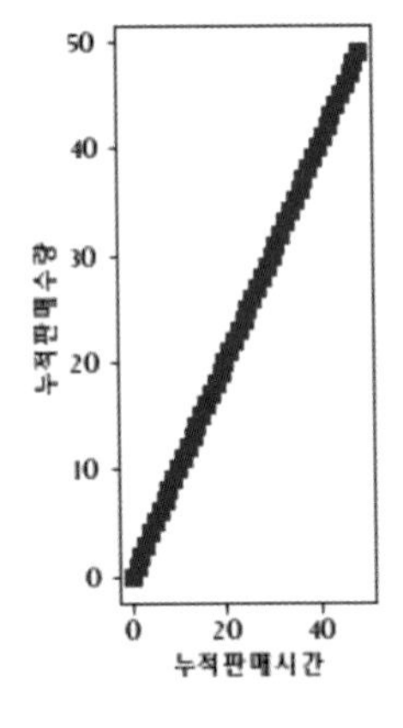

위 그림처럼 한글을 출력할 때는 꼭 한글 폰트 관련 설정해 주세요.

이번에는 범례부분을 포함하여 그래프를 그려볼까요?

먼저 다음 코드를 실행해 보세요.

```
1  from matplotlib import pyplot as plt
2  import matplotlib.font_manager as fm
3  import matplotlib
4  import numpy as np
5  import math
6
7  # 한글 폰트 설정합니다
8  font_location = "c:\windows\Fonts\HYCYSM.TTF"
9  font_name = fm.FontProperties(fname = font_location).get_name()
10 matplotlib.rc('font' , family=font_name)
11
12 # 그래프 위치와 스타일을 설정합니다
13 fig = plt.figure()
14 plt.style.use('ggplot')
15 ax = fig.add_subplot(1, 1, 1)
16
17 #가상의 데이터를 생성 후 그래프값을 설정합니다
18 np.random.seed(0)
19 hong = np.ceil(np.random.rand(12) * 100)
20 kang = np.ceil(np.random.rand(12) * 100)
21 date = np.arange(1,13)
22 ax.plot(date , hong , label='홍길동')
23 ax.plot(date , kang , label='강감찬')
24
25 # 축 제목과 범례그리기
26 ax.set_title('영업사원별 실적', fontproperties = font_name)
27 ax.set_ylabel('실적(단위:원)',fontproperties = font_name)
28 ax.set_xlabel('월', fontproperties = font_name)
29 ax.legend()
30 plt.show()
31
32
33
```

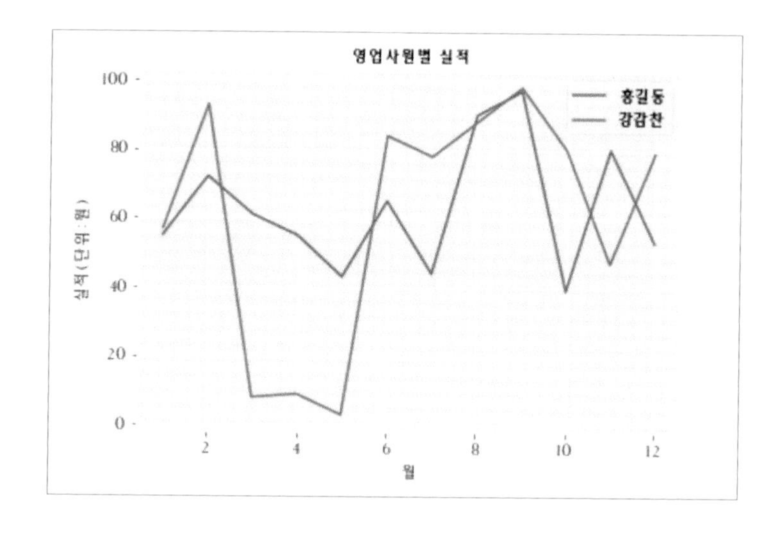

Line Chart 퀴즈

■ 주어진 "학생별과목별성적_3명.csv" 파일을 불러와서 아래 그림과 같이 학생별 과목별 성적을 line chart로 작성하세요.
참고로 예제 파일을 불러오는 명령은 아래 명령을 사용하면 됩니다.

```
df = pd.read_csv("c:\\temp\\학생별과목별성적_3명.csv", encoding="euc-kr")
```

위 명령을 수행하여 파일을 불러오면 총 3명 학생의 6과목의 성적이 저장되어 있습니다. 이 성적으로 아래와 같이 Line Chart를 작성하면 됩니다.

결과 그래프

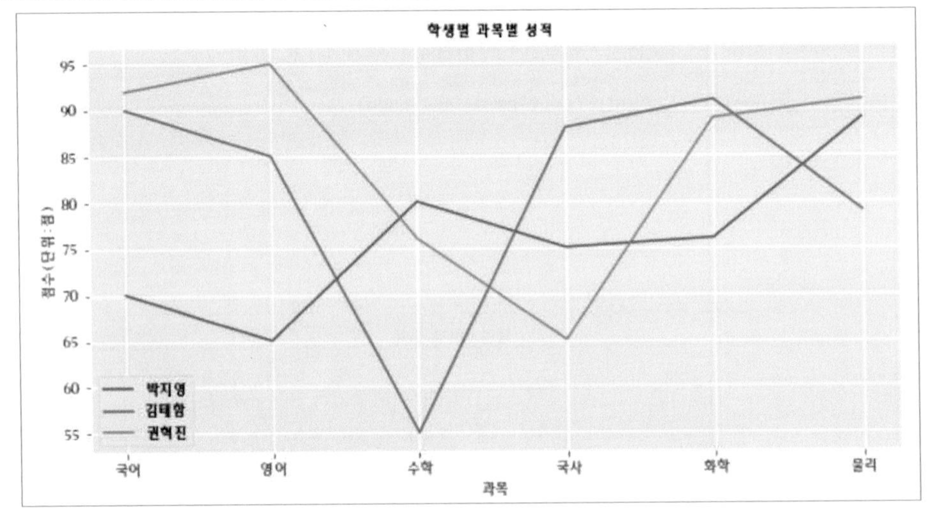

bar chart 만들기

01 기본 옵션으로 bar chart 그리기

챠트 중에서 가장 많이 사용되는 챠트 중 한 가지가 bar chart(막대 그래프)입니다. 이번에는 matplotlib 모듈을 사용하여 bar chart를 그리는 방법을 살펴보겠습니다. 아래 코드를 실행해 보세요.

```
1  # Bar chart에 x축 제목 지정하기
2  plt.style.use('ggplot')
3  fig=plt.figure()
4  ax = fig.add_subplot(111)
5
6  labels = ['english','math']
7  x = [3,4]
8  y = [1,2]
9
10 ax.bar(x,y , tick_label = labels)
11 plt.show()
```

위 그림에서 9번 행에 있는 ax.bar( ) 함수가 bar chart를 그리는 함수입니다.

x축 항목 이름 지정하기

```
# Bar chart에 x축 제목 지정하기
plt.style.use('ggplot')
fig=plt.figure()
ax = fig.add_subplot(111)

labels = ['english','math']
x = [3,4]
y = [1,2]

ax.bar(x,y , tick_label = labels)
plt.show()
```

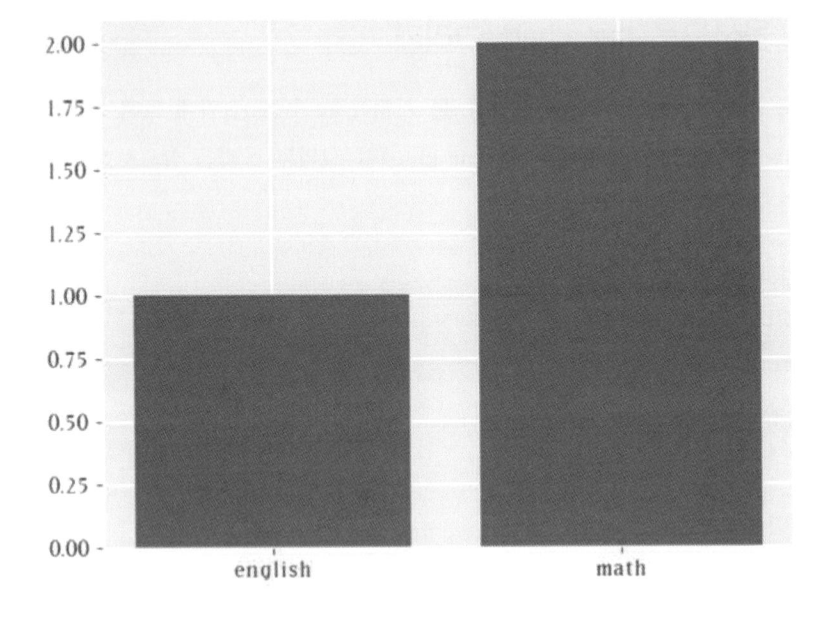

03 color 지정하기

```
# Bar chart color 지정하기
plt.style.use('ggplot')
fig=plt.figure()
ax = fig.add_subplot(111)

colors = ['red','blue']
labels = ['english','math']
x = [3,4]
y = [1,2]

ax.bar(x,y , tick_label = labels , color = colors)
plt.show()
```

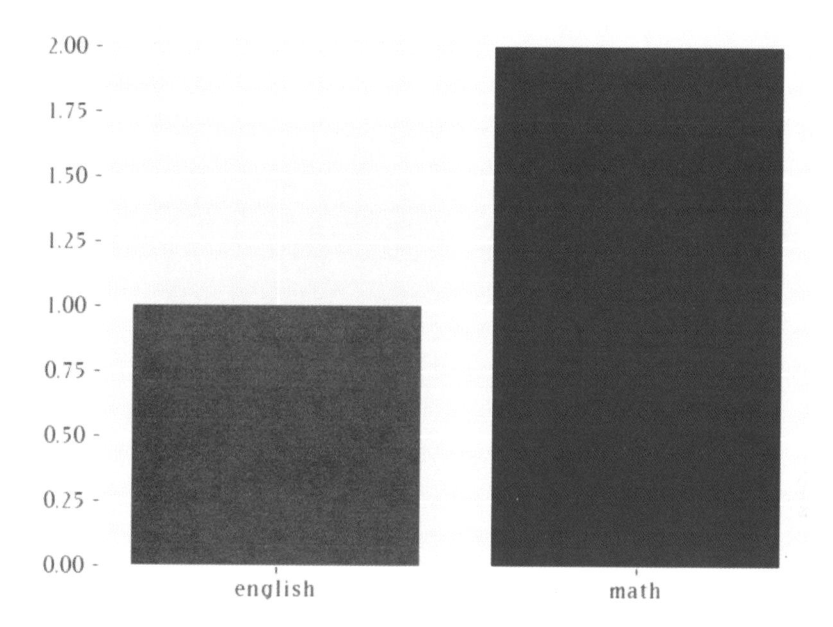

04 수치 표시하기

```
1  # Bar chart 에 수치 표시하기
2  plt.style.use('ggplot')
3  fig=plt.figure()
4  ax = fig.add_subplot(111)
5
6  colors = ['red','blue']
7  labels = ['english','math']
8  x = [3,4]
9  y = [1,2]
10
11 ax.bar(x,y , tick_label = labels , color = colors)
12
13 for i, v in enumerate(y):
14     ax.text(v+2, i+1.05, str(v), color='red', fontweight='bold')
15
16 plt.show()
```

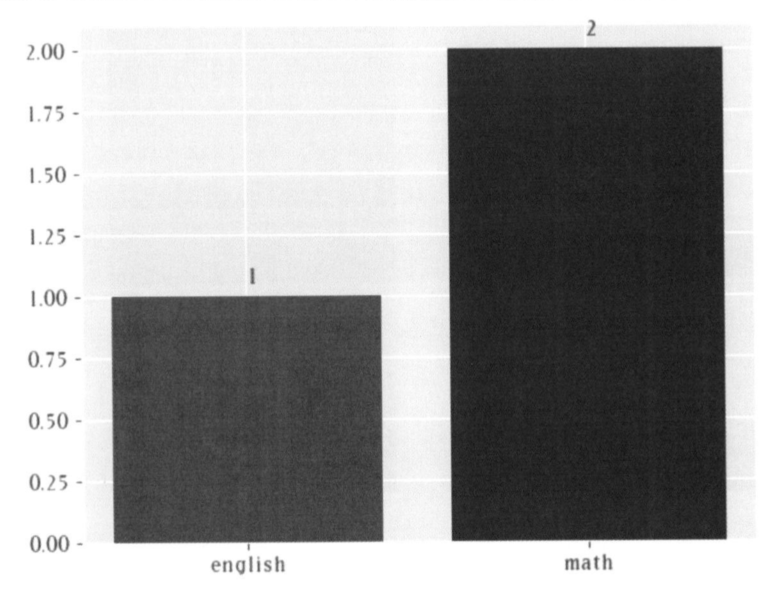

수평 bar chart 그리기

```
# 수평 막대 그래프 그리기
plt.style.use('ggplot')
fig=plt.figure()
ax = fig.add_subplot(111)

labels = ['english','math']
x = [3,4]
y = [1,2]

ax.barh(x,y , tick_label = labels)
plt.show()
```

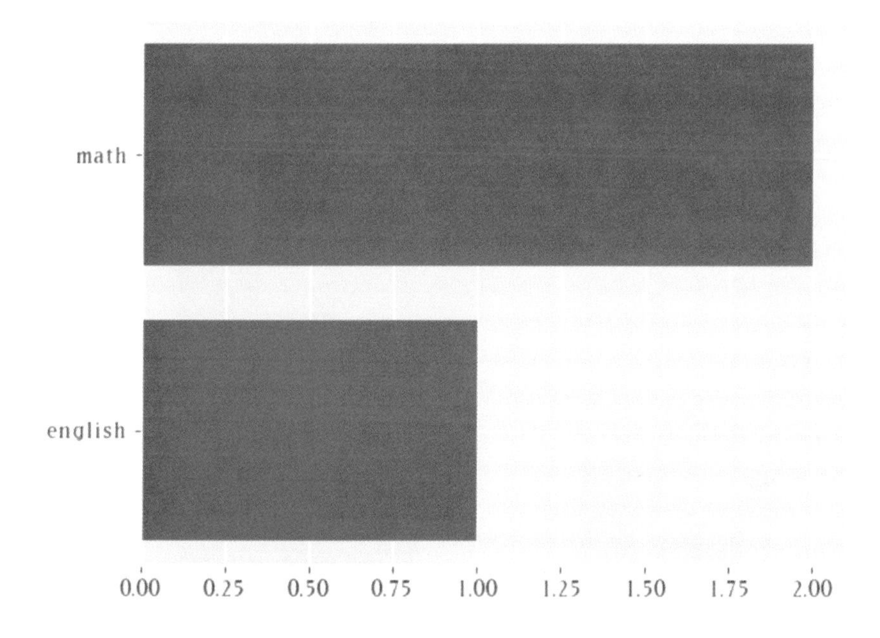

06 여러 데이터를 묶어서 그리기

```
# 여러 데이터를 묶어서 그리기
import numpy as np

x = [1,2]
y1,y2,y3 = [1,2] , [2,5] , [3,7]

fig = plt.figure()
ax = fig.add_subplot(111)

w=0.2
ax.bar(x,y1,width=w , label='english')
ax.bar(np.array(x) + w, y2 , width=w , label = 'math')
ax.bar(np.array(x) + w*2, y3, width=w , label='Korean')

ax.legend()
plt.show()
```

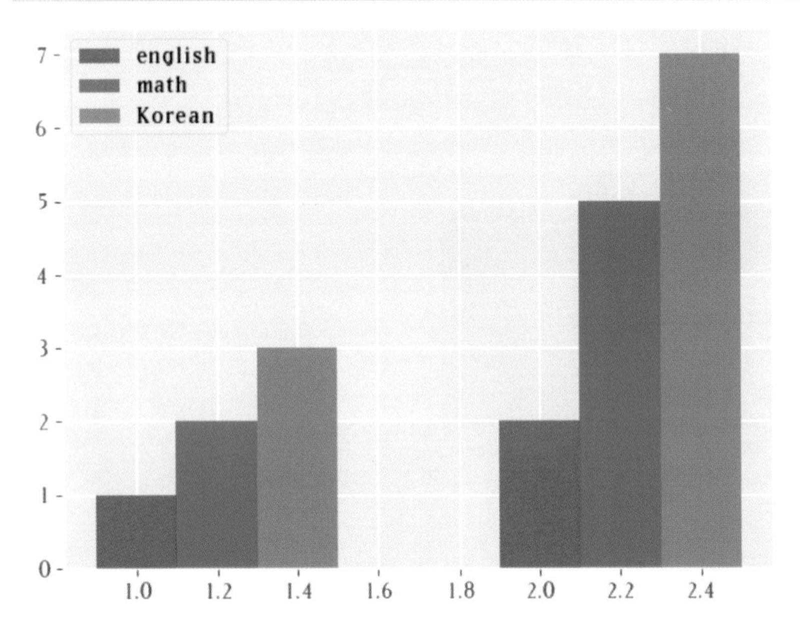

Bar Chart 퀴즈 1

- 예제로 제공되는 "홍길동시험점수.csv" 파일을 불러와서 아래의 모양으로 Bar Chart를 작성하세요.
  csv 파일을 불러오는 명령은 아래 명령을 사용하면 됩니다.

```
df = pd.read_csv("c:\\temp\\홍길동시험점수.csv", encoding="euc-kr")
```

참고로 위 명령에서 pd는import pandas as pd 명령을 먼저 수행해야 사용할 수 있습니다.
예제데이터는 아래와 같은 내용이 들어있습니다.

이름	과목	점수
홍길동	영어	90
홍길동	수학	70
홍길동	국어	85

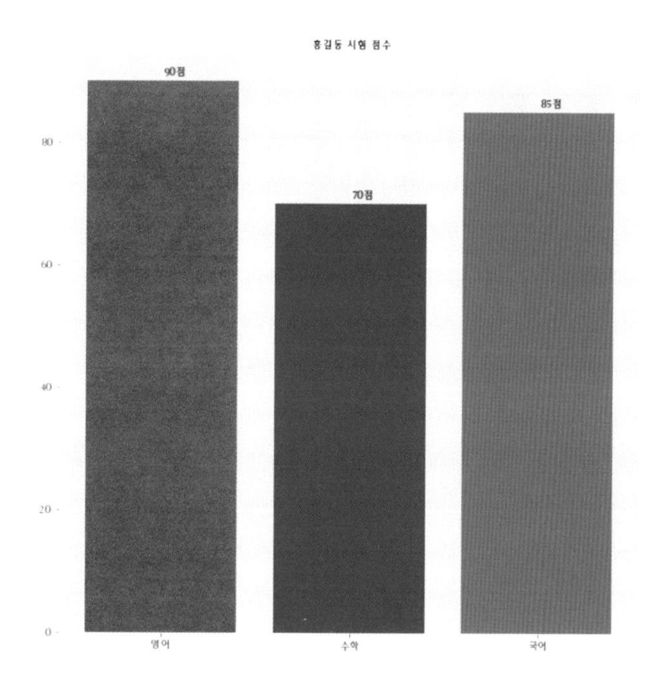

Bar Chart 퀴즈 2

■ 주어진 “1군전염병발병현황_년도별_2.csv” 파일을 불러와서 아래와 같이 년도별로 주요 전염병이 발생한 현황을 그래프로 작성하세요.
참고로 해당 파일을 불러오는 명령은 아래 명령을 사용하면 됩니다.

```
df = pd.read_csv("c:\\temp\\1군전염병발병현황_년도별_2.csv", encoding="euc-kr", index_col='년도')
```

결과 그래프

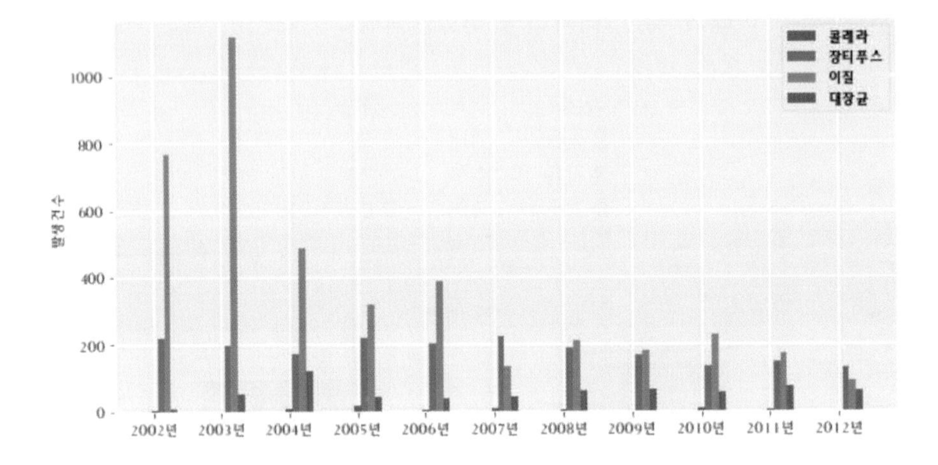

pie chart 만들기

01 기본 챠트 그리기

```
1  # Pie chart 그리기
2  plt.style.use('ggplot')
3  fig=plt.figure()
4  ax = fig.add_subplot(111)
5  label = ['english','math','korean']
6  sizes = [45,35,20]
7
8  ax.pie(sizes,labels = label)
9  plt.show()
10
```

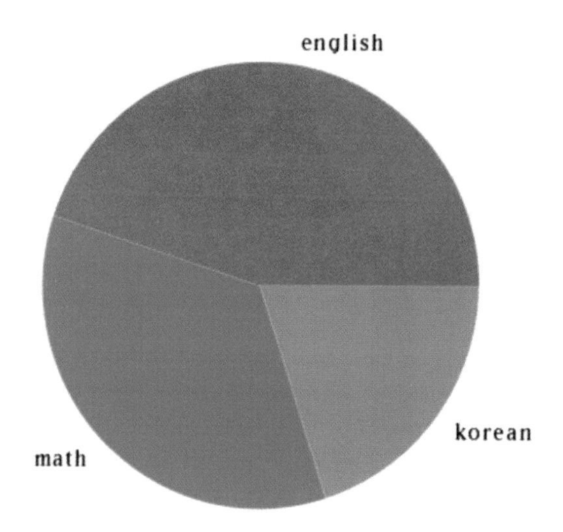

02 수치값 표시하기

```
# Pie chart 에 수치값 표시하기
plt.style.use('ggplot')
fig=plt.figure()
ax = fig.add_subplot(111)
label = ['english','math','korean']
sizes = [45,35,20]

#ax.pie(sizes, labels = label)

ax.pie(sizes, labels=label, autopct='%1.1f%%',
        shadow=True, startangle=90)

ax.set_title("홍길동 시험 점수- Pie Chart")

plt.show()
```

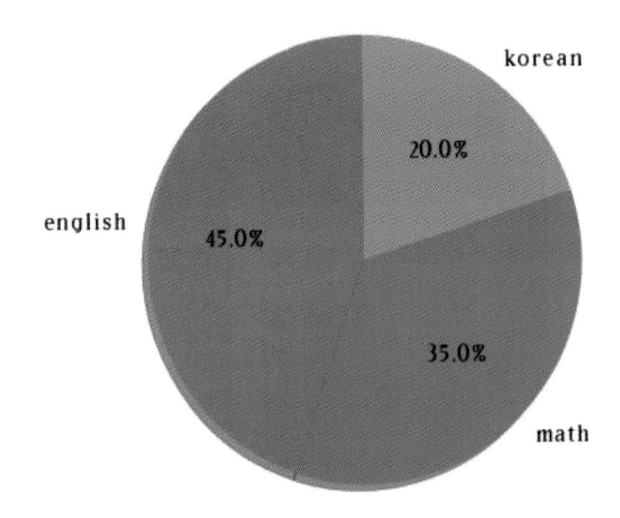

01 기본 box plot 그리기

```
1  # box plot 그리기
2  plt.style.use('ggplot')
3  fig=plt.figure()
4  ax = fig.add_subplot(111)
5
6  x = [1,2,3,3,11,20]
7  ax.boxplot(x)
8
9  plt.show()
```

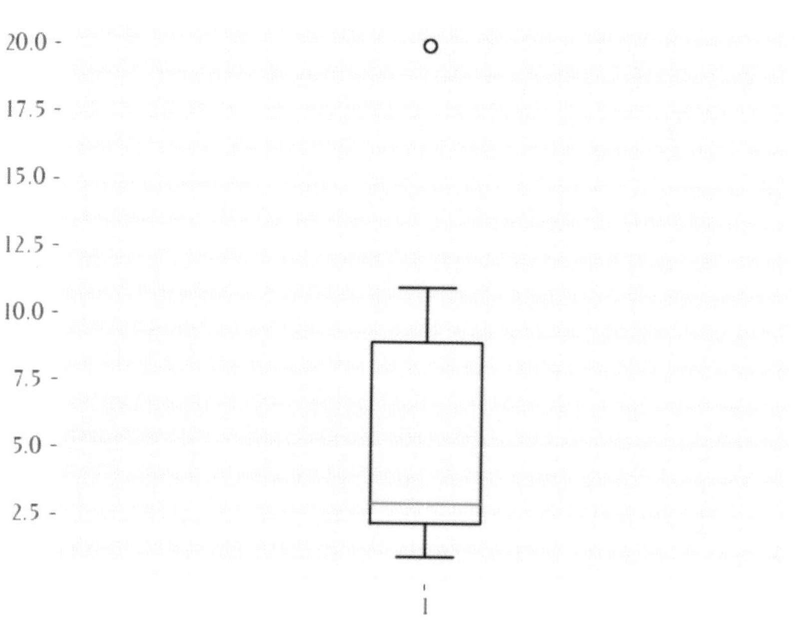

02 여러 개의 box plot 그리기

```
1  # 여러개의 box plot 생성하기
2  plt.style.use('ggplot')
3  fig=plt.figure()
4  ax = fig.add_subplot(111)
5
6  x = [ [1,2,3,3,11,20] , [1,2,9,10,19,13]]
7  label =  ['english','math']
8
9  ax.boxplot(x , labels = label)
10 plt.show()
```

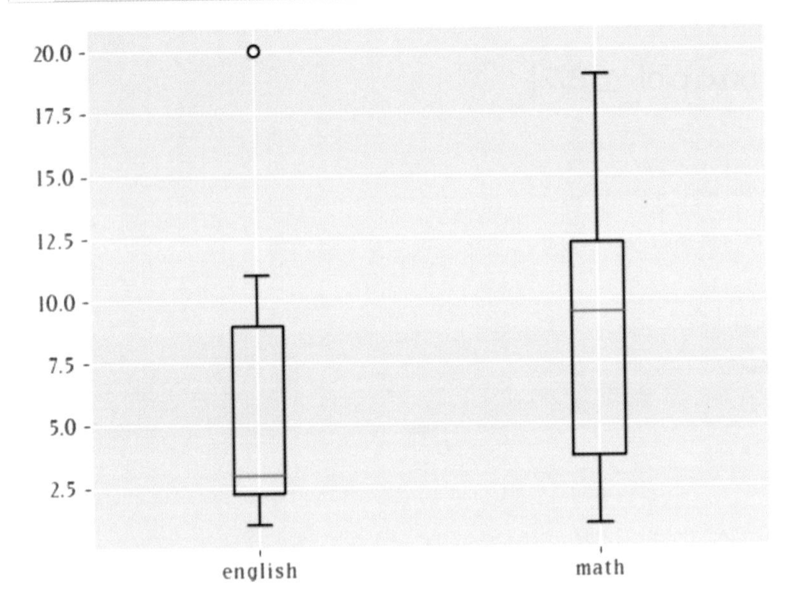

Seaborn 패키지

seaborn은 matplotlib을 기반으로 다양한 색 테마, 차트 기능을 추가한 라이브러리이며 matplotlib에 의존성을 가지고 있습니다. matplotlib에 없는 그래프(히트맵, 카운트플랏 등)를 가지고 있습니다. 이 패키지를 사용하려면 윈도의 cmd창에서 아래와 같이 설치를 해야 합니다.

```
pip install seaborn
```

01 relplot( )

```
1  # seaborn 패키지로 시각화 하기
2
3  import pandas as pd
4  import seaborn as sns
5
6  tips = sns.load_dataset("tips")
7  sns.relplot(x="total_bill", y="tip", hue="smoker", style="smoker",
8              data=tips)
```

```
<seaborn.axisgrid.FacetGrid at 0x1bd5d5a5898>
```

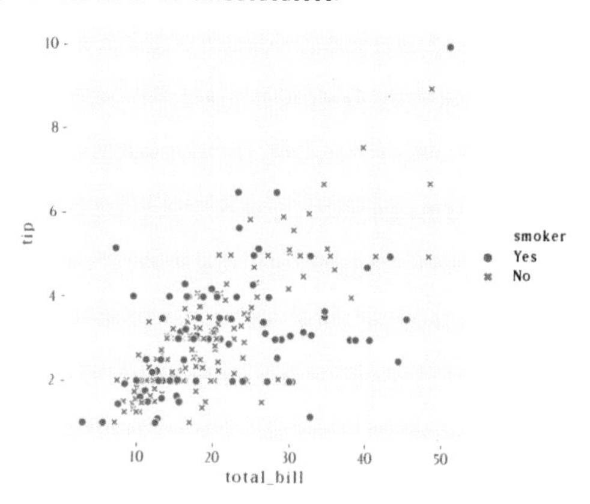

```
1  df = pd.DataFrame(dict(time=np.arange(500),
2                         value=np.random.randn(500).cumsum()))
3  g = sns.relplot(x="time", y="value", kind="line", data=df)
4  g.fig.autofmt_xdate()
```

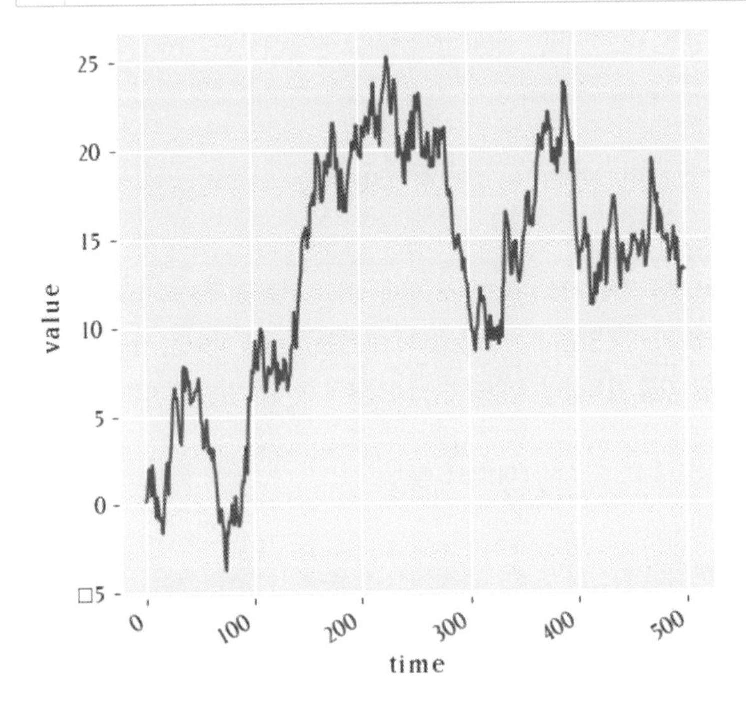

02 catplot( )

```
1  #catplot
2  sns.catplot(x="day", y="total_bill", hue="smoker",
3              col="time", aspect=.6,
4              kind="swarm", data=tips)
```

<seaborn.axisgrid.FacetGrid at 0x1bd5f52e908>

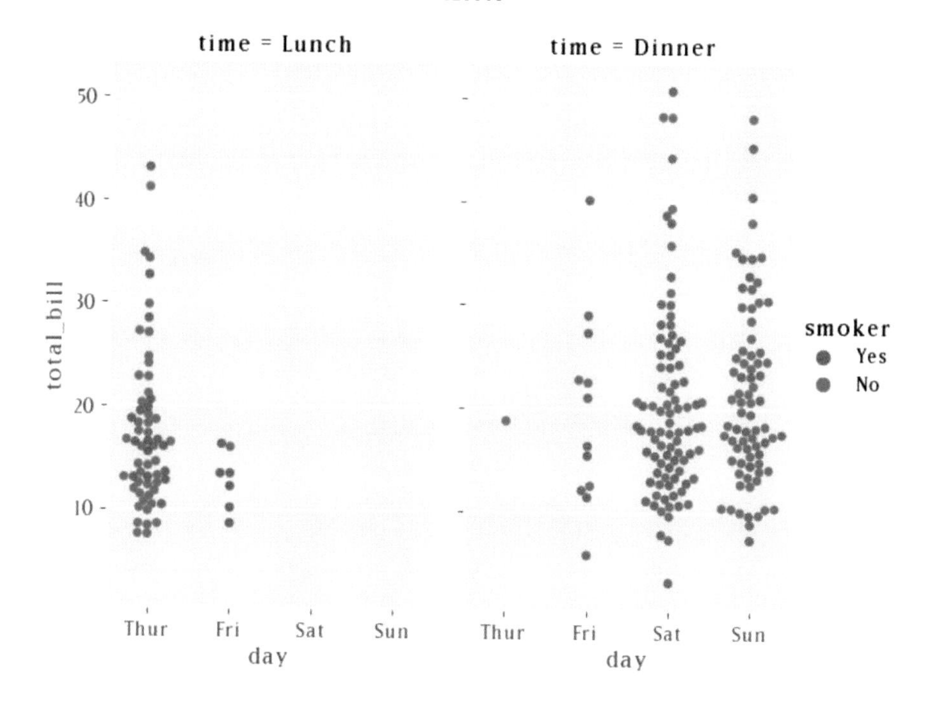

03 pairplot( )

```
1  #pairplot()
2  iris = sns.load_dataset("iris")
3  sns.pairplot(iris)
```

<seaborn.axisgrid.PairGrid at 0x1bd61dbf6d8>

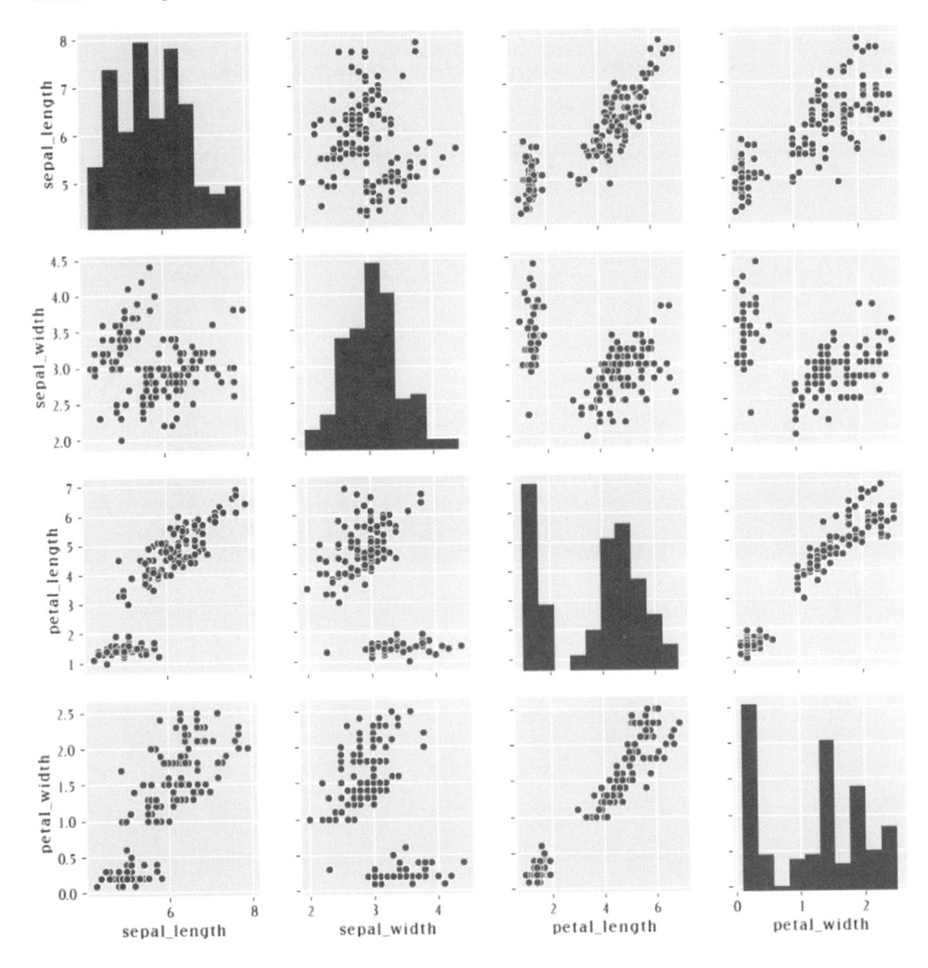

04 heatmap( )

```
1  # heatmap
2
3  flights = sns.load_dataset("flights")
4  flights = flights.pivot("month", "year", "passengers")
5  plt.figure(figsize=(10, 10))
6  ax = sns.heatmap(flights, annot=True, fmt="d")
```

month	1949	1950	1951	1952	1953	1954	1955	1956	1957	1958	1959	1960
January	112	115	145	171	196	204	242	284	315	340	360	417
February	118	126	150	180	196	188	233	277	301	318	342	391
March	132	141	178	193	236	235	267	317	356	362	406	419
April	129	135	163	181	235	227	269	313	348	348	396	461
May	121	125	172	183	229	234	270	318	355	363	420	472
June	135	149	178	218	243	264	315	374	422	435	472	535
July	148	170	199	230	264	302	364	413	465	491	548	622
August	148	170	199	242	272	293	347	405	467	505	559	606
September	136	158	184	209	237	259	312	355	404	404	463	508
October	119	133	162	191	211	229	274	306	347	359	407	461
November	104	114	146	172	180	203	237	271	305	310	362	390
December	118	140	166	194	201	229	278	306	336	337	405	432

year

600 500 400 300 200

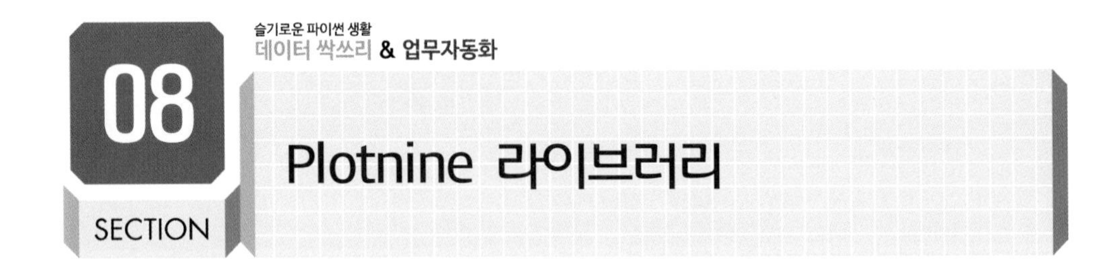

plotnine은 R의 ggplot2에 기반해 그래프를 그려주는 라이브러리로 R에 익숙한 사람들에게 편리한 기능입니다. 이 기능을 사용하려면 윈도의 cmd창에서 아래와 같이 설치를 먼저해야 합니다.

```
pip install plotnine
```

```
#plotnine 라이브러리
import plotnine
from plotnine import *
n = 10
df = pd.DataFrame({'x': np.arange(n),
                   'y': np.arange(n),
                   'yfit': np.arange(n) + np.tile([-.2, .2], n//2),
                   'cat': ['a', 'b']*(n//2)})


(ggplot(df)
 + geom_col(aes('x', 'y', fill='cat'))
 + geom_point(aes('x', y='yfit', color='cat'))
 + geom_path(aes('x', y='yfit', color='cat'))
)
```

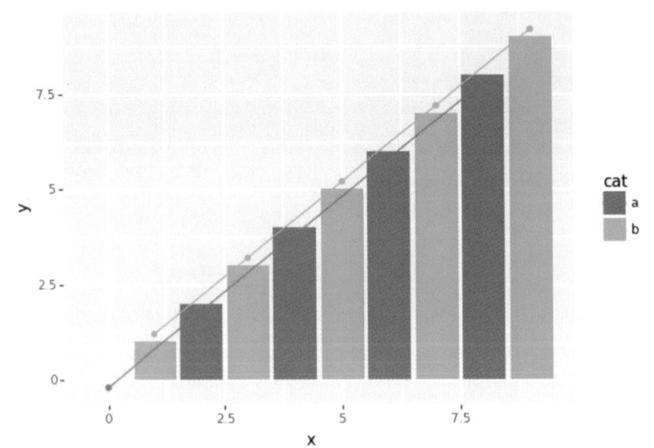

```
df2 = pd.DataFrame({
    'letter': ['Alpha', 'Beta', 'Delta', 'Gamma'] * 2,
    'pos': [1, 2, 3, 4] * 2,
    'num_of_letters': [5, 4, 5, 5] * 2
})

(ggplot(df2)
 + geom_col(aes(x='letter',y='pos', fill='letter'))
 + geom_line(aes(x='letter', y='num_of_letters', color='letter'), size=1)
 + scale_color_hue(l=0.45)                                  # some contrast to
 + ggtitle('Greek Letter Analysis')
)
```

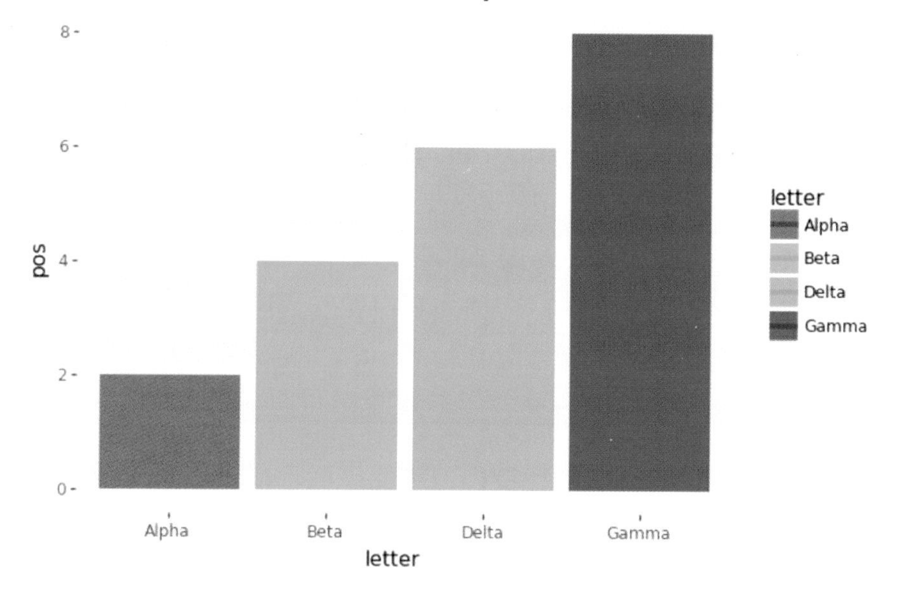

Folium 모듈 : 지도 시각화 기능

대부분의 프로젝트나 실무에서 데이터를 분석한 후 지도를 활용해서 시각화 하는 것이 거의 필수적인 과정입니다. 일반적으로 GIS 작업을 할 때는 ArcGIS나 QGIS, PostGIS 같은 지도 전문용 프로그램을 많이 사용하는데 ArcGIS는 멋진 기능은 많으나 사용 비용이 아주 비싼 단점이 있어서 무료인 QGIS도 많이 사용합니다. QGIS는 기능이 많아서 좋지만 사용방법을 학습하는 데 시간이 제법 많이 소요될 수 있습니다.

그래서 이 책에서는 지도 시각화 기능 중에서 파이썬과 연동하여 사용할 수 있으면서 쉽고 빠르고 시각화 효과도 Folium 모듈을 소개하고 활용 방법을 안내하려고 합니다.

01 특정 장소의 위치 표시하기

folium은 파이썬에서 오픈 지도에(Open Street Map)에 leaflet.js를 이용해 위치 정보를 시각화하는 라이브러리입니다.

이 라이브러리를 사용하려면 먼저 윈도의 cmd창에서 pip install folium 명령으로 설치부터 해야 합니다. 이 작업을 한 후 다음의 코드를 실행해 보세요.

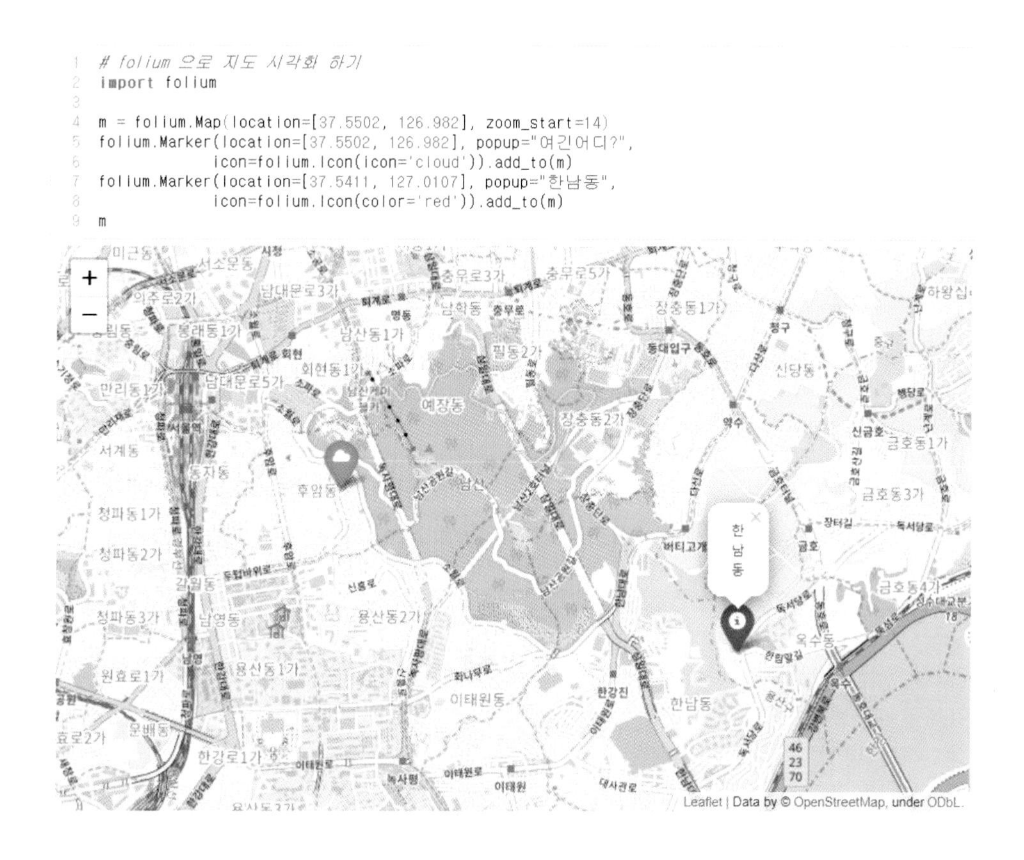

# folium 으로 지도 시각화 하기
import folium
m = folium.Map(location=[37.5502, 126.982], zoom_start=14)
folium.Marker(location=[37.5502, 126.982], popup="여긴어디?",
icon=folium.Icon(icon='cloud')).add_to(m)
folium.Marker(location=[37.5411, 127.0107], popup="한남동",
icon=folium.Icon(color='red')).add_to(m)
m
한남동
Leaflet | Data by © OpenStreetMap, under ODbL.

위 코드에서 4번 행에 location = 부분에는 내가 표시하고 싶은 위치의 위도와 경도값을 적어주면 됩니다. 그리고 zoom_start값은 시작할 때의 축소/확대 값입니다.

이번에는 청와대의 위치를 지도로 출력해 보겠습니다.

이번 예제는 청와대의 LAT(위도값)와 LON(경도값)을 모른다고 가정하고 진행하는 코드입니다. LAT와 LON 값을 찾는 쉬운 방법은 google geocode( ) 기능을 이용하는 것인데 이 방법을 사용하려면 google 사이트에서 API 키를 발급받은 후 geocode 기능을 신청해야 합니다.

Google API 키 발급 방법은 부록으로 제공되는 "부록 : 구글API키 발급받기" 문서를 참고해 주세요.

```python
# geocode 기능을 사용하여 지명으로 위/경도 값 추출하여 사용하기
# 이 부분을 실행하기 전에 별도로 제공되는 google map API 키 발급받는 문서를 먼저 보세요.

import googlemaps      # pip install googlesmaps
import googlemaps_key  # 파이썬 기본경로에 googlemaps_key.py 이름으로 파일을 만들고
                       # 이 파일 안에 gmaps_key = "자신의 API 사용자 인증 키" 형태로 Key 를 저장해두어야 한다

gmaps = googlemaps.Client(key=googlemaps_key.gmaps_key)
map = gmaps.geocode('청와대', language='ko')
map
map[0]
map[0].keys()
map[0]['geometry']['viewport']['southwest']

print('1.주소:', map[0]['formatted_address']) # 주소
print('2.경도값:',map[0]['geometry']['viewport']['southwest']['lng']) # 경도값
print('3.위도값:',map[0]['geometry']['viewport']['southwest']['lat']) # 위도값

lon = map[0]['geometry']['viewport']['southwest']['lng']
lat = map[0]['geometry']['viewport']['southwest']['lat']

#청와대를 지도에 출력
import folium

m2 = folium.Map(location=[lat, lon], zoom_start=14)
folium.Marker(location=[lat, lon], popup="쉿! 청와대여!",
              icon=folium.Icon(icon='cloud')).add_to(m2)
m2
```

```
1.주소: 대한민국 서울특별시 종로구 세종로 1
2.경도값: 126.9734620197085
3.위도값: 37.5852586197085
```

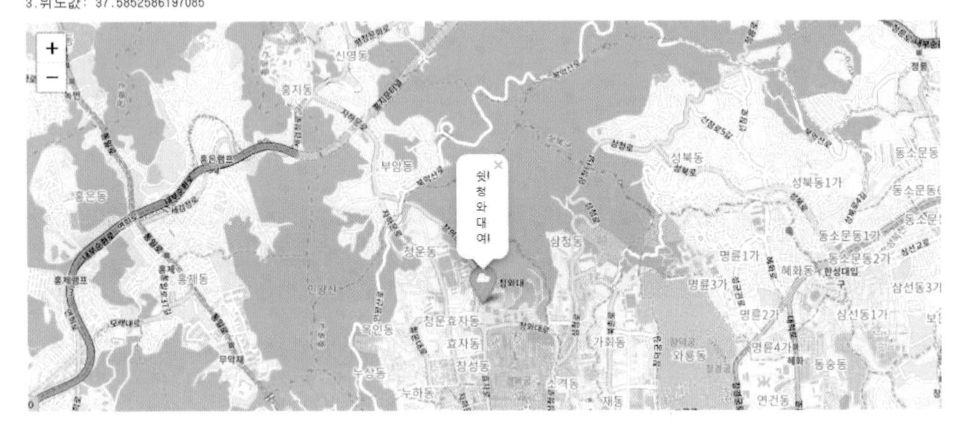

위 지도에서 tiles='Stamen Terrain' 옵션을 사용하면 지도가 다음과 같이 출력됩니다.

```
#청와대를 지도에 출력
import folium

m2 = folium.Map(location=[lat, lon], zoom_start=14 , tiles='Stamen Terrain' )
folium.Marker(location=[lat, lon], popup="헛! 청와대여!",
             icon=folium.Icon(icon='cloud')).add_to(m2)
m2
```

이번에는 하나의 지도에 여러 개의 위치를 출력해 볼까요?

청와대와 경복궁을 한꺼번에 출력하는 방법을 살펴보겠습니다.

이렇게 하기 위해서는 두 장소의 LAT와 LON값을 먼저 찾아야겠죠?

이 값은 앞에서 배웠던 geocode를 활용하겠습니다.

```
 1  import googlemaps      # pip install googlesmaps
 2  import googlemaps_key   # 파이썬 기본경로에 googlemaps_key.py 이름으로 파일을 만들고
 3                          # 이 파일 안에 gmaps_key = "자신의 API 사용자 인증 키" 형태로 Key 를 저장해두어야 한다
 4
 5  gmaps = googlemaps.Client(key=googlemaps_key.gmaps_key)
 6  map1 = gmaps.geocode('청와대', language='ko')
 7  map2 = gmaps.geocode('경복궁', language='ko')
 8
 9  #청와대 값
10  lon1 = map1[0]['geometry']['viewport']['southwest']['lng']
11  lat1 = map1[0]['geometry']['viewport']['southwest']['lat']
12
13  #경복궁 값
14  lon2 = map2[0]['geometry']['viewport']['southwest']['lng']
15  lat2 = map2[0]['geometry']['viewport']['southwest']['lat']
16
17  #청와대를 지도에 출력
18  import folium
19
20  m2 = folium.Map(location=[lat1, lon1], zoom_start=15)
21  folium.Marker(location=[lat1, lon1], popup="쉿! 청와대여!",
22              icon=folium.Icon(icon='cloud')).add_to(m2)
23
24  folium.Marker(location=[lat2, lon2], popup="쉿! 경복궁이여!",
25              icon=folium.Icon(icon='cloud')).add_to(m2)
26  m2
```

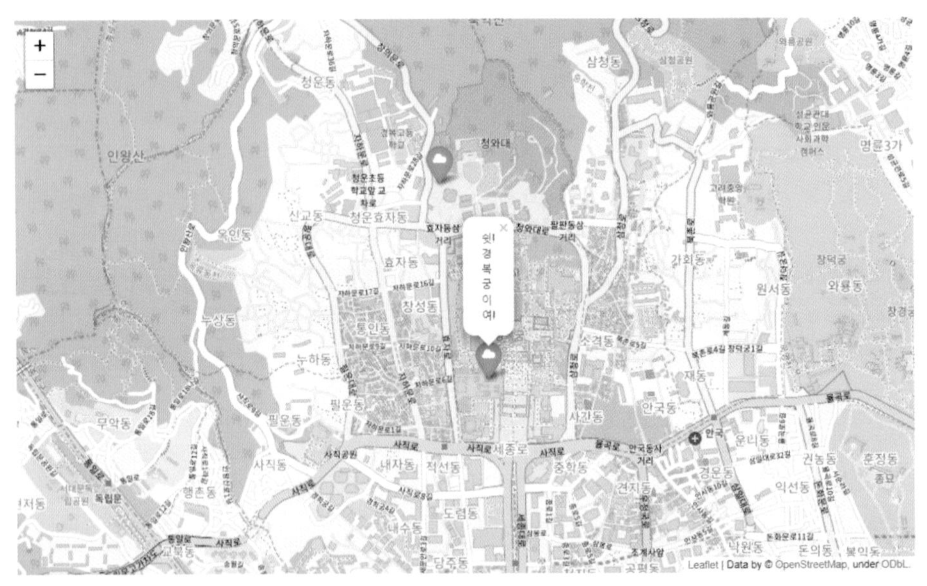

이제 특정 지역의 위치값을 표현하는 방법은 아시겠죠?

Folium 연습 문제 1

(특정 지역의 위치 표시하기)

문제 **1** 주어진 “경주주요관광지_LAT_LON.csv” 파일을 불러와서 이 파일에 있는 주요 경주 여행지의 위치를 아래 예시 그림과 같이 지도에 출력하세요.

참고 : 이 파일을 불러오는 명령은 아래의 명령을 사용하면 됩니다.

```
df = pd.read_csv("c:\\temp\\경주주요관광지_LAT_LON.csv", encoding="euc-kr", index_col='no')
```

zoom_start값은 11로 설정하세요.

지도 예시 화면

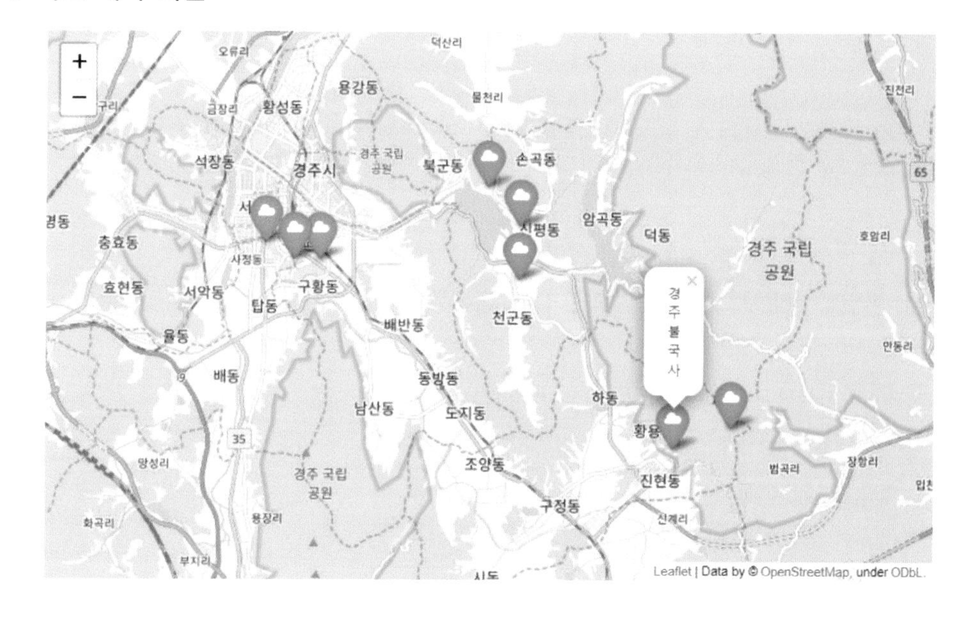

구역을 지정하여 표시하기

(1) 지도 데이터 파일 종류

지도 작업을 하다 보면 특정 구역을 표시해야 할 경우가 종종 있습니다.

예를 들어 서울시의 동별 인구현황을 표현한다던지 동별 카드 사용 금액 현황이나 범죄율을 비교한다던지 할 때 행정동 별로 표시를 하게 됩니다.

이런 작업들을 Folium 모듈에서 어떻게 하는지 자세하게 살펴보겠습니다.

앞에서 살펴본 특정 지점의 위치를 표현할 때 필요한 자료는 해당 지역의 지도와 특정 장소의 위도/경도 값이 필요했습니다.

그런데 이번에 살펴볼 내용은 특정 행정동을 지도위에 표시해야 하기 때문에 지도와 행정동이 표시된 지도 데이터가 있어야 합니다. 이때 행정동 정보를 가지고 있는 지도 데이터는 아래의 2가지 유형의 자료가 많이 사용됩니다.

- Shape file 형태 (.shp)
- Geojson file 형태(.geojson)

위 파일 중에서 Shape file 형태는 아래의 5개 파일로 구성되어 있습니다.

(shp 파일을 다운로드받아서 압축을 풀면 대부분 아래의 5개 파일이 생성됩니다.)

- shp : 지리 사상의 기하학 정보를 저장
- shx : .shp 파일의 인덱스를 저장
- dbf : 지라 사상의 속석 정보를 제공하는 dBase 파일
- sbn : 지리 사상 공간의 인덱스를 저장하는 파일
- sbx : join기능 수행 및 shape필드에 대한 인덱스 생성에 필요한 파일

위 5개의 파일은 용도는 다르지만 사용자가 하나씩 사용하는 것이 아니고 작업자가 shp 파일만 불러오면 나머지는 알아서 사용되고 위 5개의 파일 중 1개라도 문제가 있으면 전체가 동작을 하지 않으니 파일이 삭제나 손상되지 않도록 주의해야 합니다.

Shp 파일은 여러 파일의 세트로 구성되어 있지만 Geojson 파일은 하나의 파일로 되어 있습니다. 그리고 이름에서 알 수 있듯이 일반적으로 많이 사용되는 json이라는 규격을 따르는데 지도 관련 정보가 추가되어 있는 형태입니다.

Shape File은 QGIS나 Geopandas 같이 전용프로그램이 아니면, 파일에 어떤 내용이 있는지 알 수 없지만 GeoJson은 파일 내용을 사람이 해석하고 변경작업도 가능합니다. 하지만 GeoJson 파일은 Shp 파일보다 용량이 훨씬 커서 매우 큰 데이터를 다루기에는 적합하지 않습니다.

이 파일들은 각 지자체 홈페이지의 통계 관련 자료나 지도 정보 제공 사이트나 통계지리정보 서비스(https://sgis.kostat.go.kr/) 사이트 등에서 다운로드받아서 사용할 수 있습니다.

(2) 지도 시각화하기

이번에 살펴 볼 예제는 서울시의 행정동 단위로 노령 인구수를 다운로드 받은 후 지도에 시각화를 하는 예제입니다.

```
# folium 모듈을 활용한 지도 시각화 예제-1

import folium
folium.__version__
```

```
'0.11.0'
```

먼저 위 코드는 folium 모듈을 사용하기 위해 불러왔습니다. 참고로 제가 사용하는 현재의 버전은 0.11.0입니다. folium 모듈을 활용해서 지도 시각화를 하려면 항상 아래의 2가지 파일이 준비되어야 합니다.

- 지도정보를 담고 있는 데이터파일(.geojson / .shp)
- 시각화하려는 정보를 담고 있는 데이터파일(.csv / .xls등)

위의 2가지 파일 중에서 지도 정보를 담고 있는 데이터파일은 geojson 형식의 파일이 사용하기 편리하기 때문에 여기서는 주로 geojson 형식을 파일을 사용하는 예제들로 구성했습니다. 그리고 시각화 하려는 정보를 담고 있는 파일도 csv 형식이 편리해서 주로 이 형식의 파일을 사용하겠습니다.

이제 다음 코드를 봐주세요.

```
import pandas as pd

# 미리 만들어둔 데이터를 불러옵니다.
df = pd.read_csv('c:\\temp\\seoul_older_population.csv',encoding="UTF8")
df.head()
```

	구명	동명	노인총인구수	노인_남자수	노인_여자수
0	종로구	사직동	9700	4375	5325
1	종로구	삼청동	3013	1443	1570
2	종로구	부암동	10525	5002	5523
3	종로구	평창동	18830	8817	10013
4	종로구	무악동	8745	4078	4667

위 코드는 서울시 행정동 별로 노인 인구수를 저장한 파일을 불러오는 코드입니다.

```
1 json_data = 'c:\\temp\\seoul_older_population.geojson'
2
3 # 파일을 파이썬에서 읽습니다.
4 import json
5 with open(json_data, encoding='UTF8') as f:
6     gdata = json.loads(f.read())
```

위 코드는 서울시의 행정동 별 지리 정보가 포함되어 있는 json 파일입니다.

위 코드에서 주의할 부분은 json 파일을 불러올 때 인코딩이 다르면 오류가 발생하기 때문에 위 코드의 5번 행처럼 파일을 불러올 때 인코딩을 지정해 주어야 합니다. 필요한 인구수 파일과 행정동 지리 정보 파일을 모두 불러왔으니 이제 지도에 표현을 해야겠죠?

다음 코드를 보세요.

```
1 # 서울시 중심부의 위도, 경도 입니다.
2 center = [37.541, 126.986]
3
4 # 맵이 center 에 위치하고, zoom 레벨은 11로 시작하는 맵 m을 만듭니다.
5 m = folium.Map(location=center, zoom_start=10)
6
7 # Choropleth 레이어를 만들고, 맵 m에 추가합니다.
8 folium.Choropleth(
9     geo_data=gdata,
10     data=df,
11     columns=('동명', '노인총인구수'),
12     key_on='feature.properties.동',
13     fill_color='OrRd',
14     legend_name='동별 노령 총 인구수',
15 ).add_to(m)
16
17 m.save("c:\\temp\\fmap_1.html")
```

앞의 코드에서 2번 행과 5번 행은 지도로 표현할 때 가운데 지점의 위치를 지정한 것입니다.

즉 화면에 지도가 표시될 때 화면 가운데에 보일 지점의 위/경도 값을 지정하는 부분입니다.

그리고 확대되는 비율은 10으로 지정했는데 0에 가까울수록 축소된 비율로 나오고 숫자가 클수록 자세하게 확대된 지도가 나옵니다.

물론 지도를 그린 후 이동 및 축소와 확대가 가능해서 큰 의미는 없습니다.

8번 행부터가 중요합니다.

우리가 지금 시각화 하려고 하는 내용은 서울시 지도를 바닥에 두고 그 위에 서울시의 행정동 별로 노인의 총인구수를 표현하려고 합니다. 이때 2개의 Layer를 사용한다고 생각하면 이해가 더 편할 거 같습니다. 바닥에 지도를 두고 그 위에 투명한 비닐을 가져와서 행정동 별로 인구수에 따라 다른 색깔을 칠해서 겹쳐서 보는 원리입니다.

이런 기능을 Choropleth 함수에서 만들어 주는데 앞 코드의 8번 행부터 15번 행까지의 내용이 그 부분을 지정하는 내용입니다.

이 부분에 대한 자세한 내용은 아래의 코드 요약 부분을 보세요.

```
folium.Choropleth(
geo_data = "지도 데이터 파일 경로나 변수(.geojson)",
    data = "시각화 하고자 하는 데이터가 담긴 변수",
    columns = (지도 데이터와 매핑할 값 컬럼, 시각화 하고자하는 변수값 컬럼),
    key_on = "feature.데이터 파일과 매핑할 값",
    fill_color = "시각화에 쓰일 색상",
    legend_name = "칼라 범주 이름",
    ).add_to(m)
```

위 코드가 조금 복잡하지만 대부분의 항목은 이해가 될 것입니다.

위 코드의 항목 중에서 key_on 항목에 대해서 조금 더 자세히 살펴보겠습니다.

이 값에는 하나의 String 값이 사용되는데 지도 정보가 들어있는 .geojson 파일(gdata)을 메모장으로 열어보면 features라는 리스트 안에 데이터 하나하나가 들어있습니다.

다음 그림을 보세요.

```
gdata
```

```
{'type': 'FeatureCollection',
 'crs': {'type': 'name',
  'properties': {'name': 'urn:ogc:def:crs:OGC:1.3:CRS84'}},
 'features': [{'type': 'Feature',
   'properties': {'시': '서울특별시',
    '구': '종로구',
    '동': '사직동',
    '행정동코드': 11110530,
    '인구': 9700,
    '남자': 4375,
    '여자': 5325},
   'geometry': {'type': 'MultiPolygon',
    'coordinates': [[[[126.97688884274817, 37.575650779448786],
       [126.9770344988775, 37.569194530054546],
       [126.97597472821249, 37.569336299425764],
       [126.97537470991254, 37.56931556702156],
       [126.97433193562325, 37.56926180051753],
       [126.96904837001854, 37.56819441770833],
       [126.96854493603384, 37.56842767961276],
       [126.9666499598212, 37.569491655206576],
       [126.96628175024485, 37.5697007347987],
       [126.9660973270804, 37.5698565097237],
       [126.96572852922577, 37.570183936115114],
       [126.96592699822128, 37.5703188056862],
```

각 데이터의 속성 정보는 features 리스트("[" 기호사용) 안에 있는 properties 속성 안에 있는 딕셔너리 형태("{" 기호사용) 안에 저장되어 있습니다.

이런 형태로 되어있기 때문에 위 예에서 "feature.properties.동"으로 사용했습니다.

그리고 fill_color는 사용할 색상을 지정하는 부분인데 색상들은 이미 지정되어 있습니다.

아래 내용은 이 옵션에 사용가능한 색상 이름들입니다.

```
'BuGn', 'BuPu','GnBu','OrRd','PuBu','PuBuGn','PuRd','RdPu','YlGn','YlGnBu','YlOrBr','YlOrRd',
'BrBg','PiYG','PRGn','PuOr','RdBu','RdGy','RdYlBu','RdYlGn','Spectral','Accent','Dark2',
'Paired','Pastel1','Pastel2'
```

위 색상들에 대한 더 자세한 정보는 아래의 링크를 참고하세요.

```
http://colorbrewer2.org/
```

이렇게 색상을 지정한 후 지도를 그리면 지도가 보여야 하는데 주피터 노트북상에서 지도가 표시되지 않는 경우도 종종 있습니다.

이럴 경우에는 앞의 코드에서 17번 행처럼 파일로 저장해서 확인하면 잘 보입니다.

Folium 연습 문제 2
(서울시 노인 인구를 구단위로 시각화하기)

문제 2 본문의 설명에서 사용한 “seoul_older_population.csv” 파일과 “seoul_older_population.geojson”파일을 사용하여 현재 행정동 별로 노인 인구수가 표시되어 있는데 이 부분을 구단위로 합쳐서 지도에 시각화하세요.

결과 화면

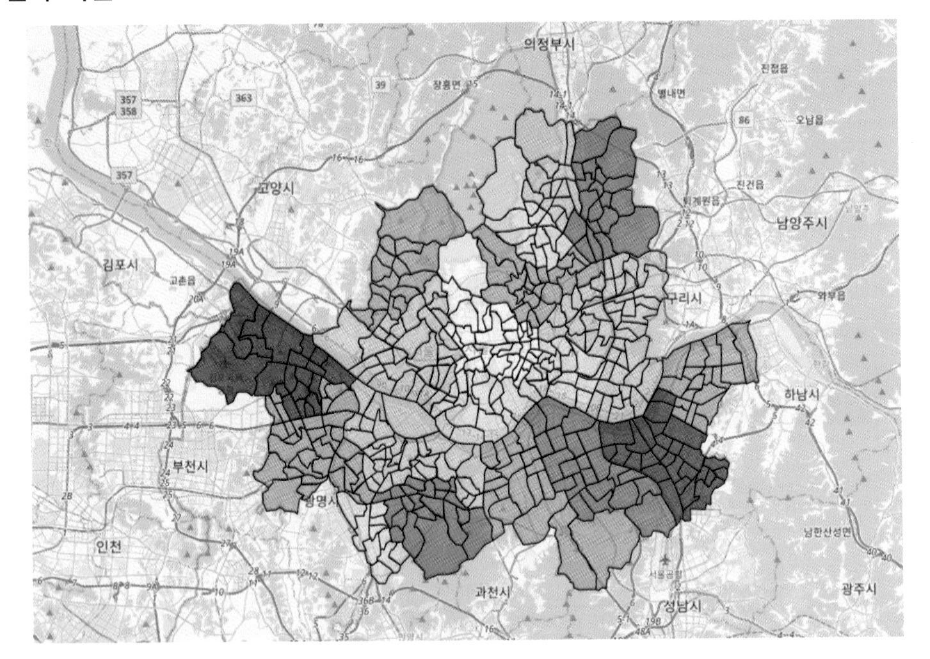

여기까지 Folium 모듈의 기본적인 기능을 살펴보았습니다.

Folium 모듈에는 이것 말고도 아주 많은 기능들이 있는데 지면 관계상 이 책에 더 싣기는 어려우니 Folium 모듈에 관한 더 자세한 내용은 관련 문서나 서적들을 참고하시기 바랍니다.

부록
APPENDIX

부록

주식 매매 자동화하기

주식 매매(단기 투자) 자동화하기

(이번 챕터 유튜브 동영상 강의 주소 : https://youtu.be/cWeJflzdZLw)

독자님~~혹시 주식 투자하세요?

주식 투자를 하신다면 아마도 주식매수와 매도 타이밍 때문에 고민 많으시죠?

매수나 매도 타이밍을 놓치면 큰 손해를 볼 수도 있고 수익을 낼 수 있는 기회를 놓일 수도 있으니까요. 그래서 주식하시는 분들은 핸드폰에서 HTS 프로그램 실행시켜 놓고 계속 보고 있는 경우가 많습니다.

하지만 회사에 출근해서까지 일은 안하고 HTS 프로그램만 보고 있으면 회사에서 아주 싫어하죠?

"아…. 누가 나대신 내가 정한 규칙대로 주식을 사고팔아 주면 좋겠다 ㅠㅠ"라고 생각하시나요?

이제는 걱정하지 마세요~~!!!

이번 챕터에서 배울 내용이 바로 파이썬 프로그램을 활용해서 주식 매매를 자동으로 하는 내용입니다. 파이썬을 활용하여 여러분들이 정한 규칙대로 특정 종목의 주식을 자동으로 사고 팔 수 있도록 자동화를 시키는 방법을 알려드리겠습니다.

다만 다음의 주의사항을 꼭 기억해 주세요!!

중요 주의사항

1. 이번 시간에 만드는 주식 자동 매매 프로그램은 저자가 파이썬을 활용해서 주식 매매를 자동으로 할 수 있다는 원리를 보여주는 것이 핵심 내용입니다. 저자가 예로 든 매매 규칙을 그대로 사용할 경우 이익이 날 수도 있지만 손해가 날 수도 있습니다. 매매 규칙은 사용자(독자)가 직접 정해서 적용해야 하며 저자가 제공하는 규칙을 사용해서 손해가 날 경우 모든 책임은 저자가 아닌 사용자(독자)에게 있음을 미리 알려드립니다.

2. 이 책에서 저자가 제공하는 소스코드는 독자 컴퓨터의 상황에 따라 오류가 발생할 수 있으니 코드에 대한 충분한 학습과 독자 컴퓨터에서 충분한 테스트를 거친 후 사용하시기 바랍니다. 본 교재에 저자가 제공한 소스코드의 오류를 수정할 수 있는 내용들이 있으므로 반드시 충분히 학습하고 테스트 후

적용하시길 권장하며 본 소스코드를 사용하여 오류나 손실이 날 경우 모든 책임은 독자에게 있음을 미리 알려드립니다.

3. 이 교재에서는 저자가 사용하는 유안타 증권사의 홈페이지(https://www.myasset.com)를 활용하여 자동화를 구현합니다. 다른 증권사 사이트 중 일부는 보안 프로그램으로 인하여 이 챕터에서 설명하는 기능이 안 될 수도 있습니다. 이럴 경우 유안타 증권을 이용하시던지 아니면 공인인증서를 활용하는 파트에서 언급한 OpenCV기술이나 다음 파트에서 언급하는 윈도 자동화 기능을 이용하여 HTS 프로그램을 제어하는 방법을 사용하면 됩니다.

위 주의사항을 반드시 꼼꼼히 읽어보세요~

이제 본격적으로 시작하겠습니다.

SECTION 02 소스코드 설명

이번에 알려드릴 주식 매매 자동화 소스가 너무 길어서 바로 소스코드 설명을 진행하겠습니다.

독자께서는 제가 제공해 드린 소스코드를 주피터 노트북으로 열어서 보면서 설명을 참고하시면 훨씬 쉽게 학습할 수 있습니다.

```
12 #Step 1. 필요한 모듈과 라이브러리를 로딩합니다.
13 from bs4 import BeautifulSoup
14 from selenium import webdriver
15 import time
16 import sys
17 import numpy as np
18 import pandas as pd
19 import random
20 import os
21 import math
22 import cv2          # pip install opencv_python , pip install opencv-contrib-python
23 import pyautogui    # pip install pyautogui
24 import imutils      # pip install imutils
25
```

위 코드는 자동화에 필요한 모듈을 지정하는 부분입니다.

이 책의 다른 챕터에서 많이 보신 부분이죠?

특히 22, 23, 24번 행의 모듈이 설치가 안되신 분들은 반드시 pip 명령으로 먼저 설치하신 후에 진행하세요~

```
26 # Step 2.크롬 드라이버 지정 후 증권사 페이지에 접속하기
27 chrome_path = "c:/temp/chromedriver_85/chromedriver.exe"
28 url='https://www.myasset.com//'
29 driver = webdriver.Chrome(chrome_path)
30 driver.get(url)
31 driver.maximize_window()
32 time.sleep(10)
33
```

앞 코드는 크롬 드라이버를 지정하고 증권사 홈페이지에 접속하는 코드입니다.

앞 코드의 30번 행에서 유안타증권사의 홈페이지에 접속을 하고 31번 행에서 웹 페이지 창의 크기를 최대화를 시킨 후 32번 행에서 웹 페이지가 전부 로딩될 때까지 기다리게 했습니다.

이제 화면 왼쪽 상단의 로그인 버튼을 눌러 로그인을 하겠습니다.

위 그림에서 로그인 버튼을 클릭하면 다양한 보안 프로그램을 설치하라고 하는데 이 프로그램들은 모두 설치되어 있어야 합니다.

로그인 버튼을 클릭하면 아래 그림과 같이 공인 인증서 로그인 화면이 나옵니다. 아래 옵션에서 자동 로그아웃 시간을 6시간으로 변경 후 공인인증서 로그인 버튼을 클릭합니다.

이 부분을 다음과 같이 작성했습니다.

```
34  #Step 3.공인인증서 로그인하기
35  #로그인 버튼 클릭
36  driver.find_element_by_xpath('//*[@id="gnb"]/div/div/div[1]/div[1]/div/span[1]/a[1]').click()
37  time.sleep(10)
38
39  radio = driver.find_element_by_id("logoutTime05")   # 타임아웃시간을 6시간으로 설정
40  radio.click()
41  time.sleep(1)
42
43  driver.find_element_by_id('signLoginBtn').click()  # 공인인증서 로그인 버튼
44
```

공인 인증서 로그인 버튼을 클릭 후 공인인증서를 선택하고 암호를 입력하고 로그인 해야겠죠? 아래 코드가 아주 중요한 코드입니다.

```
45  # 같은 그림 좌표 찾는 함수
46  def match_center_loc(screen, template):
47      res = cv2.matchTemplate(screen, template, cv2.TM_CCOEFF_NORMED)
48      min_val,max_val,min_loc, max_loc = cv2.minMaxLoc(res)
49      top_left = max_loc
50      h,w = template.shape[:2]
51      x, y = int(top_left[0] + w/2), int(top_left[1] + h/2)
52      return x,y
53
54  # 전체 화면 캡쳐하기
55  time.sleep(5)
56  image1 = pyautogui.screenshot()
57  image2 = cv2.cvtColor(np.array(image1), cv2.COLOR_RGB2BGR)
58  cv2.imwrite("c:\\data\\image\\myasset_full_screen_1.jpg", image2)
59  time.sleep(1)
60
61  screenshot = cv2.imread('c:\\data\\image\\myasset_full_screen_1.jpg', cv2.IMREAD_COLOR)
```

위 코드에서 46번 행부터 52번 행은 찾고자 하는 이미지의 가운데 부분의 x, y 좌표 값을 알려주는 함수입니다.

56번 행에서 현재 화면의 스크린 샷을 찍어서 58번 행에서 파일로 저장을 합니다.

이 작업을 하면 다음과 같은 이미지가 생성됩니다.

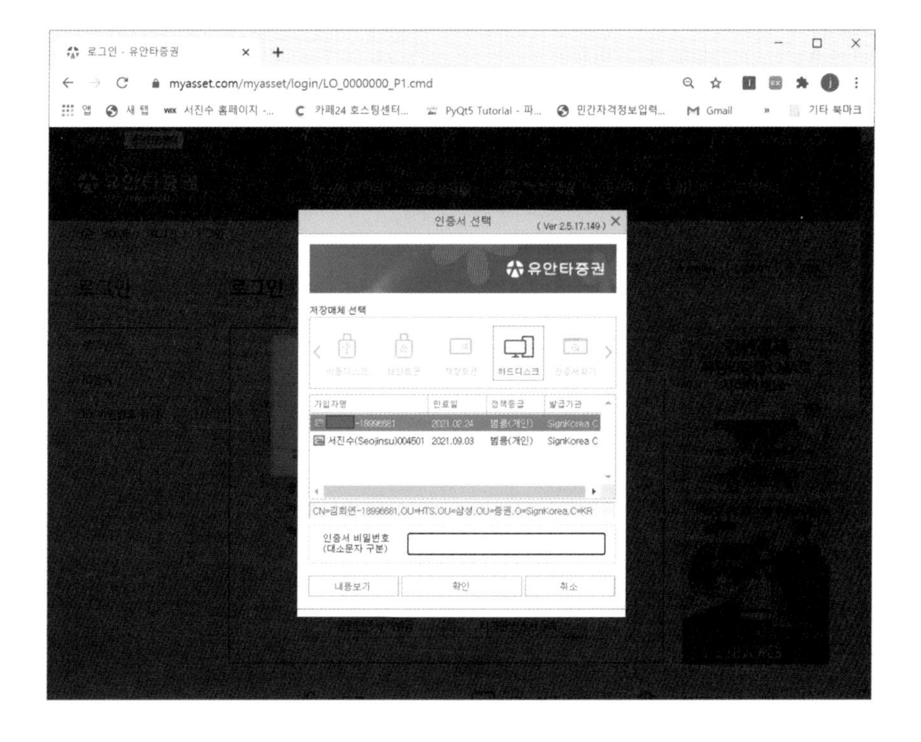

앞의 그림에서 공인인증서를 선택하고 암호를 입력한 후 확인 버튼을 클릭하면 로그인이 되는데 이 작업을 하기 위해 공인인증서 이름과 인증서 비밀번호를 입력하는 네모 입력창 부분과 확인 버튼을 미리 캡처해서 이미지로 만들어야 합니다. 그리고 아래 코드와 같이 불러옵니다.

```
63  # 로그인 사용자명 선택용 이미지
64  template_1 = cv2.imread('c:\\data\\image\\myasset_name.jpg', cv2.IMREAD_COLOR)
65
66  # 비밀번호 입력 창 선택용 이미지
67  template_2 = cv2.imread('c:\\data\\image\\myasset_password.jpg', cv2.IMREAD_COLOR)
68
69  # 확인버튼 선택용 이미지
70  template_3 = cv2.imread('c:\\data\\image\\myasset_enter.jpg', cv2.IMREAD_COLOR)
71
```

이미지를 불러온 후 아래 코드와 같이 현재 페이지에서 로그인 사용자와 비밀번호, 확인 버튼 이미지를 찾아서 클릭합니다.

```
72  # 공인인증서 화면에서 사용자이름 선택하고 클릭
73  match_pos_1 = match_center_loc(screenshot, template_1)
74  pyautogui.moveTo(match_pos_1)
75  pyautogui.click()
76  time.sleep(1)
77
78  # 암호인증 창에 암호 입력하기
79  match_pos_2 = match_center_loc(screenshot, template_2)
80  pyautogui.moveTo(match_pos_2)
81  pyautogui.click()
82  password = '이곳에 여러분의 암호를 입력하세요'
83  pyautogui.typewrite(password)
84
85  # 암호 입력 후 확인 버튼 클릭하기
86  match_pos_3 = match_center_loc(screenshot, template_3)  # 인증서암호 넣고 확인 버튼 누르기
87  pyautogui.moveTo(match_pos_3)
88  pyautogui.click()
89  time.sleep(5)
90
```

위 코드에서 73번 행은 현재 페이지(screenshot)에서 template_1 이미지를 찾는 것이고 74번 행은 pyautogui의 기능으로 마우스 커서를 73번에서 찾은 좌표로 이동하는 것이며 75번 줄은 해당 이미지를 클릭하는 코드입니다.

그리고 79번 행부터 83번 행까지는 공인 인증서의 비밀번호를 입력하는 부분인데 83번에 pyautogui.typewrite(password)는 키보드로 비밀번호를 타이핑하라는 뜻입니다.

86번 행부터는 아래의 확인 버튼 이미지를 찾아서 클릭하는 부분이며 여기까지 진행되면 공인 인증서를 선택하고 암호 입력 후 확인 버튼을 눌러 로그인이 됩니다.

이렇게 로그인을 하면 유안타 증권 홈페이지에서 팝업 안내창이 있는데 그 창을 닫고 이동해야 합니다. 다음 코드로 팝업 안내창을 닫을 수 있습니다.

```
91  # 팝업창 닫기
92  try:
93      driver.find_element_by_id('L0_0000000_L1P1Btn').click()
94  except :
95      print('')
96
97  time.sleep(1)
98
```

유안타 증권의 주식 매매용 화면은 아래 그림처럼 화면 상단의 트레이딩 → 주식을 클릭하면 됩니다.

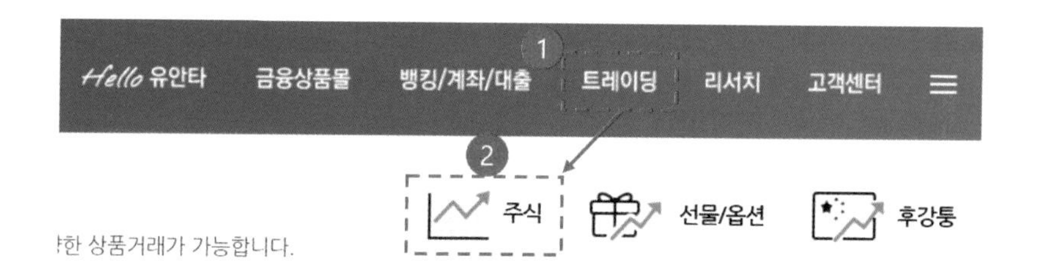

그래서 아래의 소스코드에서 "트레이딩" 메뉴를 클릭한 후 "주식" 메뉴를 클릭합니다.

```
99  # 트레이딩 누르기
100 driver.find_element_by_xpath('//*[@id="ajaxGnb"]/ul/li[4]/a/span[1]').click()
101 time.sleep(1)
102
103 # 주식 누르기
104 driver.find_element_by_xpath('//*[@id="content"]/div/div/div[1]/div/ul/li[1]/a').click()
105 time.sleep(5)
106
```

위 과정까지 진행하면 여러 주식 종목이 있는 화면이 열립니다.
저자의 경우에는 다음 화면과 같은 종목들이 관심 목록에 있습니다.
(다음 화면은 독자들의 거래 종목에 따라 다른 화면이 나오겠죠?)

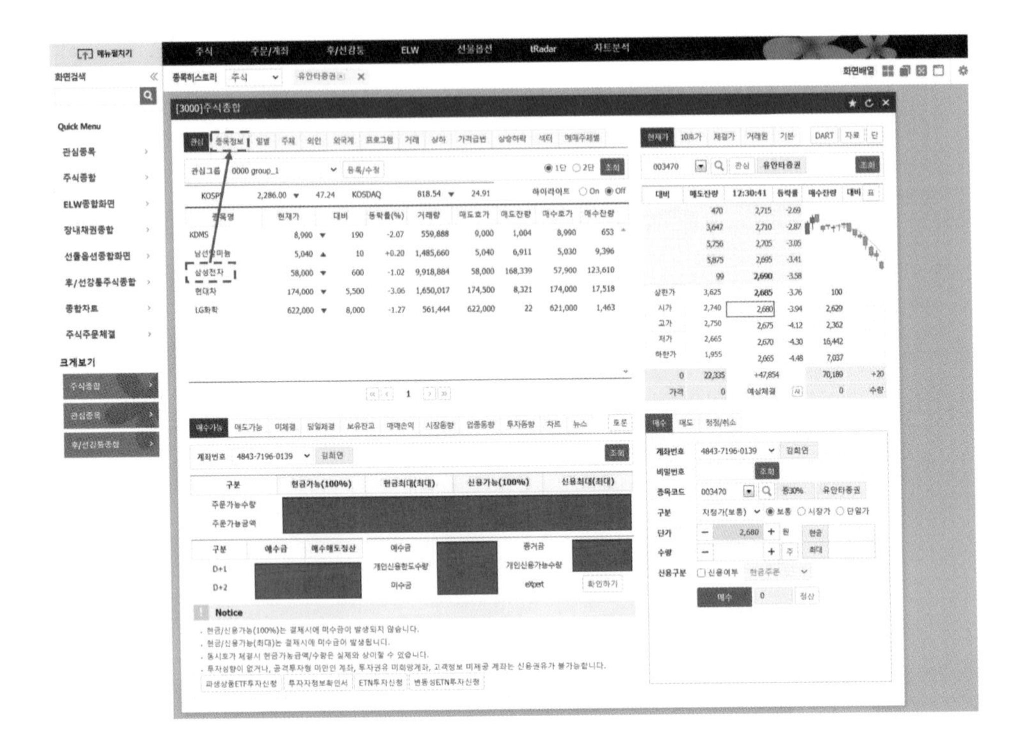

위 종목 중에서 이 책에서는 삼성전자를 자동으로 매매하도록 만들겠습니다.

먼저 위 화면에서 삼성전자 종목 이름을 클릭한 후 화면 상단의 "종목정보" 메뉴를 클릭하여 화면을 변경해야 합니다.

이 부분을 구현한 코드는 아래와 같습니다.

아래 코드에서 114번 행은 위 화면에서 클릭할 종목의 이름을 캡처로 만든 그림 파일입니다.

이 파일은 이 소스코드를 실행하는 컴퓨터에서 반드시 캡처를 수행해서 만드세요. 그리고 122번 행과 123번 행에서 화면 상단의 종목정보 버튼을 클릭하여 화면을 변경합니다.

```
107 # 전체 화면 캡쳐하기 - 화면 크기를 미리 조정하고 작업하기
108 image1 = pyautogui.screenshot()
109 image2 = cv2.cvtColor(np.array(image1), cv2.COLOR_RGB2BGR)
110 cv2.imwrite("c:₩₩data₩₩image₩₩myasset_full_screen_3.jpg", image2)
111 time.sleep(2)
112
113 screenshot = cv2.imread('c:₩₩data₩₩image₩₩myasset_full_screen_3.jpg', cv2.IMREAD_COLOR)
114 jong_1 = cv2.imread('c:₩₩data₩₩image₩₩myasset_samsung_name.jpg', cv2.IMREAD_COLOR)
115
116 #종목 클릭
117 match_jong_1 = match_center_loc(screenshot, jong_1)
118 pyautogui.moveTo(match_jong_1)
119 pyautogui.click()
120 time.sleep(1)
121
122 j_info = driver.find_element_by_xpath('//*[@id="W_0_F3000"]/div[2]/div/section[1]/div/ul[1]/li[2]/a')
123 driver.execute_script("arguments[0].click();", j_info)
```

앞의 작업까지 마치면 아래 그림과 같이 삼성전자 종목의 자세한 사항을 볼 수 있는 화면으로 전환되고 뒷부분에서 이 화면에서 현재가격과 등락폭, 등락비율 값을 추출할 예정입니다.

관심 | 종목정보 | 일별 | 주체 | 외인 | 외국계 | 프로그램 | 거래 | 상하 | 가격급변 | 상승하락 | 섹터 | 매매주체별

종목검색 005930 관심 삼성전자 조회

58,000 ▼ 600 -1.02% 전기전자 융자45% 대출65% 대주불가 증30%

5일고가	60,800	5일저가	57,400	상한가	↑ 76,100	하한가	↓ 41,100
20일고가	61,300	20일저가	54,000	고가	58,600	0.00%	09:59
250일고가	62,800	250일저가	42,300	저가	57,600	-1.71%	09:00
액면가(KRW)	100	상장주(천)	5,969,782	시가	57,700	기준가	58,600
PER	18.33	시가총(억)	3,456,504	매수호가	57,900	매도호가	58,000
외인당일	0	외인전일	+786,318	회전율	0.17	거래대금	586,200,300
외인(%)	56.00	외인보유	3,342,846	거래량	10,103,637	전일거래	20,111,398
대주가능	불가	대차잔고	94,046,440	전일동시	12,594,559	-2,490,922	12:33

이제 매수와 매도를 하기 위해 가격정보를 추출해야 하는데 그 전에 매수/매도를 위한 기본 조건부터 설정을 하겠습니다.

```
125 # 매수/ 매도 기본 값 설정하기
126 count = 1
127 masu = 1    #매수 여부 체크하는 변수
128
129 tot_buy_rate = float(0.35)  # 삼성전자의 3 단계 변경 합계. 매수할 때 사용할 조건 . 이 조건 이상되면 매수
130 tot_sell_rate = float(-0.35)  # 삼성전자의 3 단계 변경 합계. 매도할 때 사용할 조건 . 이 조건 이상이면 매도
131
132 buy_price='0'         # 처음 구입 가격 초기화 및 평균매수가격
133 buy_qty = 0           # 보유주식수
134 up_price = 0          # 수수료 계산해서 더해줄 가격
135 sell_price = str( int(buy_price) + 300 )  # 최소판매 예정 가격.구입가격 + 300 원
136 susu_rate = 1.0006    # 수수료비율
137
```

위 그림에서 127번 행은 매도를 하기 전에 체크를 하기 위한 조건으로 아래의 매수와 매도 부분에서 값이 1일 경우 매도를 할 수 있도록 설정되어 있습니다.

129번 행과 130번 행은 매수할 때와 매도할 때의 기준을 설정하는 부분입니다.

이 책에서 사용하고 있는 매수와 매도의 기준은 특정 시간(30초) 간격으로 현재 가격을 수집합니다. 그 후 3회 차 가격에서 1회 차 가격을 뺍니다. 이렇게 해서 나온 가격이 3호가를 올라가면 상승 지속으로 판단하여 매수 주문을 내고 3호가를 내려가면 매도 지속으로 판단하여 매도 주문을 냅니다. 129번 행과 130번 행은 이때 사용하는 3단계호가의 비율입니다.

이 비율은 주식 금액에 따라 달라지기 때문에 독자가 매매하려는 종목에 따라 수정해서 사용해야 합니다. 또한 매매 규칙도 이 책에서는 3호가 가격을 기준으로 판단하지만 이 기준은 예로 보여주기 위한 기준이므로 독자의 종목과 상황에 맞게 수정하여 사용하길 권해 드립니다.

132번 행은 구입가격을 초기화 하는 부분인데 중요한 것은 구입가격이 문자 유형이라는 것입니다. 133번 행은 총구입 수량을 초기화하는 코드이고 134번 행은 수수료 금액을 추가해 주기 위한 변수입니다.

135번 행은 매도할 최소 금액을 지정한 부분인데 예를 들어 삼성전자 주식을 1주 50,000원에 샀을 경우 50,000원에 팔면 증권사에 주는 수수료와 세금 때문에 손해입니다. 그래서 구입가격 + 300원을 해서 최소 50,300원 이상 가격으로 매도하라고 설정했습니다.

136번 행은 수수료를 비율로 계산하기 위해 설정한 변수입니다.

유안타 증권의 수수료율이 거래 금액별로 복잡해서 이 부분은 개별적으로 수정해서 사용해야 합니다.

```
138 while 1:
139     # 현재 시간 확인
140     n = time.localtime()
141     s = '%04d년 %02d월 %02d일 %02d시 %02d분 %02d초' % (n.tm_year, n.tm_mon, n.tm_mday, n.tm_hour, n.tm_min, n.tm_sec)
142     s2 = '%02d:%02d:%02d' % (n.tm_hour, n.tm_min, n.tm_sec)
143
144     #장 시작 체크
145     if str(s2) <= '09:00:00' :
146         print("현재시간은 %s 입니다" %s)
147         print('아직 정규장이 시작되기 전입니다. 3분후 재시도 합니다 ^^')
148         print("₩n")
149         time.sleep(1)
150         # 화면 움직임 만들기 위해 매도가능 탭 클릭
151         driver.find_element_by_xpath('//*[@id="_0_F3000interact-with-order"]/ul[1]/li[2]/a').click( )
152         time.sleep(1)
153
154         # 화면 움직임 만들기 위해 매수가능 탭 클릭
155         driver.find_element_by_xpath('//*[@id="_0_F3000interact-with-order"]/ul[1]/li[1]/a').click( )
156         time.sleep(180)
157     elif str(s2) >= '15:19:00' :
158         print("현재시간은 %s 입니다" %s)
159         print("정규장 종료 되었습니다. 5분후에 재시도합니다 ^^")
160         print("₩n")
161         time.sleep(1)
162         # 화면 움직임 만들기 위해 매도가능 탭 클릭
163         driver.find_element_by_xpath('//*[@id="_0_F3000interact-with-order"]/ul[1]/li[2]/a').click( )
164         time.sleep(1)
165
166         # 화면 움직임 만들기 위해 매수가능 탭 클릭
167         driver.find_element_by_xpath('//*[@id="_0_F3000interact-with-order"]/ul[1]/li[1]/a').click( )
168         time.sleep(300)
```

위 코드는 현재 시간을 확인해서 장 시작 전일 경우와 장 종료 후 시간 여부를 지속적으로 체크합니다. 위 코드의 140번 행이 현재 날짜와 시간을 조회하는 부분입니다. 이렇게 조회한 날짜와 시간은 바로 사용할 수 없기에 141번 행과 142번 행에서 사용하기 편리한 형태로 변환을 했습니다.

그리고 145번 행에서 오전 9시인지 체크하여 장 시작 전 여부를 체크합니다. 이때 장 시작이 안되었지만 HTS 화면에 움직임이 없을 경우 강제로 로그아웃되기 때문에 151번 행과 155번 행에서 특정 메뉴를 클릭하는 행동을 하도록 설정했습니다.

그리고 157번 행에서 장 종료 시간 1분전인 3시 19분인지를 체크하고 있습니다.

정규 장이 종료되어도 HTS 화면에 움직임이 없을 경우 강제 로그아웃되기 때문에 주기적으로 특정 메뉴를 클릭하도록 163번 행과 167번 행에서 설정했습니다.

```
169         else :
170             print("=" *45)
171             print("%s 회차 조회 결과입니다=====================" %count )
172             print("현재시간: %s" %s)
173             print("=" *45)
174 
175             # 1회와 2회차는 가격 정보만 조회하고 3회차부터 가격 비교 후 매수/매도를 진행함
176             if count == 1:
177                 time.sleep(1)
178                 html = driver.page_source
179                 soup = BeautifulSoup(html, 'html.parser')
180 
181                 j_name = soup.find('div','j-codeSearcher codeSearcher inline').find('span').get_text()
182                 print('1.종목이름:',j_name)
183 
184                 price_rate_all = soup.find('div','panel').find('dl','dl-layout four').find_all('dd')
185                 c_price_1 = price_rate_all[0].get_text().replace(",","")   #현재가격
186                 print('2.현재가격_1:',c_price_1)
187 
188                 updown_price_1 = price_rate_all[1].get_text().replace(",","")   #변동 금액
189                 print('3.가격변동금액_1:',updown_price_1)
190 
191                 c_rate_1 = price_rate_all[2].get_text().replace("%","") #등락율
192                 print('4.등락율_1:',c_rate_1)
193 
194                 c_rate_2 = c_rate_1
195 
196                 #가격 변동 비율 폭 계산
197                 c_rate_pok_1 = float(c_rate_2) - float(c_rate_1)
198                 print("5.1-3까지 최근 3회 변동폭 합계:%s" %round(c_rate_pok_1,2) )
199                 time.sleep(1)
200 
201                 # 화면 움직임 만들기 위해 매도가능 탭 클릭
202                 driver.find_element_by_xpath('//*[@id="_0_F3000interact-with-order"]/ul[1]/li[2]/a').click( )
203                 time.sleep(1)
204 
205                 # 화면 움직임 만들기 위해 매수가능 탭 클릭
206                 driver.find_element_by_xpath('//*[@id="_0_F3000interact-with-order"]/ul[1]/li[1]/a').click( )
207                 time.sleep(0.5)
208 
```

위 코드는 현재 가격 정보를 추출하는 코드입니다.

위 코드의 181번 행에서 종목 이름을 추출하는 부분은 다음의 그림으로 확인됩니다.

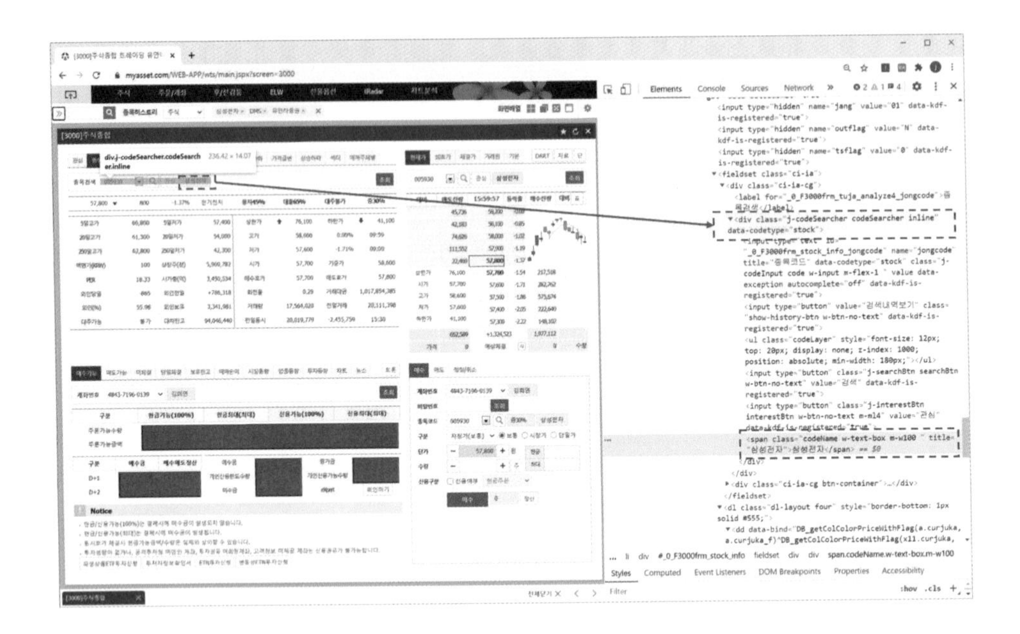

184번 행과 185번 행에서 현재 가격을 추출하는 코드는 아래 그림에서 확인할 수 있습니다.

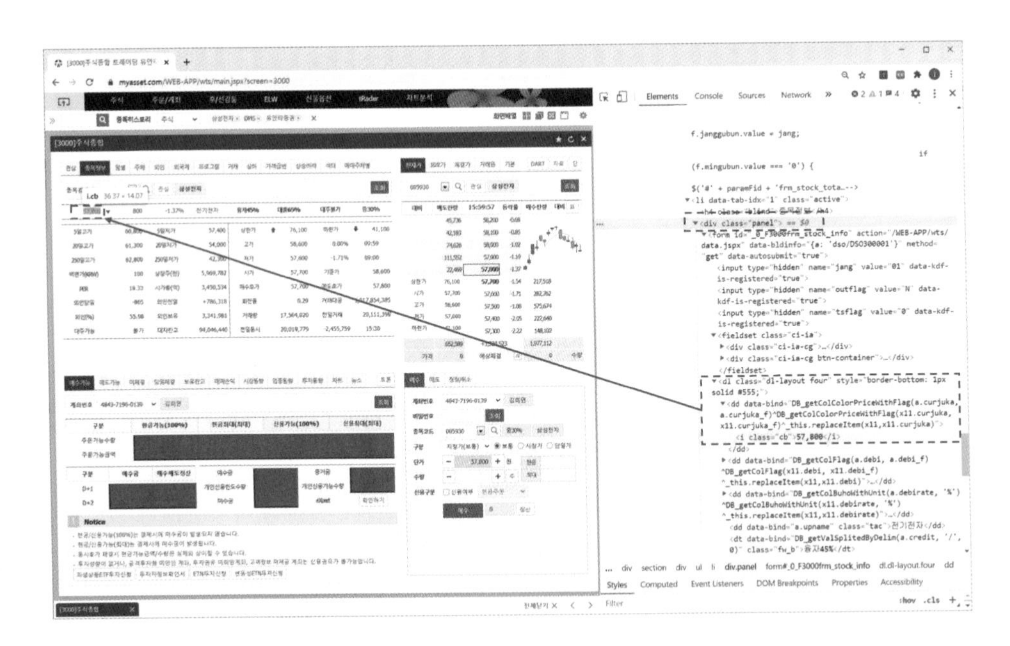

위 코드의 188번 행에서 가격변동 내역을 추출하는 코드는 다음의 그림으로 확인됩니다.

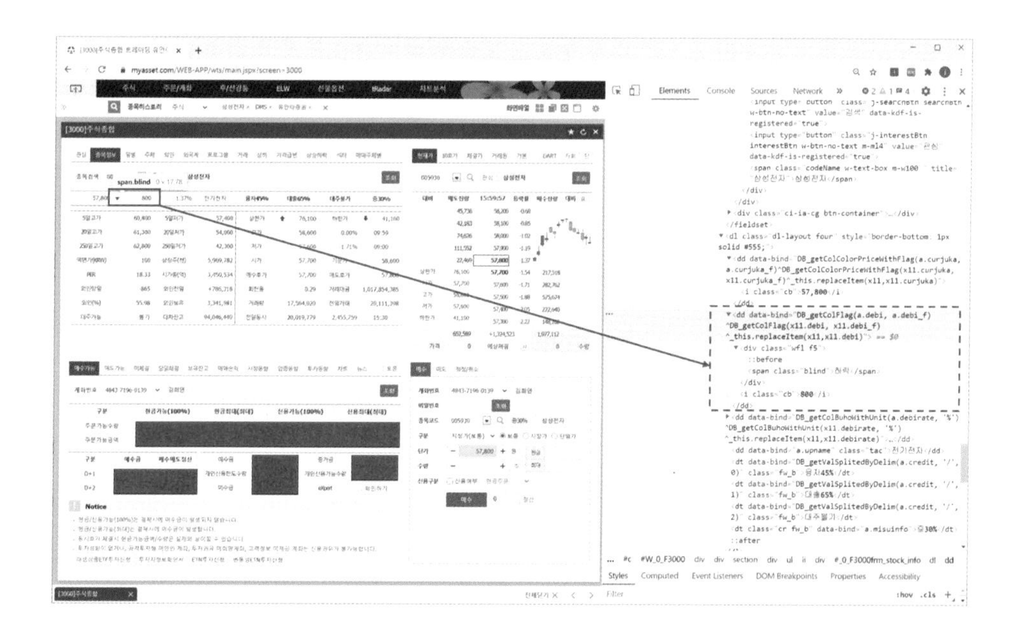

위 코드의 191번 행에서 가격변동율은 아래 그림에서 확인할 수 있습니다.

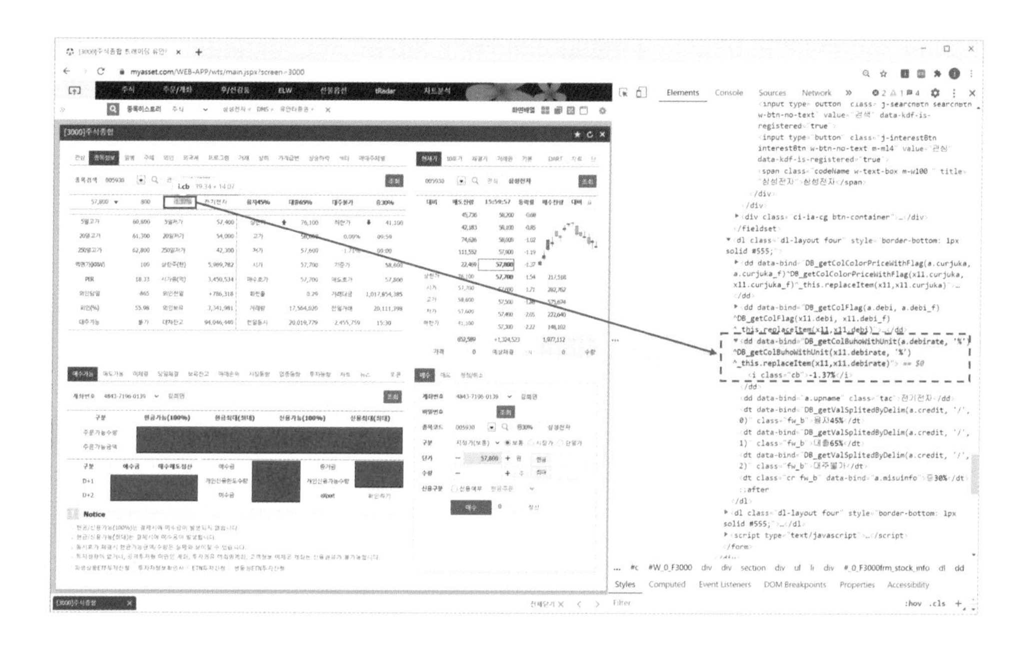

이렇게 필요한 정보들을 추출할 후 변동 내역을 계산합니다.

실제 매매는 3회 차부터 시작하고 1, 2회 차는 필요한 정보만 추출하도록 만들어져 있습니다.

그래서 2회 차 소스코드도 1회 차와 거의 비슷합니다.

```
209         elif count ==2 :
210             time.sleep(1)
211             html = driver.page_source
212             soup = BeautifulSoup(html, 'html.parser')
213
214             j_name = soup.find('div','j-codeSearcher codeSearcher inline').find('span').get_text()
215             print('1.종목이름:',j_name)
216
217             price_rate_all = soup.find('div','panel').find('dl','dl-layout four').find_all('dd')
218
219             c_price_2 = price_rate_all[0].get_text().replace(",","")  #현재가격
220             print('2.현재가격_2:',c_price_2)
221
222             updown_price_2 = price_rate_all[1].get_text().replace(",","")  #현재가격
223             print('3.가격변동금액_2:',updown_price_2)
224
225             c_rate_2 = price_rate_all[2].get_text().replace("%","") #등락율
226             print('4.등락율_2:',c_rate_2)
227
228
229             c_rate_pok_2 = float(c_rate_2) - float(c_rate_1)
230             print("5.%s회 기준 최근 3회 변동폭 합계:%s" %(count,round(c_rate_pok_2,2) ) )
231
232             time.sleep(1)
233             # 화면 움직임 만들기 위해 매도가능 탭 클릭
234             driver.find_element_by_xpath('//*[@id="_0_F3000interact-with-order"]/ul[1]/li[2]/a').click( )
235             time.sleep(1)
236
237             # 화면 움직임 만들기 위해 매수가능 탭 클릭
238             driver.find_element_by_xpath('//*[@id="_0_F3000interact-with-order"]/ul[1]/li[1]/a').click( )
239             time.sleep(0.5)
240
```

3회 차부터 본격적인 매매를 시작해서 소스코드가 조금 더 복잡합니다.

```
241         elif count ==3 :
242             time.sleep(1)
243             html = driver.page_source
244             soup = BeautifulSoup(html, 'html.parser')
245
246             j_name = soup.find('div','j-codeSearcher codeSearcher inline').find('span').get_text()
247             print('1.종목이름:',j_name)
248
249             price_rate_all = soup.find('div','panel').find('dl','dl-layout four').find_all('dd')
250
251             c_price_3 = price_rate_all[0].get_text().replace(",","")  #현재가격
252             print('2.현재가격_3:',c_price_3)
253
254             updown_price_3 = price_rate_all[1].get_text().replace(",","")  #현재가격
255             print('3.가격변동금액_3:',updown_price_3)
256
257             c_rate_3 = price_rate_all[2].get_text().replace("%","") #등락율
258             print('4.등락율_3:',c_rate_3)
259
260             c_rate_pok_3 = float(c_rate_3) - float(c_rate_1)
261
262             #손절기준가격지정
263             son_gijun_price = int(buy_price) *  0.05  #현재가의 -5% 면 손절
264             son_price = int(buy_price) - int(c_price_3)
265
266             print("5.%s회 기준 최근 3회 변동폭 합계:%s" %(count,round(c_rate_pok_3,2) ) )
267
268             time.sleep(1)
269             # 화면 움직임 만들기 위해 매도가능 탭 클릭
270             driver.find_element_by_xpath('//*[@id="_0_F3000interact-with-order"]/ul[1]/li[2]/a').click( )
271             time.sleep(1)
272
273             # 화면 움직임 만들기 위해 매수가능 탭 클릭
274             driver.find_element_by_xpath('//*[@id="_0_F3000interact-with-order"]/ul[1]/li[1]/a').click( )
275             time.sleep(0.5)
276
```

앞 코드의 263, 264번 행에서 손절 매매를 위한 값을 지정하고 있습니다.

이 책에서는 구입가격의 -5% 가격 이하로 떨어지면 손절 매도하도록 지정을 했는데 이 부분은 독자의 기준에 맞게 변경해서 사용하세요.

```
277            # 분할 매수를 위한 비율 지정
278            price_gap = 0
279            if c_price_3 == buy_price or buy_price == '0' :
280                price_gap = 0
281            elif c_price_3 < buy_price and c_price_3 >= str(math.ceil(int(buy_price) * 0.99)) :
282                price_gap = 1  # 현재 가격이 구입 가격보다 1% 미만 하락했을때  1
283            elif c_price_3 < buy_price and c_price_3 >= str(math.ceil(int(buy_price) * 0.97)) :
284                price_gap = 2  # 현재 가격이 구입 가격보다 1% - 3% 사이로 하락했을 때 2
285            elif c_price_3 < buy_price and c_price_3 >= str(math.ceil(int(buy_price) * 0.95)) :
286                price_gap = 3  # 현재 가격이 구입가격보다 3% - 5% 사이로 하락했을 때  3
287            elif c_price_3 < buy_price and c_price_3 <= str(math.ceil(int(buy_price) * 0.90))   :
288                price_gap = 4  # 현재 가격이 구입가격보다 10% 이하 하락했을 때  4
289
290            elif c_price_3 > buy_price and c_price_3 <= str(math.ceil(int(buy_price) * 1.01)) :
291                price_gap = 5  # 현재 가격이 구입 가격보다 1% 미만 상승했을때
292            elif c_price_3 > buy_price and c_price_3 <= str(math.ceil(int(buy_price) * 1.03)) :
293                price_gap = 6  # 현재 가격이 구입 가격보다 1% - 3% 사이로 상승했을 때
294            elif c_price_3 > buy_price and c_price_3 <= str(math.ceil(int(buy_price) * 1.05)) :
295                price_gap = 7  # 현재 가격이 구입가격보다 3% - 5% 사이로 상승했을 때
296            elif c_price_3 > buy_price and c_price_3 >= str(math.ceil(int(buy_price) * 1.10))   :
297                price_gap = 8  # 현재 가격이 구입가격보다 10% 사이로 상승했을 때
298
```

위 코드는 매수를 할 때 분할 매수를 하기 위한 조건을 지정하는 부분입니다.

구입가격을 기준으로 하락폭과 상승폭에 따라 매수 비율을 다르게 지정할 예정입니다.

이제 실제 매수를 진행하는 코드입니다.

매수를 진행할 때 조건을 지정하는 부분이 중요한 데 앞에서 언급한 대로 최근 기준 3회 가격을 조사해서 특정 조건에 해당되면 매수를 하도록 만들었습니다.

이때 아래 그림의 Case 1과 같이 하락을 하다가 반등하는 시점에 매수를 할 수 있고 Case 2와 같이 지속적으로 상승하고 있을 때 매수하는 2가지 경우를 가정했습니다.

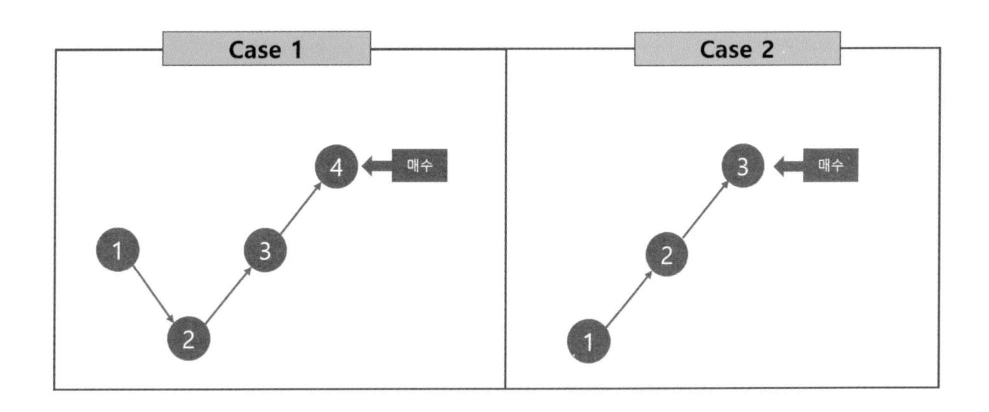

앞의 2가지 케이스 중에서 먼저 Case 1에 해당될 경우 매수하는 코드부터 살펴보겠습니다.

```
299          # 매수 / 매도 주문하기
300          # 매수 case 1 - 하락하다가 상승되는 시점 찾아서 매수
301          if float(c_rate_1) > float(c_rate_2) and float(c_rate_2) < float(c_rate_3) and c_rate_pok_3 >= tot_buy_rate  :
302              time.sleep(1)
303
304              mesu_tab= driver.find_element_by_link_text('매수')  #매수 탭 클릭
305              driver.execute_script("arguments[0].click();", mesu_tab)
306              time.sleep(0.3)
307              pwd = driver.find_element_by_name('passwd')
308              pwd.clear()
309              pwd.send_keys('이곳에 여러분의 HTS 암호를 입력하세요')
310              jo_btn= driver.find_element_by_xpath('//*[@id="_0_F3000mesu"]/fieldset/div[2]/input[2]')  #조회 버튼
311              driver.execute_script("arguments[0].click();", jo_btn)
312              time.sleep(0.5)
313              radio2 = driver.find_element_by_id("_0_F3000mesu_meme_gubun_radio2")   # 시장가 클릭
314              radio2.click()
315
316              time.sleep(0.5)
317              radio3 = driver.find_element_by_id('_0_F3000mesu_meme_gubun_radio1')  # 지정가(보통) 클릭
318              radio3.click( )
319
320              time.sleep(0.5)
321
322              html = driver.page_source
323              soup = BeautifulSoup(html, 'html.parser')
324              time.sleep(0.5)
325
326              #최대 매수가능 수량 구하기
327              qty_1 = soup.find('table','deal_limit_price j-subInfo_tbl hide-on-mobile').select('tbody > tr > td')
328              try :
329                  ava_qty = int(qty_1[0].get_text())
330              except :
331                  ava_qty = 0
332              print('최대구입가능수량:' ,ava_qty)
333
```

위 코드의 301번 코드에서 현재가 3회 차인데 가격비율이 1회가 2회보다 크고 2회보다 3회가 더 크면서 현재 변동 비율(c_rate_pok_3) 값이 tot_buy_rate값 이상일 경우 매수를 하라고 지정했습니다. 즉 1회 차 조회 가격이 2회 차 조회가격보다 크다는 것은 하락하고 있다는 의미이고 2회 차 조회값보다 3회 차 조회값이 더 크다는 것은 상승으로 반등했다는 뜻입니다. 그리고 tot_buy_rate값은 앞부분에서 매수를 하기 위한 변동율로 설정되어 있습니다.

위 조건을 다시 정리하면 하락하다가 2호가 이상 반등할 경우 매수를 시작하는 것입니다.

위 코드의 304번 행은 아래 그림에서 1번의 매수 탭을 클릭하는 기능입니다.

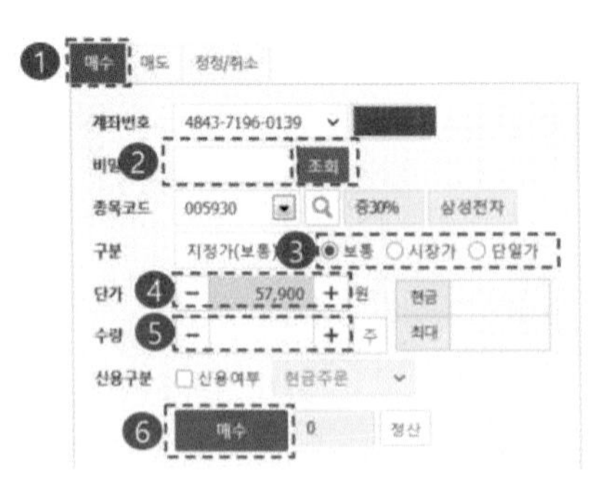

그리고 307번 ~309번 행은 2번의 비밀번호를 입력하고 310번~311번 행은 조회 버튼을 클릭하고 313번~318번 행은 시장가와 지정가(보통)를 클릭하는 코드입니다.

여기까지 하면 현재 가격으로 최대 몇 주를 매수할 수 있는지 총 건수가 나옵니다.

이 값을 327번~332번 행에서 추출하여 최대 구입가능 수량을 추출합니다.

이제 주식을 매수하는 부분 중에서 분할 매수하는 부분을 살펴보겠습니다.

```
334                if ava_qty >= 1 and price_gap == 0 and ava_qty >= 5:
335                    ava_count = math.floor(ava_qty * 0.3)   # 현재 수량에서 30% 구입
336                elif price_gap == 1 and ava_qty >= 5 :
337                    ava_count = math.floor(ava_qty * 0.1)   # 남아있는 수량에서 10% 구입
338                elif price_gap == 2 and ava_qty >= 5 :
339                    ava_count = math.floor(ava_qty * 0.2)   # 남아있는 수량에서 20% 구입
340                elif price_gap == 3 and ava_qty >= 5 :
341                    ava_count = math.floor(ava_qty * 0.3)   # 남아있는 수량에서 30% 구입
342                elif price_gap == 4 or ava_qty <= 5 :
343                    ava_count = ava_qty                     # 남아있는 수량에서 전량 구입
344                elif price_gap == 5 and ava_qty >= 5:
345                    ava_count = math.floor(ava_qty * 0.1)   # 남아있는 수량에서 10% 구입
346                elif price_gap == 6 and ava_qty >= 5 :
347                    ava_count = math.floor(ava_qty * 0.2)   # 남아있는 수량에서 20% 구입
348                elif price_gap == 7 or price_gap == 8 or ava_qty <= 5   :
349                    ava_count = ava_qty                     # 남아있는 수량에서 전량 구입
350
```

위 코드는 현재 가격이 구입가격 대비 몇 %나 상승 또는 하락했는지를 찾고 현재 매수 가능한 수량을 찾은 후 분할로 매수하기 위해 수량을 구하는 부분입니다.

매수할 수량이 정해졌으니 이제 실제 매수를 진행해야겠죠?

매수를 하기 위해서는 아래 그림의 번호 순서대로 클릭하여 값을 입력하고 매수가 진행됩니다.

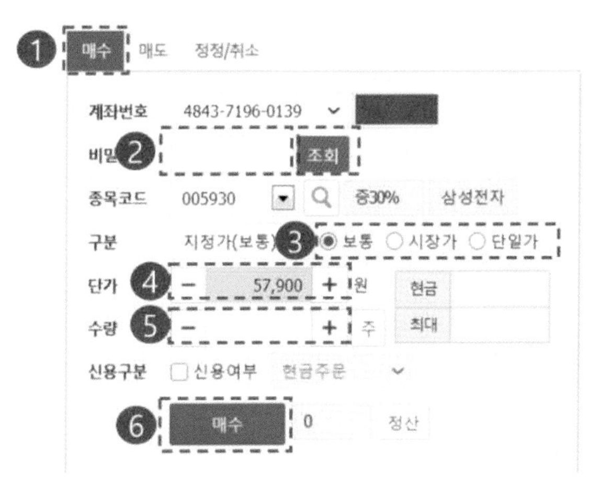

위의 순서 중에서 3번까지는 위에서 살펴보았으니 4번에서 단가 입력하고 5번에서 수량 입력한 후 6번 매수 버튼을 클릭하는 코드는 다음과 같습니다.

```
351                if ava_count >= 1  :
352                    order_count = driver.find_element_by_name('order_cnt')
353                    order_count.clear( )
354                    time.sleep(0.5)
355                    order_count.send_keys(ava_count)
356                    masu_btn= driver.find_element_by_xpath('//*[@id="_0_F3000mesu"]/fieldset/div[8]/input')
357                    driver.execute_script("arguments[0].click();", masu_btn)
358                    time.sleep(0.5)
359                    popup_masu_btn= driver.find_element_by_xpath('//*[@id="orderConfirm__0_F3000mesu"]/div[3]/div/button[1]/span')
360                    driver.execute_script("arguments[0].click();", popup_masu_btn)
361                    time.sleep(2)
362                    driver.find_element_by_css_selector('span.ui-button-text').click()
363
364                    close1 = pyautogui.screenshot()
365                    close2 = cv2.cvtColor(np.array(close1), cv2.COLOR_RGB2BGR)
366                    cv2.imwrite("c:\\data\\image\\close_full_screen_1.jpg", close2)
367                    time.sleep(1)
368
369                    close_3 = cv2.imread('c:\\data\\image\\close.jpg', cv2.IMREAD_COLOR)  #확인버튼
370
371                    match_close = match_center_loc(close2, close_3)
372                    pyautogui.moveTo(match_close)
373                    pyautogui.click()
374
375                    print('%s 원으로 %s 수 매수 신청 완료했습니다' %(c_price_3,ava_count))
376                    masu = 1
377
```

위 코드의 351번 행에서 총 매수가능 수량이 1개 이상일 경우 355번 행에서 매수 수량을 입력합니다. 그리고 356, 357번 행에서 매수 창 그림에서 6번의 매수 버튼을 클릭합니다.

이렇게 매수를 하면 팝업창이 뜨면서 매수를 확인하는 창이 열리는데 여기서 확인버튼을 눌러야 매수가 진행됩니다. 이렇게 팝업창의 매수확인 버튼을 클릭하는 코드가 359번 행과 360번 행, 362번 행입니다.

그리고 매수 신청이 완료되면 매수신청이 완료되었다는 안내창이 나오는데 그 창을 닫는 코드가 364번 행부터 373번 행입니다. 혹시 364번 행부터 373번 행까지 OpenCV 기술을 활용하는 부분이 잘 이해가 안되시는 분들은 이 책의 공인인증서 활용하는 부분을 참고하세요.

정상적으로 매수가 끝났으면 평균 매수가격을 구해서 반영해야 합니다.

아래는 평균매수가격을 구하는 공식과 해당 부분을 반영한 코드입니다.

```
378                    # 평균 매수가 구하기
379                    #공식 : (보유주식수 * 보유주식매수가격) + (신규매수수량 * 신규매수가격) / (보유주식수 + 신규매수주식수)
380                    c_stocks = buy_qty * int(buy_price)
381                    n_stocks = ava_count * int(c_price_3)
382
383                    buy_price = str( (math.floor((c_stocks + n_stocks) / (buy_qty + ava_count) * susu_rate) + up_price ))
384                    print('평균 매수가격:' , buy_price)
385
386                    buy_qty = buy_qty + ava_count
387
388                    buy_price_rate = c_rate_3
389                    sell_price = str( int(buy_price) + 50 )
390
391                    print('매수가 완료되어 5분 후 다시 시작합니다')
392                    time.sleep(300)
393
```

위 코드에서 평균 매수가격에 증권사에 나가는 수수료(susu_rate값) 제세공과금은 제외를 해서 실제 HTS 상에 나오는 금액과는 다소 차이가 날 수 있습니다.

여기까지가 Case 1의 하락하다가 상승 반전된 상태일 때 매수하는 코드였습니다.

이제 Case 2의 상승장에서의 매수를 진행하는 코드를 살펴보겠습니다.

```
394            # 상승 상태 매수
395            elif float(c_rate_1) <= float(c_rate_2) and float(c_rate_2) < float(c_rate_3) and c_rate_pok_3 >= tot_buy_rate :
396                time.sleep(1)
397
398                #매수 탭 클릭
399                mesu_tab= driver.find_element_by_link_text('매수')
400                driver.execute_script("arguments[0].click();", mesu_tab)
401                time.sleep(0.3)
402                pwd = driver.find_element_by_name('passwd')
403                pwd.clear()
404                pwd.send_keys('이곳에 여러분의 HTS 암호를 입력하세요')
405                jo_btn= driver.find_element_by_xpath('//*[@id="_0_F3000mesu"]/fieldset/div[2]/input[2]')
406                driver.execute_script("arguments[0].click();", jo_btn)
407                time.sleep(0.5)
408
409                # 시장가 클릭
410                radio2 = driver.find_element_by_id("_0_F3000mesu_meme_gubun_radio2")
411                radio2.click()
412                time.sleep(0.5)
413
414                # 지정가(보통) 클릭
415                radio3 = driver.find_element_by_id('_0_F3000mesu_meme_gubun_radio1')
416                radio3.click( )
417                time.sleep(0.5)
418
```

위 코드의 395번 행에서 1회 차 조회 가격보다 2회 차 조회 가격이 크고 2회 차 조회 가격보다 3회 차 조회 가격이 크고 tot_buy_rate비율보다 클 경우 매수 시작하는 조건을 설정했습니다.

그 후에 399~400번 행에서 매수 탭을 클릭하고 402~407번 행까지 비밀번호를 입력한 후 조회 버튼을 클릭합니다. 그리고 409번 행부터 417번 행까지 가격을 현재 가격으로 지정합니다.

```
419                html = driver.page_source
420                soup = BeautifulSoup(html, 'html.parser')
421                time.sleep(0.5)
422
423                # 구입가능 최대수량 체크하기
424                qty_1 = soup.find('table', 'deal_limit_price j-subInfo_tbl hide-on-mobile').select('tbody > tr > td')
425                try :
426                    ava_qty = int(qty_1[0].get_text())
427                except :
428                    ava_qty = 0
429                print('최대구입가능수량:' ,ava_qty)
430
431                if ava_qty >= 1 and price_gap == 0 and ava_qty >= 5:
432                    ava_count = math.floor(ava_qty * 0.3)  # 초기값으로 총 구입 가능 수량 중에서 30% 구입
433                elif price_gap == 1 and ava_qty >= 5 :
434                    ava_count = math.floor(ava_qty * 0.1)  # 남아있는 수량에서 10% 구입
435                elif price_gap == 2 and ava_qty >= 5 :
436                    ava_count = math.floor(ava_qty * 0.2)  # 남아있는 수량에서 20% 구입
437                elif price_gap == 3 and ava_qty >= 5 :
438                    ava_count = math.floor(ava_qty * 0.3)  # 남아있는 수량에서 30% 구입
439                elif price_gap == 4 or ava_qty <= 5 :
440                    ava_count = ava_qty                    # 남아있는 수량에서 전량 구입
441                elif price_gap == 5 and ava_qty >= 5:
442                    ava_count = math.floor(ava_qty * 0.1)  # 남아있는 수량에서 10% 구입
443                elif price_gap == 6 and ava_qty >= 5 :
444                    ava_count = math.floor(ava_qty * 0.2)  # 남아있는 수량에서 20% 구입
445                elif price_gap == 7 or price_gap == 8 or ava_qty <= 5   :
446                    ava_count = ava_qty                    # 남아있는 수량에서 전량 구입
447
```

위 코드는 앞서 살펴본 Case 1의 매수 수량을 정하는 코드와 내용이 동일합니다.

현재 가격으로 구입 가능한 최대 수량을 체크한 후 초기 구입가격 대비 현재 가격의 상승/하락 비율을 구해서 구입 수량의 비율을 지정하고 있습니다.

구입 수량이 결정되었으니 이제 실제 매수를 진행합니다.

다음 코드 역시 앞에서 살펴본 Case 1의 매수 코드와 동일합니다.

```
448         if ava_count >= 1 :
449             order_count = driver.find_element_by_name('order_cnt')
450             order_count.clear( )
451             time.sleep(0.5)
452             order_count.send_keys(ava_count)
453
454             masu_btn= driver.find_element_by_xpath('//*[@id="_0_F3000mesu"]/fieldset/div[8]/input')
455             driver.execute_script("arguments[0].click();", masu_btn)
456             time.sleep(0.5)
457
458             popup_masu_btn= driver.find_element_by_xpath('//*[@id="orderConfirm__0_F3000mesu"]/div[3]/div/button[1]/span')
459             driver.execute_script("arguments[0].click();", popup_masu_btn)
460             time.sleep(2)
461             driver.find_element_by_css_selector('span.ui-button-text').click()
462
463             close1 = pyautogui.screenshot()
464             close2 = cv2.cvtColor(np.array(close1), cv2.COLOR_RGB2BGR)
465             cv2.imwrite("c:\\data\\image\\close_full_screen_1.jpg", close2)
466             time.sleep(1)
467
468             close_3 = cv2.imread('c:\\data\\image\\close.jpg', cv2.IMREAD_COLOR)  #확인버튼
469
470             match_close = match_center_loc(close2, close_3)
471             pyautogui.moveTo(match_close)
472             pyautogui.click()
473
474             print('%s 원으로 %s 주 매수 신청 완료했습니다' %(c_price_3,ava_count))
475             masu = 1
476
```

매수가 완료되면 기존 구매 수량과 가격에 현재 매수한 내용을 반영하여 평균 매수가격과 총수량을 수정해야 합니다. 아래 코드가 그 작업을 하는 코드이며 앞에서 살펴보았던 Case 1과 동일한 코드입니다.

```
477             # 평균 매수가 구하기 - 수수료 금액은 제외한 공식
478             #공식 : (보유주식수 * 보유주식매수가격) + (신규매수수량 * 신규매수가격) / (보유주식수 + 신규매수주식수)
479             c_stocks = buy_qty * int(buy_price)
480             n_stocks = ava_count * int(c_price_3)
481
482             buy_price = str( (math.floor((c_stocks + n_stocks) / (buy_qty + ava_count) * susu_rate) + up_price ))
483             print('평균 매수가격:' , buy_price)
484
485             buy_qty = buy_qty + ava_count
486
487             buy_price_rate = c_rate_3
488             sell_price = str( int(buy_price) + 50 )
489
490             print('매수가 완료되어 5분 후 다시 시작합니다')
491             time.sleep(300)
492
```

여기까지 매수를 하는 2가지 경우의 소스코드를 살펴보았습니다.

이제 매도하는 코드와 손절 매도하는 코드를 살펴보겠습니다.

매도하는 조건은 가격정보를 3회 추출해서 2호가 이상 하락하고 현재가격이 구입했던 가격 이상일 경우 매도를 진행합니다. 그리고 손절 매도는 구입 가격대비 5% 이하로 하락했을 때 전량 손절하는 것으로 코드를 작성했습니다.

먼저 매도를 진행하는 코드를 살펴보겠습니다.

매도를 하기 위해서 매도가능 수량을 찾은 후 전량 한 번에 매도를 진행하도록 구성했습니다.

매도가능 수량은 다음 그림처럼 HTS 화면의 왼쪽 아래에서 확인이 가능합니다.

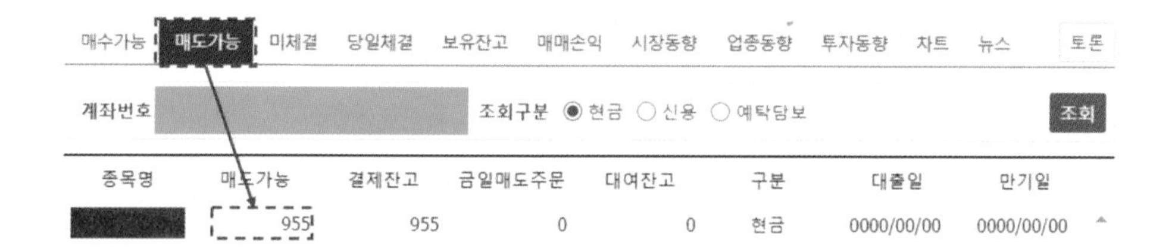

위 그림에서 매도가능 수량을 찾아내서 매도를 진행하면 되는데 매도 가능 수량을 찾아내는 부분의 소스코드는 아래와 같습니다.

```
493            # 매도하기
494            elif float(c_rate_3) < float(c_rate_2) and c_rate_pok_3 <= tot_sell_rate and masu == 1 and sell_price < c_price_3:
495                madobtn = driver.find_element_by_xpath('//*[@id="_0_F3000interact-with-order"]/ul[1]/li[2]/a')
496                driver.execute_script("arguments[0].click();", madobtn)
497                time.sleep(1)
498
499                #매도 가능 수량 찾기
500                html = driver.page_source
501                soup = BeautifulSoup(html, 'html.parser')
502                try :
503                    madojan = int( soup.find('tbody','CI-GRID-BODY-TABLE-TBODY').find('td',{'name': 'od_unit'}).get_text().replace(',','') )
504                except :
505                    madojan = 0
506
```

위 코드에서 494번 행에서 2호가 이상 하락하고 구입 가격보다 높을 경우 매도하도록 조건을 지정했습니다.

485번, 486번 행에서 위 그림의 매도가능 탭을 클릭하도록 xpath값을 활용하여 지정하고 500번 행부터 505번 행까지 매도가능 수량을 추출하도록 지정했습니다. 이때 만약 매도가능 수량이 없을 경우 0으로 설정하도록 예외처리를 활용했습니다.

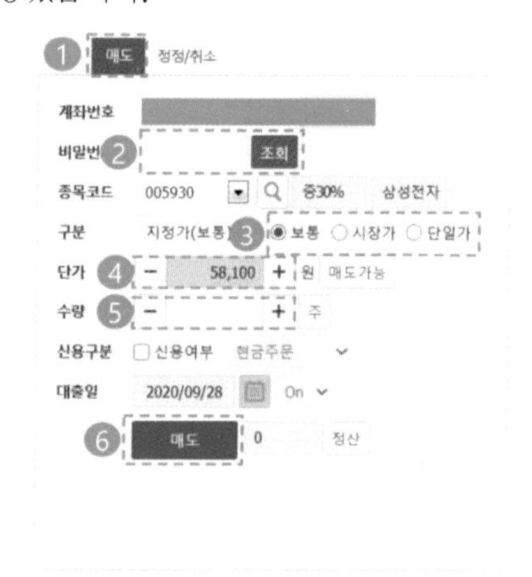

왼쪽 그림은 유안타 증권 HTS 화면에서 매도 주문을 넣는 화면입니다.

먼저 1번의 매도탭을 클릭한 후 2번의 비밀번호를 넣고 조회버튼을 클릭하고 3번의 지정가(보통)를 클릭하여 4번의 현재 단가를 입력하고 5번에서 수량을 입력한 후 6번의 매도 버튼을 클릭합니다.

앞의 과정을 진행하는 소스코드는 아래와 같습니다.

```
507             if madojan >= 1 :
508                 print("매도합니다~~~")
509                 time.sleep(0.5)
510
511                 madotab = driver.find_element_by_xpath('//*[@id="W_0_F3000"]/div[2]/div/section[4]/div/ul[1]/li[2]/a')
512                 driver.execute_script("arguments[0].click();", madotab)
513                 time.sleep(0.5)
514                 pwd = driver.find_element_by_name('passwd')
515                 pwd.clear()
516                 time.sleep(0.5)
517                 pwd.send_keys('이곳에 여러분의 HTS 암호를 입력하세요')
518                 time.sleep(0.5)
519                 driver.find_element_by_xpath('//*[@id="_0_F3000medo"]/fieldset/div[2]/input[2]').click()  # 조회 클릭
520                 time.sleep(0.5)
521                 radio2 = driver.find_element_by_id("_0_F3000medo_meme_gubun_radio2")   # 시장가 클릭
522                 radio2.click()
523
524                 time.sleep(0.5)
525                 radio3 = driver.find_element_by_id('_0_F3000medo_meme_gubun_radio1')  # 보통 클릭
526                 radio3.click( )
527                 time.sleep(1)
528
529                 #매도 수량 입력
530                 order_count = driver.find_element_by_name('order_cnt')
531                 order_count.clear( )
532                 time.sleep(0.5)
533                 order_count.send_keys(madojan)
534                 time.sleep(0.5)
535
536                 madobtn2 = driver.find_element_by_xpath('//*[@id="_0_F3000medo"]/fieldset/div[9]/input')
537                 driver.execute_script("arguments[0].click();", madobtn2) #매도 버튼 클릭
538                 time.sleep(0.5)
539
```

위 코드의 507번 행에서 매도가능 수량이 1개 이상일 경우 511번, 512번 행에서 매도탭을 클릭하고 514번~517번 행까지 비밀번호를 입력한 후 519번 행에서 조회버튼을 클릭합니다.

521번~527번 행까지 매도 가격을 현재가격으로 설정하고 530번~534번 행까지 매도 수량을 입력합니다. 그리고 536번~537번 행에서 매도 버튼을 클릭합니다.

여기까지 진행하면 매도 확인창이 나오는데 확인 버튼을 클릭하면 매도 주문이 들어가고 매도가 완료되었다는 안내창이 나오는데 다음 거래를 위해 안내창을 닫아야 합니다.

이 내용을 구현한 코드는 아래와 같습니다.

```
540                 #팝업창 확인 클릭
541                 madobtn3 = driver.find_element_by_xpath('//*[@id="orderConfirm__0_F3000medo"]/div[3]/div/button[1]/span')
542                 driver.execute_script("arguments[0].click();", madobtn3)
543
544                 masu = 0
545                 time.sleep(1)
546
547                 close1 = pyautogui.screenshot()
548                 close2 = cv2.cvtColor(np.array(close1), cv2.COLOR_RGB2BGR)
549                 cv2.imwrite("c:₩₩data₩₩image₩₩close_full_screen_1.jpg", close2)
550                 time.sleep(1)
551
552                 close_3 = cv2.imread('c:₩₩data₩₩image₩₩close.jpg', cv2.IMREAD_COLOR)  #확인버튼
553
554                 match_close = match_center_loc(close2, close_3)
555                 pyautogui.moveTo(match_close)
556                 pyautogui.click()
557                 time.sleep(1)
558
559                 print('%s 원으로 %s주 매도 신청 완료했습니다' %(c_price_3,madojan) )
560                 print('5분 뒤 다시 시작됩니다~잠시만 쉬세요~')
561                 time.sleep(300)   # 매도 후 5 분 뒤 다시 매수 코드 작동
562
563                 buy_qty = 0
564                 buy_price = '0'
565                 buy_price_rate = 0.0
566
```

앞의 코드에서 나온대로 안내창을 닫을 때는 OpenCV 기술을 활용했습니다.

앞 코드에서 552번 행의 close.jpg 이미지는 팝업창을 닫는 ✕표시를 캡처한 것입니다.

그리고 전량 매도가 되었기 때문에 563번 행과 같이 수량이 0개로 초기화되었고 565번 행에서 구입 가격도 0원으로 초기화되었으며 565번 행의 매수 시 등락율도 0.0%로 초기화되었습니다.

이제 손절 매도하는 부분을 살펴보겠습니다.

손절 매도 조건은 앞에서 언급한 대로 현재가격이 구입가격대비 -5% 이상 하락했을 때 진행되도록 규칙을 정했습니다. 이 규칙은 독자께서 원하시는 값으로 변경해서 사용하세요.

참고로 이 규칙은 제공되는 코드의 262, 263, 264번 행에 설정되어 있습니다.

이 규칙을 기반으로 손절 매매를 진행하는 코드는 아래와 같습니다.

```
567             #손절하기
568             elif son_gijun_price < son_price :
569                 madobtn = driver.find_element_by_xpath('//*[@id="_0_F3000interact-with-order"]/ul[1]/li[2]/a') #매도가능 클릭
570                 driver.execute_script("arguments[0].click();", madobtn)
571                 time.sleep(1)
572
573                 #매도 가능 수량 찾기
574                 html = driver.page_source
575                 soup = BeautifulSoup(html, 'html.parser')
576                 try :
577                     madojan = int( soup.find('tbody','CI-GRID-BODY-TABLE-TBODY').find('td',{'name': 'od_unit'}).get_text().replace(',','') )
578                 except :
579                     madojan = 0
580
581                 if madojan >= 1 :
582                     print("손절 매도합니다ㅠㅠㅠ")
583                     time.sleep(0.5)
584                     madotab = driver.find_element_by_xpath('//*[@id="W_0_F3000"]/div[2]/div/section[4]/div/ul[1]/li[2]/a') #매도 탭클릭
585                     driver.execute_script("arguments[0].click();", madotab)
586                     time.sleep(0.5)
587                     pwd = driver.find_element_by_name('passwd')
588                     pwd.clear()
589                     time.sleep(0.5)
590                     pwd.send_keys('이곳에 여러분의 HTS 암호를 입력하세요')
591                     time.sleep(0.5)
592                     driver.find_element_by_xpath('//*[@id="_0_F3000medo"]/fieldset/div[2]/input[2]').click()  # 조회 클릭
593                     time.sleep(0.5)
594                     radio2 = driver.find_element_by_id("_0_F3000medo_meme_gubun_radio2")   # 시장가 클릭
595                     radio2.click()
596
597                     time.sleep(0.5)
598                     radio3 = driver.find_element_by_id('_0_F3000medo_meme_gubun_radio1')  # 보통 클릭
599                     radio3.click( )
600                     time.sleep(1)
601
```

위 코드의 568번 행에서 손절 매도 조건을 지정했습니다.

그리고 그 이후의 매도 프로세스는 앞에서 살펴 본 정상 매도일 때와 모두 동일합니다.

즉 매도 가능 수량을 찾은 후 매도 주문을 넣는 순서가 기존의 매도 과정과 모두 동일합니다.

```
602                     #매도 수량 입력
603                     order_count = driver.find_element_by_name('order_cnt')
604                     order_count.clear( )
605                     time.sleep(0.5)
606                     order_count.send_keys(madojan)
607                     #order_count.send_keys(1)
608                     time.sleep(0.5)
609
610                     madobtn2 = driver.find_element_by_xpath('//*[@id="_0_F3000medo"]/fieldset/div[9]/input')
611                     driver.execute_script("arguments[0].click();", madobtn2) #매도 버튼 클릭
612                     time.sleep(0.5)
613
614                     #팝업창 확인 클릭
615                     madobtn3 = driver.find_element_by_xpath('//*[@id="orderConfirm__0_F3000medo"]/div[3]/div/button[1]/span')
616                     driver.execute_script("arguments[0].click();", madobtn3)
617
618                     masu = 0
619                     time.sleep(1)
620
621                     close1 = pyautogui.screenshot()
622                     close2 = cv2.cvtColor(np.array(close1), cv2.COLOR_RGB2BGR)
623                     cv2.imwrite("c:\\data\\image\\close_full_screen_1.jpg", close2)
624                     time.sleep(1)
625
626                     close_3 = cv2.imread('c:\\data\\image\\close.jpg', cv2.IMREAD_COLOR)  #확인버튼
627
628                     match_close = match_center_loc(close2, close_3)
629                     pyautogui.moveTo(match_close)
630                     pyautogui.click()
631                     time.sleep(1)
632
633                     print('%s 원으로 %s주 손절 매도 신청 완료했습니다' %(c_price_3,madojan) )
634                     print('5분 뒤 다시 시작됩니다~잠시만 쉬세요~')
635                     time.sleep(300)  # 매도 후 5 분 뒤 다시 매수 코드 작동
636                     buy_qty = 0
637                     buy_price = '0'
638                     buy_price_rate = 0.0
639
```

지금까지 유안타 증권의 HTS 프로그램을 활용하여 OpenCV 기술을 활용하여 공인인증서로 자동 로그인하고 주식 매매창으로 이동해서 특정 종목을 선택한 후 가격을 조회하고 매수와 매도와 손절 매도를 진행하는 코드를 살펴보았습니다.

저자가 제공하는 코드에서는 이 부분 이후에도 많은 코드들이 있는데 매수와 매도를 반복하는 동일한 과정들이 반복적으로 진행되고 있어서 코드에 대한 설명은 여기까지만 하겠습니다.

제공되는 소스코드의 나머지 부분들도 앞에서 설명한 내용이 반복되니까 열심히 공부해서 주식 매매를 자동화하는 방법을 꼭 터득하시고 돈도 많이 버시길 응원합니다~!

찾아보기